Hayek
Gesammelte Schriften
in deutscher Sprache

A 3

Friedrich A. von Hayek

Gesammelte Schriften in deutscher Sprache

herausgegeben von

Alfred Bosch, Manfred E. Streit,
Viktor Vanberg, Reinhold Veit

mit Unterstützung durch die

Friedrich A. von Hayek-Gesellschaft

und das

Walter Eucken Institut

Abteilung A: Aufsätze

Band 3

Mohr Siebeck

Friedrich A. von Hayek

Entnationalisierung des Geldes

Schriften zur Währungspolitik und Währungsordnung

Herausgegeben von
Alfred Bosch, Reinhold Veit †
und Verena Veit-Bachmann

Mohr Siebeck

Redaktion: Wendula Gräfin v. Klinckowstroem im Walter Eucken Institut

ISBN 978-3-16-149223-5

Die Deutsche Nationalbibliothek verzeichnet diese Publikation in der Deutschen Nationalbibliographie; detaillierte bibliographische Daten sind im Internet über *http://dnb.d-nb.de* abrufbar.

Das Buch wurde von Gulde-Druck in Tübingen aus der Stempel Garamond gesetzt, auf alterungsbeständigem Werkdruckpapier gedruckt und von der Buchbinderei Spinner in Ottersweier gebunden. Umschlagentwurf von Uli Gleis in Tübingen.

Inhalt

Abgekürzt zitierte Sammlungen

Hayek, *Schriften* A1ff. bzw. B 1ff., 2001ff.
Hayek, F. A. v., *Gesammelte Schriften in deutscher Sprache*, hrsg. von Alfred Bosch, Manfred E. Streit, Viktor Vanberg und Reinhold Veit, Tübingen: Mohr Siebeck 2001ff.

Hayek, *Works* Iff. 1988ff.
Hayek, F. A., *The Collected Works of F. A. Hayek*, hrsg. von W. W. Bartley III et al., Chicago und London: Routledge 1988ff.

Hayek, *Profits*, 1939
Hayek, F. A., *Profits, Interest and Investment and Other Essays on The Theory of Industrial Fluctuations*, London: Routledge & Sons 1939. – Wiederabdruck: London, New York: Routledge & Kegan Paul 1969, 1970; Clifton, NJ: Kelley, 1975.

Hayek, *Individualism*, 1948
Hayek, F. A., *Individualism and Economic Order*, Chicago: University of Chicago Press, 1948. –. Gateway edition.Chicago: Henry Regnery 1972. – Midway reprint. Chicago und London 1980.

Hayek, *Individualismus*, 1952
Hayek, F. A., *Individualismus und wirtschaftliche Ordnung* [Originaltitel: *Individualism and Economic Order*], übersetzt von Helene Hayek, Erlenbach-Zürich: E. Rentsch 1952. – 2., erw. Aufl., fotomechanischer Nachdruck der 1. Aufl.1952, mit einem bibliographischen Anhang von Kurt R. Leube, Salzburg: Neugebauer 1976.

Hayek, *Studies*, 1967
Hayek, F. A., *Studies in Philosophy, Politics and Economics*, Chicago: University of Chicago Press 1967.

Hayek, *Freiburger Studien*, 1969
Hayek, F. A. v., *Freiburger Studien: Gesammelte Aufsätze*, Tübingen: Mohr Siebeck, 1969. (Walter Eucken Institut, Wirtschaftswissenschaftliche und

wirtschaftsrechtliche Untersuchungen 5). – 2. Aufl., fotomechanischer Nachdruck der 1. Aufl. 1969, Tübingen: Mohr Siebeck 1994.

Hayek, *Drei Vorlesungen*, 1977
Hayek, F. A. v., *Drei Vorlesungen über Demokratie, Gerechtigkeit und Sozialismus*, Tübingen: Mohr Siebeck 1977 (Walter Eucken Institut, Vorträge und Aufsätze 63).

Hayek, *New Studies*, 1978
Hayek, F. A., *New Studies in Philosophy, Politics, Economics and the History of Ideas*, Chicago: University of Chicago Press 1978.

Hayek, *Money*, 1984
Hayek, F. A., *Money, Capital and Fluctuations: Early Essays*, übersetzt und hrsg. von Roy McCloughry, London: Routledge & Kegan Paul 1984.

Hayek, *Anmaßung*, 1996
Hayek, F. A. v., *Die Anmaßung von Wissen: Neue Freiburger Studien*, hrsg. von Wolfgang Kerber, Tübingen: Mohr Siebeck 1996. (Walter Eucken Institut, Wirtschaftswissenschaftliche und wirtschaftsrechtliche Untersuchungen 32).

Was der Goldwährung geschehen ist*

Ein Bericht aus dem Jahre 1932 mit zwei Ergänzungen

Inhaltsübersicht

---

* Erstveröffentlichung unter dem Titel »Das Schicksal der Goldwährung« in zwei Teilen in: *Der deutsche Volkswirt*, 6. Jahrgang, Nr. 20, 12. Februar 1932, 642–645 und Nr. 21, 19. Februar 1932, 677–681. Neuausgabe 1965 unter dem Titel »Was der Goldwährung geschehen ist«; sie liegt diesem Abdruck zugrunde.

Vorbemerkung

Dieser Aufsatz, der nun unter seinem ursprünglichen Titel wieder erscheint, ist zuerst in zwei Teilen in »Der deutsche Volkswirt« vom 12. und 19. Februar 1932 unter dem von der Schriftleitung gewählten Titel »Das Schicksal der Goldwährung« erschienen. Der Einfluß, den Mißverständnisse über die Ursachen des damaligen Zusammenbruches der Goldwährung auch heute noch auf die Politik ausüben, ließ es mir angezeigt erscheinen, ihn in gesonderter Form wieder zu veröffentlichen. Wie es wohl bei einem solchen Wiederabdruck nach dreiunddreißig Jahren angemessen ist, habe ich aller Versuchung widerstanden, an dem Text irgend etwas zu ändern, und will nur erklärend bemerken, daß in den Umständen der Zeit der in dem Aufsatz wiederholt gebrauchte Ausdruck »Stabilisierungspolitik« sich ausschließlich auf die Bemühungen bezieht, die nationalen Preisspiegel der einzelnen Länder gesondert zu stabilisieren, ein Versuch, der zum Zusammenbruch der Goldwährung führen mußte. Die diesbezüglichen Ausführungen habe ich später in meinem Buch »Monetary Nationalism and International Stability« (London, 1937; Nachdruck New York, August M. Kelley, 1964) weiter ausgeführt.** Diesem Abdruck sind zwei Ergänzungen beigefügt: erstens der Text eines aus ungefähr der gleichen Zeit stammenden, aber unveröffentlicht gebliebenen Briefes an den Herausgeber von »The Times«, London; zweitens einige Bemerkungen über die Funktion von Währungsreserven und den Begriff der internationalen Liquidität.

Freiburg i. Brg., Februar 1965

** [Diese Schrift ist in diesem Band: Hayek, *Schriften* A 3, S. 45–117, in deutscher Übersetzung enthalten unter dem Titel »Monetärer Nationalismus und internationale Stabilität«, d. Hrsg.]

[I. Teil]

Es wird viel vom Versagen der Goldwährung gesprochen, besonders in England, wo zum Erstaunen jedes fremden Beobachters in den weitesten Kreisen das Aufgeben der Goldwährung als Befreiung von einem peinlichen Zwang begrüßt wurde. Tatsächlich ist es jedoch kaum zweifelhaft, daß die erneuerten Währungsschwierigkeiten fast der ganzen Welt nichts mit den der Goldwährung innewohnenden Tendenzen zu tun haben, sondern im Gegenteil das Ergebnis beharrlicher, von vielen Seiten und Jahre hindurch fortgesetzter Versuche sind, das Funktionieren der Goldwährung überall dort zu unterbinden, wo darin für das betreffende Land unerwünschte Tendenzen zum Ausdruck kamen. Es waren darum auch keineswegs, wie vielfach angenommen wird, die wirtschaftlich starken Länder Amerika und Frankreich, deren Maßnahmen die Goldwährung unwirksam machten, sondern die in einer verhältnismäßig schwächeren Position befindlichen Länder, voran England, die mit dem schließlichen Zusammenbruch ihrer Goldwährung für ihre fortgesetzte Verletzung der »Spielregeln der Goldwährung« zahlten.

Daß die sonst so konservativen Leiter der Zentralbanken verhältnismäßig leichten Herzens von den traditionellen Regeln der Währungspolitik abgewichen sind, ist dem Einfluß neuer, von wissenschaftlicher Seite propagierter währungspolitischer Ideen zuzuschreiben, die in den Nachkriegsjahren große Verbreitung erlangten. Um die tatsächliche Entwicklung zu verstehen, ist es daher unentbehrlich, zuerst kurz auf die Entstehung und Bedeutung dieser neuen Ideen einzugehen.

Das Vordringen des Stabilisierungsgedankens

Zunächst muß daran erinnert werden, daß als Folge der allgemeinen Papiergeldinflation in Europa und der damit verbundenen Abwanderung des Goldes nach Amerika nach Ende des Weltkrieges eine solche *Entwertung des Goldes* eintrat, daß gerade zu der Zeit, als in den meisten europäischen Ländern die Rückkehr zur Goldwährung das dringendste Bedürfnis war, in Amerika die Tatsache, daß auch das Gold nicht unter allen Umständen eine völlig befriedigende Währungsgrundlage bildete, stärker empfunden wurde als je zuvor. Es wurde wenig beachtet, daß freilich auch dieser Fall des Goldwertes nur eine Folge des Aufgebens der Goldwährung in Europa war und selbst so nie jenen Umfang erreicht hätte, wenn die wenigen Staaten, die Goldzahlungen beibehalten hatten, das Aufhören der Konkurrenz um das Gold nicht auch zu einer, wenn auch schwächeren Inflation benützt hätten.

Das zweite wichtige Moment, das die Entwicklung der währungspolitischen Ideen bestimmte, ist, daß die eben erwähnten Vorgänge dazu beitrugen, namentlich zwei Vertretern der mechanistischen Quantitätstheorie und des Gedankens einer planmäßigen Stabilisierung des Preisniveaus, Prof. Irving Fisher und Prof. Gustav Cassel, außerordentlichen Einfluß zu verleihen. Die erwähnten Schwankungen des Geldwertes mußten in weiten Kreisen Interesse für Prof. Fishers schon lange vorher vertretenen Vorschlag zur Stabilisierung des Geldwertes wecken, und die lebhafte, namentlich von der von ihm gegründeten Stable Money Association entfaltete Propaganda hat dem Gedanken der Preisstabilisierung als Ziel der Währungspolitik fast die Stellung eines unangreifbaren Dogmas verschafft. Und Prof. Cassel, der sich um die Stabilisierung der europäischen Währungen die größten Verdienste erworben hat, hat durch seine Voraussage, daß die Goldproduktion nicht für den jährlichen Zuwachs des Weltbestandes an monetärem Gold von 3 Prozent ausreicht, der nach seiner Berechnung zur Stabilerhaltung des Preisniveaus erforderlich sei, ein weiteres außerordentlich wirkungsvolles Argument zugunsten der Stabilisierungspolitik beigetragen, dessen Einfluß auf die tatsächliche Entwicklung gar nicht überschätzt werden kann.

Die Angst vor der drohenden Goldknappheit und der Wunsch nach einer planmäßigen Politik zur Stabilisierung des Geldwertes führten zu den zwei weiteren beherrschenden Ideen der Periode, die namentlich in den Beschlüssen der Weltwirtschaftskonferenz von Genua im Jahre 1922 ihren Ausdruck fanden, der Bevorzugung der *Golddevisenwährung* als Ziel der Stabilisierung in den einzelnen Ländern und die Empfehlung einer »*Kooperation der Notenbanken*«. Beide Wünsche sollten von allergrößter Bedeutung für die währungspolitische Entwicklung der nächsten Jahre werden. Es ist darum vielleicht auch angezeigt, hier den Mann zu nennen, der als Propagator der Ideen der Konferenz von Genua – wenn nicht, wie man vermuten darf, auch als ihr Anreger – besonderen Einfluß gewonnen hat: Mr. R. G. Hawtrey vom britischen Treasury Department. Mit den beiden schon genannten Männern und mit dem gleich zu nennenden einflußreichsten Mann der Gruppe gehört wohl auch Mr. Hawtrey zu den eingangs erwähnten Stabilisierungstheoretikern, deren Einfluß es zuzuschreiben ist, wenn die Leiter der Zentralbanken williger als je zuvor von den traditionellen Regeln der Notenbankpolitik abwichen.

Noch an zwei weitere Punkte der Vorgeschichte muß kurz erinnert werden, bevor wir versuchen können, die Entwicklung in den letzten sechs Jahren zu verstehen. Ende 1923 erschien J.M. Keynes' *Tract on Monetary Reform*, mit dem sich sein, durch seine Schriften über den Friedensvertrag rasch zur internationalen Berühmtheit gelangter Verfasser nicht nur der Gruppe der Geldwertstabilisierer zugesellte, sondern auch eine der, wie mir scheint, irrigen Interpretationen der gleichzeitigen Ereignisse ins Leben setzte, die in England allgemein angenommen wurde und eine der Grundlagen der Währungspolitik bildete, die schließlich zur Einstellung der Goldeinlösung führte. Keynes behauptete nämlich, daß die amerikanischen Federal Reserve-Banken eine planmäßige Politik der »*Sterilisierung*« des einströmenden Goldes verfolgten, das heißt verhinderten, daß sich der Geldumlauf in Amerika entsprechend dem Goldzufluß vermehrte, und damit den ausgleichenden Mechanismus der Goldwährung unwirksam machten. Obwohl dieser Behauptung sofort von sachverständiger amerikanischer Seite (namentlich Dr. B.M. Anderson) entschieden widersprochen wurde und, wie wir sehen werden, in der seither verstrichenen Periode das Federal Reserve-System gewiß nicht nach der Richtung einer zu restriktiven Politik irrte, blieb in England die Behauptung, daß Amerika ständig den anerkannten Regeln der Goldwährung zuwidergehandelt habe, unwidersprochen. Der Schluß, der daraus gezogen wurde, war, daß England gegenüber den Goldabziehungen machtlos geworden sei, da Amerika ein bodenloses Loch darstelle, in dem das Gold der ganzen Welt versinken könne, ohne auf das dortige Preisniveau zu wirken.

Der letzte Punkt, der kurz erwähnt werden muß, ist, daß der *Federal Reserve Board* in seinem rasch berühmt gewordenen *Jahresbericht* für 1923, wenn er auch die Politik einer vollkommenen Stabilisierung des Preisniveaus ablehnte, sich doch insofern den Stabilisierungstheoretikern anschloß, als er seiner Überzeugung Ausdruck gab, daß Krisen und Depressionen wesentlich gemildert werden könnten, wenn nicht nur, was kaum bestritten werden dürfte, jede Hochkonjunktur rechtzeitig durch Heraufsetzen der Diskontsätze bekämpft, sondern auch, was für das Verständnis seiner weiteren Politik sehr wichtig ist, *jeder Rückgang der allgemeinen Geschäftstätigkeit sofort durch eine energische Herabsetzung der Diskontsätze beantwortet würde.* Der Federal Reserve Board ist dieser Programmschrift, wie wir sehen werden, nicht nur strikt gefolgt, sondern es sind ihm überdies, wie hier noch erwähnt sei, die Forderungen der extremen Vertreter des Stabilisierungsgedankens während der ganzen folgenden Periode in fortgesetzten parlamentarischen Enqueten (»Stabilization Hearings«) ständig von neuem eingeschärft worden.

Der Anfang der Schwierigkeiten Englands

Die eigentlichen Probleme, bei deren Lösung diese Ideen eine zum Teil verhängnisvolle Rolle spielen sollten, begannen mit *Englands Rückkehr zur Goldwährung* im Jahre 1925. Ob es weise war, mit Hilfe eines schwierigen Deflationsprozesses zur Vorkriegsparität zurückzukehren, ist recht fraglich. Die seither eingetretenen Ereignisse lassen es wahrscheinlich erscheinen, daß England besser getan hätte, wenn es sich des Rates Ricardos erinnert hätte, der mehr als hundert Jahre vorher schrieb, daß er einer Regierung niemals empfehlen würde, eine um 30 Prozent entwertete Währung wieder auf Pari zu heben. Jedenfalls mußte England dadurch in eine recht schwierige Lage kommen, da es stets einige Zeit dauert, bis sich die inneren Preise dem neuen Stand der Wechselkurse anpassen, und in England überdies infolge der Stabilisierung am Ende eines Deflationsprozesses die internen Preise zu einer Zeit über dem internationalen Niveau standen, als gleichzeitig und noch mehrere Jahre hindurch in den verschiedenen kontinentalen Ländern, so wie sie sich allmählich am Ende eines Inflationsprozesses stabilisierten, die internen Preise *unter* dem Weltniveau standen. Diese Situation hätte zur dauernden Sicherung der Goldwährung eine Fortsetzung des Deflationsprozesses bis zu dem Punkt notwendig gemacht, an dem auch das innere englische Preisniveau ein Gleichgewicht mit dem Rest der Welt erreicht hatte. Dazu war man aber in England nichts weniger als gewillt, und die neuen Ideen der Preis- und Konjunkturstabilisierung als Ziel der Währungspolitik gaben die willkommene Rechtfertigung für ein Abweichen von den orthodoxen währungspolitischen Regeln. Die Lage der englischen Wirtschaft zeigte zweifellos alle Symptome, die nach den Lehren der Stabilisierungstheoretiker eine Politik der Kreditexpansion angezeigt erscheinen ließen. Fallende Preise, wachsende Arbeitslosigkeit und andauernd ungünstige Lage der wichtigsten Industrien ließen in England auch die Jahre vor 1929 als Depressionsperiode erscheinen. Für die Leiter der Währungspolitik ergab dies ein ernstes Dilemma, das tatsächlich so gelöst wurde, daß alle die Jahre hindurch bis zum schließlichen Zusammenbruch der Goldwährung die Bank von England sich auf das Minimum der zur Erhaltung eines momentanen, höchst labilen Gleichgewichtes der Währung unvermeidlichen Maßnahmen beschränkte und von jeder Möglichkeit Gebrauch machte, die von der internationalen Situation diktierte Kreditverknappung zu vermeiden. Fortdauernd wurden, entgegen dem Grundgedanken der Goldwährung, die abströmenden Goldmengen durch Ausdehnung der Leihtätigkeit der Bank kompensiert und so der gesamte Umlauf zu einer Zeit konstant gehalten, da er sich bei Bestehen einer echten Goldwährung hätte verringern müssen.[1] Es ist nur natürlich, daß die Bank von England in dieser Situation die begeistertste Vorkämpferin der »Kooperation der Notenbanken« wurde, die sie ganz von diesen unangeneh-

---

[1] Das wurde von dem Vertreter der Bank vor dem Macmillan-Ausschuß offen zugegeben, anscheinend ohne daß sich jemand bewußt geworden wäre, daß dies eine flagrante Verletzung der vielbesprochenen Regeln der Goldwährung darstellt. Der Deputy Governor der Bank of England Sir Ernest Harvey erklärte vor diesem Ausschuß (*Minutes of Evidence taken before the Committee on Finance and Industry*, London 1931, Vol. I, Q. 353): »Wenn Sie eine Folge von Bankausweisen betrachten, werden Sie feststellen, daß der Verlust von Gold fast vollständig durch eine Zunahme des Bestandes an Wertpapieren ersetzt worden ist.«

men Notwendigkeiten entheben sollte. Und die Diskussion über die relative Bedeutung der nationalen Bestimmungsgründe der Währungspolitik ist in diesen Jahren in England immer mehr in den Vordergrund getreten und hat mit der Veröffentlichung des Berichtes des Macmillan-Ausschusses einen gewissen Höhepunkt erreicht, der gleichzeitig einen starken Erfolg für die von Keynes geführte nationalistische Richtung in der Währungspolitik darstellt.

Die Gefahren der Stabilisierungspolitik

All dies ruht aber theoretisch auf recht schwachen Füßen. Die Theorie der Preis- und Konjunkturstabilisierung war – abgesehen von ihren sonstigen Mängeln – für ein geschlossenes Wirtschaftsgebiet entwickelt worden und war nicht ohne weiteres auf ein einzelnes Land anwendbar, das Glied eines internationalen Systems ist. Gerade England war aber noch weniger als irgendein anderes Land in der Lage, seine innere Situation als etwas von seinen internationalen Beziehungen grundsätzlich Verschiedenes zu betrachten. Schon der Beginn seiner Schwierigkeiten war in erster Linie seiner verschlechterten internationalen Situation zuzuschreiben, die wieder eine Folge des nach der Deflation noch immer verhältnismäßig zu hohen Preis- und Lohnniveaus war. Im Laufe der Jahre seit 1925 dürfte sich aber die internationale Position Englands noch weiter verschlechtert haben, wozu die vergebliche Stabilisierungspolitik der Bank von England nicht wenig beigetragen hat. Es kann kaum ein Zweifel bestehen, daß in diesem Zeitraum zumindest in den Vereinigten Staaten das Tempo des Fortschrittes der Produktionstechnik und der damit verbundenen Kostensenkung wesentlich schneller war als in England. Auch wenn anfänglich ein Gleichgewicht zwischen dem inneren Geldwert in England und den Vereinigten Staaten bestanden hätte, würde diese Entwicklung bei Bestehen eines gemeinsamen Währungssystems, also insbesondere bei Bestehen der Goldwährung in beiden Ländern, eine andauernde Tendenz zu Abwanderungen von Gold nach Amerika und damit einen anhaltenden Druck auf das englische Preisniveau unvermeidlich gemacht haben. Diese Vorgänge sind ein notwendiges Glied in dem Mechanismus, durch den sich die Verteilung des Goldes der Welt den geänderten Produktionsverhältnissen anpaßt.

Es braucht kaum erwähnt zu werden, daß die Zahlung der Kriegsschulden ein weiteres höchst bedeutungsvolles Moment darstellte, das eine relative Preissenkung und deshalb Kreditkontraktion in Europa im Vergleich zu Amerika notwendig machte, wenn auch im Fall Englands, das für diese Zahlungen nur eine Durchgangsstation bildete, seine Bedeutung wesentlich geringer war.

Der Versuch, angesichts all dieser Umstände doch die unvermeidliche Senkung des nationalen Preisniveaus zu vermeiden, hätte nicht so lange verhältnismäßig erfolgreich sein können, wenn er nicht infolge der Herrschaft des Stabilisierungsgedankens in den Vereinigten Staaten verständnisvolles Entgegenkommen und gleichgerichtete Bemühungen angetroffen hätte. Der schon erwähnte Prozeß der Kostensenkung, der dort vor sich ging, hätte, wenn er nicht durch eine gewaltige Kreditexpansion kompensiert worden wäre, zu einer entsprechenden Preissenkung führen müssen, die einerseits, da sie ja nur eine Folge der Kostensenkung gewesen wäre, die Produktion in keiner Weise geschädigt hätte, und anderseits durch das Mittel der Goldansaugung von Europa die hier schließlich unausweichliche Kostenreduktion erzwungen hätte. Daß ein solcher der Kostensenkung entsprechender Preisfall ohne Schaden für die Produktion vor sich gehen kann, wurde deutlich durch die Entwicklung in den Vereinigten Staaten in den Jahren 1925–1927 demonstriert, in denen trotz ständig fallender Preise Hochkonjunktur herrschte. Es lag nahe, damals, das ist bis 1927, gerade aus dem Fallen der Preise zu schließen, daß es den Vereinigten Staaten gelingen würde, eine inflationistische Kreditexpansion und damit auch die folgende Krise zu vermeiden und die günstige Konjunktur zu verewigen. Es zeigte sich jedoch, daß auch vor 1927 der Preisfall durch eine planmäßige Kreditexpansion hinter dem Maß der Kostensenkung zurückgehalten wurde, so daß 1927 eine Reaktion drohte. Und die ersten Anzeichen dieser Reaktion gaben Anlaß zu einer ungeheuren Beschleunigung dieser Kreditexpansion, zu der die Politik Europas und namentlich Englands Amerika die Möglichkeit bot und die direkt zu der Krise von 1929 führte.

Amerika und die Kooperation der Notenbanken

Daß bis 1927 die Vereinigten Staaten das einfließende Gold nicht, wie vielfach behauptet, sterilisierten, sondern zur Grundlage einer ganz ausgiebigen Kreditexpansion machten, geht aus allen Statistiken, besonders aber aus der Entwicklung der Depositen bei den Mitgliedsbanken des Federal Reserve-Systems hervor, die von 1925 bis 1927 von rund 18 auf über 20 Milliarden Dollar stiegen. Der beste Beweis dafür, daß die Vereinigten Staaten in diesen Jahren stärker Kreditexpansion trieben, als ihnen gut tat, sind jedoch die unverkennbaren Anzeichen eines Konjunkturrückschlages, die sich 1927 geltend machten. Wahrscheinlich wäre schon diese Expansion vor 1927 geringer ausgefallen, wenn nicht die andauernde »cheap money policy« der Bank von England das Federal Reserve-System jeder Sorge vor zu großen Goldabhebungen enthoben hätte. Von 1927 an kann jedoch über die Bedeutung dieses Momentes kaum ein Zweifel bestehen. Daß die Federal Reserve-Banken eine im Umschlagen begriffene Konjunktur durch neuerliche gewaltige Kreditinjektionen wieder anfachen und dann durch weitere zwei Jahre auf einer vorher nie gekannten Höhe erhalten konnten, obwohl in dem Augenblick, da sie diese Politik begannen, die Goldbewegungen sich umgekehrt hatten, und daß trotzdem dieser Goldabfluß nach einigen Monaten zu einem Stillstand kam, ohne die Federal Reserve-Banken zu einer Aufgabe ihrer Expansionspolitik zu zwingen, war nur möglich, weil die europäischen Notenbanken nur allzu willig waren, auf dem Pfad der Kreditexpansion zu folgen. Sicher hat in diesem kritischen Zeitpunkt bewußte Kooperation der Notenbanken eine große Rolle gespielt. Es wird sogar behauptet, scheint mir aber kaum glaublich, daß bei der im August 1927 in Washington abgehaltenen Besprechung der Zentralbanken vereinbart wurde, daß künftighin keine Zentralbank der anderen ohne deren Zustimmung Gold entziehen dürfe.[2] Welche Form dieses Einverständnis aber tatsächlich auch genommen haben mag, kein Zweifel kann wohl darüber bestehen, daß dank einer solchen stillschweigenden oder ausgesprochenen Kooperation in den Jahren 1927–1929 eine Kreditexpansion ermöglicht wurde, die unter der automatischen Goldwährung der Vorkriegszeit unmöglich gewesen wäre.

Der Vorwurf, daß die Vereinigten Staaten durch das Horten von Gold die Schwierigkeiten Englands verursacht hätten, ist angesichts dieser Entwicklung absurd; er bedeutet nichts anderes, als daß Amerika noch mehr Inflation treiben und dadurch eine noch schwerere Krise hätte verursachen sollen. Es ist etwas viel verlangt, daß Amerika in einseitiger Weise und um den Preis schwerer Erschütterungen seines Produktionsapparates das internationale Gleichgewicht ausschließlich durch Kreditausweitung auf seiner Seite hätte herbeiführen sollen, während auf der anderen Seite kein Versuch gemacht wurde, eine entsprechende Kreditverknappung durchzuführen. Daß diese Forderung gestellt werden konnte, ist nur der Herrschaft des Stabilisierungsgedankens zuzuschreiben, dem die Vorstellung zugrunde lag, daß eine Kreditausweitung, die nur dazu diene, das Preisniveau stabil zu erhalten, auch wenn es sich nur um das lokale Preisniveau des in seiner Produktivität am schnellsten fortschreitenden Glieds eines internationalen Systems handelte, keine schädlichen Wirkungen haben könne. Ebensogut hätte man behaupten können, daß eine Kreditausweitung, die gerade nur ausreiche, um den Preis jener Ware stabil zu erhalten, deren Produktionskosten am schnellsten fielen, keine schädlichen Wirkungen haben könne. Daß der Stabilisierungsgedanke in diesem Punkt völlig zusammengebrochen ist und die gegenwärtige Krise vor allem der bis 1929 andauern-

---

[2] So Einzig, P., *Behind the Scenes of International Finance*, London: Macmillan 1931, S. 36. Wenn man freilich die Aussagen Gouverneur Normans vor dem Macmillan-Ausschuß liest, in denen er nicht nur die Bemühungen um Kooperation der Zentralbanken als eine der beiden wichtigsten Tätigkeiten der Bank von England in dieser Periode bezeichnet, sondern auch deren Aufgabe als »Beseitigung des Kampfes um das Gold« kennzeichnet, wird diese Behauptung schon weniger unwahrscheinlich. Vgl. *Minutes of Evidence*, [op.cit., vgl. Anm. 1], Vol. I, Q. 3490.

den Inflation zuzuschreiben ist, die nicht einmal ausreichte, um das Preisniveau völlig stabil zu halten, wird in Amerika heute allgemein anerkannt. Den besten Beweis dafür bildet wohl der jüngst erschienene Bericht eines Ausschusses des Federal Reserve-Systems, der empfiehlt, zur Verhinderung der Wiederkehr einer solchen Inflation eine wesentliche Verschärfung der bestehenden Reservevorschriften für die Mitgliedsbanken des Systems durchzuführen.

Etwas eher scheint auf den ersten Blick der Vorwurf systematischer Goldhortung im Falle Frankreichs zuzutreffen. Frankreich hat tatsächlich, nachdem die Stabilisierung des Franc auf einem Niveau erfolgt war, das ihn international gegenüber seiner internen Kaufkraft beträchtlich unterbewertete, eine äußerst vorsichtige Politik verfolgt und eine dem Betrag des einfließenden Goldes *proportionale* Kreditexpansion verhindert. Frankreich hat jedoch nicht verhindert, daß – und dies allein ist zum Funktionieren der Goldwährung erforderlich – sich sein Geldumlauf absolut um den Betrag des einströmenden Goldes vermehrte. Das einzige, was daher über Frankreichs Währungspolitik in diesem Zusammenhang gesagt werden muß, ist, daß Frankreich aus den Erfahrungen der übrigen europäischen Länder gelernt hatte, die, nachdem sie nach der Stabilisierung ihrer Währungen zunächst eine sehr schnelle Anpassung ihres Preisniveaus an das Weltpreisniveau und die damit verbundene Kreditexpansion zugelassen hatten, alle von einer mehr oder minder heftigen »Stabilisierungskrise« heimgesucht wurden, die Frankreich auf diese Weise tatsächlich vermied. Auch hier war es also der Versuch einer Abwehr der namentlich durch Englands Währungspolitik geförderten Gefahr einer Inflation, der Frankreichs Währungspolitik bestimmte.

[II. Teil]

Englands »Goldknappheit«

Für die Zeit vor 1929 kann ernstlich kaum behauptet werden, daß in irgendeinem Sinn eine Goldknappheit die wirtschaftliche Entwicklung der Welt beeinträchtigte. Wir haben im Gegenteil in diesen Jahren eine Kreditexpansion in einem Umfang mitgemacht, wie sie in Ländern mit Goldwährung kaum je früher dagewesen ist. Es ist daher auch höchst unwahrscheinlich, daß seither der Goldvorrat der Welt, der zu jener Kreditexpansion ausreichte, plötzlich unzureichend geworden und eine Goldknappheit die Ursache des gegenwärtigen Preisfalles sein solle. Tatsächlich war es ein einziges Land, in dem es damals eine ständige Goldknappheit gab, nämlich England, und hier war die Goldknappheit wesentlich den gleichen Ursachen zuzuschreiben, die bei jedem Privaten Geldknappheit verursachen können, dem Umstand nämlich, daß England ständig mehr ausgab, als es einnahm. Wäre England nicht das Land gewesen, von dem der Rest der Welt seit einem Jahrhundert gewohnt war, seine währungspolitischen Ansichten zu beziehen, so wäre es kaum dazu gekommen, daß das Bestehen einer Goldknappheit in England ohne weiteres als hinreichender Beweis für die Notwendigkeit einer Politik der Bekämpfung der Goldknappheit in der ganzen Welt hingenommen worden wäre. Englands dominierender Einfluß auf dem Gebiete der Geldtheorie, der ein Segen für die übrige Welt gewesen war, solange England sich in einer starken Position befand, mußte der Welt zum Schaden gereichen, sowie die internationale Position Englands ungünstig wurde. Denn die Goldwährung und in der Tat jede internationale Währung ist nur das Mittel, durch das sich Änderungen der relativen wirtschaftlichen Position eines Landes auf seinen Anteil am Welteinkommen auswirken. Während daher jedes Land, das sich in einer günstigen Lage befindet, stets gesunde währungspolitische Grundsätze vertritt, wird in einem Land, in dessen internationalen Beziehungen ungünstige Umstände zum Ausdruck kommen, sich die Stimmung immer gegen die Goldwährung wenden, obwohl diese doch nur das Mittel ist, durch das sich Tendenzen auswirken, die auf keinen Fall beseitigt werden können.

Von dem Wunsch, der unangenehmen Notwendigkeit enthoben zu sein, durch Preis- und Lohnsenkungen den allgemeinen Lebensstandard dem verringerten Nationaleinkommen anzupassen, zu einer theoretischen Rechtfertigung einer Währungspolitik, die die dahin gehenden Tendenzen der Goldwährung unwirksam machte, war es nicht weit. Eine eingehendere Darstellung und Kritik der heute schon weit verbreiteten Irrtümer über das Funktionieren der internationalen Goldwährung und den Mechanismus der internationalen Kapitalbewegungen, die der Politik der Bank von England zugrunde liegen, würde einen besonderen Aufsatz erfordern. Der wichtigste Irrtum ist die Unterscheidung von bloß temporären Goldbewegungen, die keinen tieferliegenden Ursachen, sondern nur momentanen Umständen zuzuschreiben sind und daher keine Änderung des internen Kreditvolumens veranlassen sollen, von den »echten« Kapitalbewegungen, die allein eine Ursache für Zinsfußänderungen darstellen sollen. Warum freilich Goldbewegungen unter irgendwelchen Bedingungen nicht echte Kapitalbewegungen darstellen sollen und warum ein Land, das nicht in der Lage ist, seine laufenden Verpflichtungen durch seine laufenden Leistungen zu decken und darum genötigt ist, zum Teil in bar zu zahlen, also das Defizit der laufenden Rechnung durch Kapitalleistungen auszugleichen, trotzdem nachher noch in der Lage sein soll, der heimischen Industrie ebensoviel Kapital wie vorher zu Investitionszwecken zur Verfügung zu stellen, wird nicht erklärt. Diese Theorien sind weder neu, noch nehmen sich auch ihre Vertreter die Mühe zu zeigen, daß ihre Widerlegung, die von den klassischen Nationalökonomen vor mehr als hundert Jahren – wie man glauben durfte, endgültig – erfolgte, unzutreffend ist. Das hinderte jedoch nicht, daß sie von den Praktikern mit Freude aufgegriffen und in die Praxis umgesetzt wurden; ja man kann sagen, daß die Währungspolitik ihnen folgte, bevor sie noch in klarer Weise formuliert worden waren. J.M. Keynes' *Treatise on Money*, das den großangelegten Rechtfertigungsversuch dieser Politik darstellt, ebenso wie der ganz in Keynes' Geist gehaltene und vorwiegend von ihm beeinflußte Bericht des Macmillan-Ausschusses sind in diesem Punkt viel weniger revolutionär, als es scheinen mag, wenn man sie mit den traditionellen Regeln der Währungspolitik vergleicht. Sie erheben im wesentlichen nur die Verstöße gegen die traditionellen Regeln der Goldwährung zum Prinzip, die die Bank von England in den letzten sechs Jahren ständig begangen hat.

Die Bank von England stand natürlich mit ihren Bemühungen, die Goldbewegungen unwirksam zu machen, in dieser Periode nicht allein. England ist nur das wichtigste Land, in dem solche Versuche gemacht wurden, und das einzige Land, in dem diese Politik nicht nur konsequent fortgeführt, sondern auch der Versuch unternommen wurde, sie theoretisch zu rechtfertigen. Man muß aber, um verständlich zu machen, warum diese Versuche nach dem Kriege so allgemein wurden, hier noch ein Moment erwähnen, das die Zentralbanken zu solchen Versuchen geradezu verleiten mußte: das allgemeine Verschwinden des Goldes aus dem Umlauf und die Konzentration des gesamten Goldbestandes bei den Zentralbanken, mit einem Wort, die allgemeine Einführung des Systems der *Goldkernwährung*. Solange sich Gold im Verkehr befand und daher Gold für den Export nicht unmittelbar der Zentralbank entzogen werden mußte, ergab sich eine Verknappung des Geldumlaufes unmittelbar als Folge dieser Goldexporte, ohne daß die Zentralbank, die davon gar nicht direkt betroffen werden mußte, einen Anlaß hatte oder in die Versuchung kam, dies durch vermehrte Kreditgewährung zu kompensieren. Die Verknappung des Umlaufes führte vielmehr direkt zu einer Erhöhung der Marktzinssätze und auf diesem Weg schließlich auch zur Erhöhung des offiziellen Diskontsatzes. Wenn dagegen das Gold für den Export ausschließlich der Zentralbank entnommen wird, so ist die Versuchung für sie überaus groß, es gar nicht zu einer Verknappung der Kreditbasis kommen zu lassen, sondern den Goldabfluß sogleich durch vermehrte Kreditgewährung auszugleichen.

In der Praxis wurde dieses Vorgehen meist in zwei bekannte Regeln zusammengefaßt, die an sich durchaus richtig sind, aber in einer Weise gedeutet wurden, die dem Sinne ihrer klassischen Urheber durchaus widersprach. Es sind dies die beiden Sätze, daß der *Zweck von Goldbewegungen die Ausgleichung internationaler Saldi* ist und daß *Goldreserven dazu da sind*, im Bedarfsfall *gebraucht zu werden*. Nun soll aber weder der erste Satz sagen, daß die Goldbewegungen die endgültige Regelung internationaler Differenzen darstellen, sondern nur, daß sie ein Glied in dem Mechanismus sind, der schließlich zu einer effektiven Leistung in Gütern führt. Noch bedeutet der zweite Satz, daß Goldreserven dazu da sind, um die Notwendigkeit der Einschränkung des heimischen Geldumlaufes im Fall einer Goldausfuhr zu umgehen. Beide Sätze gelten für den Fall einer Goldkernwährung und den Fall eines gemischten Geldumlaufes in genau dem gleichen Sinn, in dem sich Goldbewegungen in dem Fall eines ausschließlichen Goldumlaufes auswirken würden. Nicht umsonst haben die großen Geldtheoretiker der klassischen Periode von Ricardo an immer darauf bestanden, daß ein nichtmetallischer Geldumlauf stets so reguliert werden sollte, daß sich die gesamte Menge alles umlaufenden Geldes ebenso ändert, wie dies geschehen würde, wenn ausschließlich Gold im Umlauf wäre. Jeder Versuch, Goldbewegungen durch entgegengesetzte Änderungen des Kreditvolumens zu kompensieren, kann nur die Wirkung haben, den Mechanismus der internationalen Kapitalbewegungen unwirksam zu machen und schließlich auch das Instrument, das sie ermöglichen soll, die Goldwährung, zu zerbrechen.

Die Stabilisierungspolitik und die Krise

Es ist wohl klar, daß sich die Behauptung, daß die künstliche Verhinderung des durch die Kostensenkung bedingten Preisfalles schädlich gewirkt habe, auf die Periode bis zum Jahre 1929 bezieht und nicht den seither eingetretenen Preisfall als unschädlich darstellen will. Im Gegenteil, dieser Preisfall ist eben eine der schwersten schädlichen Folgen der Stabilisierungspolitik der vorausgegangenen Periode. Anstatt die Preise langsam fallen zu lassen, so wie dies ohne Schädigung der Produktion möglich gewesen wäre, wurden solche Mengen zusätzlicher Kredite in den Umlauf gepumpt, daß das Preisniveau selbst in jenen Ländern annähernd stabil erhalten wurde, wo der schnellere technische Fortschritt eine Tendenz zum Sinken des Preisniveaus im Verhältnis zum Rest der Welt hervorrief. Ob eine solche Inflation bloß dazu dient, die Preise stabil zu erhalten oder ob sie zu einer Preissteigerung führt, macht dabei wenig Unterschied. Die Erfahrung hat nun bestätigt, was die Theorie schon wußte, daß auch eine solche Inflation zu Fehlleitungen der Produktion in einem solchen Ausmaß führen kann, daß schließlich ein Zusammenbruch in Form einer Krise unausbleiblich wird. Damit ist aber die Unmöglichkeit einer absoluten Stabilisierung des Preisniveaus in einer dynamischen Wirtschaft auch praktisch erwiesen. Die Stabilerhaltung in einer Zeit, in der die natürliche Tendenz abwärts gerichtet war, hat schließlich zu einem Preissturz geführt, der die Preise zweifellos weit unter jenes Niveau herunterbrachte, das erreicht worden wäre, wenn die Preise langsam durch die ganze Periode hindurch gefallen wären – gerade so, wie unter sonst stationären Verhältnissen die Reaktion auf eine Inflation, die in einer Preissteigerung zum Ausdruck kam, weit unter das anfängliche Preisniveau herunterführen kann.

Obwohl aber kein Zweifel bestehen kann, daß der Preisfall seit 1929 überaus schädlich war, so sagt dies doch nicht, daß die seither gemachten Versuche, ihn durch planmäßige Kreditexpansion zu bekämpfen, nicht mehr Schaden als Nutzen angerichtet haben. Es ist jedenfalls eine Tatsache, daß in der gegenwärtigen Krise zum erstenmal in großem Stil der Versuch gemacht worden ist, unmittelbar nach dem Umschlagen der Bewegung durch eine planmäßige Politik der Zinsverbilligung – verbunden mit allen möglichen anderen Maßnahmen zur Verhinderung des normalen Liquidationsprozesses – eine Wiederbelebung der Wirtschaft hervorzurufen, und daß in der Folge die Depression verheerendere Formen annahm und länger dauerte als je zuvor. Die währungspolitischen Maßnahmen selbst, namentlich in der Form, wie sie am klarsten von den Federal Reserve-Banken verfolgt wurden, entsprachen völlig dem Rezept der Stabilisierungstheoretiker. Und sie wurden in Amerika von allen Arten nicht währungspolitischer Maßnahmen ergänzt, die fast durchweg von dem Wunsch nach »Erhaltung der Kaufkraft« diktiert wurden, der, obwohl ursprünglich auf die Unterkonsumtionstheorien der Krisen gestützt, von seiten der Stabilisierungstheoretiker eine wichtige Unterstützung erhielt. Von Präsident Hoovers Appell an die Unternehmer im Herbst 1929, Arbeiterentlassungen zu vermeiden, bis zur eben erfolgten Gründung der Reconstruction Finance Corporation, die in Schwierigkeiten geratenen Firmen helfen soll, den Zusammenbruch zu vermeiden, hat sich in den Vereinigten Staaten eine Maßnahme zur Verhinderung oder Hinausschiebung des normalen Liquidationsprozesses an die andere gereiht.

Wenn es auch kaum möglich ist, in der hier gebotenen Kürze den Beweis für diese Behauptung zu bringen, so muß doch bemerkt werden, daß es recht wahrscheinlich ist, daß wir längst aus dem Schlimmsten heraus wären und der Preisfall nie jenen katastrophalen Umfang angenommen hätte, wenn man nach der Krise von 1929 dem Liquidationsprozeß seinen Lauf gelassen hätte. Nur eine recht oberflächliche Erklärung der Krise, wie sie von den meisten Stabilisierungstheoretikern vertreten wird, konnte zu der Annahme führen, daß eine gründliche Reorganisation des ganzen Produktionsapparates vermieden werden könne. Nur wenn man glaubte, daß die Ursache der Krise allein in einem monetären Deflationsprozeß liege, und die in der vorangegangenen Hochkonjunktur eingetretenen Fehlleitungen der Produktion völlig vernachlässigte, konnte man glauben, daß durch eine solche Bekämpfung der Symptome die Krise überwunden werden könne. Wenn aber, woran kaum ein Zweifel bestehen kann, die unmittelbare Ursache der Krise eben in diesen realen Fehlleitungen der Produktion liegt und der Deflationsprozeß nur eine dadurch ausgelöste sekundäre Erscheinung, ein Glied in dem Prozeß darstellt, durch den die notwendige Neuanpassung der Produktion erzwungen wird, dann konnten die von den Stabilisierungstheoretikern vertretenen Maßnahmen zur Verhinderung des Liquidationsprozesses nur die Wirkung haben, die Depression und den Preisfall wesentlich zu verlängern.

Es besteht dann auch keinerlei Anlaß, die Goldwährung in irgendeiner Weise für den gegenwärtigen Preisfall verantwortlich zu machen. Alle aufgezählten Momente, die wirklich eine ursächliche Rolle gespielt zu haben scheinen, stellen vielmehr Versuche dar, den normalen Mechanismus der kapitalistischen Wirtschaft im allgemeinen und der Goldwährung im besonderen unwirksam zu machen. Nur ein Argument, übrigens wohl das schwächste seiner Art, das bisher nicht ausdrücklich erwähnt, wohl aber implicite beantwortet wurde, muß noch kurz berührt werden: die vermeintliche schädliche Wirkung der bestehenden ungleichmäßigen Verteilung des Goldes in der Welt. Wer der bisherigen Argumentation gefolgt ist, muß wohl ohne weiteres sehen, daß es sich hier durchaus um eine Folge der schon besprochenen Umstände, um eine Wirkung der Nichtbefolgung der Regeln der Goldwährung seitens einer Reihe von Ländern und nicht um eine selbständige Ursache handelt. Und der Druck, der heute von dieser ungleichmäßigen Verteilung ausgeht, stellt nichts anderes als die unausbleibliche Verstärkung jener Tendenzen dar, denen sich jene Länder so lange widersetzt haben.

Der Zusammenbruch der Goldwährung in England

Die Weltkrise und der dadurch ausgelöste Deflationsprozeß machten die Lage der Bank von England nicht leichter und verringerten eher ihre Entschlossenheit noch mehr, durch ein Hochhalten der Zinssätze die inneren Schwierigkeiten zu vergrößern. Mit den Federal Reserve-Banken um die Wette beeilte sie sich nach der Krise von 1929, den Zinssatz zu senken, der innerhalb weniger Monate von $6^1/_2$ Prozent auf 3 Prozent heruntergebracht wurde. Die eigentliche Zuspitzung der Lage trat jedoch erst ein, als die Bank von England, nachdem sie den Satz von 3 Prozent durch zwölf Monate beibehalten hatte, im Mai des abgelaufenen Jahres, als schon der Zusammenbruch der Österreichischen Credit-Anstalt das erste Sturmzeichen geboten hatte, ihren Satz weiter auf $2^1/_2$ Prozent ermäßigte und bis in den Juli hinein beibehielt, obwohl schon gewaltige Goldabziehungen einsetzten. Von da an wurden kaum mehr ernstliche Versuche gemacht, das Pfund zu retten, und die Bank schien sich damit abgefunden zu haben, daß die Einlösung früher oder später aufgegeben werden müsse. Nur so ist es zu erklären, daß weder die eigene Goldreserve der Bank noch die nach und nach in Frankreich und Amerika aufgenommenen Kredite dazu benützt wurden, um durch den Verkauf dieser Goldguthaben den heimischen

Umlauf einzuschränken. Mehr noch, um die Bank von der sonst bestehenden Notwendigkeit einer solchen Reduktion des Umlaufes zu befreien, wurde Ende Juli die gesetzliche Grenze für den »fiduziären« (ungedeckten) Notenumlauf erhöht und im Juli auch der tatsächliche Notenumlauf stärker als saisonmäßig begründet, vermehrt. Daß unter diesen Umständen die zu Interventionszwecken zur Verfügung stehenden Kredite sich wirkungslos erschöpfen mußten, ist selbstverständlich. Allein dieser offenbare Mangel an Entschlossenheit, etwas zum Schutz des Pfundes zu tun, hätte wahrscheinlich zu beträchtlichen Abziehungen von Krediten geführt. Als jedoch im September noch die bekannten weiteren Vertrauenserschütterungen die Abziehungen verstärkten, kam das Ende so kampflos, wie man es selbst nach der Politik der Bank von England in den vorangegangenen Jahren nicht erwartet hätte. Daß die Bank von England bei einem offiziellen Diskontsatz von nicht mehr als $4^1/_2$ Prozent die Barzahlungen einstellte, ist sicher das überraschendste und mit allen traditionellen Regeln der Währungspolitik am meisten im Widerspruch stehende währungspolitische Ereignis der abgelaufenen Epoche.

Dieses Aufgeben des Goldstandards bedeutet zweifellos einen endgültigen Bruch mit der einzigartigen, mehr als zweihundertjährigen Tradition, nach der England auch nach Zeiten vorübergehender Erschütterung seiner Währungseinheit immer wieder unter großen Opfern zum alten Standard zurückgekehrt ist. Diesmal waren die seit 1921 gebrachten Opfer umsonst, weil die verantwortlichen Stellen nicht gewillt oder nicht in der Lage waren, die wahrscheinlich nur mehr geringen Opfer zu erzwingen, die notwendig gewesen wären, um die Position des Pfundes dauernd zu sichern. Die größte Verantwortung dafür tragen aber wohl die ursprünglichen Gegner der Rückkehr zur Goldwährung, die ihre damals wahrscheinlich berechtigte Position auch nach Wiederherstellung der Goldwährung zur alten Parität nicht aufgaben und alle zur endgültigen Sicherung der Goldwährung notwendigen Maßnahmen aufs heftigste bekämpften. Daß sie damit bei der Leitung der Bank immer mehr und mehr Gehör fanden, ist nicht zu bezweifeln. Ich glaube, J.M. Keynes würde es heute noch nicht als Vorwurf, sondern als Lob betrachten, wenn man, wozu viel Anlaß vorliegt, die Aufgabe der Goldwährung in England als »the economic consequences of Mr. Keynes« bezeichnen wollte.

Die Aussichten der Goldwährung

So dringend unter diesen Gesichtspunkten eine baldige allgemeine Wiederherstellung einer freien, nicht manipulierten Goldwährung scheinen muß, die Chancen, daß England in naher Zukunft zur Goldwährung zurückkehrt – und dies wäre natürlich die Vorbedingung für eine allgemeine Wiederherstellung der Goldwährung – sind leider sehr gering. Dieselben Vertreter einer nationalistischen Währungspolitik, die, solange die Goldwährung bestand, mit Erfolg verhinderten, daß die durch sie zum Ausdruck kommenden internationalen Einflüsse sich in England auswirkten und zur Herstellung eines Gleichgewichtes führten, sträuben sich nun mit aller Kraft dagegen, daß England die »Fessel« wieder auf sich nehme, die es glücklich abgestreift habe. Alles spricht von *Bedingungen*, unter denen allein England zur Goldwährung zurückkehren könne, und diese Bedingungen bedeuten meist nichts anderes, als daß England nur zur Goldwährung zurückkehren könne, wenn ihm die anderen Staaten Sicherheit böten, daß es in Zukunft auch dann die Goldwährung dauernd beibehalten könne, wenn es fortfährt, die Spielregeln der Goldwährung zu verletzen. Man sieht dort vorläufig nicht, daß jede internationale Währung, jedes System stabiler Wechselkurse – und dieses kann England auf die Dauer weniger als irgendein anderer Staat entbehren – England von Zeit zu Zeit dieselbe unangenehme Notwendigkeit interner Kreditkontraktion aus Gründen, die im Ausland liegen, auferlegen würde. Und gleichzeitig hofft man, vielleicht mit mehr Berechtigung, daß in nicht zu ferner Zeit Amerika und in der Folge die übrige Welt Inflation treiben würden, so daß der Wert des Goldes so gesenkt würde, daß England ohne Opfer in ehrenvollerer Weise, und vielleicht gar zur alten Parität, zur Goldwährung zurückkehren könnte. Inzwischen werden Pläne einer »Empire Currency« geschmiedet – geschehen wird aber wahrscheinlich längere Zeit hindurch gar nichts.

Selbst eine de facto-Stabilisierung des Pfundkurses ist in nächster Zeit wohl nur zu erwarten, wenn sich diese leicht und ohne interne Kontraktion des Umlaufes durchführen läßt. Das heißt mit anderen Worten, daß aller Wahrscheinlichkeit nach die Politik der Bank von England auf eine Stabilität des inneren Preisniveaus abzielen und wenig oder keine Rücksicht auf die Änderungen des Pfundkurses nehmen wird. Die Schwierigkeiten einer solchen Politik in einem Land, in dem fast alle Lebensmittel importiert werden und daher im Preis mit den Wechselkursen schwanken, sind nicht gering. Bedeutet doch Stabilhaltung des Preisniveaus bei Steigen der Preise der Importartikel, daß die Preise der heimischen Produkte gesenkt werden müssen, was zweifellos Klagen über die Kontraktionspolitik der Bank und damit die Gefahr eines inflationistischen Druckes auf die Bank auslösen würde. Noch größer wird diese Gefahr, wenn zeitweilig, wie dies immerhin möglich ist, das Pfund infolge großer Abziehung kurzfristiger Guthaben des Auslandes stark im Kurs gedrückt werden sollte. Und eine Senkung des Pfundkurses ist, solange die Bank mit einer Politik der Stabilhaltung des Preisniveaus fortfährt, die einzige Weise, in der solche Kapitalleistungen an das Ausland tatsächlich durchgeführt werden können.

Aber wenn auch die Aussichten einer baldigen Rückkehr Englands zur Goldwährung gering sind, so hat doch wohl der währungspolitische Nationalismus als geistige Strömung, wie schon angedeutet, wahrscheinlich seinen Höhepunkt erreicht oder gar überschritten. Daß das Aufgeben der Goldwährung die industrielle Lage entgegen den hochgespannten Hoffnungen kaum geändert hat, hat vielfach ernüchternd gewirkt. Wichtiger ist aber, daß das Erscheinen des Berichtes des Macmillan-Ausschusses und von Keynes' *Treatise*, in denen zum erstenmal eine theoretische Fundierung jener Politik versucht wird, auch der Kritik, die sich nun zu regen beginnt, die Anhaltspunkte für eine Widerlegung jener Lehren bietet. Es ist zu hoffen, daß in diesem Punkte diese beiden Werke nicht, wie viele glaubten, den Beginn einer neuen, sondern den Schlußstein einer höchst verhängnisvollen vergangenen Epoche der Währungspolitik darstellen.

Die Geschichte der Goldwährung im letzten Jahrzehnt hat viel Ähnlichkeit mit der jüngsten Geschichte des Kapitalismus. Man hat sich so lange bemüht, ihr Funktionieren im einzelnen zu unterbinden, wo immer man mit den durch sie zum Ausdruck kommenden Tendenzen unzufrieden war, bis man schließlich mit einem Anschein von Recht behaupten konnte, daß sie völlig unwirksam geworden sei. Neben die rein sozialpolitischen Motive, die anfänglich dabei die Hauptrolle spielten, sind dabei in jüngster Zeit immer mehr offen nationalistische Gesichtspunkte getreten, die heute auf dem Gebiete der Währungspolitik schon fast gefährlicher geworden sind als selbst auf dem Gebiete der Handelspolitik. Darf man hoffen, daß sie sich darum schneller ad absurdum führen werden?

1. Ergänzung (1931/1965)

Ein unveröffentlichter Brief an den Herausgeber von »The Times«, London

Der folgende Brief wurde am 25. November 1931 an »The Times« gesandt aber zunächst nicht gedruckt. Anfang April 1932 erhielt ich von »The Times« einen Korrekturabzug, auf dem das ursprüngliche Datum weggelassen war. Nachdem ich es bei der Korrektur wieder eingesetzt hatte, erhielt ich mit Brief vom 10. April den Abzug mit der Mitteilung zurück, daß es gegen die »unabänderliche Regel« der »Times« sei, einen Brief mit einem alten Datum zu veröffentlichen. Der Brief ist daher bisher nicht veröffentlicht worden und wird nun nach der Korrekturfahne abgedruckt.

Geehrter Herr,

während einiger Wochen nach der Aufhebung des Goldstandards schien in England eine so vollkommene Übereinstimmung hinsichtlich der Ursachen dieses Ereignisses zu bestehen, daß es kaum eine Wirkung gehabt hätte, darauf hinzuweisen, daß den meisten ausländischen Beobachtern die wahre Erklärung genau das Gegenteil zu sein schien. Kürzlich scheinen jedoch die Zweifel an der Richtigkeit dieser Theorie zugenommen zu haben, und die in den Spalten Ihres Blattes erschienenen Berichte über die Meinungen, wie sie von dem bekannten amerikanischen Ökonomen Dr. B.M. Anderson und von Mr. F.C. Goodenough, dem Vorsitzenden der Barclays Bank, geäußert wurden, werden sicherlich manchen veranlassen, die ganze Frage noch einmal zu überdenken. Es mag deshalb hilfreich sein, dem englischen Publikum kurz die Ansicht darzulegen, die eine beträchtliche Zahl ausländischer Beobachter vertritt, deren allgemeine Einstellung diesem Land gegenüber nicht als unfreundlich bezeichnet werden kann.

1. Es gibt keinerlei Beweis dafür, daß die Vereinigten Staaten oder Frankreich »das Spiel des [Gold-]Standards nicht nach seinen Regeln gespielt«, sondern das ihnen zufließende Gold »sterilisiert« haben. Zwar hat Frankreich – das ist richtig – von den Erfahrungen anderer kontinentaler Länder profitiert und nicht zugelassen, daß der Geldumlauf nach der Stabilisierung so schnell expandierte, wie dies möglich gewesen wäre, und es hat auf diese Weise die ernste Stabilisierungskrise, zu der es in anderen Ländern kam, vermieden; aber Frankreich hat nichts von dem zuströmenden Gold »vergraben«, sondern seinen Geldumlauf ständig um mehr ausgeweitet als dem Goldzufluß entsprach. In

den Vereinigten Staaten fand während dieser Periode sogar eine nahezu beispiellose Kreditexpansion statt.

2. Während den anderen Großmächten keine so schwerwiegende Vorwürfe gemacht werden können, hat Großbritannien seinen Geldumlauf (gemeint sind damit nicht nur Banknoten, sondern auch Bankdepositen und alle anderen Tauschmittel) nicht eingeschränkt, als Gold abfloß; und während der Periode 1927–1929 wurden, obwohl der Wechselkurs dauernd unter Druck stand, keine Schritte zur Kreditkontraktion unternommen, das heißt Großbritannien »spielte das Spiel nicht nach den Regeln« (und war das einzige bedeutende Land, das so handelte). Als Ergänzung der von Mr. Goodenough genannten Zahlen braucht man zum Beweis dieser Behauptung nur an die Tatsache zu erinnern, daß Großbritannien vom Goldstandard abging, als der Diskontsatz auf 4 1/2 Prozent stand. Dies ist sicherlich das erstaunlichste und ganz unerwartete Ereignis der jüngeren Geldgeschichte.

3. Es war hauptsächlich diese Tatsache – daß die Bank von England eine Politik billigen Geldes betrieb zu einer Zeit, als nach allen traditionellen Regeln ein hoher Diskontsatz erforderlich gewesen wäre –, die, zusammen mit dem auf Seiten der amerikanischen Bankbehörden bestehenden Wunsch, der Bank von England die Lage nicht zu erschweren, eine beispiellose Kreditexpansion in Amerika möglich machte. So konnte es 1927, als in Amerika ein Rückschlag drohte, zu einer solchen Beschleunigung der Kreditexpansion kommen, daß die Krise um zwei weitere Jahre hinausgeschoben wurde, um dann allerdings die enormen Ausmaße der gegenwärtigen Depression anzunehmen.

4. All dies zeigt, daß es nicht zu wenig, sondern zu viel Kooperation zwischen den Zentralbanken gab und daß nicht der Goldstandard, sondern Bemühungen, die darauf abzielten, ihn lahmzulegen, die Ursachen der gegenwärtigen monetären Probleme sind.

5. Da das gegenwärtige Goldangebot ausgereicht hat, um in den Vereinigten Staaten eine der gewaltigsten Kreditexpansionen, die je in einem Land mit Goldstandard stattgefunden haben, zu ermöglichen, ist es höchst unwahrscheinlich, daß zwei Jahre später eine Goldknappheit die Ursache des Preissturzes sein soll. Dieser Preissturz läßt sich leicht als eine Reaktion auf den vorausgegangenen, übermäßigen – und künstlich verlängerten – Boom erklären. Wenn man auf die statistischen Daten blickt, ist es augenscheinlich, daß es in der jüngsten Vergangenheit tatsächlich nur in einem einzigen wichtigen Land der Welt Goldknappheit gab – nämlich in Großbritannien; und hier lag der Knappheit aller Wahrscheinlichkeit nach die an sich gleiche Ursache zugrunde, die bei einer Privatperson Geldknappheit auslöst – nämlich, daß mehr Geld ausgegeben als verdient wird.

6. Die Tatsache, daß Großbritannien vom Goldstandard abging, machte es

den anderen Großmächten leichter, nicht schwerer, am Goldstandard festzuhalten, weil die Nachfrage nach Gold zurückging.

7. Außerdem haben die anderen wenig Interesse an einer raschen Rückkehr Großbritanniens zum Goldstandard, weil eine lange Periode eines schwankenden Sterlingkurses das einzige ist, was ihnen helfen kann, einen großen Teil des Finanzgeschäfts, dessen sich Großbritannien bisher erfreute, für sich zu gewinnen.

8. Großbritannien ist daher nicht in der Lage, Bedingungen für eine Rückkehr zum Goldstandard zu stellen. Und ich fühle mich verpflichtet hinzuzufügen, daß es ausländischen Beobachtern so scheint, als ob gegenwärtig die meisten Forderungen, die gewöhnlich als Bedingungen für die Rückkehr Ihres Landes [Großbritanniens, d. Übers.] zum Goldstandard vorgebracht werden, einfach darauf hinauslaufen, daß Großbritannien nur dann zum Gold zurückkehren wird, wenn die anderen Mächte ihm helfen werden, auch dann beim Gold zu bleiben, wenn es fortfährt, gegen die Spielregeln des Goldstandards zu verstoßen.

Ihr, etc.,

25. November 1931 *F. A. Hayek*

12, Constable Close, N. W. 11

2. Ergänzung (1965)

Bemerkungen über die Funktion von Währungsreserven und den Begriff der internationalen Liquidität

Da gewisse, einst allgemein verbreitete, elementare Einsichten auf diesem Gebiet heute weitgehend in Vergessenheit geraten zu sein scheinen, mag es angezeigt sein, sie hier wieder einmal kurz zusammenzufassen.

1. Es ist nicht der Zweck von Währungsreserven, mit ihnen auf die Dauer ein Defizit in der Zahlungsbilanz zu begleichen; dieses muß vielmehr zum Verschwinden gebracht werden, und zwar dadurch, daß ein Teil der inländischen Geldmenge in internationales Geld umgewandelt und damit aus dem inländischen Verkehr gezogen wird, wodurch früher oder später die Nachfrage nach importierten und exportierbaren Gütern genügend verringert wird. Für ein einzelnes Land in der Weltwirtschaft ist dieser Mechanismus der allein wesentliche, der die Zahlungsbilanz im Gleichgewicht hält, da die entsprechende Wirkung der ausgeführten Geldmenge in der Richtung einer Steigerung der Nachfrage in der übrigen Welt in der Regel natürlich verhältnismäßig geringfügig sein wird.

2. Wenn als Folge eines Zahlungsbilanzdefizits die inländische Nachfrage nicht verringert wird, besteht keinerlei Anlaß zum Ausgleich der Zahlungsbilanz; abgesehen von zufälligen und unvorhersehbaren Veränderungen wird das Zahlungsbilanzdefizit daher fortbestehen, bis die erforderliche Verringerung des inländischen Geldumlaufs erfolgt. Ein Defizit in der Zahlungsbilanz aus Reserven zu decken, ohne den inländischen Geldumlauf zu verringern, heißt daher den Mechanismus unwirksam machen, durch den ein solches Defizit ausgeglichen wird, und macht es wahrscheinlich, daß es fortbesteht, bis die Reserven erschöpft sind.

3. Die Währungsreserven dienen dazu, eine solche Verringerung des inländischen Geldumlaufs zunächst direkt durch einen Umtausch des inländischen Geldes in ausführbares herbeizuführen. Wenn die Zentralbank einen solchen Geldabfluß damit beantwortet, daß sie den Kreditüberbau, der auf diesen Reserven errichtet ist, proportional oder mehr als proportional zur ausströmenden Geldmenge vermindert, wird die erforderliche Verringerung des inländischen Geldumlaufs schon nach einem relativ kleinen Gold- oder Devisenverlust eintreten. Auf diese Weise konnte insbesondere die Bank von England vor 1914 trotz ihrer zentralen Position in der Weltwirtschaft das Gleichgewicht dauernd mit erstaunlich kleinen Reserven erhalten.

4. Wenn jedoch die Zentralbank keine solche Krediteinschränkung vornimmt oder gar eine Verringerung des inländischen Geldumlaufs im Betrage der abfließenden Beträge verhindert, indem sie sie durch neue Geldschöpfung er-

setzt, sind dem Umfang der Abflüsse aus den Reserven, die erforderlich sind, um ein Gleichgewicht wieder herzustellen, keinerlei Grenzen gesetzt; und kein Betrag von Reserven, wie groß er auch sei, wird ausreichen, um eine solche Politik dauernd zu ermöglichen. *Andauernde Zahlungsbilanzdefizite sind immer Geschöpfe der Währungspolitik und könnten ohne die Maßnahmen der nationalen Geldschöpfer ebensowenig bestehen wie dauernde Zahlungsbilanzdefizite zwischen den verschiedenen Gebieten eines Landes mit einheitlicher Währung.*

5. Wie im vorangehenden Aufsatz zu zeigen versucht wurde, hat eine solche Politik schon damals zum Zusammenbruch der internationalen Goldwährung geführt. Der nach dem letzten Krieg aufgebaute Währungsapparat hat nun die seinerzeit nur von einigen Ländern befolgten Praktiken zum System erhoben. Er dient, mit anderen Worten, ausschließlich dem Zweck, den Mechanismus unwirksam zu machen, durch den allein ein Zahlungsbilanzdefizit automatisch beseitigt wird. Wir dürfen uns daher nicht wundern, daß Zahlungsbilanzdefizite und schleichende Inflation chronische Erscheinungen geworden sind.

6. Keinerlei Größe der Währungsreserven kann eine unbeschränkte Fortsetzung dieser Praktiken ermöglichen; und es ist nicht der Umfang des möglichen Welthandels, sondern nur der Umfang der Zahlungsbilanzdefizite, die man auf diese Weise auflaufen lassen kann, der von der Größe der vorhandenen Reserven bestimmt wird. Ohne fortgesetzte Inflation könnte ein viel größerer internationaler Handelsverkehr als der gegenwärtige mit den bestehenden Reserven finanziert werden.

7. Die Behauptung einer unzureichenden internationalen Liquidität bedeutet nichts anderes als die Feststellung, daß die bestehenden Reserven bald unzureichend werden könnten, um diesen nun seit zwanzig Jahren vor sich gehenden Prozeß der schleichenden Inflation fortzusetzen.

8. Die Tarnung der Forderung nach der Schaffung der Voraussetzungen für eine weitere Fortsetzung dieser Inflation unter dem Schlagwort der »mangelnden internationalen Liquidität« ist verständlicher Weise mit Begeisterung von allen Interessenten an einer Erhöhung des Goldpreises aufgegriffen worden. Eine solche Maßnahme würde wohl die Fortsetzung und Beschleunigung des Inflationsprozesses erleichtern, aber in keiner Weise zu einem Verschwinden der fortdauernden großen Zahlungsbilanzdefizite beitragen, sondern nur deren Weiterbestand ermöglichen.

9. Ersteres kann nur durch Aufgeben jener nationalistischen Praktiken erreicht werden, die die inländische Geldmenge der einzelnen Länder gegen Veränderungen abzuschirmen trachten, die durch die internationalen Beziehungen bestimmt werden. Diese Praktiken, die die internationale Goldwährung zerstört haben, sind jedoch unter dem Einfluß derselben Ideen (und in weitem Maße desselben Mannes) in die internationale Nachkriegsorganisation des Währungswesens eingebaut worden.

10. Solange die nationalen Währungsbehörden nicht gewillt sind, die Regeln zu befolgen, die in einem wirklichen internationalen Währungssystem zu einem Ausgleich der Zahlungsbilanz führen, mögen uns die bestehenden internationalen Institutionen vor Schlimmerem schützen, das heißt jene vielfältigen Restriktionsmaßnahmen verhindern, die die einzelnen Länder sonst zu dem gleichen Zweck ergriffen haben.

11. Wenn es aus diesem Grunde auch gefährlich wäre, das Bretton-Woods-System durch Sondermaßnahmen einzelner Länder zu zerstören, bevor wir etwas Besseres an seine Stelle setzen können, so scheint es doch klar, daß es keine Dauerlösung, sondern nur eine Übergangsvorkehrung bietet, und daß es darum immer dringender wird, sich über die wünschenswerten Dauereinrichtungen klarzuwerden.

Das Goldproblem (1937)*

I.

Kein vernünftiger Mensch wird leugnen, daß dem Gold als Währungsgrundlage gewisse Mängel anhaften und daß man sich in einer idealen Welt eine bessere Regelung der Geldmenge vorstellen könnte als durch die allerhand Zufälligkeiten unterworfenen Bedingungen der Goldproduktion. Das heißt aber noch lange nicht, daß in der Welt, wie sie ist, Gold nicht doch die unvergleichlich verläßlichste und vernünftigste Währungsgrundlage darstellt. So sehr auch der oberflächliche Eindruck dagegen sprechen mag, so haben doch die Erfahrungen der letzten Jahre und Jahrzehnte diese Tatsache nur bestätigt. Wir haben alle bis vor wenigen Jahren zuerst so viel von der drohenden Goldknappheit und nun in jüngster Zeit von einem gefährlichen Goldüberfluß gehört, daß es verständlich ist, wenn der Laie den Eindruck gewinnt, als ob sich das Gold als höchst unverläßlich und unbeständig erwiesen hätte. Wenn man jedoch den Ursachen dieser Veränderungen nachgeht, so kann man nur zu dem Schluß kommen, daß die Einflüsse auf die Geldversorgung der Welt, die von seiten der Produktionsbedingungen des Goldes herkamen, wesentlich stabiler waren als der Einfluß der Währungspolitik der verschiedenen Regierungen. Es läßt sich in der Tat leicht zeigen, daß sowohl die sogenannte Goldknappheit der zwanziger Jahre wie auch der Goldüberfluß der jüngsten Zeit nichts mit »erratischen Schwankungen« der Goldproduktion zu tun haben, sondern vielmehr die Folge einer viel erratischeren Währungspolitik darstellen.

Ganz einfache Überlegungen hätten es von vornherein klarmachen sollen, daß, wenn vor dem Kriege die jährliche Goldausbeute gerade den Umfang hatte, der vom währungspolitischen Standpunkt aus als wünschenswert anzusehen war (tatsächlich war sie wahrscheinlich ein wenig größer), die Folge der währungspolitischen Entwicklung der Jahre 1914 bis 1920 nur eine »Goldknappheit« sein konnte. Die völlige Verdrängung des Goldes durch Papier in

---

* Erstveröffentlichung in: *Österreichische Zeitschrift für Bankwesen* (Wien), II. Jahr, Nr. 9, 1937, S. 255–271 (zugleich 19. Jahrgang der Mitteilungen des Verbandes österreichischer Banken und Bankiers).

den meisten Ländern und die gewaltige Vermehrung des Papierumlaufes auch in den Ländern, die die Goldwährung beibehielten, mußte eine außerordentliche Steigerung aller Warenpreise und damit eine Senkung des Geld- und Goldwertes mit sich bringen. Und in der Folge mußte sich die jährliche Goldausbeute in doppelter Hinsicht als unzureichend erweisen, um der Welt eine Vermehrung der Geldmenge in jenem Umfang zu ermöglichen, an den sie sich vor dem Kriege gewöhnt hatte. Einerseits hätte gegenüber der so außerordentlich vermehrten gesamten Geldmenge selbst ein unveränderter jährlicher Goldzuwachs einen viel geringeren prozentuellen Zuwachs bedeutet. Dazu kam aber noch, daß die Verminderung des Wertes des Goldes gegenüber allen anderen Waren die Goldproduktion weniger rentabel machte und so unvermeidlich auch eine absolute Verminderung der jährlichen Goldausbeute herbeiführte.

Die Gefahr einer Goldknappheit, die bis 1931 vielleicht wirklich bestand, war also nur eine Gefahr, daß das jährliche Goldangebot nicht ausreichen würde, um das durch die Inflation der Kriegsjahre geschaffene hohe Preisniveau zu erhalten. Sie war eine Folge währungspolitischer Exzesse und hatte nichts mit den Bedingungen der Goldproduktion zu tun. Daß außerdem die Sachverständigen, deren Schätzungen der künftigen Goldproduktion die Grundlage der ganzen Diskussion der zwanziger Jahre bildeten, sich gründlichst geirrt und – ganz abgesehen von den besonderen Wirkungen der Abwertungen – die künftige Goldausbeute gewaltig unterschätzt und so den Alarm noch unnötig vergrößert haben, sei nur nebenbei bemerkt.[1]

Der plötzliche Goldüberfluß der letzten Jahre ist umgekehrt und noch viel offensichtlicher eine Folge der künstlichen Wertsteigerung des Goldes durch die sukzessiven Abwertungen der großen Währungen. Die Wirkungen dieser Maßnahmen auf die Goldposition sind im wesentlichen denen der Währungspolitik der Kriegsjahre gerade entgegengesetzt, das heißt die Wertsteigerung des Goldes hat gleichzeitig sowohl die verhältnismäßige Bedeutung einer gegebenen Goldausbeute gesteigert als auch zu einer sehr beträchtlichen Zunahme der jährlich neu verfügbar werdenden Gewichtsmenge Goldes geführt. Die Verhältnisse sind jedoch etwas komplizierter und unübersichtlicher, weil diesmal die Wertänderung des Goldes nicht nur gegenüber den Waren, sondern auch gegenüber den Währungseinheiten fast aller Länder eintrat. Der größte Teil der folgenden Ausführungen ist einem Versuch gewidmet, die verschiedenen Wege darzustellen, auf denen die Ereignisse der letzten Jahre die Goldsituation beeinflussen, und die gegenwärtige Lage zu charakterisieren. Erst zum Schluß soll ganz kurz auf die durch diese Situation aufgeworfenen währungspolitischen Probleme eingegangen werden.

---

[1] Über diesen Punkt vergleiche die interessante Studie von Hardy, C.O., *Is There Enough Gold?*, Washington, D.C.: The Brookings Institute 1936.

II.

Die drei hauptsächlichen Wirkungen der Steigerung des Goldpreises, in Einheiten der wichtigsten Währungen gerechnet, sind folgende:

1. Die Steigerung des Goldpreises bedeutete sofort eine entsprechende Steigerung der verhältnismäßigen Größe (verglichen mit dem gegebenen Geldumlauf) sowohl

a) der jährlichen Goldausbeute als auch

b) des vorhandenen monetären Goldbestandes der Welt im gleichen Verhältnis, wie der Goldwert gestiegen ist. Diese Wirkung ist unmittelbar eingetreten und dauert fort, solange der neue Goldpreis bestehen bleibt und die Geldmenge der Welt sich nicht sehr bedeutend verändert.

2. Die Steigerung des Goldpreises hat zur Folge gehabt, daß aus dem Orient, besonders aus Indien, sehr bedeutende Beträge gehorteten Goldes in den Verkehr zurückgeflossen und ein Teil des monetären Goldvorrates der Welt geworden sind. Diese Wirkung hat sich im Laufe der letzten fünf oder sechs Jahre langsam ausgewirkt und dürfte nun zum größten Teile erschöpft sein. Es ist sogar nicht ausgeschlossen, daß die Bevölkerung dieser Länder ihre Hortungstätigkeit wieder aufnehmen und nach und nach einen Teil des freigegebenen Goldes wieder absorbieren wird. Zumindest vorübergehend hat jedoch dieser Umstand zu einer sehr beträchtlichen Steigerung des für allgemeine monetäre Zwecke verfügbaren Goldbestandes geführt.

3. Endlich ist zu erwarten, daß die Steigerung des Goldpreises zu einer wesentlichen Steigerung der jährlichen Goldproduktion führt. Diese Ursache wirkt langsam, hat sich bisher wahrscheinlich erst zum Teil ausgewirkt und dürfte zumindest in einigen der goldproduzierenden Länder zu einer weiteren, noch längere Zeit andauernden Steigerung der Goldproduktion führen. Daß trotzdem schon in den letzten Jahren die Goldproduktion außerordentlich gestiegen ist, ist teils vorübergehenden Wirkungen der Steigerung des Goldwertes zuzuschreiben, hat aber zum größeren Teil damit wahrscheinlich wenig zu tun, sondern ist eine Folge der Erschließung neuer Goldlager in Rußland [gemeint ist die damalige UdSSR, d. Hrsg.]. Die Steigerung der Gewichtsmenge des jährlich produzierten Goldes ist daher ein Umstand, der sich wahrscheinlich durch einige Zeit hindurch noch in steigendem Umfang geltend machen wird und mit dem jedenfalls durch lange Zeit zu rechnen sein wird.

In dieser Aufzählung sind die verschiedenen Wirkungen in der Folge angeführt, in der sie sich tatsächlich geltend gemacht haben. Bei der Besprechung der zahlenmäßigen Größe der einzelnen Faktoren ist es jedoch zweckmäßiger, in umgekehrter Reihenfolge vorzugehen und mit den Veränderungen der jährlich produzierten Goldmenge zu beginnen. Zunächst sei in der folgenden Tabelle I die gesamte jährliche Goldproduktion der Welt und gesondert für die vier wichtigsten Produktionsländer für die Jahre 1931 bis 1936 wiedergegeben und außerdem für das Jahr 1915, das bis 1932 das Rekordjahr darstellte.

Tabelle I: Goldproduktion[2]
(in Millionen Unzen Feingold)

	Welt	davon: Südafrika	Rußland	Ver. Staaten	Kanada
1915	22,6	9,1	1,5	2,4	0,9
1931	22,4	10,9	1,7	2,4	2,7
1932	24,3	11,6	2,0	2,5	3,0
1933	25,5	11,0	2,7	2,9	2,9
1934	27,6	10,5	4,3	2,9	3,0
1935	31,0	10,8	5,8	3,6	3,3
1936	35,3	11,3	7,4	4,3	3,7

An diesen Ziffern ist zunächst auffallend, daß die Steigerung der Weltproduktion seit 1931 zum überwiegenden Teil der Zunahme der Produktion in Rußland zuzuschreiben ist, wogegen sich die in dem Hauptproduktionsland Südafrika gewonnene Menge während dieser fünf Jahre kaum geändert hat. Ersteres ist um so wichtiger, als die Ziffer für Rußland keineswegs sicher ist. Dies ist nicht so sehr einer Unzuverlässigkeit russischer Ziffern zuzuschreiben als dem Umstand, daß dort Ziffern über die Goldproduktion in den letzten Jahren überhaupt nicht veröffentlicht wurden und die in obiger Tabelle enthaltenen, allgemein verwendeten Ziffern auf indirekten Berechnungen beruhen. Sie enthalten daher unzweifelhaft bedeutende Fehlerquellen, und es ist möglich, daß derzeit die russische Produktion noch beträchtlich geringer ist. Anderseits liegen auch beträchtlich höhere Schätzungen vor, und die Natur der vorhandenen Goldlager und die zu ihrer Ausbeutung vorgenommenen Investitionen machen es zumindest wahrscheinlich, daß, wenn die angegebene Ziffer nicht schon erreicht sein sollte, sie doch wenigstens bald erreicht werden wird.

Die geringe Steigerung der Goldproduktion in Südafrika ist dem Umstand zuzuschreiben, daß dort die großen Bergwerksgesellschaften durch die Erhöhung des Goldpreises zur Ausbeutung von Lagern geringeren Goldgehaltes schritten, um die Lebensdauer der Bergwerke zu erhöhen. Es ist jedoch anzunehmen, daß dort im Zeitpunkt, in dem die neuen, in den letzten Jahren in Betrieb genommenen Minen einen Ertrag zu bringen beginnen, die Goldproduktion noch beträchtlich steigen wird. Anderseits ist wohl ein Teil der Steige-

---

[2] Siebter Jahresbericht der Bank für Internationalen Zahlungsausgleich, Basel 1937, S. 37.

rung in den Vereinigten Staaten, Kanada und manchen anderen Ländern nur dem Umstand zuzuschreiben, daß während der Depression Einzelpersonen die früher unrentabel gewordene Goldwäscherei wieder aufgenommen haben. Sie ist deshalb in diesem Ausmaß als vorübergehend zu betrachten. Eine einigermaßen verläßliche Voraussage der Entwicklung der Weltproduktion ist unter den gegenwärtigen Umständen kaum möglich. Doch ist wohl für einige Zeit eine andauernde Steigerung zu erwarten, und es wäre kaum überraschend, wenn in wenigen Jahren die jährliche Produktion 40 Millionen Unzen beträchtlich übersteigen würde.

III.

Wie schon erwähnt wurde, war während der letzten fünf Jahre die Neuproduktion keineswegs die einzige Quelle der Vergrößerung des monetären Goldbestandes der Welt. Nach dem Schlußbericht der Golddelegation des Völkerbundes betrug der monetäre Goldbestand der Welt Ende 1930 etwa 585 Millionen Unzen. Dazu kommen nun, abgesehen von der jährlichen Produktion (minus dem industriellen Verbrauch), noch die Beträge, die aus den Horten des Ostens in die rein monetären Goldbestände der Welt flossen. Der jährliche Zuwachs und die Größe des monetären Goldbestandes der Welt für die Jahre seit 1930 läßt sich danach etwa folgendermaßen schätzen [Tabelle II].

Tabelle II: Monetärer Goldbestand der Welt[3]
(in Millionen Unzen Feingold)

	Größe zu Jahresende	Zuwachs während des Jahres
1931	609	24
1932	642	33
1933	672	30
1934	707	35
1935	742	35
1936	792	50

Der Leser wird bemerken, daß der jährliche Zuwachs des monetären Goldbestandes der Welt, wie er in der zweiten Kolonne der Tabelle II gegeben ist, die jährliche Produktion (siehe Tabelle I), namentlich in den letzten Jahren, ganz wesentlich übersteigt. Die Differenz ist im wesentlichen dem Zufluß aus den Horten des Ostens zuzuschreiben.

[3] Diese Ziffern sind auf Grund von Angaben in den Jahresberichten der Bank für Internationalen Zahlungsausgleich berechnet und teilweise geschätzt und den [im Text]

IV.

Bisher haben wir nur die Veränderung der physischen Goldmenge betrachtet. Für alle währungspolitischen Zwecke ist jedoch ihr Wert wichtiger. Die Veränderungen, die dieser erfahren hat, hängen natürlich von der Währung ab, in der dieser Wert ausgedrückt ist. Es scheint im ganzen am zweckmäßigsten, diese Bewertung in Dollar vorzunehmen; Tabelle III gibt daher die Größe des monetären Goldbestandes der Welt und der jährlichen Goldproduktion nach dem jeweiligen Goldwert in Dollar [Goldparität, d. Hrsg.] (also $ 20,67 für die Unze fein bis 1932 und $ 35,– für die Unze fein seit 1934).

Tabelle III: Monetärer Goldbestand und Goldproduktion der Welt
(in Millionen Dollar)

	Goldbestand (Jahresende)	Goldproduktion
1931	12.573	463
1932	13.159	502
1933	21.570	826
1934	24.482	964
1935	25.688	1.082
1936	27.318	1.231

Während also die Menge der jährlichen Goldproduktion von 1931 bis 1936 von 22,4 auf 35,3 Millionen Unzen, das ist um ungefähr 58% gestiegen ist, hat sich ihr Wert in Dollar in der gleichen Periode von 463 auf 1.231 Millionen oder

---

folgenden Berechnungen zugrunde gelegt. Seither ist im Jahresbericht der Union Corporation Ltd. für 1936 eine andere Berechnung bekannt geworden, deren Resultate hier zu Vergleichszwecken wiedergegeben seien.

Diese Ziffern sind wahrscheinlich genauer als die im Text verwendeten, die auch den weiteren Berechnungen zugrunde liegen. Die Abweichungen sind jedoch kaum solche, daß (insbesondere in Anbetracht der Größe des in jedem Fall wahrscheinlichen Fehlers) eine Neudurchrechnung auf Grund dieser Ziffern notwendig erschien.

Monetärer Goldbestand der Welt
(in Millionen Unzen Feingold)

	Größe zu Jahresende	Zuwachs während des Jahres
1931	596,0	26,8
1932	631,2	35,2
1933	664,2	33,0
1934	700,1	35,9
1935	736,1	36,0
1936	773,7	37,6

um 166% erhöht. Das ist natürlich dem Umstand zuzuschreiben, daß in dieser Periode der Goldpreis in Dollar um 69,3% gestiegen ist. Und während die Menge des gesamten monetären Goldes der Welt von 609 auf 792 Millionen Unzen oder um etwa 30% gestiegen ist, hat ihr Wert in Dollar in der gleichen Zeit von 12.573 auf 27.318 Millionen oder um etwa 117% zugenommen.

V.

Den Wert des monetären Goldbestandes oder der jährlichen Goldproduktion der Welt gerade in Dollar (oder in irgendeiner anderen nationalen Währung) auszudrücken, ist natürlich in weitem Maße willkürlich. Die Umrechnung bekommt nur Sinn, weil sie es ermöglicht, diese beiden Größen mit den verschiedenen anderen Bestandteilen des gesamten Geldumlaufes zu vergleichen. Es ist nicht ganz leicht zu entscheiden, welcher Vergleich dieser Art die Situation am besten charakterisiert, und die Wahl wird notwendig von dem besonderen Zweck, den man verfolgt, abhängen. Verhältnismäßig am wenigsten besagt unter den gegenwärtigen Umständen der meist gezogene Vergleich des jährlichen Zuwachses mit dem vorhandenen Goldbestand, da sich ja dessen Wert durch die Abwertungen selbst so sehr verändert hat. Auch ein Vergleich mit der gesamten Geldmenge (welche die dem Scheckverkehr unterworfenen Depositen einzuschließen hätte) ist nicht sehr belangreich, da Gold insbesondere zu den Depositen bei Kommerzbanken nur in einer sehr indirekten und in verschiedenen Ländern anders gearteten Beziehung steht. Unter der bestehenden Organisation des Währungs- und Bankwesens findet Gold im wesentlichen nur als »Deckung« gegen die umlaufenden (Staats- oder Bank-) Noten und die kurzfristigen Einlagen bei den Zentralbanken Verwendung, die ihrerseits wieder zum großen Teil die Reserve für die gleichfalls als Geld dienenden kurzfristigen Depositen bei den Kommerzbanken bilden. Es scheint also im ganzen am zweckmäßigsten, die [in Tabelle III] angeführten Goldziffern mit der Summe des Notenumlaufes und der kurzfristigen Depositen bei den Zentralbanken der ganzen Welt zu vergleichen. Die Berechnung einer solchen Summe setzt naturgemäß zunächst die Umrechnung der Größen für die einzelnen Staaten in eine gemeinsame Einheit voraus, als die eben der Dollar am zweckmäßigsten erscheint. Eine solche Berechnung wurde meines Wissens zum erstenmal von Mr. Loveday für die Golddelegation des Völkerbundes für die Jahre 1913, 1925, 1927 und 1928 angestellt.[4]

---

[4] *Interim Report of the Gold Delegation of the Financial Committee*, League of Nations, Genf 1930, S. 94. Die dort gegebenen Ziffern sind im *Final Report of the Gold Delegation*, Genf 1932, S. 35, nur teilweise bis zum Jahre 1931 ergänzt. Zum Vergleich

Im Folgenden werden nun die Ergebnisse einer ähnlichen Berechnung wiedergegeben, die in der »*Economic Research Division*« der London School of Economics kürzlich durchgeführt wurde.[5] In dieser Berechnung wurde für das Jahresende der Jahre 1931 bis 1936 für die 52 Staaten, für die die erforderlichen Ziffern beschafft werden konnten, die Summe des gesamten Papiergeld- und Banknotenumlaufs[6] und der kurzfristigen Depositen bei den Zentralbanken zum jeweils bestehenden Kurs in Dollar umgerechnet. Abgesehen von den Besonderheiten, die den Ziffern für Rußland anhaften (und es wird darum auch durchwegs neben der Gesamtsumme die Summe mit Ausschluß Rußlands gegeben), liegt die wesentliche Fehlerquelle in dieser Berechnung in der Wahl des Umrechnungskurses für die Währung von Ländern, in denen kein freier Devisenverkehr besteht. Es war unvermeidlich, zumindest für jene Länder, bei denen auch auf den ausländischen Märkten kein einheitlicher Kurs für die Landeswährung besteht (also insbesondere für Deutschland), der Umrechnung den offiziellen Kurs zugrunde zu legen. Die Wirkung dieses unvermeidlichen Fehlers (und anderer, kleinerer, in der Anmerkung [6] vermerkter Fehler) ist, daß die folgenden Ziffern etwas höher sind als den Tatsachen entspricht. Dies muß bei den späteren Vergleichen berücksichtigt werden, da die dort gegebenen Verhältnisziffern entsprechend zu klein sind.

---

mit dem Folgenden seien hier einige der Ergebnisse der Lovedayschen Untersuchung auszugsweise wiedergegeben (Kolonnen (1) bis (4) in Millionen Dollar):

	(1) Notenumlauf	(2) Sichtdepositen bei den Notenbanken	(3) (1)+(2)	(4) Monetärer Goldbestand der Welt	(5) (4) als % von (3)
1913	8.982	1.226	10.208	8.560	83,9
1925	16.749	5.287	22.036	10.057	45,6
1927	17.608	6.060	23.668	10.407	44,0
1928	18.181	6.390	24.571	10.747	43,7
1929	17.078	5.523	22.601	11.125	49,2
1930	16.776	5.669	22.445	11.507	51,3
1931	16.456	5.190	21.546	ca. 12.000	55,7

Die dem *Final Report* entnommenen Ziffern der Jahre nach 1928 enthalten Rußland nicht; die Prozentziffern für diese Jahre sind hier neu berechnet.

[5] Für die mir zur Verfügung gestellte Hilfe in dieser Berechnung möchte ich hier sowohl der Leitung wie auch den Mitgliedern der »Economic Research Division« meinen besten Dank aussprechen.

[6] Bei einzelnen kleineren Ländern ist in den Ziffern für den Noten- und Papiergeldumlauf auch der Münzenumlauf eingeschlossen, doch sind die in Frage kommenden Beträge zu klein, um das Ergebnis ernstlich zu beeinflussen.

Tabelle IV: Gesamtwert des Papiergeld- und Banknotenumlaufs und der Sichtdepositen bei den Zentralbanken in 52 Ländern
(zu Jahresende in Millionen Dollar)

	1931	1932	1933	1934	1935	1936
52 Länder	23.524	23.668	34.521	34.927	38.524	37.146
davon Rußland	1.413	1.731	5.224	3.043	4.319	2.182
ohne Rußland	22.111	21.937	29.297	31.884	34.205	34.964
davon:[7]						
Deutschland	1.406	1.074	1.746	2.116	2.298	2.561
England	1.660	1.693	2.823	2.674	2.789	3.285
Frankreich	4.464	4.193	6.021	6.629	6.119	4.905
Vereinigte Staaten	6.943	7.368	7.971	9.490	11.891	13.135
Argentinien	729	784	405	386	619	607
Belgien	545	532	873	885	859	917
Indien	455	433	684	684	772	786
Italien	836	781	1.193	1.217	1.150	750
Japan	704	376	591	567	624	643
Niederlande	485	509	718	723	583	602
Schweiz	501	509	664	669	574	654
Spanien	508	473	737	760	833	470

Bei der Betrachtung der hier für die einzelnen Länder gegebenen Ziffern ist es notwendig, sich daran zu erinnern, daß sie die vereinigte Wirkung der Veränderung der nominellen Größe des Geldumlaufes [des Zentralbankgeldes, d. Hrsg.] in dem betreffenden Lande *und* der Veränderung des Wertes dieser Währung gegenüber dem Dollar zum Ausdruck bringen, wobei letzterer Fak-

[7] Für die 13 Staaten (einschließlich Rußlands), für die in Tabelle IV die gesonderten Ziffern wiedergegeben sind, macht für das Jahr 1936 die Summe 32.495 oder rund 93% des Gesamtbetrages aus. [Die Summe der in Tabelle IV für 1936 wiedergegebenen Zahlen der 13 Länder beträgt 31.497 oder rund 85% des Gesamtbetrages (einschließlich Rußlands), d. Hrsg.] Werden noch die 20 nächstwichtigen Länder (Australien, Brasilien, Kanada, China, Tschechoslowakei, Dänemark, Ägypten, Finnland, Griechenland, Jugoslawien, Neuseeland, Norwegen, Österreich, Polen, Portugal, Rumänien, Südafrika, Schweden, Türkei und Ungarn) hinzugenommen, so erhöht sich die Summe für diese [33] Länder auf 36.549 oder mehr als 98% der Gesamtsumme, so daß die übrigen 19 Länder (Albanien, Bolivien, Bulgarien, Chile, Kolumbien, Danzig, Belgisch-Kongo, Ecuador, Estland, Guatemala, Irland, Java, Lettland, Litauen, Mexiko, Peru, Salvador, Siam und Uruguay), für die (mit Ausnahme von Java, das diesen Betrag gerade erreicht) 1936 der Betrag unter 100 Millionen Dollar blieb, praktisch vernachlässigt werden können.

tor häufig stark überwiegt. Insbesondere zeigt der Vergleich der Jahre 1932 und 1933 vor allem die Wirkung der im Laufe des Jahres erfolgten Abwertung des Dollars und in ähnlicher Weise der Vergleich der Jahre 1935 und 1936 für die Länder des »Goldblocks« vor allem die Wirkung der Abwertung ihrer Währungen. Eine kontinuierliche Steigerung zeigen nur die Ziffern für die Vereinigten Staaten, in deren Währungseinheit ja alle Ziffern ausgedrückt sind.

Auch in den Gesamtziffern [Tabelle V] ist die seit 1932 kontinuierliche Steigerung nicht viel geringer. Es ist nicht uninteressant zu sehen, daß durch die ganze Abwertungsperiode hindurch der (in Dollar gerechnete) Geldumlauf der Welt so außerordentlich gestiegen ist. Drückt man freilich die gleichen Ziffern anstatt in den jeweiligen Dollar in alten Golddollar aus [anstatt in Dollar zur jeweiligen Goldparität in Dollar zur alten Goldparität, d. Hrsg.], so erhält man das überraschende Resultat, daß sich der Goldwert der Gesamtsumme in der Welt nicht wesentlich verändert hat. Zu diesem Zweck verwenden wir am besten die Ziffern aus Zeile 3 der Tabelle IV, das ist die Summe ohne Rußland, wobei wir sie mit Hilfe der Lovedayschen Ziffern noch etwas nach rückwärts ergänzen können.

Tabelle V: Gesamtwert des Papiergeld- und Banknotenumlaufes und der Sichtdepositen bei den Zentralbanken in 51 Ländern (ohne Rußland)
(in Millionen Dollar)

	in jeweiligen Golddollar			in alten Golddollar	
	(1) »Loveday«	(2) »Hayek«	(3) Index (1931=100)	(4)	(5) Index (1931=100)
1928	22.768		106		
1929	22.601		105		
1930	22.445		104		
1931	21.546[8]	22.111[8]	100	22.111	100
1932		21.937	99	21.937	99
1933		29.297	133	18.661	84
1934		31.884	145	18.834	85
1935		34.205	155	20.204	91
1936		34.964	159	20.653	93

[8] Die Differenz dürfte sich daraus erklären, daß in den Lovedayschen Ziffern anscheinend einige der kleineren Länder nicht berücksichtigt wurden und es bei ihrer Berechnung vielleicht außerdem möglich war, einige der Fehlerquellen zu vermeiden, die, wie oben erwähnt, unsere Ziffern zu hoch erscheinen lassen. [Es besteht auch eine Differenz in den Lovedayschen Zahlen für 1928 zwischen Tabelle V und der in Anmerkung 4 wiedergegebenen Tabelle, Spalte 3, d. Hrsg.]

Die Verhältniszahlen, nach denen wir suchen, nämlich die Anteile des monetären Goldvorrats und der jährlichen Goldproduktion an der Summe des »Zentralbankgeldes« (wie die in den Tabellen IV und V gegebenen Größen kurz genannt werden mögen), können nun entweder dargestellt werden, indem wir die in den jeweiligen Dollar ausgedrückten Goldziffern als Prozent der ebenso ausgedrückten Menge des Zentralbankgeldes darstellen oder indem wir erstere, durchwegs in alten Golddollar ausgedrückt, als Prozentziffern der ebenso gemessenen Ziffern für das Zentralbankgeld (also Spalte 4 von Tabelle V entsprechend) ausdrücken. Beide Methoden müssen natürlich dasselbe Resultat ergeben und sind auch tatsächlich zur Kontrolle der Berechnung verwendet worden. Nur zu Zwecken der Darstellung wollen wir uns an die erste Methode halten. Für alle Länder einschließlich Rußlands brauchen wir zu diesem Zweck nur die Ziffern der Tabelle III als Prozent der entsprechenden Ziffern der ersten Zeile der Tabelle IV ausdrücken. Bei der Berechnung der Ziffern ohne Rußland ergibt sich die Schwierigkeit, daß die Größe des russischen Goldvorrates nicht bekannt ist. Er läßt sich nur vermutungsweise auf Grund der nicht allzu unwahrscheinlichen Annahme angeben, daß das seit 1931 in Rußland neu gewonnene Gold (dessen Menge ja auch nur schätzungsweise bekannt ist) zur Gänze als Nettozuwachs des damals in Rußland vorhandenen Goldvorrates vorhanden ist. Die der Tabelle III entsprechenden Zahlen für die Welt, ohne Rußland, sind dann folgende:

Tabelle VI: Monetärer Goldbestand und Goldproduktion der Welt ohne Rußland
(in Millionen jeweiliger Golddollar)

	Goldbestand (Jahresende)	Goldproduktion
1931	12.227	428
1932	12.824	462
1933	20.883	793
1934	23.685	817
1935	24.586	912
1936	25.959	977

Die gesuchten Verhältniszahlen ergeben sich nun für alle Länder, indem die Ziffern der Tabelle III als Verhältniszahlen der ersten Zeile der Tabelle IV, und für die Welt ohne Rußland, indem die korrespondierenden Ziffern der Tabelle VI in Prozent der dritten Zeile der Tabelle IV ausgedrückt werden. [Diese Prozentzahlen sind wiedergegeben in Tabelle VII, d. Hrsg.]

Tabelle VII: Monetärer Goldbestand und jährliche Goldproduktion in Prozent des »Zentralbankgeldes« der Welt

	Goldbestand (Jahresende) einschließlich Rußlands	Goldbestand (Jahresende) ausschließlich Rußlands	Goldproduktion einschließlich Rußlands	Goldproduktion ausschließlich Rußlands
	(1)	(2)	(3)	(4)
1931	53,5	55,4	1,97	1,94
1932	55,6	58,5	2,12	2,12
1933	62,4	71,3	2,39	2,52
1934	70,1	74,3	2,76	2,55
1935	66,6	71,8	2,81	2,66
1936	73,5	74,3	3,31	2,79

VI.

Bei den Ziffern der Tabelle VII müssen wir etwas länger verweilen. Sie zeigen vor allem, daß zu Ende 1936 der Gesamtumlauf aller jener Geldarten, als deren Deckung unter den bestehenden Verhältnissen Gold in Betracht kommt, im Durchschnitt der ganzen Welt zu etwa 74% durch Gold gedeckt war, und durch die Goldproduktion des Jahres 1936 dieser Prozentsatz (bei konstanter Geldmenge) im Laufe des Jahres um 2,8 bis 3,3% gesteigert worden wäre.[9] Wenn wir zunächst annehmen, daß diese Goldbestände annähernd gleichmäßig zwischen den verschiedenen Ländern verteilt sind, würde also die gegenwärtige Goldproduktion ausreichen, jenen Zuwachsprozentsatz der Geldmenge, der üblicherweise als im Durchschnitt langer Fristen notwendig angesehen wird, zu 100% mit Gold zu decken. Eine jährliche Zunahme der Menge des Zentralbankgeldes um genau den Betrag des neu verfügbar werdenden Goldes würde zwar den noch ungedeckten Betrag unverändert lassen, aber das prozentuale Deckungsverhältnis andauernd steigern.

---

[9] Es ist verlockend, diese Ziffern mit den entsprechenden Vorkriegsziffern zu vergleichen. Die der ersten Gruppe [Spalten (1) oder (2)] entsprechende Ziffer wird von Loveday, wie früher erwähnt [Anm. 4], für 1913 mit 83,9% angegeben. Der entsprechende Prozentanteil der jährlichen Goldproduktion ist für 1913 4,54%. Dieser Vergleich, der die gegenwärtigen Ziffern als weit unter den Vorkriegsziffern liegend erscheinen läßt, ist jedoch irreführend. Im Jahre 1913 hatten eine Reihe wichtiger Länder noch keine Zentralbanken, und Gold mußte im weiten Umfang auch zur Deckung von Verbindlichkeiten der Kommerzbanken gehalten werden. Ein Vergleich der Goldmenge mit der Menge des »Zentralbankgeldes« der Welt hat erst Bedeutung, seit das Zentralbanksystem praktisch universell geworden ist.

Sollte jedoch – was, wie wir gesehen haben, nicht unwahrscheinlich ist – die Goldproduktion weiter steigen, so könnte eine unerwünscht schnelle Vermehrung der Zentralbankgeldmenge nur dadurch vermieden werden, daß der noch ungedeckte Betrag von Jahr zu Jahr vermindert würde. Die rund 26% der Zentralbankgeldmenge von Ende 1936, oder etwa $9^1/_2$ Milliarden Dollar, stellen somit das Maximum dar, bis zu dem die Zentralbanken im äußersten Fall (das heißt, wenn sie ihre gesamten kurzfristigen Verbindlichkeiten durch Gold dekken würden) einen laufenden Überschuß der Goldproduktion über die Mengen hinaus, um die der Umlauf vermehrt werden soll, absorbieren könnten. Selbst wenn die Goldproduktion in den nächsten Jahren auf den höchsten Betrag steigen sollte, der allenfalls als wahrscheinlich angesehen werden könnte, das ist auf etwa 50 Millionen Unzen oder 1.750 Millionen neue Dollar (was nebenbei bemerkt nur bedeuten würde, daß das für monetäre Zwecke jährlich neu verfügbar werdende Gold dauernd auf der Ziffer bleiben sollte, die durch das Zusammenwirken von Produktion und Enthortung im Osten im Jahre 1936 schon erreicht wurde), so würde es nur 16 bis 18 Jahre dauern, bis durch die kumulative Wirkung eines jährlichen 3%igen Zuwachses der gesamten Geldmenge dieser Betrag gerade nur mehr der jährlichen Wachstumsquote entsprechen würde. Und die überschüssigen Goldmengen, die in der Zwischenzeit absorbiert werden mußten, würden immer noch nur wenig mehr als die Hälfte des bisher noch ungedeckten Betrages des gesamten »Zentralbankgeldes« ausmachen. Daß freilich, selbst bei gleichmäßiger Verteilung des Goldes, ein durchschnittlich 89%iges Deckungsverhältnis allen Papiergeldes und aller kurzfristigen Verbindlichkeiten von Zentralbanken, die einen Gewinn zu erzielen haben, schwer zu ertragen wäre, ist eine Sache für sich.

VII.

Eine Diskussion dieser ganzen Fragen unter der Annahme einer gleichmäßigen Verteilung des Goldes unter den verschiedenen Ländern ist natürlich in hohem Grade akademisch und hat nur die Bedeutung, zu zeigen, inwiefern von einem absoluten Goldüberschuß vom Standpunkt der Welt gesprochen werden kann. Bestünde eine solche wenigstens annähernd gleichmäßige Verteilung, so wäre nicht nur kein Anlaß zu Alarm, sondern die reichlichere Goldversorgung würde vielmehr, wie wir noch sehen werden, eine erwünschte Gelegenheit zu wichtigen Reformen bieten, durch die schwere Fehler, die im Aufbau unseres Geldwesens in der Vergangenheit unterlaufen sind, wieder gutgemacht werden könnten. Tatsächlich ist jedoch das Problem in erster Linie ein solches, das durch die ungleiche Verteilung des Goldes geschaffen wird. Einige wenige Zahlen werden diesbezüglich die Situation klarmachen.

Wenn wir die beiden Länder betrachten, nach denen sich während der letzten sechs Jahre der Goldstrom vorwiegend gerichtet hat, also die Vereinigten Staaten und England, so finden wir hier allerdings eine Situation, die von dem Durchschnitt für die Welt gründlich verschieden ist [Tabelle VIII].

Tabelle VIII: »Zentralbankgeld«, monetärer Goldbestand und Goldzufluß in den Vereinigten Staaten und England 1936
(in Millionen Dollar)

	(1)	(2)	(3)	(4)	(5)
	»Zentral-bankgeld« (Jahresende)	Goldbestand (Jahresende)	(2) in % von (1)	Zuwachs von (2) (im Jahr 1936)	(4) in % von (1)
Ver. Staaten	13.135	11.250	84,8	1.125	8,5
England	3.285	4.425[10]	134,8	990[10]	31,5
Zusammen	16.420	15.675	95,4	2.215	13,5

Von diesen beiden Ländern, in denen zu Ende 1936 schon fast 60% des monetären Goldbestandes der Welt Zuflucht gefunden hatten, näherte sich in den Vereinigten Staaten das Gesamtdeckungsverhältnis mit raschen Schritten der 100%-Grenze – zwei weitere Jahre Goldzufluß im selben Umfang wie im Jahre 1936 würden sie dahin bringen –, während in England zum selben Zeitpunkt der geschätzte monetäre Goldbestand den Betrag des Zentralbankgeldes um mehr als ein Drittel überstieg und dieses überschüssige Drittel beinahe zur Gänze während des letzten Jahres eingeflossen war. Für die übrige Welt hingegen bleibt, wenn man die Ziffern für diese Länder abzieht, ein Deckungsverhältnis von etwa 56%. Es ist leicht zu sehen, daß der Eindruck von einer unwiderstehlichen Goldüberschwemmung, der in der Tagesdiskussion so stark hervortritt, fast ausschließlich der besonderen Situation dieser beiden Länder zuzuschreiben ist. Beide Länder haben sich denn auch genötigt gesehen, ihre Zentralbanken von der Aufgabe zu entlasten, eine diesem Goldzufluß entsprechende Vermehrung der Geldmenge zu verhindern, und haben (im Wege kurzfristiger Anleihen) sehr beträchtliche Staatsmittel aufgewendet, um dieses Gold zu »sterilisieren«.

---

10 Die Ziffern für den monetären Goldbestand Englands beruhen, da es sich zu einem sehr beträchtlichen Teil um Gold im Exchange Equalisation Account und in privaten Horten handelt, auf Schätzungen mit einer unvermeidlich ziemlich großen Fehlergrenze; sie dürften jedoch eher zu nieder als zu hoch gegriffen sein. Die wahrscheinlich ganz unbeträchtlichen privaten Horte in den Vereinigten Staaten sind vernachlässigt.

VIII.

Bevor wir kurz die Methoden betrachten, die zu diesem Zweck Anwendung finden, ist es notwendig, ein paar Worte über die Ursachen der Goldkonzentration in diesen Ländern zu sagen. Sie hängt natürlich eng mit der besonders weit getriebenen Abwertung in diesen Ländern zusammen, die ihnen in dieser Hinsicht einen Vorsprung vor den anderen Ländern gibt und ihre Währungen für die nächste Zukunft als am verhältnismäßig sichersten erscheinen läßt. Dazu kommt noch, daß augenblicklich Amerika das einzige Land ist, das einen festen Ankaufspreis für Gold hat, während der Goldwert der englischen Währung indirekt (vermöge der provisorischen Kursbildung durch das »Tripartite Agreement«) einigermaßen gesichert ist. Es muß aber bei dieser Gelegenheit daran erinnert werden, daß die ganzen gegenwärtigen Schwierigkeiten hätten vermieden werden können, wenn England und Amerika, anstatt durch künstliches Niedrighalten des Kurses ihrer Währungen den »Goldblock« zur Abwertung zu zwingen, vor dem Herbst 1936 den Goldpreis herabgesetzt hätten. Die damals bestehende Disparität zwischen dem Wert des Dollars und Pfundes einerseits und insbesondere dem französischen Franc andererseits hätte natürlich leichter und mit geringeren Störungen durch eine Wertsteigerung der ersten beiden Währungen als durch eine Wertsenkung des Franc herbeigeführt werden können. Die Größe des wirtschaftlichen Schadens und der sozialen Störungen, die dadurch hätten vermieden werden können, kann kaum überschätzt werden. Ob es Prestigerücksichten oder anderen Ursachen zuzuschreiben ist, daß alle derartigen Anregungen auf taube Ohren trafen, soll hier nicht untersucht werden. Es entbehrt aber nicht einer gewissen Ironie, daß, unmittelbar nachdem die Länder des Goldblocks gezwungen worden waren, den angelsächsischen Ländern auf dem Pfade einer Herabsetzung des Goldwertes ihrer Währungen zu folgen, das Problem einer allgemeinen Erhöhung des Goldwertes der Währungen auftaucht. Tatsächlich ist jedoch die Situation – auch nach der zweiten Abwertung des Franc – wohl immer noch die, daß nicht eine allgemeine, jedoch vielleicht eine partielle Herabsetzung des Goldpreises in jenen Ländern angezeigt erscheint, die ihn übermäßig hinaufgetrieben haben.

IX.

Es ist hier nicht der Platz, im einzelnen auf die Methoden einzugehen, mittels derer die verschiedenen »Exchange Equalisation Accounts« überschüssige Goldmengen »sterilisieren«.[11] Daß es immer möglich ist, durch direkte oder indirekte Verwendung von Staatsmitteln Gold anzukaufen und dem Verkehr zu entziehen (wobei es nur einen graduellen Unterschied bedeutet, ob das gekaufte Gold direkt aus Steuermitteln bezahlt wird oder ob diese nur zur Verzinsung der zu diesem Zweck aufgenommenen Anleihen herangezogen werden), ist klar, und die technischen Details der Durchführung sind hier nicht von großem Interesse. Etwas näher wollen wir jedoch eine andere, auch in den Vereinigten Staaten in Gebrauch gekommene Methode betrachten, dem Goldüberschuß zu begegnen, da sie die teilweise Anwendung eines Prinzips darstellt, das bei vernünftiger Ausnützung der von der Goldfülle gebotenen Gelegenheit in viel weiterem Umfang dem gegenständlichen Zweck dienstbar gemacht werden sollte. Der Federal Reserve Board verwendete nämlich die ihm gesetzlich erteilte Vollmacht, die (in Amerika seit jeher durch Gesetz geregelten) Mindestbarreserven der Kommerzbanken zu erhöhen, um durch drei sukzessive Erhöhungen seit August 1936 diese zu verdoppeln, so daß für die verschiedenen Kategorien von Banken die vorgeschriebenen Reserven im Verhältnis zu den Sichtdepositen nun zwischen 14% und 26% variieren. Freilich diente in diesem Fall die Erhöhung der vorgeschriebenen Reserven nur dazu, die schon bestehenden überschüssigen Reserven der Banken zu binden und zu verhindern, daß sie die Grundlage einer weiteren Expansion des Depositenumlaufes bilden können. Grundsätzlich könnte jedoch die gleiche Maßnahme, die hier nur schon vorhandene »excess reserves« gebunden hat, auch dazu verwendet werden, die Banken zu zwingen, höhere Reserven zu halten. Es ist hier nicht der Platz, um die schwierige Frage zu erörten, wie weit die gesetzliche Festlegung von Mindestreserven für die Kommerzbanken überhaupt zweckmäßig ist. Diese Frage ist jedoch unabhängig davon, ob es nicht angezeigt wäre, die Aufgabe einer ausreichenden Reservehaltung in sehr hohem Maße von den Zentralbanken auf die Kommerzbanken zu überwälzen. Es könnte dies ohne Vorschreibung bestimmter Reserven einfach dadurch geschehen, daß die Banken darauf aufmerksam gemacht würden, sie könnten nicht mehr in dem Maße, wie das bisher der Fall war, damit rechnen, das zur Rückzahlung ihrer Depositen erforderliche Bargeld von den Zentralbanken zur Verfügung gestellt zu erhalten, und sie hätten diesbezüglich für alle irgendwie wahrscheinlichen Fälle durch ihre eigenen Barreserven vorzusorgen. Die allgemeinen Vorteile, die

---

[11] Für England vgl. diesbezüglich die gute Darstellung bei Hall, N.F., *The Exchange Equalisation Account*, London: Macmillan 1935.

eine solche Reform hätte – sie greift freilich an die Wurzel des ganzen bestehenden Zentralbank- oder nationalen Reservesystems –, habe ich an anderer Stelle ausführlich erörtert;[12] ich kann sie hier nicht weiter behandeln.

Hier ist nur die Beziehung einer solchen Maßnahme zum gegenwärtigen Goldproblem von Interesse. Wenn es wirklich, was, wie gesagt, hier nicht weiter erörtert werden kann, wünschenswert wäre, daß die Kommerzbanken veranlaßt werden – von ganz seltenen Ausnahmefällen abgesehen –, vollkommen auf ihre eigenen, selbst gehaltenen Reserven zu bauen und zu diesem Zweck selbst Gold zu halten, so erhält das Gold eine neue Aufgabe. Und die vorhandene Menge von monetärem Gold ist dann nicht mehr bloß mit der Menge von »Zentralbankgeld«, sondern mit dem Gesamtbetrag aller Umlaufsmittel, einschließlich der Scheckdepositen bei den Kommerzbanken, zu vergleichen. Neuere Berechnungen über die Größe des Gesamtumlaufes aller dieser Umlaufsmittel in der Welt stehen mir nicht zur Verfügung. Aber auf Grund der Lovedayschen Berechnungen für das Jahr 1928[13] läßt sich eine ungefähre Vorstellung von den in Frage kommenden Größenverhältnissen geben. Im Jahre 1928 betrug die Summe von Notenumlauf und Sichtdepositen der Kommerzbanken in der Welt 61.537 Millionen Dollar.[14] Wenn wir annehmen, daß von 1928 bis 1936 dieser Betrag im gleichen Verhältnis wie das Zentralbankgeld gestiegen ist, so erhalten wir für Ende 1936 eine Summe von ungefähr 97.500 Millionen (neue) Dollar. Gegenüber diesem Betrag ist natürlich ein monetärer Goldvorrat von nicht ganz 26.000 Millionen Dollar oder nicht viel mehr als 26% keineswegs übermäßig groß. Und daß die Banknoten- und Scheckdepositenmenge der Welt, wenn der Rückhalt nicht mehr das zusätzliche Notenausgaberecht der Zentralbanken, sondern eine effektiv gehaltene Reserve sein soll, zu etwa einem Viertel gedeckt sein müßte, ist wohl keine exzessive Annahme.

X.

Eine Verlegung der Pflicht der Reservehaltung von den Zentralbanken zu den Kommerzbanken wäre also eine mögliche Alternative, um einem wirklichen Goldüberfluß zu begegnen. Im Vergleich mit der nächstliegenden und meist-

---

[12] In einem im Druck befindlichen Buch über *Monetary Nationalism and International Stability*, das demnächst in London (im Verlag Longmans, Green & Co.) in der Serie des Genfer »Institut Universitaire de Hautes Études Internationales« erscheint. [Erschienen 1937; deutsche Übersetzung: »Monetärer Nationalismus und internationale Stabilität« in diesem Band, Hayek, *Schriften* A 3, S. 45–117, d. Hrsg.]

[13] *Interim Report of the Gold Delegation of the Financial Committee*, League of Nations, Genf 1930, S. 106.

[14] *Ibid.*

diskutierten Maßnahme, einer Herabsetzung des Goldpreises, hätte jene den Vorteil, daß sie die Gelegenheit zur Durchführung einer wichtigen und seit langem wünschenswerten Reform darstellen würde. Aber dieser Vorteil, daß sie eine grundlegende Änderung der Struktur unseres Bank- und Währungswesens bedingen würde, ist natürlich auch ihr Nachteil. Wenn es auch möglich ist, daß im Laufe der Jahre und nach langen Diskussionen eine solche Reform in den Bereich der praktischen Möglichkeiten tritt, so ist es doch unzweifelhaft, daß sie als momentanes Heilmittel gegen einen akuten Goldüberschuß nicht in Frage käme. Da hat die Herabsetzung des Goldpreises den unbestreitbaren Vorteil, daß sie sogleich mit einem Federstrich durchgeführt werden kann und nicht nur die Größe des jährlichen Zuwachses des Goldvorrates (in doppelter Weise), sondern auch die Größe des schon vorhandenen Vorrates unmittelbar vermindert. Aber glücklicherweise besteht keine solche Dringlichkeit, und die Möglichkeit, daß einmal der Goldreichtum die Grundlage für eine solche Reform bieten kann, ist ein zusätzlicher Grund, nichts zu überstürzen.

Es bleibt jedoch noch eine dritte Möglichkeit in Betracht zu ziehen, die zumindest theoretisch sehr viel für sich hat und wahrscheinlich in den kommenden Diskussionen dieser Probleme eine bedeutende Rolle spielen wird. Es ist dies der jüngst von Professor Robbins gemachte ingeniöse Vorschlag der Verwendung des überschüssigen Goldes zur Finanzierung der staatlichen Konjunktur- und Krisenpolitik.[15] Es ist ein altes Problem, daß die üblichen Maßnahmen der Finanzierung der Krisenbekämpfung die Tendenz haben, die Wirkung der getroffenen Maßnahmen zu vereiteln. Der richtige Grundgedanke, daß die Mittel für Arbeitslosenunterstützung und öffentliche Arbeiten in der Krise während der vorangehenden Prosperitätsperiode angesammelt werden sollen, wird verhängnisvoll, wenn diese Mittel in der üblichen Weise investiert werden und dann bei Bedarf in der Depression vom Markte zurückgezogen werden müssen. Die erzwungene zusätzliche Kapitalakkumulation während der Hochkonjunktur regt die schon übermäßige Investitionstätigkeit noch weiter an, während die Flüssigmachung dieser Fonds in der Depression, wenn sie benötigt werden, der Wirtschaft gerade dann Mittel entzieht, wenn die Investitionstätigkeit unterstützt werden sollte. Eine rationale Investitionspolitik sollte solche Fonds in der Hochkonjunktur, wenn sie durch Besteuerung aufgebracht werden, tatsächlich horten, um dann die Aufwendungen in der Krise aus diesem »Kriegsschatz« bestreiten zu können. Die relative Verminderung der Geldmenge im Konjunkturaufschwung und die Vermehrung während des Niederganges würde dabei nur die entgegengesetzten Veränderungen der Um-

[15] Robbins, L., »How to Mitigate the Next Slump«, *Monthly Review* der Lloyds Bank Ltd., Mai 1937, S. 234–244. Dem Vernehmen nach sind unabhängig ähnliche Vorschläge auch von Dr. B. Suviranta in Finnland und von einem amerikanischen Nationalökonomen gemacht worden.

laufsgeschwindigkeit kompensieren, die in diesen Phasen regelmäßig auftreten.

Theoretisch ist gegen diesen Vorschlag kaum eine Einwendung zu machen. Wenn auch viele Bedenken dagegen vorliegen, während einer Depression ad hoc öffentliche Arbeiten zu veranstalten, so sprechen doch alle Argumente dafür, daß die öffentlichen Stellen alle jene Investitionsarbeiten, die sie auf jeden Fall vornehmen und die sich verschieben lassen, während der Depression durchführen. Das Problem ist hier das der angemessenen Budgetierung, da ja in einer schweren Depression die Mittel oft nicht aufgebracht werden könnten und eine Ansammlung von Reserven in guten Zeiten in den meisten Fällen den erwähnten Einwänden ausgesetzt ist. Ebenso kann kaum ein Zweifel bestehen, daß in Zeiten allgemeiner Arbeitslosigkeit der Staat zur Minderung wirklicher Notlagen immer wird eingreifen müssen, sei es im Wege einer eigentlichen Arbeitslosenunterstützung, sei es nur im Wege der Armengesetzgebung früherer Zeiten.

Die Schwierigkeiten und Bedenken, die sich ergeben, sind praktisch politischer Art. Wer soll entscheiden und auf welcher Grundlage, ob die Wirtschaftslage übernormal günstig ist und daher Reserven angesammelt werden sollen oder ob die Beschäftigung usw. unter dem langfristigen Durchschnitt liegt und eine Inanspruchnahme dieser Reserven daher gerechtfertigt ist? Teile eines Landes oder gewisse Bevölkerungsschichten werden immer empfinden, daß sie sich in akuter Notlage befinden, die Anspruch auf Hilfeleistung schafft. Ist unter diesen Umständen eine in den Händen politischer Körperschaften liegende Konjunkturpolitik rational durchführbar? Das sind jedoch Probleme, die schon weit außerhalb der den Gegenstand dieses Aufsatzes bildenden Fragen stehen und die wir daher nur anschneiden, aber nicht weiter erörtern können.

Monetärer Nationalismus und internationale Stabilität (1937)*

* Erstveröffentlichung: *Monetary Nationalism and International Stability*, Publications of the Graduate Institute of International Studies, Geneva, Nr. 18, London, New York, Toronto: Longmans, Green and Co. 1937.

Vorwort zur englischen Ausgabe

Diese fünf Vorlesungen müssen sich auf bestimmte Aspekte des weiten, im Titel angesprochenen Gegenstands beschränken. Sie erscheinen im wesentlichen so, wie sie vorgetragen wurden. Wie in der ersten Vorlesung erklärt, machte es die begrenzte Zeit erforderlich, die Wahl zu treffen, entweder die konkreten Probleme der gegenwärtigen Politik des Monetären Nationalismus zu diskutieren oder sich auf die umfassenderen theoretischen Fragen zu konzentrieren, die der Entscheidung für einen internationalen Standard oder für unabhängige nationale Währungen letzten Endes zugrunde liegen. Der erste Weg hätte eine Diskussion solcher technischer Fragen wie der Tätigkeit von Devisen-Ausgleichsfonds, des Devisenterminmarkts, der Wahl und der Anpassung der Paritäten, der Kooperation der Zentralbanken usw. erfordert. Doch wird der Leser auf den folgenden Seiten wenig über derlei Gegenstände finden. Ich hielt es für wichtiger, die verfügbare Zeit dazu zu nutzen, die allgemeinen Ideen zu diskutieren, die für das Aufkommen des Monetären Nationalismus hauptsächlich verantwortlich sind und denen es zuzuschreiben ist, daß Politiken und Praktiken, die noch vor nicht langer Zeit von allen verantwortlichen Finanzexperten mißbilligt worden wären, heute in der ganzen Welt allgemein im Schwange sind. Der unmittelbare Einfluß theoretischer Erörterungen ist wahrscheinlich gering, aber es unterliegt keinem Zweifel, daß sie die Entwicklung der Ansichten, die heute die Geldpolitik beherrschen, tiefgehend beeinflußt haben. Deshalb scheint es mir zweckmäßiger, mich auf diese grundlegenden Fragen zu konzentrieren.

Diese Entscheidung gibt mir eine gewisse Freiheit zur Diskussion alternativer Politiken. Um die Vor- und Nachteile der verschiedenen Systeme zu beurteilen, habe ich mich nicht gebunden gefühlt, mich auf jene zu beschränken, die heute als politische Praxis gelten. Ich hege keinen Zweifel, daß jene, die den gegenwärtigen intellektuellen Trend bejahen, einen großen Teil der Erörterungen auf den folgenden Seiten für reichlich akademisch halten. Doch sind die alternativen Politiken, die wir hier betrachten, grundsätzlich weder revolutionärer noch unpraktikabler als die Abweichungen von der traditionellen Praxis, die weithin diskutiert und in den letzten Jahren versucht worden sind – nur, daß im Augenblick nicht so viele Leute an sie glauben. Aber während der Politiker – und der Ökonom, wenn er hinsichtlich konkreter Maßnahmen zu Rate gezogen wird – auf die jeweils herrschende Meinung Rücksicht nehmen müssen, wenn sie zu entscheiden haben, was für Änderungen hier und jetzt in Erwägung zu ziehen sind, gelten solche Einschränkungen nicht, wenn wir fragen, was für die Menschen im ganzen am besten ist. Ich bin fest davon überzeugt, daß es auf lange Sicht diese Art akademischer Erörterung ist, welche die öffentliche Meinung formt und die in der Folge darüber entscheidet, was einige

Zeit später politische Praxis sein wird. Ich betrachte es deshalb nicht nur als Privileg, sondern als Pflicht des akademischen Ökonomen, alle Alternativen in die Betrachtung einzubeziehen, gleichgültig, wie unwahrscheinlich ihre Verwirklichung im Augenblick auch erscheinen mag.

Tatsächlich muß ich gestehen, daß mir in vielerlei Hinsicht die künftige Entwicklung der Meinung von Fachleuten und Laien über diese Gegenstände viel wichtiger zu sein scheint als irgendwelche konkreten Maßnahmen, die in naher Zukunft getroffen werden mögen. Wie immer die Regelungen im Bereich der Geldpolitik auf die Dauer beschaffen sein mögen, der Geist, in dem die geltenden Institutionen gehandhabt werden, ist mindestens so wichtig wie diese Institutionen selbst. Und genau so, wie – lange vor dem Zusammenbruch der internationalen Goldwährung 1931 – die Geldpolitik in der ganzen Welt von den Ideen des Monetären Nationalismus, der diesen Zusammenbruch schließlich herbeigeführt hat, beherrscht war, so besteht gegenwärtig die große Gefahr, daß die Wiederherstellung des äußeren Rahmens der Goldwährung nicht die Rückkehr zu einer wirklich internationalen Währung bedeuten würde. Obwohl ich ein überzeugter Anhänger der internationalen Goldwährung bin, muß ich gestehen, daß mich die Aussicht ihrer Wiederherstellung in naher Zukunft mit Sorge erfüllt. Nichts wäre unter dem Gesichtspunkt der langfristigen Entwicklung verhängnisvoller, als wenn man eine förmliche Rückkehr zur Goldwährung versuchte, bevor die Menschen willens geworden sind, sie richtig zu handhaben, und wenn – was unter den gegebenen Umständen sehr wahrscheinlich der Fall wäre – dieser Rückkehr ein neuer Zusammenbruch folgte. Die Anhänger des Monetären Nationalismus würden dies wahrscheinlich abstreiten, aber mir kommt es vor, als sei inzwischen ein Zustand erreicht, in dem sich deren Ansichten ganz des Denkens derjenigen bemächtigt haben, die sich in den verantwortlichen Positionen befinden, ein Zustand, in dem die traditionellen Regeln entweder so sehr in Vergessenheit geraten oder durch andere, die vielleicht unbemerkt Teil der neuen Philosophie sind, verdrängt worden sind, daß im Reich der Ideen viel geschehen muß, bevor wir hoffen können, eine Grundlage für ein stabiles internationales System zu finden. Diese Vorlesungen sind als bescheidener Beitrag zu der vorbereitenden Arbeit gedacht, die einer erfolgreichen Wiederherstellung eines solchen Systems vorausgehen muß.

Ich betrachte die Einladung, diese Vorlesungen am Institut Universitaire de Hautes Études Internationales in Genf zu halten, als glücklichen Umstand. Und ich möchte hier meine aufrichtige Dankbarkeit für die mir gebotene Gelegenheit zum Ausdruck bringen und ebenso für die sympathische und anregende Diskussion im Anschluß an die Vorlesungen. Mein besonderer Dank gilt den Professoren Rappard und Mantoux, nicht nur für die Organisation der Vorlesungen, sondern auch dafür, daß sie deren Veröffentlichung in der Reihe des Instituts ermöglicht haben.

Ebenfalls schulde ich einer Reihe von Freunden und Kollegen an der London School of Economics Dank, besonders Dr. F. Benham, Mr. F. Paish, Professor Robbins und Mr. C.H. Secord, die das Manuskript gelesen und mir viele wertvolle Ratschläge zu Inhalt und Form der Darstellung dieser Vorlesungen gegeben haben. Dies wäre sicher ein viel umfänglicheres und viel besseres Buch geworden, wenn ich eine Möglichkeit gesehen hätte, alle ihre Anregungen aufzunehmen und einzuarbeiten. Aber im Augenblick fühle ich mich nicht in der Lage, dieses größere Vorhaben in Angriff zu nehmen, von dem meine Freunde mit Recht annehmen, daß der Gegenstand es verdiene. Mich allein trifft deshalb der Vorwurf flüchtiger Behandlung einiger wichtiger Punkte und irgendwelcher Versäumnisse, die den Leser befremden.

Ich hoffe jedoch, man werde daran denken, daß diese Vorlesungen geschrieben wurden, um mündlich vorgetragen zu werden, und daß dies ein zu extensives Eingehen auf die komplizierteren theoretischen Sachverhalte ausschloß.

Nur an wenigen Stellen habe ich zur Erläuterung einen zusätzlichen Abschnitt eingefügt oder Abschnitte erweitert, die sich ob der beschränkten Zeit nicht in geeigneter Weise in den Vorlesungen unterbringen ließen. Doch bin ich mir bewußt, daß damit nicht alle von mir aufgeworfenen Fragen eine befriedigende Antwort finden.

London School of Economics and Political Science Mai 1937 — F. A. von Hayek

Vorlesung I
Nationale Geldsysteme

1. Der theoretische Charakter dieser Vorlesungen. Als mir die ehrenvolle Einladung zuteil wurde, vor dem Institut fünf Vorlesungen »über ein Thema von spezifisch internationalem Interesse« zu halten, konnte es mir kaum zweifelhaft sein, welches dieses Thema sein würde. Seit Jahren schon hatte ich auf einem Feld, dem mein besonderes Interesse gilt, mit zunehmender Aufmerksamkeit das allmähliche Erstarken einer Doktrin beobachtet, die, sollte sie je dominant werden, den Hoffnungen auf eine Wiederbelebung der internationalen Beziehungen höchstwahrscheinlich einen schweren Schlag versetzte. Diese Doktrin, die ich im Titel dieser Vorlesungen als Monetären Nationalismus bezeichnet habe, wird von einigen der brillantesten und einflußreichsten Ökonomen unserer Zeit vertreten. Sie wurde in den letzten Jahren in ständig wachsendem Maß praktiziert und sie ist, nach meinem Dafürhalten, weitgehend verantwortlich für die ausgeprägte Intensivierung der letzten Depression, eine Intensivierung, die durch das sukzessive Abgehen der verschiedenen Länder von der Goldwährung zustande kam. Sie wird beinahe sicher weiterhin Einfluß gewinnen und wahrscheinlich die Wiederherstellung eines wahrhaft internationalen Währungssystems auf unbestimmte Zeit hinausschieben. Selbst wenn sie die Wiederherstellung einer internationalen Goldwährung nicht verhindert, wird sie fast unvermeidlich bald nach der Wiedereinführung ihren erneuten Zusammenbruch verursachen.

Damit will ich keineswegs der Wiederherstellung der Goldwährung in ihrer hergebrachten Form das Wort reden, noch will ich in Abrede stellen, daß viel von der Kritik, die gegen sie vorgebracht wird, berechtigt sein mag. Mein Einwand ist vielmehr, daß sich der größte Teil dieser Kritik nicht gegen die wirklichen Ursachen richtet, die schuld daran sind, daß die Goldwährung, so wie wir sie kennen, die Aufgaben, die ihr zugedacht waren, nicht erfüllte; mein Einwand ist ferner, daß die einzigen ernsthaft in Erwägung gezogenen und erörterten Alternativen gänzlich preisgeben, was mir das im Grunde solide Prinzip zu sein scheint – nämlich das eines internationalen Währungssystems – das die Goldwährung ihrer Bestimmung nach sein sollte.

Wenn ich die Doktrin, die ich kritisieren will, als Monetären Nationalismus bezeichne, möchte ich damit keineswegs den Eindruck erwecken – lassen Sie mich dies sogleich betonen – als seien ihre Anhänger von irgendeiner Art engem Nationalismus geleitet. Dies belegt allein schon der Name ihres führenden Vertreters, Mr. J. M. Keynes. Es sind nicht die Motive, welche die Vertreter jener Pläne antreiben, sondern die Konsequenzen, die ihre Verwirklichung, wie ich glaube, hätte, an die ich denke, wenn ich diesen Ausdruck gebrauche. Ich bezweifle nicht, daß die Anhänger dieser Doktrin aufrichtig daran glauben, daß das System unabhängiger nationaler Währungen die Ursachen internationaler wirtschaftlicher Spannungen eher vermindern als mehren wird, und daß auf lange Sicht nicht nur ein einzelnes Land, sondern alle Länder besser fahren werden, wenn man der nationalen Geldpolitik jene Freiheit einräumt, die mit einem internationalen Währungssystem unvereinbar ist.

Der Streit geht demnach nicht um die anzustrebenden Ziele. Wäre es anders, hätte der Versuch, ihn auf dem Weg rationaler Diskussion aufzulösen, wenig Sinn. Die Sache liegt vielmehr so, daß es unter den Ökonomen echte Meinungsverschiedenheiten hinsichtlich der Konsequenzen der verschiedenen monetären Regelungen gibt, die wir zu betrachten haben, Unterschiede, die zeigen, daß in der Natur des Problems ernste intellektuelle Schwierigkeiten stecken, die bisher noch nicht befriedigend gelöst worden sind. Das heißt, daß jede Erörterung der relevanten Fragen sich auf beträchtliche technische Schwierigkeiten einzulassen hat, daß sie sich einzulassen hat auf weitreichende Probleme der allgemeinen Theorie, wenn sie etwas zu ihrer Lösung beitragen soll. Es geht mir im folgenden darum, ein sehr praktisches und aktuelles Problem zu beleuchten. Aber ich fürchte, der Weg wird über eine lange Strecke durch trokkene Gebiete abstrakter Theorie führen.

Ich hätte mein Thema auch auf einem anderen Weg behandeln können. Und als mir klar wurde, wie sehr ich mich auf eine rein theoretische Argumentation einlassen muß, war ich ernsthaft versucht, diesen anderen Weg tatsächlich einzuschlagen. Er hätte jegliche Diskussion der zugrunde liegenden Ideen vermieden, ich hätte einfach einen der zahlreichen konkreten Vorschläge für unabhängige nationale Geldsysteme, wie sie heute gang und gäbe sind, nehmen und seine verschiedenen wahrscheinlichen Wirkungen betrachten müssen. Zweifellos hätte ich auf diese Weise meinen Vorlesungen einen sehr viel wirklichkeitsnäheren Anstrich geben und zur Befriedigung all jener, die vom Monetären Nationalismus bereits eine ungünstige Meinung haben, beweisen können, daß seine Wirkungen verderblich sind. Aber ich hätte wohl kaum jemanden, der von der anderen Seite der Sache bereits eingenommen ist, überzeugen können. Dieser mag sogar alle Nachteile des Vorschlags, die ich aufzähle, zugeben und doch glauben, daß seine Vorteile die Nachteile überwiegen. Wenn ich nicht zeigen kann, daß die unterstellten Vorteile weitgehend illusorisch sind, kann ich nicht viel ausrichten. Aber dies macht eine Prüfung der Argumentation der anderen Seite erforderlich. So kam ich nach einigem Zögern zu dem Schluß, daß ich mich nicht vor der viel mühseligeren Aufgabe drücken kann und versuchen muß, zu den Wurzeln der theoretischen Streitpunkte vorzudringen.

2. Monetärer Nationalismus und nationale Geldsysteme. Es ist nunmehr an der Zeit, genauer zu definieren, was ich unter Monetärem Nationalismus und seinem Gegenteil, einem internationalen Währungssystem, verstehe. Unter Monetärem Nationalismus verstehe ich die Doktrin, wonach es jenen Prinzipien und jenem Mechanismus, welche die Anteile der verschiedenen Regionen oder Orte eines Landes an der Geldmenge des Landes bestimmen, *nicht* überlassen werden sollte, den Anteil eines Landes an der Weltgeldmenge zu bestimmen. Ein wahrhaft internationales Währungssystem wäre eines, unter dem die ganze Welt ein homogenes Geld hätte, wie es innerhalb der einzelnen Länder üblich ist, und unter dem die Geldströme zwischen Regionen die Ergebnisse des Handelns aller Individuen wären. Was genau ich unter einem homogenen Geld verstehe, werde ich später definieren. Aber ich möchte gleich zu Beginn klarmachen, daß ich nicht glaube, daß die Goldwährung, so wie wir sie kennen, diesem Ideal entsprach, und daß ich dies als ihren hauptsächlichen Fehler ansehe.

Diese Auffassung von Monetärem Nationalismus wirft sogleich eine Frage auf. Die monetären Beziehungen zwischen kleinen, angrenzenden Gebieten unterscheiden sich angeblich von jenen, die zwischen größeren Regionen oder Ländern bestehen, und dieser Unterschied, so wird angenommen, rechtfertige oder erfordere unterschiedliche monetäre Regelungen. Wir werden so auf einmal mit der Frage konfrontiert, was die Natur dieses angeblichen Unterschiedes ist? Diese Frage hängt etwas zusammen, ist aber nicht identisch mit der Frage: Was macht ein nationales Geldsystem aus, in welchem Sinn können wir von verschiedenen Geldsystemen sprechen? Wir werden sehen, daß es sehr nötig ist, diese Fragen auseinanderzuhalten.

Denn wenn wir es nicht tun, werden wir Unterschiede, die der zugrunde liegenden Situation inhärent sind und die unterschiedliche monetäre Regelungen durchaus wünschenswert machen mögen, verwechseln mit Unterschieden, welche die Folge der besonderen monetären Regelungen sind, die tatsächlich existieren.

Aus Gründen, die ich gleich erläutern werde, ist diese Unterscheidung nicht immer beachtet worden. Dies hat zu vielen gegenseitigen Mißverständnissen geführt, und deshalb ist es nötig, hier ziemlich genau zu sein.

3. Ein homogenes internationales Geld. Ich betrachte zunächst einen Zustand, in dem der Unterschied zwischen dem Geld verschiedener Länder denkbar gering, tatsächlich so gering ist, daß es zweifelhaft ist, ob man überhaupt von verschiedenen »Systemen« sprechen kann. Ich gehe davon aus, daß die Welt aus zwei Ländern besteht, und nehme an, daß es in jedem Land nur eine Sorte von allgemein gebräuchlichen Tauschmitteln gibt, nämlich Münzen, die aus dem gleichen Metall bestehen. Für unsere Betrachtung ist es unerheblich, ob der Nennwert dieser Münzen in den beiden Ländern der gleiche ist, solange wir unterstellen, daß die beiden Münzsorten unbeschränkt und kostenlos bei den Münzstätten gegenseitig austauschbar sind. Selbstverständlich bildet der bloße Unterschied im Nennwert, wenn er auch eine Unbequemlichkeit bedeuten mag, keinen Unterschied in den Geldsystemen der beiden Länder.[1]

Indem wir mit diesem Fall beginnen, folgen wir einer lang geübten Vorgehensweise. Die Argumentation der klassischen Autoren, die sich mit monetären Problemen befaßten, ging zum großen Teil von der Annahme eines »reinen Metallgeldes« aus. Ich stimme mit diesen Autoren völlig darin überein, daß es für bestimmte Zwecke sehr nützlich ist, diese Annahme zu machen. Ich werde ihnen jedoch nicht folgen in ihrer üblichen Annahme, daß die Schlußfolgerungen, zu denen sie von ihren Annahmen her kommen, unmittelbar auf die heute existierenden Geldsysteme anwendbar sind. Dieser Glaube beruhte auf ihrer Überzeugung, daß die bestehenden Mischgeldsysteme nicht nur so gestaltet werden könnten und sollten, daß sich das Mischgeld in jeder Hinsicht so verhielte wie ein reines Metallgeld, sondern daß – jedenfalls in England seit der Bankakte von 1844 – erreicht worden sei, daß sich die gesamte Geldmenge *tatsächlich* in dieser Weise verhalte. Ich werde später zeigen, daß diese irrige Meinung an vielen Konfusionen hinsichtlich des Mechanismus der Goldwährung, wie sie tatsächlich existierte, schuld ist; daß sie uns daran gehindert hat, zu einer befriedigenden Theorie der Funktionsweise des modernen Mischgeldsystems zu gelangen, weil die Erklärung der Rolle des Bankensystems nur oberflächlich aufgepfropft und nie wirklich in die Theorie des reinen Metallgeldes integriert worden war, und daß als Folge davon die Goldwährung oder die

---

[1] Seit der Niederschrift dieser Zeilen ist mir ein kürzlich erschienenes Buch in die Hand gekommen, in dem fast das ganze Argument zugunsten des Monetären Nationalismus auf der Annahme beruht, daß verschiedene nationale Umlaufsmittel verschiedene Güter sind und daß sie infolgedessen veränderliche Preise, ausgedrückt in den Geldeinheiten der je anderen Länder haben müßten. (Whittlesey, C. R., *International Monetary Issues*, New York: McGraw-Hill 1937). Es wird kein Versuch unternommen, zu erklären, warum oder unter welchen Bedingungen und in welchem Sinn die verschiedenen nationalen Umlaufsmittel als verschiedene Güter angesehen werden sollten. Der Eindruck läßt sich daher kaum vermeiden, daß der Autor den Unterschied in der Bezeichnung unkritisch als Beweis für das Vorhandensein eines Unterschieds in der Sache nimmt. Der Fall ist ein schönes Beispiel für die weit verbreitete Verwechslung von Unterschieden zwischen den Geldsystemen, die ein Argument für nationale Unterscheidungen sein können, mit Unterschieden, die eine Folge solcher Unterscheidungen sind. Es sollte offenkundig sein, daß es »nur ein Unterschied in der Bezeichnung« ist (wie es Professor Gregory treffend gesagt hat), ob wir eine bestimmte Menge Gold in Pfund, Dollar oder Mark ausdrücken, und daß dies genau so wenig eine Verschiedenartigkeit der Güter begründet, wie wenn wir eine gleiche Menge Tuch statt in Metern in Yards messen. Ob verschiedene nationale Umlaufsmittel in irgendeinem Sinn verschiedene Güter sind, hängt davon ab, wozu wir sie machen, und das wirkliche Problem besteht darin, ob wir zwischen nationalen Umlaufsmitteln Unterscheidungen schaffen sollten, indem wir uns in jedem Land eines Geldes bedienen, das nur innerhalb dieses Landes allgemein akzeptiert wird, oder ob in den verschiedenen Ländern das gleiche Geld in Gebrauch sein sollte.

Existenz eines internationalen Systems für vieles verantwortlich gemacht wurde, woran in Wahrheit der Mischcharakter des Systems die wirkliche Schuld trug und keinesfalls seine »Internationalität«.

Für meine jetzige Absicht jedoch, nämlich herauszufinden, ob und in welcher Hinsicht der monetäre Mechanismus eines einzelnen Landes als ein eigenes, separates System angesehen werden kann oder muß, auch wenn es nur ein Minimum an Verschiedenheit zwischen der Art des dort und andernorts gebrauchten Geldes gibt, erweist sich der Fall des reinen Metallgeldes als durchaus hilfreich. Wenn es Unterschiede in der Funktionsweise der nationalen Geldsysteme gibt, die nicht bloß eine Folge der unterschiedlichen monetären Regelungen der verschiedenen Länder sind, sondern Unterschiede, die wünschenswert machen, daß verschiedene Länder verschiedene Regelungen haben *sollten*, muß sich das auch in diesem einfachsten Fall zeigen. Es ist klar, daß das Argument für ein nationales Geldsystem sich in diesem Fall nicht auf irgendwelche Eigentümlichkeiten des nationalen Geldes stützen kann. Es muß sich auf die Annahme stützen – und tut es tatsächlich –, daß es innerhalb des Landes einen besonders engen Zusammenhang zwischen den Preisen – insbesondere den Löhnen – gibt, der bewirkt, daß sie sich in hohem Maß miteinander auf und ab bewegen, verglichen mit Preisen außerhalb des Landes. Dieser enge Zusammenhang wird häufig als ausreichender Grund angesehen, weshalb – um dem Zwang zu entgehen, daß das »Land als Ganzes« seine Preise gegebenenfalls anheben muß – die Geldmenge im Land so reguliert werden sollte, daß das »allgemeine Preisniveau« im Land stabil bleibt. Ich möchte auf dieses Argument noch nicht eingehen. Später werde ich zeigen, daß es weitgehend auf einer Illusion beruht, die ihrerseits auf den Zufall zurückzuführen ist, daß die statistische Messung von Preisbewegungen gewöhnlich für die einzelnen Länder erfolgt; und ich werde zeigen, daß, insofern es echte Schwierigkeiten gibt im Zusammenhang mit allgemeinen Anpassungen vieler Preise, und vor allem der Löhne, nach unten, das vorgeschlagene Heilmittel schlimmer wäre als die Krankheit. Hier und jetzt möchte ich nur so viel sagen, daß ich es als das einzige Argument betrachte, mit dem sich der Monetäre Nationalismus rational begründen läßt. Alle anderen Argumente haben in Wirklichkeit nichts mit der Existenz eines internationalen Währungssystems als solchem zu tun, sondern finden nur Anwendung auf die besonderen, uns vertrauten Arten internationaler Systeme. In der gegenwärtigen Diskussion sind diese Argumente jedoch unauflöslich mit solchen mehr grundlegender Natur verbunden. Deshalb müssen wir uns zuerst diesen zuwenden, bevor wir die Hauptargumente auf ihren Gehalt prüfen können.

4. Das Mischgeldsystem oder das System nationaler Reserven. Das eben betrachtete, homogene internationale Geld war dadurch gekennzeichnet, daß jede Einheit der Umlaufsmittel eines jeden Landes in gleicher Weise für Zahlungen im anderen Land verwendet und zu diesem Zweck physisch in jenes andere Land transferiert und physisch in das Geld dieses Landes umgewandelt werden konnte. Von den Systemen, die hier zu betrachten sind, entspricht allein ein internationaler Goldstandard mit ausschließlichem Goldumlauf in jedem Land diesem Bild. Ein solcher hat in reiner Form nie existiert, und die Art Goldstandard, die bis vor kurzem bestand, wich von diesem Bild sogar stärker ab, als man sich allgemein bewußt war. Man war sich nie in vollem Umfang bewußt, wie sehr die Wirkungsweise des tatsächlich existierenden Systems vom Ideal des reinen Goldstandards abwich. Denn man war mit den Abweichungen so vertraut, daß sie gewöhnlich als selbstverständlich betrachtet wurden. Mit der Bankakte von 1844 sollte erreicht werden, daß in dem aus Gold und anderem Geld bestehenden Mischgeldsystem die Geldmenge sich genau gleich veränderte, wie wenn ausschließlich Gold im Umlauf wäre; und lange Zeit tat man so, als sei diese Absicht tatsächlich erreicht worden. Selbst als allmählich erkannt wurde, daß Bankdepositen, über die mittels Schecks verfügt wird, genauso als Geld anzusehen sind wie Banknoten und daß der Zweck der Bankakte tatsächlich verfehlt worden war, weil diese Depositen von der Regulierung ausgenommen waren, hielt man nur wenige Modifikationen der Argumentation für erforderlich. In der Tat wird sie im allgemeinen immer noch so geführt, wie sie ursprünglich unter Zugrundelegung eines reinen Metallgeldes entwickelt worden war.

Mit dem Aufkommen des modernen Bankwesens trat indessen ein vollständiger Wandel ein. Es gab nun in jedem Land nicht mehr eine, homogene Art von Geld, dessen verschiedene Einheiten für alle relevanten Zwecke als äquivalent gelten konnten. Innerhalb eines jeden Landes war eine Hierarchie verschiedener Arten von Geld entstanden – eine komplexe Organisation mit einer bestimmten Struktur, die das darstellt, woran wir tatsächlich denken, wenn wir von den Umlaufsmitteln eines Landes als von einem »System« sprechen. Wahrscheinlich ist es viel richtiger zu sagen, daß es der Unterschied zwischen den verschiedenen, in irgendeinem Land benutzten Arten von Geld ist, als zu sagen, es seien die Unterschiede zwischen den in verschiedenen Ländern benutzten Umlaufsmitteln, was den wirklichen Unterschied zwischen verschiedenen Geldsystemen bildet.

Dies zeigt sich, wenn wir die Dinge etwas genauer betrachten. Die allmähliche Ausbildung der Gewohnheit, liquide Aktiva in der Form von Bankguthaben, auf die Schecks gezogen werden, zu halten, bedeutete, daß sich immer mehr Leute damit zufrieden gaben, Umlaufsmittel in einer Form zu halten, die unmittelbar nur zu Zahlungen an Leute benutzt werden konnten, die ihre Konten bei der gleichen Bank unterhielten. Für alle Zahlungen an Personen außerhalb dieses Kreises vertrauten sie auf die Fähigkeit der Bank, die Guthaben auf Verlangen in eine andere Geldart, die in weiteren Kreisen akzeptiert wurde, umzuwandeln; und zu diesem Zweck mußten die Banken eine »Reserve« von diesem in weiteren Kreisen akzeptierten oder liquideren Tauschmittel halten.

Doch mit dieser Unterscheidung zwischen Bankdepositen und »Kasse« im engeren Wortsinn ist die Klassifikation der verschiedenen Geldarten mit unterschiedlichen Graden von Liquidität, wie sie heute in modernen Gesellschaften tatsächlich in Gebrauch sind, noch nicht erschöpft. In der Tat hätte diese Entwicklung keinen wesentlichen Unterschied gemacht, hätten sich die Banken selbst nicht in einer Weise entwickelt, die zu ihrer Organisation als nationale Banken-»Systeme« führte. Ob es nur ein System verhältnismäßig kleiner lokaler Einzelbanken oder ob es mehrere Systeme von Filialbanken gab, zuständig für unterschiedliche, sich beliebig überschneidende Gebiete und ohne Rücksicht auf nationale Grenzen, es bestünde kein Grund, warum alle monetären Transaktionen innerhalb eines Landes enger miteinander verwoben sein sollten als diejenigen zwischen verschiedenen Ländern. Für alle überschießenden Zahlungen an Leute außerhalb ihres Kreises wären die Kunden einer einzelnen Bank zwar auf die Reserven angewiesen, die ihre Bank für sie zu diesem Zweck unterhält, und sie könnten daher das Gefühl haben, daß ihre individuelle Position durch das Handeln der anderen Mitglieder dieses Kreises beeinflußt werden könnte. Aber höchstens die Einwohner einer kleinen Stadt würden auf diese Weise von den gleichen Reserven und damit vom Handeln der Mitbewohner abhängig werden,[2] niemals die sämtlichen Einwohner eines großen Gebietes oder eines Landes.

Erst mit dem Aufkommen zentralisierter nationaler Bankensysteme wurden alle Einwohner eines Landes in diesem Sinne abhängig von demselben Bestand an liquideren Aktiva, die für sie kollektiv als eine nationale Reserve gehalten werden. Doch darf der Begriff Zentralisierung in diesem Zusammenhang nicht zu eng interpretiert werden, als bezöge er sich nur auf Systeme, an deren Spitze sich eine Zentralbank des bekannten Typs befindet, oder als sei er beschränkt auf Filialbanksysteme, wo jeder Distrikt eines Landes durch die Zweigstellen der gleichen wenigen Banken versorgt wird. Die Formen, in denen Zentralisierung im hier signifikanten Sinn eines Systems nationaler Reserven vor sich geht, sind vielfältiger und sind nur zum Teil einem bewußten Eingreifen der Legislative zuzuschreiben. Sie sind teilweise weniger augenfälligen institutionellen Faktoren zu verdanken.

Auch wenn keine Zentralbank und kein Filialbanksystem besteht, führt die Tatsache, daß es in einem Land gewöhnlich ein Finanzzentrum gibt, in dem die Börse ihren Sitz hat und über das ein großer Teil seines Außenhandels abgewickelt oder finanziert wird, dazu, daß die in diesem Zentrum ansässigen Banken

---

[2] Vgl. dazu und zu dem folgenden Robbins, L., *Economic Planning and International Order*, London: Macmillan 1937, S. 274ff.

einen großen Teil der Reserven aller anderen Banken des Landes halten. Die Nähe der Börse versetzt sie in die Lage, solche Reserven gewinnbringend zu investieren in Anlagen, die, jedenfalls vom Standpunkt der einzelnen Bank aus, als hoch liquide erscheinen. Und der größere Umfang an Devisentransaktionen in einem solchen Zentrum legt es nahe, daß sich die Banken außerhalb dieses Zentrums zur Beschaffung jedweder Devisen, die sie für ihre Geschäfte benötigen, auf ihre Korrespondenzbanken in dieser Stadt verlassen. Auf diese Weise entstand in den Vereinigten Staaten lange vor der Bildung des Federal Reserve Systems im Jahr 1913 und trotz des Fehlens eines Filialbanksystems ein System nationaler Reserven, wobei praktisch alle Banken im ganzen Land sich weitgehend auf die gleichen letzten Reserven stützten. Eine ähnliche Situation bestand in Großbritannien vor dem Aufkommen der Aktienbanken.

Diese Tendenz verstärkt sich beträchtlich, wenn statt eines Systems kleiner Einzelbanken einige wenige große Aktienbanken mit vielen Zweigstellen existieren; noch mehr, wenn das ganze System von einer einzigen Zentralbank als Halterin der Kasse, die als letzte Reserve dient, gekrönt wird. Dieses heute universale System bedeutet in Wirklichkeit, daß zwischen drei hauptsächlichen Arten von Geld zusätzliche Unterscheidungen bezüglich der Akzeptanz oder der Liquidität künstlich geschaffen worden sind und daß die Aufgabe, einen genügend großen Teil der gesamten Aktiva in liquider Form zu halten, für unterschiedliche Zwecke auf unterschiedliche Wirtschaftssubjekte verteilt worden ist. Ein gewöhnliches Individuum wird einen Bestand nur der Geldart halten, die es für unmittelbare Zahlungen an Kunden der gleichen Bank benützen kann; hinsichtlich anderer Zahlungen verläßt es sich darauf, daß seine Bank für alle ihre Kunden eine Reserve hält. Die Geschäftsbanken wiederum werden nur Reserven in einer liquideren Geldart oder in einer solchen mit weiterreichender Akzeptanz halten, wie sie für Interbankzahlungen innerhalb des Landes verwendet werden können. Aber was die Haltung von Reserven jener Geldart betrifft, die für Zahlungen ans Ausland verwendet werden kann, oder auch jener, die benötigt wird, wenn das Publikum den Wunsch haben sollte, einen beträchtlichen Teil seiner Depositen in Bargeld umzuwandeln, verlassen sich die Banken weitgehend auf die Zentralbank.

Diese komplexe Struktur wird oft als Ein-Reserve-System (one reserve system) bezeichnet; ich nenne sie lieber das System nationaler Reserven; es wird heute für so selbstverständlich gehalten, daß wir über seine Konsequenzen kaum mehr nachdenken. Seine Wirkungen auf den Mechanismus der internationalen Geldströme werden einer der wichtigsten Gegenstände meiner nächsten Vorlesung sein. Heute will ich nur noch auf zwei häufig übersehene Aspekte hinweisen. Als erstes möchte ich betonen, daß Bankdepositen nie ihre gegenwärtig vorherrschende Rolle unter den verschiedenen Umlaufsmitteln hätten erlangen können, daß die bei Banken gehaltenen täglich fälligen Guthaben nie auf das Zehnfache und mehr der von den Banken als Reserve gehaltenen Kasse hätten anwachsen können, wenn nicht irgendeine Instanz – sei es eine privilegierte Zentralbank, sei es eine Anzahl oder die Gesamtheit der Banken – in die Lage versetzt worden wäre, im Notfall eine genügende Menge zusätzlicher Banknoten zu schaffen, um die Wünsche des Publikums nach Umwandlung eines beträchtlichen Teils seiner Guthaben in Bargeld zu befriedigen. In dieser Hinsicht und nur in dieser berührt die Existenz eines Systems nationaler Reserven das Problem der Regulierung der Notenausgabe.

Der zweite Punkt betrifft den Sachverhalt, daß nahezu alle praktischen Probleme der Bankpolitik, fast alle die Fragen, mit denen ein Zentralbankleiter täglich konfrontiert ist, aus dem Nebeneinander unterschiedlicher Arten von Geld innerhalb des nationalen Geldsystems entstehen. Wirtschaftstheoretiker tun häufig so, als wäre die Geldmenge eines Landes eine vollkommen homogene Größe und ganz der bewußten Kontrolle der zentralen geldpolitischen Instanz unterworfen. Diese Annahme war die Quelle vieler Mißverständnisse auf beiden Seiten. Sie führte auch dazu, daß das fundamentale Dilemma jeder Zentralbankpolitik kaum je richtig erkannt worden ist: Das einzige wirksame Mittel, durch das die Zentralbank eine Expansion des Geldumlaufs kontrollieren kann, besteht darin, von vornherein zu erklären, daß sie die Kasse (im engeren Sinn), die als Folge einer solchen Expansion benötigt wird, nicht bereitstellen wird; aber gleichzeitig wird es als die oberste Pflicht der Zentralbank angesehen, diese Kasse bereitzustellen, wenn die Expansion der Bankdepositen tatsächlich stattgefunden hat und das Publikum anfängt, deren Umwandlung in Noten oder Gold zu fordern.

Ich werde später auf dieses Problem zurückkommen. In den nächsten beiden Vorlesungen werde ich mich hauptsächlich mit einer anderen Reihe von Problemen befassen: Ich werde die Auffassung begründen, daß das System nationaler Reserven die wahre Quelle der meisten Schwierigkeiten ist, die gewöhnlich einem internationalen Standard in die Schuhe geschoben werden. Ich werde zeigen, daß diese Schwierigkeiten in Wirklichkeit der Tatsache zuzuschreiben sind, daß die aus verschiedenen Geldarten bestehenden nationalen Umlaufsmittel zu wenig international sind und daß der größte Teil der Kritik, die sich gegen den Goldstandard als internationalen Standard richtet, verfehlt ist. Ich versuche zu zeigen, daß das System nationaler Reserven den Mechanismus der internationalen Geldströme viel stärker, als dies gewöhnlich wahrgenommen wird, von dem abweichen läßt, was er bei einem homogenen internationalen Geld wäre.

5. Unabhängige nationale Währungen. Doch bevor ich mich diesem größeren Gegenstand zuwenden kann, muß ich kurz den dritten und wirksamsten Grund betrachten, der zu Unterschieden in den Umlaufsmitteln verschiedener

Länder führen und separate Geldysteme begründen kann. Bis jetzt habe ich mich nur mit Fällen befaßt, in denen das Umtauschverhältnis zwischen den in den verschiedenen Ländern gebräuchlichen Geldeinheiten gegeben und konstant war. Im ersten Fall war dies dadurch sichergestellt, daß das in den verschiedenen Ländern umlaufende Geld unter allen wesentlichen Gesichtspunkten als homogen angenommen wurde. Im zweiten und realistischeren Fall wurde angenommen, daß, obwohl in den verschiedenen Ländern je verschiedenes Geld benutzt wurde, ein wirksamer, wenn auch etwas komplizierter Mechanismus am Werk war, der es möglich machte, jederzeit Geld des einen Landes zu einem konstanten Kurs in Geld des anderen umzutauschen. Um die Liste zu vervollständigen, muß nun noch der Fall variabler Umtauschverhältnisse untersucht werden, das heißt der Fall, in dem der Wechselkurs zwischen den beiden Währungen Schwankungen unterliegt.

Bei Geldsystemen dieser Art haben wir es natürlich mit Unterschieden zwischen den verschiedenen Arten von Geld zu tun, die viel größer sind als jene, denen wir bisher begegnet sind. Der Besitz einer bestimmten Menge des im einen Land umlaufenden Geldes verleiht nicht länger die Verfügung über eine bestimmte Menge von Geld, das in einem anderen Land verwendet werden kann. Es gibt keinen Mechanismus mehr, der sicherstellt, daß ein Versuch, Geld von Land zu Land zu transferieren, zu einer Verminderung der Geldmenge im einen Land und zu einer entsprechenden Zunahme im anderen führen wird. In der Tat wird ein faktischer Geldtransfer von Land zu Land nutzlos, weil, was Geld im einen, kein Geld im anderen Land ist. Wir haben es hier mit Dingen zu tun, die für unterschiedliche Zwecke unterschiedliche Grade von Nützlichkeit besitzen und deren Mengen unabhängig bestimmt werden.

Ich denke, es sollte genügend klar sein, daß irgendwelche Unterschiede zwischen bloß interlokalen und internationalen Geldbewegungen, Unterschiede, die allein als eine Folge der Wechselkursvariabilität entstehen, nicht als Rechtfertigung für die Existenz separater Geldsysteme betrachtet werden können. Dies hieße Ursache und Wirkung verwechseln – den Grund des Unterschieds zur Rechtfertigung seines Fortbestehens machen. Doch da die Einführung eines solchen Systems »flexibler Paritäten« sehr befürwortet wird als Ausweg aus den Schwierigkeiten, die auf Grund anderer Unterschiede, die wir schon betrachtet haben, entstehen, ist es ratsam, in den späteren Vorlesungen alle drei Typen von Bedingungen, unter denen es zu Unterschieden zwischen den nationalen Geldsystemen kommen kann, nacheinander zu erörtern. Wir werden uns mit der Art und Weise befassen, wie in jedem der Fälle Neuverteilungen von Geld auf die verschiedenen Länder zustande kommen. Beginnen werde ich mit dem Fall, der als einziger zutreffend als internationaler monetärer Standard beschrieben werden kann, jenem eines homogenen internationalen Geldes. Die Betrachtung dieses Falles hilft mir zu zeigen, welchen Zwecken

Änderungen der Anteile verschiedener Regionen und Länder an der gesamten Geldmenge dienen können, und wie solche Änderungen spontan hervorgebracht werden. Ich werde dann zu dem hybriden »Mischgeldsystem« übergehen, das bis vor kurzem allgemein in Gebrauch war und das gemeint ist, wenn man sich in der gegenwärtigen Diskussion auf die traditionelle Goldwährung bezieht. Wie ich schon anfangs sagte, streite ich nicht ab, daß dieses System erhebliche Mängel hat. Die Monetären Nationalisten glauben, daß diese Mängel der Tatsache zuzuschreiben sind, daß es sich bei diesem System noch immer um ein internationales System handelt. Um diese Mängel zu beseitigen, schlagen sie vor, das Mischgeldsystem durch das dritte oder das Geldsystem rein nationalen Typs zu ersetzen. Ich werde dagegen zu zeigen versuchen, daß an diesen Mängeln die Hindernisse schuld sind, die das Mischgeldsystem dem freien internationalen Fluß von Fonds entgegenstellt. Dies führt mich dann zunächst zu einer Prüfung der merkwürdigen Theorie von Inflation und Deflation, auf die sich der Monetäre Nationalismus gründet; sodann zu einer Untersuchung der Folgen, die wir zu erwarten haben, wenn seine Vorschläge verwirklicht werden, und schließlich zur Betrachtung der Methoden, durch die ein internationales System, das seinen Namen verdient, erreicht werden kann.

Vorlesung II
Funktion und Mechanismus internationaler Geldströme

1. Die Funktionen von Neuaufteilungen der Weltgeldmenge. Am Ende meiner ersten Vorlesung habe ich hervorgehoben, daß die drei verschiedenen Typen nationaler Geldsysteme, die wir betrachtet haben, sich hauptsächlich nach der Methode unterscheiden, mit der internationale Neuverteilungen von Geld bewerkstelligt werden. Im Fall eines homogenen internationalen Geldes findet diese Neuverteilung mittels tatsächlicher Übertragungen der entsprechenden Geldbeträge von Land zu Land statt. Unter dem »Mischgeldsystem«, repräsentiert durch die traditionelle Goldwährung – besser »Goldkernwährung« genannt –, wird sie teilweise ebenfalls durch eine tatsächliche Geldübertragung von Land zu Land, hauptsächlich jedoch durch eine Kontraktion des Kreditüberbaus im einen und eine entsprechende Expansion im anderen Land hervorgebracht. Zwar unterscheiden sich der Mechanismus und, wie wir sehen werden, auch einige Wirkungen dieser beiden Methoden voneinander; das schließliche Ergebnis aber, die Änderung des relativen Wertes der (gesamten) Geldmenge in jedem Land, kommt durch eine entsprechende Änderung der Geldmenge, der Zahl der Geldeinheiten in jedem Land, zustande. Unter dem dritten System, dem System unabhängiger Währungen, liegen die Dinge jedoch anders. Hier erfolgt die Anpassung nicht durch eine Änderung der Zahl der Geldeinheiten in jedem Land, sondern durch Änderungen ihres relativen Werts. Kein Geld fließt hier tatsächlich von Land zu Land, und jede Neuverteilung von Geld zwischen Personen, die mit einer Neuverteilung zwischen Ländern einherginge, muß durch entsprechende Änderungen innerhalb eines jeden Landes zustande kommen.

Bevor wir jedoch die guten Seiten der verschiedenen Systeme beurteilen können, müssen wir ganz allgemein die Gründe betrachten, die es erforderlich machen können, daß der relative Wert der in den verschiedenen Ländern vorhandenen gesamten Geldmenge sich ändert. Es ist klar, daß Veränderungen der Nachfrage nach oder des Angebots von Gütern und Diensten, die in einer Region produziert werden, den Wert des Anteils am Welteinkommen ändern können, den die Bewohner dieser Region beanspruchen können. Aber Änderungen des relativen Geldbestandes, obwohl sie natürlich eng mit diesen Änderungen des Anteils am Welteinkommen, den die einzelnen Länder beanspruchen können, zusammenhängen, sind nicht identisch mit diesen. Nur deshalb, weil Leute, deren Geldeinnahmen zurückgehen, im allgemeinen dazu neigen, auch ihre Kassenbestände zu vermindern und umgekehrt, sind Änderungen der Größe der Geldströme in den einzelnen Ländern in der Regel von gleichgerichteten Änderungen der Kassenbestände begleitet. Leute, deren Einkommen steigt, verwenden gewöhnlich zunächst einen Teil des gestiegenen Geldeinkommens zu einer dauerhaften Erhöhung ihrer Kassenbestände, während Leute, deren Einkommen fällt, dazu neigen, die volle Kürzung ihrer Geldausgaben eine Zeitlang hinauszuschieben, weil sie es vorziehen, ihre Kassenbestände zu vermindern.[3] Veränderungen der Kassenbestände dienen in diesem Umfang als Puffer, die den Stoß abfedern und die Anpassung der Realeinkommen an die veränderten Geldeinkommen verzögern, so daß während der Übergangszeit Geld tatsächlich als Substitut für Güter dient.

Doch gegebene Gewohnheiten unterstellt, ist klar, daß Änderungen der relativen Höhe der Geldeinkommen der einzelnen Länder – das nämliche gilt für das gesamte Volumen der Geldumsätze – entsprechende Änderungen in den Geldbeständen dieser Länder unvermeidlich machen, Änderungen, die zwar nicht unbedingt in der gleichen Proportion, aber auf jeden Fall in der gleichen Richtung wie die Einkommensänderungen stattfinden müssen. Wenn der Anteil an der Weltproduktion, den die Produktion eines Landes hat, steigt oder fällt, wird der Anteil, den die Bewohner des Landes vom Ganzen beanspruchen können, sich erst voll an die neue Situation anpassen, wenn sich auch die Kassenbestände angepaßt haben werden.[4]

Veränderungen der Nachfrage nach Geld seitens eines bestimmten Landes können natürlich auch unabhängig davon stattfinden, ob sich der Wert der Ressourcen ändert, über welche seine Bewohner verfügen. Sie mögen auf irgendwelche Umstände zurückzuführen sein, welche die Leute zu dem Wunsch veranlassen, einen größeren (oder kleineren) Teil ihrer Ressourcen in der liquidesten Form, nämlich in Geld, zu halten. In einem solchen Fall werden sie dem Rest der Welt eine Zeitlang mehr Güter anbieten im Austausch gegen Geld. Dies setzt sie instand, zu irgend einem späteren Zeitpunkt mehr Güter zu kaufen, als sie zur selben Zeit verkaufen können. In Wirklichkeit entscheiden sie sich dazu, dem Rest der Welt eine Gütermenge im Wert dieses Geldbetrages zu leihen, um sie zurückrufen zu können, wann immer sie es wünschen.

2. Der Mechanismus unter einem System reinen Metallgeldes. Die Funktion internationaler Geldbewegungen sieht man klarer, wenn man eine solche Bewegung im denkbar einfachsten Fall betrachtet – dem Fall eines homogenen internationalen oder »reinen Metallgeldes«. Nehmen wir an, daß irgendwer, der bestimmte Summen für Produkte aus Land *A* auszugeben pflegte, nun die-

---

[3] Für eine ausführliche Beschreibung dieses Mechanismus vgl. Hawtrey, R.G., *Currency and Credit*, 3. Aufl., London: Longmans, Green 1928, Kapitel IV, S. 41–63.

[4] Statt von der Weltproduktion zu sprechen, hätte ich vielleicht von dem Anteil an der Verfügung über die Welt-Ressourcen sprechen sollen. Denn nicht allein die Verteilung des gegenwärtig konsumierbaren Produkts, sondern ebenso die Zuteilung der Verfügung über die Ressourcen, die erst in der Zukunft Erträge abwerfen, erfolgt durch diesen monetären Mechanismus.

se Beträge für Produkte aus Land *B* ausgibt. Die unmittelbare Wirkung davon ist die nämliche, gleichgültig ob diese Person in *A* oder *B* wohnt. In jedem Fall entsteht eine Überschußzahlung von *A* nach *B* – eine defizitäre Handelsbilanz für *A* – entweder, weil die Summe solcher Zahlungen gestiegen oder weil die Summe der entgegengerichteten Zahlungen gefallen ist. Und wenn derjenige, der diese Veränderung ausgelöst hat, seine neuen Ausgabegewohnheiten beibehält, wird sich dieser Geldstrom eine Zeitlang fortsetzen.

Doch müssen wir hier beachten, daß sich als Folge dieser Veränderung die Einnahmen bestimmter Leute in *A* vermindert und in *B* vergrößert haben. Schon seit langem ist uns die Behauptung geläufig, daß Gegenkräfte wirksam werden, die mit der Zeit den Geldstrom zwischen den Ländern versiegen lassen. Aber erst vor kurzem sind die genauen Sachverhalte, die den Prozeß bestimmen, der dahin führt, befriedigend erklärt worden.[5] In beiden Ländern wird die Änderung der Geldeinnahmen von den zunächst betroffenen Leuten weitergegeben und sich ausbreiten. Wie lang der Abfluß von Geld aus *A* nach *B* anhält, hängt davon ab, wie lange es dauert, bis die aufeinanderfolgenden Änderungen in den Geldeinkommen, die in jedem Land einsetzen, zu neuen und entgegengesetzten Veränderungen in der Zahlungsbilanz führen.

Dieses Ergebnis kann auf zweierlei Weise in jedem der beiden Länder zustandekommen. Die Verminderung der Geldeinkommen in Land *A* mag zu einem Rückgang der Käufe aus Land *B* oder der Rückgang einiger Güterpreise in *A* mag zu einer Zunahme der Exporte nach *B* führen. Die Zunahme der Geldeinkommen in Land *B* kann zu einem Anstieg der Käufe aus *A* oder zu einem Anstieg einiger Güterpreise in *B* und einer nachfolgenden Verminderung der Exporte nach *A* führen. Wie lange es jedoch dauern wird, bis auf diese Weise der Geldstrom von *A* nach *B* ausgeglichen sein wird, hängt von der Anzahl der Glieder der Ketten ab, die letzten Endes zum andern Land zurückführen, sowie von dem Umfang, in dem auf jeder dieser Stationen die Einkommensänderung zunächst zu einer Änderung in den Kassenbeständen führt, bevor sie im vollen Ausmaß weitergegeben wird. In der Zwischenzeit fließt der Geldstrom weiterhin von *A* nach *B*; und die Gesamtsumme, die so bewegt wird, entspricht genau den Beträgen, um die – im Verlauf des eben beschriebenen Prozesses – die Kassenbestände im einen Land vermindert und im andern erhöht worden sind.

Soweit ist die Beschreibung ganz allgemein. Wir können jedoch nicht sagen, wie viele Einkommen sich ändern, wie viele Preise in jedem der beiden Länder steigen oder fallen müssen als Folge der ursprünglichen Änderungen. Denn

[5] Vgl. hierzu besonders Paish, F.W., »Banking Policy and the Balance of International Payments«, *Economica*, N.S., Vol. III, No. 12, November 1936; Maier, K.F., *Goldwanderungen*, Jena: G. Fischer 1935, und Whale, P.B., »The Working of the Pre-War Gold Standard«, *Economica*, N.S., Vol. IV, No. 13, Februar 1937.

dies hängt gänzlich von den konkreten Umständen jedes einzelnen Falles ab. In manchen Ländern und unter manchen Bedingungen wird der Prozeß kurz sein, weil einige der zunächst Betroffenen, deren Einkommen fallen, ihre Ausgaben für importierte Güter kürzen oder weil der Anstieg der Einkommen [im anderen Land] sogleich für Importgüter ausgegeben wird.[6] In anderen Fällen mag der Prozeß lange dauern, und Zahlungen vom und ans Ausland kommen erst zum Ausgleich, nachdem starke Preisänderungen stattgefunden haben, die weitere Leute dazu veranlassen, die Richtung ihrer Ausgaben zu ändern.

Der wesentliche Punkt bei all diesem ist folgender: Welche Einkommen und welche Preise im Gefolge der ursprünglichen Änderung sich ändern müssen, hängt davon ab, ob und in welchem Grad der Wert eines bestimmten Faktors oder Dienstes direkt oder indirekt von der bestimmten Nachfrageänderung, die stattgefunden hat, abhängt, und nicht davon, ob sich diese ursprüngliche Änderung innerhalb oder außerhalb des gleichen »Währungsgebiets« ereignet hat. Wir sehen dies klarer, wenn wir uns die Serie aufeinanderfolgender Änderungen der Geldeinkommen, zu denen es als Folge der ursprünglichen Nachfrageverschiebung kommt, als einzelne Ketten vorstellen und für einen Augenblick die sich verästelnden Wirkungen vernachlässigen, die bei jedem Glied einsetzen. Eine solche Kette kann entweder sehr rasch zum anderen Land führen oder zunächst über eine große Zahl von Gliedern im eigenen Land laufen. Aber ob eine bestimmte Person im Land betroffen wird, hängt davon ab, ob sie ein Glied in jener Kette ist, das heißt davon, ob sie mehr oder weniger direkt im Dienst jener Person gestanden ist, deren Einkommen als erste betroffen wurden, und nicht einfach davon, ob sie sich im gleichen Land befindet oder nicht. Tatsächlich macht dieses Bild der Kette klar, daß es durchaus sein kann, daß die meisten Leute, die letztendlich unter dem Einkommensrückgang leiden, der die Folge der ursprünglichen Nachfrageverschiebung zugunsten von *B* ist, in Land *B* und nicht in Land *A* ansässig sind. Dies wird oft übersehen, weil der ganze Prozeß so dargestellt wird, als ob die Wirkungskette zu einem Ende käme, sobald die Zahlungen zwischen den beiden Ländern ausgeglichen sind. In Wirklichkeit können jedoch beide Ketten – die eine beginnt mit dem Einkommensrückgang einer Person in *A* und die andere mit der Einkommenszunahme einer anderen Person in *B* – lange Zeit weiterlaufen, nachdem sie das je andere Land erreicht haben, und sie können sogar in jenem Land eine größere Zahl von Gliedern haben als in dem, von dem sie ihren Ausgang genommen haben. Sie kommen erst zu einem Ende, wenn sie sich begegnen, nicht nur im gleichen Land, sondern bei der gleichen Person, und so sich gegenseitig ausgleichen. Dies bedeutet, daß die Anzahl der Einkommens- und Preisrückgänge (nicht ihr

---

[6] Vgl. hierzu besonders den eben zitierten Artikel von F.W. Paish.

aufsummierter Betrag), die als Folge eines Geldtransfers von *A* nach *B* erforderlich ist, in *B* tatsächlich größer sein kann als in *A*.

Diese Darstellung des Verlaufs ist freilich ziemlich unrealistisch, weil sie die zahllosen Verästelungen außer acht läßt, zu denen jede dieser Ketten von Wirkungen führt. Trotzdem sollte, glaube ich, klar geworden sein, wie oberflächlich und irreführend ein Argumentieren mit Begriffen wie *den* Preisen und *den* Einkommen eines Landes ist – als würden sie sich notwendigerweise miteinander oder sogar in der gleichen Richtung bewegen. Es sind immer Preise und Einkommen bestimmter Personen und bestimmter Industrien, die berührt werden, und die Wirkungen sind nicht wesentlich verschieden von denen, die sich aus irgendwelchen Nachfrageverschiebungen zwischen verschiedenen Industrien oder Örtlichkeiten ergeben.

Es handelt sich bei diesem Gegenstand natürlich um den gleichen, den ich in meiner ersten Vorlesung diskutiert habe – im Zusammenhang mit dem Problem, was ein eigenes Geldsystem ausmacht –, nämlich um die Frage, ob zwischen den Preisen und Einkommen und besonders den Löhnen in einem Land ein besonders enger Zusammenhang besteht, der bewirkt, daß sie sich im Verhältnis zur Preisstruktur der Außenwelt wie ein Ganzes bewegen. Wie ich dort sagte, kann ich darauf erst später ausführlicher eingehen. Doch gibt es zwei Punkte, die, glaube ich, jetzt klar geworden sind und die für das Verständnis des Unterschieds wichtig sind, der zwischen der Funktionsweise eines homogenen internationalen Geldes, mit dem wir uns eben befassen, und dem Mischgeldsystem besteht, dem ich mich sogleich zuwenden werde.

Als erstes erscheint es schon sehr zweifelhaft, ob es überhaupt möglich ist, die Begriffe Inflation und Deflation in sinnvoller Weise auf diese interregionalen oder internationalen Übertragungen von Geld anzuwenden. Wenn wir freilich Inflation und Deflation *definieren* als Änderungen der Geldmenge oder des Preisspiegels *innerhalb eines bestimmten Gebiets*, können wir den Begriff natürlich verwenden. Aber es ist keineswegs ausgemacht, daß die Konsequenzen, die sich, wie wir zeigen können, als Folge einer Änderung der Geldmenge in einem geschlossenen System ergeben, auch bei einer solchen Neuaufteilung des Geldes zwischen verschiedenen Gebieten eintreten. Insbesondere gibt es keinen Grund dafür, warum die Veränderungen der Geldmenge innerhalb eines Gebiets solche nur vorübergehenden Änderungen in den relativen Preisen hervorbringen sollten, die im Fall einer wirklichen Inflation zu Fehlleitungen der Produktion führen – Fehlleitungen deshalb, weil der inhärente Mechanismus dieser Inflationen schließlich dahin tendiert, diese Änderungen der relativen Preise wieder umzukehren. Auch scheint es keinen Grund dafür zu geben, daß, um eine moderne, doch inzwischen schon wieder obsolet gewordene Terminologie zu gebrauchen, Sparen und Investieren innerhalb eines einzelnen Gebietes, das Teil eines größeren wirtschaftlichen Systems ist, zum Ausgleich gebracht werden sollten.[7] Doch alle diese Fragen können erst wirklich beantwortet werden, wenn ich die zwei gegensätzlichen Ansichten über die wahre Bedeutung von Inflation und Deflation erörtere, die den meisten gegenwärtigen Diskussionen über Geldpolitik zugrunde liegen.

Der zweite Punkt, den ich hier besonders betonen möchte, betrifft die Tatsache, daß es bei homogenem internationalem Geld offenbar keinen Grund dafür gibt, daß ein Abfluß von Geld aus einem Land und ein Zufluß in ein anderes mit Notwendigkeit einen Anstieg des Zinssatzes im ersten und einen Rückgang im letzteren verursachen sollte. Ich habe bisher den Zinssatz nicht erwähnt, weil es keinen allgemeinen Grund zu geben scheint, warum wir annehmen sollten, daß die Ursachen, die zu Geldbewegungen zwischen zwei Ländern führen, den Zinssatz auf die eine oder andere Weise berühren sollten. Ob sie eine solche Wirkung haben und wenn ja, in welcher Richtung, hängt ganz und gar von den konkreten Umständen ab. Wenn die anfängliche Änderung, die das Geldeinkommen mancher Leute im einen Land vermindert, unmittelbar zu einer Verminderung ihrer Ausgaben auf Konsumgüter führt und wenn sie ferner die überschüssigen Kassenbestände, die zu halten sie nicht länger als zweckmäßig ansehen, für zusätzliche Investitionen verwenden, ist es nicht ausgeschlossen, daß die Wirkung tatsächlich ein Rückgang des Zinssatzes sein wird.[8] Und umgekehrt mag es in dem Land, auf dessen Produkt sich ein zusätzlicher Geldstrom richtet, zu einem Anstieg des Zinssatzes kommen. Anscheinend sind wir dazu verleitet worden, das, was unter den herrschenden Mischgeldsystemen in der Regel zu geschehen pflegt, weit fundamentaleren Ursachen zuzuschreiben als diejenigen sind, die tatsächlich wirksam werden. Dies führt mich zum wichtigsten Unterschied zwischen dem Fall eines »rein metallischen« und jenem eines »gemischten« Geldes. Deshalb wende ich mich jetzt diesem Mischgeldsystem zu.

---

[7] Vgl. hierzu Keynes, J.M., *A Treatise on Money*, London: Macmillan 1930, Bd. 1, Kap. 4.

[8] Auch wenn man sich vorstellen kann, daß ein Einkommensrückgang zu einer vorübergehenden Zunahme der Investitionen führt, weil die nun ärmer Gewordenen das Gefühl haben, sich nicht länger den Luxus der größeren Kassenbestände, die sie vorher zu halten pflegten, leisten zu können, und einen Teil davon investieren, ist dies doch weder sehr wahrscheinlich noch ist es vermutlich quantitativ bedeutsam. Viel bedeutsamer mag die Wirkung des Einkommensrückgangs jedoch auf die Nachfrage nach Investitionsgütern sein. Besonders dann, wenn der größere Teil der vorhandenen Kapitalausrüstung sehr dauerhaft ist, kann ein Einkommensrückgang für eine gewisse Zeit das Investitionsbedürfnis fast vollständig aufheben und auf diesem Weg zu einem beträchtlichen Rückgang des Zinssatzes in diesem Land führen. Ein anderer Fall, in dem die nämliche Ursache, die zu einer Geldbewegung von einem zum anderen Land führt, gleichzeitig einen Rückgang des Zinssatzes im ersten Land zur Folge hätte, wäre jener, in dem die gleichmäßige Rate, mit der die Bevölkerung in mehreren Ländern gewöhnlich wächst, sich in dem einen beträchtlich verminderte.

3. Der Mechanismus unter Mischgeldsystemen. Gibt es in den beiden betrachteten Ländern je ein eigenständiges Bankensystem, gleichgültig ob mit oder ohne Zentralbank an der Spitze, so werden größere Übertragungen von Geld von einem Land zum anderen nur zu einem Teil durch eine tatsächliche Übersendung von Geld bewerkstelligt, die restliche Anpassung wird durch eine Expansion oder Kontraktion des Kreditvolumens je nach dem, wie es die Umstände erfordern, erreicht. Man glaubt allgemein, daß sich nichts Wesentliches ändert, aber etwas eingespart wird, wenn die Vernichtung von Geld im einen Land und die Schaffung neuen Geldes im anderen an die Stelle einer tatsächlichen Übertragung von Geld von Person zu Person tritt. Diese Ansicht läßt sich jedoch nur auf Grund der ganz mechanistischen Fassung der Quantitätstheorie aufrechterhalten, und sie vernachlässigt zudem vollständig, daß das Auftreten der Änderung in den beiden Fällen sehr verschieden ist. Wenn man die Methoden betrachtet, die dem Bankensystem zur Verfügung stehen, um eine Expansion oder Kontraktion der Geldmenge herbeizuführen, findet man keinen Grund für die Annahme, daß die Banken das zur Vernichtung bestimmte Geld gerade jenen Personen entziehen können, von denen es, gäbe es kein Bankensystem, im Verlauf des Prozesses freigesetzt würde, oder daß sie das zusätzliche Geld gerade in die Hände jener geben könnten, die es absorbierten, wenn es auf dem Weg einer direkten Übertragung vom Ausland ins Land gelangte. Ganz im Gegenteil gibt es überzeugende Gründe für die Annahme, daß die Last der Anpassung gänzlich von der Investitionstätigkeit in beiden Ländern zu tragen ist, und zwar in einem Ausmaß, das durch die zugrunde liegende Änderung der realen Situation keineswegs gerechtfertigt ist.

Um zu sehen, warum und wie dies vor sich geht, muß man die tatsächliche Organisation der Bankensysteme im einzelnen sowie die übliche Art ihrer Geschäftspolitik näher betrachten. Wo Bankdepositen in größerem Umfang benutzt werden, bedeutet dies, wie wir gesehen haben, daß alle, die ihre liquidesten Aktiva in dieser Form halten, sich im Bedarfsfall auf ihre Banken verlassen zwecks Beschaffung der Geldart, die außerhalb des Kundenkreises ihrer Bank akzeptiert wird. Die Banken wiederum, vor allem, weil sie gelernt haben, sich auf den Beistand anderer (Noten ausgebender) Banken, insbesondere der Zentralbank, zu verlassen, halten ihrerseits nur sehr geringe Kassenbestände als Reserve, das sind Kassenbestände, die sie zum Ausgleich eines Defizits im Clearing mit anderen Banken oder für Zahlungen ans Ausland verwenden können. Diese Kassenbestände sind in der Tat nicht zu mehr gedacht, als zeitweilige und verhältnismäßig kleine Differenzen zwischen Ein- und Auszahlungen zu überbrücken. Sie sind völlig unzureichend, um den Banken zu erlauben, diese Reserven jemals um den vollen Betrag eines erheblichen Rückzugs der [vom Publikum bei den Banken gehaltenen] Sichteinlagen zu verringern. Gerade dieses System proportionaler Reserven [das heißt Reserven, die nur einen

Bruchteil der Depositen ausmachen, d. Hrsg.], das, soweit es die Depositen betrifft, heute allgemein eingeführt ist und sogar im Fall von Banknoten praktisch überall außerhalb Englands Anwendung findet, bedeutet, daß die Banken die zur Umwandlung eines beträchtlichen Teils der Depositen nötige Kasse beschaffen müssen, indem sie Leute zwingen, Kredite zurückzuzahlen.

Am besten läßt sich die Bedeutung, die eine solche Bankenstruktur für internationale Geldströme hat, erkennen, wenn wir wiederum die Wirkungen einer Nachfrageverschiebung von Land *A* zu Land *B* betrachten. Der wesentliche Punkt ist hier, daß bei einem nationalen Bankensystem, das mit proportionalen Reserven arbeitet, die Zentralbank nicht in der Lage ist, den Abfluß von Geld so lange zuzulassen, bis er ein natürliches Ende findet, es sei denn, die defizitäre Zahlungsbilanz komme sehr schnell zum Ausgleich. Ohne ihre Reserveposition zu gefährden, kann sie nicht alle Bankeinlagen oder Banknoten, die das Publikum in Geld umtauschen will, das in andere Länder transferierbar ist, unbeschränkt in solches Geld umtauschen. Will die Zentralbank eine Erschöpfung oder eine gefährliche Verminderung ihrer Reserven verhindern, muß sie den Prozeß beschleunigen, der zu einer Abnahme der Zahlungen von *A* nach *B* oder zu einer Zunahme der Zahlungen von *B* nach *A* führt. Und der einzige Weg, auf dem sie das schnell und wirkungsvoll tun kann, besteht üblicherweise und ohne zu diskriminieren darin, Druck auf ihre Kreditnehmer auszuüben, ihre Kredite zurückzuzahlen. Damit setzt sie zusätzliche Ketten sukzessiver Ausgabenkürzungen in Gang, zuerst bei denjenigen, denen sie sonst Kredit gewährt hätte, sodann bei all jenen, zu denen dieses Geld nach und nach gelangt wäre. Selbst wenn wir im Augenblick die Wirkungen außer acht lassen, die von einem Anstieg der Zinssätze auf die kurzfristigen internationalen Kapitalströme ausgehen, können wir sehen, daß die Kräfte, die früher oder später die Zahlungen ins Ausland verringern, sich verstärken und daß sie, indem sie auf die Preise der heimischen Produkte drücken, Käufe seitens des Auslands anregen. Und wenn der Druck, der auf diese Weise ausgeübt wird, stark genug ist, mag sich die Dauer, während welcher Geld abströmt, und dadurch der gesamte Geldbetrag, der tatsächlich das Land verläßt, bis die Zu- und Abflüsse wieder zum Ausgleich kommen, fast beliebig verringern lassen.

Doch sind die Leute, die ihre Ausgaben vermindern müssen, um dieses Ergebnis herbeizuführen, in diesem Fall – und das ist der wesentliche Punkt – nicht notwendigerweise die gleichen Leute wie die, die das unter einem System homogenen internationalen Geldes letzten Endes tun müßten, und auch das so erreichte Gleichgewicht besteht seiner Natur nach nur vorübergehend. Da Bankkredite in nennenswertem Umfang nur für Investitionszwecke gewährt werden, bedeutet dies insbesondere, daß die Verminderung des Geldstroms mit ganzer Wucht die Investitionstätigkeit trifft. Dies zeigt sich klar an dem Vorgang, durch den die Restriktion erfolgt. Wir haben früher gesehen, daß bei einem reinen Metallgeld ein Geldabfluß nicht notwendigerweise zu einem Anstieg der Zinssätze führen muß. Er kann, muß aber nicht notwendigerweise eintreten, ja es ist sogar denkbar, daß das Gegenteil eintritt. Aber bei einem Bankensystem, das national organisiert ist, das heiß unter einem System nationaler Reserven, ist es unvermeidlich, daß ein Geldabfluß einen Anstieg der Zinssätze verursacht, unabhängig davon, ob die zugrunde liegende reale Änderung entweder die Rentabilität der Investition oder die Sparrate in einer Weise beeinflußt hat, die eine solche Änderung rechtfertigt. Mit anderen Worten – um einen Ausdruck zu benutzen, der in letzter Zeit häufig Anlaß zum Disput gegeben hat, der jedoch in diesem Zusammenhang unmißverständlich sein dürfte – der Anstieg des Diskontsatzes bedeutet unter solchen Umständen, daß er mit Absicht über den Gleichgewichts- oder den »natürlichen« Zins erhöht werden muß.[9] Der Grund dafür ist nicht oder braucht nicht zu sein, daß die ursprüngliche Änderung das Verhältnis zwischen dem Angebot von und Nachfrage nach investierbaren Fonds gestört hat; der Grund liegt darin, daß die ursprüngliche Änderung die normalen Verhältnisse zwischen den verschiedenen Teilen der Kreditstruktur durcheinander zu bringen tendiert und daß der einzige Weg, diese Verhältnisse wieder herzustellen, über eine Kündigung von Investitionskrediten führt.

Nur in geringem Umfang wird die Kreditkontraktion, wie ich eben gesagt habe, über Preissenkungen zu zusätzlichen Zahlungen aus dem Ausland führen und auf diese Weise den Geldabfluß kompensieren. Doch in einem beträchtlichen Umfang wird sie die Wirkung haben, daß bestimmte internationale Übertragungen von Geld, die anstelle von Übertragungen von Gütern stattgefunden hätten und in diesem Sinn eine abschließende Bezahlung für einen zeitweiligen Importüberschuß gewesen wären, gestoppt werden, so daß schließlich tatsächlich Übertragungen von Gütern stattfinden müssen. Die Übertragung nur eines Bruchteils des Geldbetrags, der unter einem System reinen Metallgeldes abgeflossen wäre, und eine vielfache Kreditkontraktion sozusagen als Ersatz für den Rest beraubt die Leute im betreffenden Land der Möglichkeit, die Anpassung hinauszuschieben, indem sie einen Importüberschuß vorübergehend durch Barzahlung begleichen.

---

[9] In einem interessanten Artikel von J. C. Gilbert wurde dies zu Recht betont, aber kaum genügend erklärt. (Gilbert, J. C., The Present Position of the Theory of International Trade, *The Review of Economic Studies*, Vol. III, No. 1, Oktober 1935, vor allem S. 23–26). – Zu sagen, daß die Geldzinssätze in einem einzelnen Land mit den geldpolitischen Instrumenten, die ihm zur Verfügung stehen, so beeinflußt werden können, daß sie vom Gleichgewichtszins abweichen, ist natürlich nicht gleichbedeutend mit der Aussage, daß der Gleichgewichtszins in diesem Land unabhängig ist von den Bedingungen im Ausland.

Daß der Anstieg des Zinssatzes im Gold verlierenden Land und der entsprechende Rückgang des Diskontsatzes im Gold empfangenden Land nichts zu tun haben müssen mit Änderungen der Nachfrage nach und des Angebots von Kapital, erhellt auch daraus, daß die neuen Sätze, falls keine weitere Änderung hinzukommt, nur eine vergleichsweise kurze Zeit bestehen bleiben müssen und daß nach einer Weile eine Rückkehr zu den alten Sätzen möglich ist. Die Änderungen der Zinssätze dienen vorübergehend dem Zweck, einen Prozeß, der bereits im Gang ist, zu beschleunigen. Doch hören die Kräfte, die die Goldbewegung früher oder später ohnehin zum Halten gebracht hätten, damit nicht auf, wirksam zu sein. Die Kette aufeinanderfolgender Einkommensrückgänge in Land *A*, in Gang gesetzt durch die ursprünglichen Änderungen, ist weiterhin wirksam und vermindert schließlich die Geldabflüsse aus dem Land noch weiter. Doch da in der Zwischenzeit die Geldzu- und -abflüsse durch die Aktivität der Banken bereits zum Ausgleich gekommen sind, ändert der Geldstrom seine Richtung und die Zahlungsbilanz wird aktiviert. Die Banken, die ihre Reserven wieder aufzufüllen wünschen, mögen dies eine Zeitlang zulassen, doch sobald sie ihre Reserven aufgefüllt haben, sind sie imstande, ihr Kreditgeschäft, das sie einschränken mußten, zumindest zum größeren Teil wieder aufzunehmen.

Dieses Bild ist zugegebenermaßen unvollständig, weil ich die Rolle der kurzfristigen Kapitalbewegungen bewußt außer acht gelassen habe. Ich werde sie in meiner vierten Vorlesung behandeln. Jetzt will ich nur zeigen, wie die Existenz nationaler Bankensysteme, die sich auf kollektiv gehaltene nationale Kassenreserven abstützen, die Wirkungen internationaler Geldströme ändert. Man kann, scheint mir, unmöglich bezweifeln, daß es tatsächlich einen sehr beträchtlichen Unterschied gibt zwischen dem Fall, in dem ein Land, dessen Bewohner zur Verminderung ihres Anteils am Welt-Geldbestand um zehn Prozent veranlaßt werden, diese zehn Prozent tatsächlich in Gold hingibt, und dem Fall, in dem es, um die gewohnten Reserveverhältnisse aufrecht zu erhalten, nur ein Prozent in Gold zahlt und den Kreditüberbau der Abnahme der Reserven entsprechend verringert. Es ist, wie wenn alle Salden internationaler Zahlungen durch einen engen Flaschenhals gepreßt werden müßten, indem auf Leute, die andernfalls von der Änderung gar nicht betroffen worden wären, besonderer Druck ausgeübt werden muß, Geld freizusetzen, das sie produktiv investiert hätten.

Nun sind die Veränderungen in der produktiven Tätigkeit, die auf diese Weise erzwungen werden, nicht von Dauer. Sie bedeuten nicht nur, daß zunächst viele Pläne aufgegeben werden, daß Ausrüstung, die geschaffen worden ist, nutzlos wird und daß Leute ihren Arbeitsplatz verlieren. Sie bedeuten auch, daß die neuen, revidierten Pläne bald ebenso in der entgegengesetzten Richtung enttäuscht werden müssen und daß sich die erzwungene Anpassung der Produktion als Fehllenkung erweisen wird. Es handelt sich, mit anderen Worten, um eine Störung mit allen Merkmalen einer rein monetären Störung, nämlich einer, die sich selbst korrigiert in dem Sinn, daß sie zu Änderungen führt, die wieder rückgängig gemacht werden müssen, weil sie auf keiner entsprechenden Änderung der zugrunde liegenden realen Sachverhalte beruhen.

Man mag vielleicht einwenden, daß die Kreditkontraktion im einen und die Kreditexpansion im anderen Land genau die gleichen Wirkungen zeitigen, die wir von der Übertragung eines entsprechenden Kapitalbetrags vom einen zum anderen Land erwarten würden, und daß, weil der Geldbetrag, der andernfalls zu übertragen wäre, ebensoviel Kapital entspräche, die Änderungen in der Kreditstruktur nicht schaden können. Aber, und das ist gerade der Punkt, nicht jede Geldbewegung stellt in diesem Sinn eine Übertragung von Kapital dar. Wenn eine Gruppe von Leuten mehr Geld zu halten wünscht, weil der Wert ihres Einkommens steigt, während eine andere Gruppe ihre Geldbestände verringert, weil der Wert ihres Einkommens fällt, besteht kein Grund, warum als Folge davon die zur Investition verfügbaren Fonds der ersten Gruppe zunehmen und die der zweiten Gruppe abnehmen sollten. Dagegen ist es durchaus möglich, daß die Nachfrage nach solchen Fonds seitens der ersten Gruppe steigen und seitens der zweiten Gruppe fallen wird. In einem solchen Fall besteht, wie wir gesehen haben, mehr Grund zu erwarten, daß der Zinssatz eher im Geld empfangenden Land steigen wird als im Geld verlierenden Land.

Es verhält sich natürlich anders, wenn die anfängliche Ursache keine Verschiebung der Nachfrage von einer Art von Konsumgütern zu einer anderen Art von Konsumgütern ist, sondern wenn Fonds, die in einer Art von Produktionsgütern in einem Land investiert worden sind, zur Investition in eine andere Art von Produktionsgütern in einem anderen Land übertragen werden. Hier findet in der Tat eine echte Kapitalbewegung statt und wir sind berechtigt zu erwarten, daß die Zinssätze in der üblichen Weise davon berührt werden. Worauf ich bestehe, ist nur, daß dies nicht die allgemeine Regel zu sein braucht und daß die Tatsache, daß es im allgemeinen der Fall ist, nicht die Folge einer inneren Notwendigkeit, sondern rein institutionellen Umständen zuzuschreiben ist.

4. Die Rolle der Zentralbankpolitik. Bevor ich diesen Gegenstand verlassen kann, muß ich noch kurz zwei Punkte erwähnen. Der erste Punkt ist ziemlich offenkundig. Die störenden Wirkungen, die davon ausgehen, daß das Weltgeldsystem auf dem Prinzip nationaler Reserven aufgebaut ist, fallen natürlich erheblich stärker aus, wenn die Rate der multiplen Geldexpansion oder -kontraktion, die ein gegebener Zu- oder Abfluß von Gold auslöst, von Land zu Land verschieden ist. Ist dies der Fall – und er war unter der Goldwährung, wie wir sie kannten, natürlich immer gegeben –, bedeutet dies, daß jede Goldbewegung von einem Land zu einem anderen vom Standpunkt der Welt aus gesehen entweder eine Inflation oder eine Deflation zur Folge hat, je nachdem, ob die Rate der sekundären Expansion im Gold empfangenden Land größer oder kleiner ist als die Rate der sekundären Kontraktion im Gold verlierenden Land.

Hinsichtlich des zweiten Punktes liegt mir besonders daran, nicht mißverstanden zu werden. Die Mängel des Mischgeldsystems, die ich hervorgehoben habe, sind keine Fehler einer bestimmten Art von Politik oder spezieller Handelnsregeln der Zentralbank. Es sind Mängel, die dem System, Kasse als proportionale Reserve kollektiv für ein ganzes Land zu halten, inhärent sind, gleichgültig, welche Politik die Zentralbank oder das Bankensystem verfolgt. Was ich gesagt habe, bietet insbesondere keinerlei Rechtfertigung für die üblichen Verletzungen der »Spielregeln der Goldwährung«, ausgenommen vielleicht für ein gewisses Zögern, den Diskontsatz zu häufig oder zu stark zu ändern, wenn Goldbewegungen in Gang kommen. Doch alle Versuche, Änderungen des Diskontsatzes durch andere Maßnahmen zu ersetzen, um »Reserven zu schützen«, helfen nicht. Denn nicht die Methoden sind das Übel; das eigentliche Übel ist die Notwendigkeit, Reserven zu »schützen«, statt sie abfließen zu lassen (das heißt den Umtausch in Gold als die geeignete Methode zu benutzen, um den internen Geldumlauf zu verringern). Die einzige, wirkliche Kur bestünde darin, genügend große Reserven zu halten, so daß man sie um den ganzen Betrag, um den sich der gesamte Geldumlauf des Landes äußerstenfalls ändern könnte, schwanken lassen kann. Mit anderen Worten, das Prinzip der Peelschen Bankakte von 1844 wäre auf alle Arten von Geld, insbesondere auch auf Bankdepositen anzuwenden. In meiner letzten Vorlesung werde ich auf diesen Punkt zurückkommen. Doch möchte ich betonen, daß in den Jahren vor dem Zusammenbruch der internationalen Goldwährung die Versuche, das Geldangebot der einzelnen Länder unabhängig von internationalen Goldbewegungen zu machen, schon so weit gingen, daß ein Ab- oder Zustrom von Gold oft nicht nur keine Wirkung auf den internen Geldumlauf ausübte, sondern daß sich dieser manchmal sogar in der entgegengesetzten Richtung entwickelte. Goldbewegungen »auszugleichen«, wie es die Bank von England offenkundig getan hat,[10] indem die Goldverluste der Zentralbank durch am Markt gekaufte Wertpapiere ersetzt wurden, ist natürlich keine Korrektur der Fehler des Mischgeldsystems, sondern setzt den internationalen Standard vollständig außer kraft.

---

[10] Vgl. *Minutes of Evidence taken before the Committee on Finance and Industry*, London 1931, Vol. I, Q. 353. Sir Ernest Harvey: »Wenn Sie eine Folge von Bankausweisen [der Bank von England] betrachten, werden Sie feststellen, daß der Verlust von Gold fast vollständig durch eine Zunahme des Bestandes an Wertpapieren ersetzt worden ist.«

Es wäre wohl noch viel über diesen Gegenstand zu sagen. Aber ich muß hier schließen. Was ich heute gesagt habe, hat hoffentlich zumindest einen Punkt, den ich gestern erwähnte, klar gemacht, nämlich, daß viele Einwände, die sich gegen die Goldwährung, so wie wir sie kannten, richten, in Wirklichkeit keine Einwände gegen den Goldstandard oder gegen irgendeinen internationalen Standard als solchen sind, sondern Einwände gegen das Mischgeldsystem, das generell in Mode gekommen ist. Es sollte auch klar sein, daß der Hauptfehler dieses Systems darin bestand, daß es nicht genügend international war. Ob und wie diese Fehler geheilt werden können, kann ich erst am Ende dieser Vorlesungsreihe behandeln. Doch zuvor habe ich mich mit den noch nationalistischeren Systemen, die vorgeschlagen worden sind, zu befassen.

Vorlesung III
Unabhängige Währungen

1. Nationale Stabilisierung und internationale Verschiebungen der Nachfrage. Wenn die Wechselkurse zwischen den Währungen verschiedener Länder beweglich sind, hängen die Wirkungen, die aus Änderungen folgen, die bei einem internationalen System zu Geldströmen von Land zu Land führen würden, von der Geldpolitik ab, die die beteiligten Länder einschlagen. Es ist daher notwendig, bevor wir irgend etwas über diese Wirkungen sagen können, die Ziele zu betrachten, welche die Geldpolitik der Länder, die eine unabhängige Währung gewählt haben, vermutlich leiten werden. Dies führt unmittelbar zu der Frage, ob es irgendeine Rechtfertigung gibt, irgendeines der Prinzipien, denen gemäß nach unserer Vorstellung der Geldumlauf in einem geschlossenen System gesteuert werden sollte, auf ein einzelnes Land oder eine einzelne Region anzuwenden, die Teil des weltwirtschaftlichen Systems sind.

Nun sollte es offenkundig sein, daß eine Politik der Stabilisierung, sei sie auf das allgemeine Niveau der Preise oder das allgemeine Niveau der Geldeinkommen gerichtet, eine Sache ist, wenn sie auf ein geschlossenes System als Ganzes angewandt wird, und eine ganz andere, wenn die gleiche Politik in jedem der einzelnen Länder, in die das ganze System mehr oder weniger beliebig aufgeteilt sein kann, angewandt wird. Tatsächlich wird diese Schwierigkeit jedoch von den Befürwortern des Monetären Nationalismus allgemein nicht beachtet, und es wird einfach angenommen, daß die Kriterien einer guten Geldpolitik, die auf ein geschlossenes System anwendbar sind, gleichermaßen für ein einzelnes Land gültig sind. Wir werden die damit zusammenhängenden theoretischen Probleme später betrachten. Im Augenblick können wir uns darauf beschränken, die Arbeitsweise des Mechanismus zu prüfen, der Änderungen im relativen Wert der in den einzelnen Ländern gehaltenen gesamten Geldbestände hervorbringt, wenn jedes Land unabhängig das Ziel der Stabilisierung seines nationalen Preisniveaus oder Einkommensstromes oder was immer es sein mag, verfolgt, ungeachtet seiner Zugehörigkeit zum internationalen System.

Der Fall, der bei diesen Diskussionen in den letzten Jahren eine herausragende Rolle gespielt hat und bei dem offenkundig unterstellt wird, er repräsentiere die relative Stellung Englands und der Vereinigten Staaten, ist jener zweier Länder mit ungleichen Raten des technischen Fortschritts, so daß in dem einen die Produktionskosten rascher zu fallen tendieren als in dem anderen. Unter einem System fester Wechselkurse bedeutete dies, daß der Rückgang der Preise einiger Produkte, die in beiden Ländern hergestellt werden, in dem Land, in dem der technische Fortschritt langsamer ist, stärker sein könnte als der Rückgang der Kosten und daß es als Folge davon erforderlich würde, die

Kosten in diesem Land zu senken durch Herunterdrücken der Geldlöhne usw. Der entscheidende Vorteil eines Systems beweglicher Wechselkurse liegt, so wird angenommen, darin, daß in einem solchen Fall die Anpassung der Löhne nach unten vermieden und das Gleichgewicht wieder hergestellt werden könnte, indem der Wert des Geldes dieses Landes relativ zu demjenigen des anderen Landes verringert wird.

Es ist jedoch in diesem Zusammenhang besonders wichtig, nicht durch die Tatsache irregeführt zu werden, daß diese Auseinandersetzung allgemein mit Hilfe von Durchschnitten geführt wird, das heißt mit Hilfe des allgemeinen Niveaus von Preisen und Löhnen. Ein Anstieg des Niveaus der Preise oder der Kosten in dem einen Land relativ zu jenem eines anderen Landes bedeutet, daß, als Folge von Änderungen der relativen Kosten, die wettbewerbliche Stellung einer einzelnen Industrie oder vielleicht einer Gruppe von Industrien in dem einen Land sich verschlechtert hat. Mit anderen Worten: Die niedrigeren Preise im anderen Land führen zu einer Abwanderung der Nachfrage in jenes andere Land. Der Fall ist daher demjenigen in hohem Maße ähnlich, den wir in der letzten Vorlesung behandelt haben, und es wird zweckmäßig sein, ihn in der gleichen Art zu diskutieren. Wir werden daher im ersten Schritt wiederum die Wirkungen einer einfachen Nachfrageverschiebung betrachten, wenn die Wechselkurse variieren können und wenn die geldpolitischen Instanzen in jedem Land entweder die Stabilisierung irgendeines nationalen Preisniveaus oder – was für unsere Zwecke weitgehend auf das gleiche hinausläuft – ein gleichbleibendes Volumen des effektiven Geldstroms innerhalb des Landes anstreben. Nur gelegentlich werde ich, sofern sich bedeutsame Unterschiede ergeben, besonders auf den Fall Bezug nehmen, in dem die Verschiebung der Nachfrage durch ungleichen technischen Fortschritt ausgelöst worden ist.

Nun kann natürlich keine Geldpolitik verhindern, daß die Preise der unmittelbar betroffenen Güter relativ zu den Preisen anderer Güter in dem einen Land fallen und eine entsprechende Erhöhung[11] in dem anderen stattfindet. Noch kann sie verhindern, daß die Wirkungen der Einkommensänderung der Leute, die zuerst betroffen werden, sich allmählich ausbreiten. Alles, was sie tun kann, ist, zu verhindern, daß dies zu einer Änderung des *gesamten* Geldstroms im Land führt; das heißt, sie muß dafür sorgen, daß entsprechende Änderungen bei anderen Preisen eintreten, so daß das Preisniveau unverändert bleibt. Unter dieser Annahme führen wir unsere Untersuchungen fort. Aus

[11] Wo eine Verschiebung der Nachfrage durch eine Verminderung der Kosten und den daraus folgenden Preisfall in dem einen Land induziert worden ist, bedeutet dies nur eine relative Erhöhung; sie wird natürlich diesen Preisfall der Endprodukte nur teilweise rückgängig machen, kann aber eine tatsächliche Erhöhung der Preise jener Faktoren hervorbringen, die bei deren Produktion eingesetzt werden.

Gründen der Einfachheit nehme ich ferner an, daß am Anfang ein Zustand der Vollbeschäftigung herrscht.

2. Die Situation im benachteiligten Land. Es ist zweckmäßig, sich zuerst auf das Land zu konzentrieren, von dem sich die Nachfrage abgewandt hat und aus dem unter einem internationalen Währungssystem in der Folge Geld abflösse. Im vorliegenden Fall jedoch ist ein tatsächlicher Geldabstrom nicht nur unmöglich, sondern es stünde auch den Absichten der geldpolitischen Instanzen entgegen, zusätzliche Beträge ausländischer Währung gegen nationale Währung zu veräußern und das so erworbene nationale Geld aus dem Verkehr zu ziehen. Die geldpolitischen Instanzen mögen gewisse Reserven an fremder Währung halten, um auszugleichen, was sie nur als vorübergehende Schwankungen des Wechselkurses ansehen. Aber es hätte keinen Sinn, diese Reserven im Fall einer Änderung zu verwenden, die sie als dauerhaft ansehen müssen. Wir können daher das Vorhandensein solcher Reserven übersehen und so verfahren, als ob nur laufende Einnahmen vom Ausland für Zahlungen an das Ausland zur Verfügung stünden.

Auf Grund dieser Annahme ist es klar, daß als unmittelbare Wirkung der passiven Zahlungsbilanz der Kurs der ausländischen Währung steigt. Aber der volle Betrag, den die Importeure für den Kauf ausländischer Währung auszugeben pflegten, wird wahrscheinlich nicht auf das verminderte Angebot ausländischer Währung ausgegeben; denn bei dem höheren Preis der eingeführten Güter wird ein Teil des Geldes, das gewöhnlich für sie ausgegeben wurde, wahrscheinlich auf heimische Substitute gelenkt.[12] Der Kurs der fremden Währung wird daher wahrscheinlich relativ weniger ansteigen als das Angebot fällt. Aber jene, die fortfahren, erfolgreich zu exportieren, werden über den Verkauf fremder Währung zum höheren Kurs größere Beträge in heimischer Währung erhalten. Für jene, deren Verkäufe im Ausland nicht durch die in Betracht gezogene ursprüngliche Änderung [die Nachfrageverschiebung, d. Hrsg.] ungünstig berührt worden sind, bedeutet dies einen Netto-Gewinn, und die Preise ihrer Produkte werden, ausgedrückt in heimischer Währung, entsprechend steigen. Und jene, deren Exportgüter im Preis gefallen sind, werden finden, daß dieser gesunkene Preis, ausgedrückt in der fremden Währung, nun einem etwas größeren Betrag in heimischer Währung entspricht als vor deren Entwertung, aber einem kleineren Betrag, als sie vor der ursprünglichen Änderung erhielten.

---

[12] Die Annahme, daß die Nachfrage nach den in Frage stehenden Gütern elastisch ist, das heißt, daß die gesamten Ausgaben auf sie vermindert werden, wenn ihre Preise steigen und umgekehrt, wird in dieser Erörterung durchgängig aufrechterhalten. Bei jedem Schritt den entgegengesetzten Fall in Betracht zu ziehen, würde die Argumentation unnötig verlängern, ohne die Schlußfolgerung zu berühren.

Diese Einschlagswirkung des Anstiegs des Wechselkurses auf die relativen Preise, ausgedrückt in heimischer Währung, ist jedoch vorübergehend. Die relativen Kosten der verschiedenen Mengen der verschiedenen Güter, die erzeugt werden, haben sich nicht geändert, und es ist nicht wahrscheinlich, daß die Güter weiterhin in den gleichen Mengen erzeugt werden, wenn sich ihre Preise geändert haben. Überdies werden alle Richtungsänderungen der Geldströme, die durch den Anstieg des Wechselkurses verursacht worden sind, weiterhin wirksam sein. Es wird mehr auf heimische Güter ausgegeben, und dies wird zusammen mit der erhöhten Profitabilität jener Exportindustrien, die von der ursprünglichen Änderung nicht nachteilig betroffen worden sind, dahin tendieren, eine Erhöhung aller Preise hervorzurufen mit Ausnahme der Preise jener Güter, die vom Nachfragerückgang der schrumpfenden Industrie und der Leute, die ihr Einkommen aus ihr beziehen, betroffen sind.

Es scheint daher, daß sich das Argument zugunsten einer Abwertung in solchen Fällen auf ein zu vereinfachtes Bild der Arbeitsweise des Preismechanismus stützt. Insbesondere scheint es sich auf die Annahme zu gründen (die vielen klassischen Analysen dieser Probleme zugrunde liegt), daß die relativen Preise innerhalb eines jeden Landes einzig durch die (konstanten) relativen Kosten bestimmt werden. Wenn dies zuträfe, wäre eine proportionale Reduktion aller Preise in einem Land relativ zu jenen im Rest der Welt allerdings hinreichend, das Gleichgewicht wieder herzustellen. Tatsächlich kann jedoch kaum ein Zweifel daran bestehen, daß die Änderungen der von den verschiedenen Industrien herzustellenden relativen Gütermengen, die notwendig werden als Folge der ursprünglichen Änderung, nur hervorgebracht werden können durch Änderungen der relativen Preise und der relativen Einkommen der verschiedenen Arten von Produktionsfaktoren innerhalb des Landes.

Ohne den Wirkungen in allen ihren komplizierten Verästelungen nachzugehen, muß klar geworden sein, daß das Endergebnis der Entwertung der eigenen Währung nur sein kann, daß – anstelle eines Rückgangs der Preise und Einkommen in der ursprünglich betroffenen Industrie in vollem Ausmaß – viele andere Preise und Einkommen steigen müssen, um die den Kostenbedingungen angemessenen Proportionen und die nunmehr erforderlichen relativen Produktionsvolumina herzustellen. Selbst wenn man die absolute Höhe der Preise außer acht läßt, wird der endgültige Zustand nicht der gleiche sein wie jener, der erreicht worden wäre, wenn der Wechselkurs festgehalten worden wäre; denn im Verlauf des andersartigen Übergangsprozesses werden individuelle Gewinne und Verluste aller Art, die sich auf den endgültigen Zustand auswirken, eingetreten sein. Aber grob gesprochen und unter Vernachlässigung gewisser kleinerer Unterschiede kann gesagt werden, daß die nämliche Änderung der relativen Preise, die bei festem Wechselkurs durch einen Rückgang der Preise in der unmittelbar betroffenen Industrie hervorgebracht worden wäre, nun großenteils durch einen entsprechenden Anstieg aller anderen Preise hervorgebracht wird.

Zwei Punkte bedürfen jedoch besonderer Erwähnung. Einer besteht darin, daß sich am Rückgang des komparativen Vorteils der ursprünglich betroffenen Exportindustrie auf diese Weise nichts ändern läßt und daß in diesem Ausmaß ein Rückgang der Produktion dieser Industrie unvermeidbar sein wird. Der andere besteht darin, daß zumindest in gewissen Beziehungen der Prozeß, der die Erhöhung der Preise hervorbringt, einen eindeutig inflationären Charakter tragen wird. Dies zeigt sich teilweise darin, daß einige Industrien *vorübergehend* größere Gewinne erzielen, so daß bei ihnen ein Anreiz besteht, die Produktion auszuweiten, obwohl dieser Ausweitung bald Einhalt geboten und sie durch ein Ansteigen der Kosten sogar rückgängig gemacht werden wird; und teilweise darin, daß ein Teil der von den Importeuren freigesetzten Kasse über die Rückzahlung von Krediten ihren Weg zu den Banken findet, die ihre Kredite an andere erhöhen und, um Kreditnehmer zu finden, die Bedingungen, zu denen sie auszuleihen bereit sind, lockern werden. Aber dies wird sich gleichfalls als eine bloß vorübergehende Wirkung erweisen, da es, sobald die Kosten allgemein zu steigen beginnen, offenkundig wird, daß tatsächlich keine Fonds verfügbar sind, um die zusätzlichen Investitionen zu finanzieren. In diesem Sinn werden die Wirkungen dieser Neuverteilung des Geldes von jenem sichselbst-umkehrenden Charakter sein, der für monetäre Störungen typisch ist. Dies führt jedoch schon zu der schwierigen Frage, was eine Inflation oder Deflation innerhalb eines Landes in Gang setzt. Doch ehe wir darauf eingehen können, ist es notwendig zu überlegen, was sich im umgekehrten Fall, nämlich in jenem Land ereignet, das durch die Nachfrageänderung in eine günstigere Lage versetzt worden ist.

3. Die Situation im begünstigten Land. Nehmen wir zunächst an, daß die geldpolitischen Instanzen hier wie im anderen Land ein gleichbleibendes Preisniveau oder einen gleichbleibenden Einkommensstrom anstreben. Die Industrie, die unmittelbar Vorteile aus den anfänglichen Verschiebungen der Nachfrage zieht, wird dann finden, daß wegen des sinkenden Kurses der fremden Währung die Zunahme ihrer Einnahmen, ausgedrückt in heimischer Währung, nicht so groß ist, wie es der Zunahme ihrer Verkäufe, ausgedrückt in fremder Währung, entspräche, während die anderen Exportindustrien ihre Erlöse tatsächlich vermindert sehen werden. Ähnlich werden jene heimischen Industrien, deren Produkte im Wettbewerb stehen mit Importen, die nun, ausgedrückt in heimischer Währung, billiger sind, ihre Preise senken und feststellen müssen, daß ihre Einkommen gefallen sind. Kurz: Wenn die Geldmenge im Land, oder das Preisniveau, konstant gehalten wird, bedeutet die Zunahme des aggregierten Wertes der Produkte einer Industrie, die einer Änderung der internationalen Nachfrage zuzuschreiben ist, daß in anderen Industrien ein kompensierender Rückgang der Preise stattfinden muß. Oder mit anderen Worten: Ein Teil des Rückgangs der Preise, der unter einem Regime fester Wechselkurse in der Industrie und in dem Land, von dem sich die Nachfrage abgewandt hat, erforderlich gewesen wäre, wird unter einem Regime unabhängiger Währungen und nationaler Stabilisierung in dem Land Platz greifen müssen, dem sich die Nachfrage zugewandt hat, und zwar in Industrien, die nicht unmittelbar von der Nachfrageverschiebung betroffen sind.

Dies sollte zumindest der Fall sein, wenn das Prinzip nationaler Stabilisierung konsequent angewandt würde. Doch ist es natürlich höchst unwahrscheinlich, daß es je so angewandt wird. Daß, um den Wirkungen eines starken Preisfalls in einem Industriezweig eines Landes entgegenzuwirken, zugelassen werden sollte, daß andere Preise im Land steigen, scheint ziemlich einleuchtend. Daß aber zum Ausgleich eines Preisanstiegs in einer Industrie, der eine Folge der Zunahme der internationalen Nachfrage ist, die Preise in den anderen Industrien veranlaßt werden sollten zu fallen, klingt weit weniger überzeugend. Ich kann mir schwer vorstellen, daß der Präsident einer Zentralbank erklärt, er habe eine Politik zu verfolgen, die darauf hinausläuft, daß die Preise der Produkte vieler heimischer Industrien fallen müssen, indem er darauf hinweist, daß eine Zunahme der internationalen Nachfrage zu einer Erhöhung der Preise in einer wichtigen Exportindustrie geführt habe. Es scheint ziemlich sicher, was ihm geschähe, wenn er versuchte, sich so zu verhalten.

Wenn wir einen etwas realistischeren Standpunkt einnehmen, kann es in der Tat kaum einen Zweifel geben, was sich ereignen wird. Während in dem Land, in dem als Folge der Änderungen der internationalen Nachfrage einige Preise zu fallen tendieren, das Preisniveau stabil gehalten wird, wird sicher zugelassen werden, daß es in dem Land, dem die gleiche Nachfrageverschiebung zugute kam, ansteigt. Es ist nicht schwer zu sehen, was daraus folgt, wenn alle Länder in der Welt nach diesem Prinzip handeln. Es bedeutet, daß die Preise nur in jenem Land stabilisiert würden, in dem sie relativ zum Rest der Welt am tiefsten zu fallen tendieren, und daß alle weiteren Anpassungen durch entsprechende Preiserhöhungen in allen anderen Ländern zustande gebracht werden. Die Möglichkeiten zur Inflation, die sich hieraus ergeben, scheinen in der Tat sehr beträchtlich, falls die Welt in eine hinreichende Zahl sehr kleiner, getrennter Währungsgebiete aufgesplittert ist. Und warum sollte dieses Prinzip, wenn es einmal angenommen ist, auf den Durchschnitt der Preise in einzelnen Ländern begrenzt bleiben? Wäre es nicht ebenso gerechtfertigt zu argumentieren, daß kein Preis irgendeines einzelnen Gutes jemals fallen dürfe, daß die Geldmenge in der Welt so gesteuert werden sollte, daß der Preis jenes Gutes, der relativ zu allen anderen am tiefsten zu fallen tendiert, stabil gehalten wird und daß die Preise aller anderen Güter entsprechend nach oben anzupassen sind?

Wir brauchen uns nur daran zu erinnern, was zum Beispiel vor einigen Jahren mit dem Gummipreis geschah, um zu sehen, wie eine solche Politik die Wünsche selbst des wildesten Inflationisten überträfe. Vielleicht mag man denken, dies sei ein extremer Fall. Es ist jedoch schwer zu sehen, wie die Anwendung des Prinzips, wenn es einmal angenommen ist, in »vernünftigen« Grenzen gehalten werden könnte, oder auch nur zu sagen, was »vernünftige« Grenzen sind.

4. Gründe für die Verbreitung des Monetären Nationalismus in jüngerer Zeit. Aber lassen wir außer acht, daß es praktisch unwahrscheinlich ist, daß in den Ländern, in denen – bei festen Wechselkursen – das Preisniveau steigen würde, und in jenen, in denen es in diesem Fall sinken müßte, eine Stabilisierungspolitik verfolgt wird. Nehmen wir vielmehr an, daß in den Ländern, die von der Zunahme der Nachfrage begünstigt werden, die Preise der anderen Güter tatsächlich gedrückt werden, um Stabilität des nationalen Preisniveaus zu bewahren, und daß die entgegengesetzte Politik in den Ländern eingeschlagen wird, von denen sich die Nachfrage abgewandt hat. Was ist die Rechtfertigung und Bedeutung einer solchen Politik der nationalen Stabilisierung?

Es ist schwierig, die theoretische Begründung nationaler Stabilisierung irgendwo explizit dargelegt zu finden. In der Regel wird es einfach als erwiesen betrachtet, daß jede Art von Politik, die in einem geschlossenen System wünschenswert erscheint, in gleicher Weise segensreich sein müsse, wenn sie auf ein einzelnes Land angewandt wird. Ehe wir dazu übergehen, die analytische Rechtfertigung dieser Auffassung zu prüfen, mag es daher wünschenswert sein, den historischen Ursachen nachzuspüren, die diese Auffassung zu Ansehen gebracht haben. Es kann kaum ein Zweifel bestehen, daß ihr Aufkommen eng mit den besonderen Schwierigkeiten der englischen Geldpolitik zwischen 1925 und 1931 verknüpft ist. In dem verhältnismäßig kurzen Zeitraum von sechs Jahren, während welchem Großbritannien in der Nachkriegszeit eine Goldwährung hatte, litt es unter dem, was als Überbewertung des Pfundes bekannt ist. Entgegen allen Lehren der »orthodoxen« Wirtschaftswissenschaften – Ricardo hatte schon hundert Jahre zuvor ausdrücklich erklärt, »er würde einer Regierung niemals raten, eine Währung, die 30 Prozent an Wert verloren hatte, zur Parität wieder herzustellen«[13] – war die britische Währung 1925 auf ihren früheren Goldwert zurückgebracht worden. Als Folge davon war es, um das Gleichgewicht wieder herzustellen, notwendig, *alle* Preise und Kosten in dem Verhältnis zu vermindern, in

[13] In einem Brief an John Wheatley mit Datum vom 18. September 1821, wiederabgedruckt in Bonar, J. und Hollander, J. H.: *Letters of David Ricardo to Hutches Trower and Others, 1811–1823*, Oxford: Clarendon Press 1899, S. 160; [wieder abgedruckt in: Sraffa, P. (Hrsg.), *The Works and Correspondence of David Ricardo*, Cambridge: University Press 1952, Band IX, S. 73, d. Hrsg.].

dem der Wert des Pfundes angehoben worden war. Dieser Prozeß erwies sich, besonders wegen der notorischen Schwierigkeit, die Geldlöhne zu senken, als sehr schmerzhaft und langwierig. Er beraubte England einer wirklichen Teilhabe an dem Aufschwung, der zur Krise von 1929 führte, und am Ende erwiesen sich seine Ergebnisse als unzureichend, um die Aufrechterhaltung der wiederhergestellten Parität zu sichern. Doch dies alles war nicht auf eine anfängliche Verschiebung der Nachfrage oder auf irgendeinen der Gründe, die die Lage eines einzelnen Landes bei festen Wechselkursen beeinflussen mögen, zurückzuführen. Es war eine *Wirkung* der Änderung des Außenwertes des Pfundes. Es handelte sich nicht um einen Fall, in dem bei gegebenen Wechselkursen die nationale Preis- oder Kostenstruktur eines Landes als ganze mit derjenigen im Rest der Welt aus dem Gleichgewicht geraten war, sondern vielmehr darum, daß die Änderung der Paritäten die Relationen zwischen allen Preisen innerhalb und außerhalb des Landes jäh durcheinandergeworfen hatte.

Nichtsdestoweniger hat diese Erfahrung bei vielen britischen Ökonomen zu einer merkwürdigen Voreingenommenheit für die Beziehungen zwischen den nationalen Niveaus von Preisen und Kosten, vor allem Löhnen geführt, als ob es irgendeinen Grund gäbe, zu erwarten, daß die Preis- und Kostenstruktur eines Landes sich in der Regel als ganze bewegen müsse gegenüber jener anderer Länder. Und diese Tendenz hat beträchtliche Unterstützung bekommen von der modischen pseudo-quantitativen Wirtschaftslehre der Durchschnitte, die mit Begriffen wie nationale »Preisniveaus«, »Kaufkraftparitäten«, »terms of trade«, dem »Multiplikator« und was sonst noch allem argumentiert.

Die rein zufällige Tatsache, daß diese Durchschnitte gewöhnlich aus Preisen eines Landes errechnet werden, wird als Beweis angesehen, daß in gewissem Sinn von allen Preisen eines Landes gesagt werden könne, sie bewegten sich miteinander, relativ zu den Preisen in anderen Ländern.[14] Dies hat die Meinung gestärkt, daß eine besondere Schwierigkeit besteht, falls »das« Preisniveau eines Landes relativ zu seinem gegebenen Kostenniveau geändert werden müßte, und

---

[14] Die Tatsache, daß die Durchschnitte von (mehr oder weniger beliebig ausgewählten) Gruppen von Preisen sich in verschiedenen Ländern verschieden bewegen, beweist natürlich keineswegs, daß irgendeine Tendenz besteht, daß die Preisstruktur eines Landes sich als ein Ganzes relativ zu den Preisen in anderen Länden bewegt. Es wäre jedoch ein hoch interessanter Gegenstand statistischer Untersuchung, sofern eine geeignete Technik entworfen werden könnte, zu sehen, ob und in welchem Ausmaß eine solche Tendenz existiert. Eine solche Untersuchung würde natürlich einen Vergleich nicht nur irgendeines mittleren Wertes der Preisänderungen in verschiedenen Ländern erfordern, sondern der gesamten Häufigkeitsverteilung der relativen Preisänderungen, ausgedrückt in irgendeinem üblichen Standard. Und sie sollte durch ähnliche Untersuchungen der relativen Bewegungen der Preisstruktur in verschiedenen Teilen des gleichen Landes ergänzt werden.

daß es besser sei, eine solche Anpassung zu vermeiden, indem man den Wechselkurs manipuliert.

Lassen Sie mich sogleich hinzufügen, daß ich natürlich nicht bestreiten will, daß es Fälle geben mag, in denen eine Änderung der Verhältnisse ziemlich weitreichende Senkungen der Geldlöhne in einem bestimmten Land erforderlich machen könnte, wenn die Wechselkurse aufrechterhalten werden sollen, und daß unter den gegenwärtigen Bedingungen solche Lohnsenkungen bestenfalls einen sehr schmerzhaften und langwierigen Prozeß darstellen. Im Fall von Ländern, deren Exporte überwiegend aus einem oder einigen wenigen Rohstoffen bestehen, könnte ein starker Preisfall bei diesen Produkten jedenfalls eine solche Situation schaffen. Was ich jedoch bemerken möchte, ist, daß viele meiner englischen Kollegen wegen der speziellen Erfahrung ihres Landes in jüngster Zeit die praktische Bedeutung dieses besonderen Falles völlig aus dem Auge verloren haben: Sie sind im Irrtum, wenn sie meinen, daß sie durch eine Änderung der Paritäten viele der hauptsächlichen Schwierigkeiten überwinden können, die durch die Starrheit der Löhne geschaffen werden; und weil sie so fasziniert sind von der Beziehung zwischen »dem« Preisniveau und »dem« Kostenniveau in einem bestimmten Land, neigen sie insbesondere dazu, die viel wichtigeren Folgen von Inflation und Deflation zu übersehen.[15]

5. Die Bedeutung der Begriffe Inflation und Deflation, bezogen auf ein einzelnes Land. Wie ich bereits an früherer Stelle bemerkt habe, besteht der Meinungsunterschied hierbei größtenteils in einer unterschiedlichen Ansicht über die Bedeutung und Folgen von Inflation und Deflation, oder eigentlich im Gewicht, das zwei Arten von Wirkungen, die Änderungen der Geldmenge entspringen, beigelegt wird. Die eine Ansicht betont das, was ich zuvor den sich-selbst-umkehrenden Charakter der Wirkungen von monetären Änderungen genannt habe. Sie legt das Gewicht auf die Fehllenkung der Produktion, deren Ursachen falsche Erwartungen sind, die geweckt werden durch Änderungen der relativen Preise, Änderungen, welche notwendigerweise nur vorübergehend Bestand haben. Der auffallendste Fall ist natürlich der Konjunkturzyklus. Die andere Ansicht betont die Wirkungen, die der Starrheit gewisser

---

[15] Die Neigung der Ökonomen in den angelsächsischen Ländern, ausschließlich unter Verwendung nationaler Preis- und Lohnniveaus zu argumentieren, ist wahrscheinlich hauptsächlich dem großen Einfluß zuzuschreiben, den die Schriften von Professor Irving Fisher in diesen Ländern ausgeübt haben. Ein anderes typisches Beispiel der Gefahren dieses Ansatzes ist die wohlbekannte Kontroverse über das Problem der Reparationen, bei der es Professor [Bertil] Ohlin überlassen blieb, seinen englischen Opponenten gegenüber darauf hinzuweisen, daß es nicht so sehr die Wirkungen auf gesamte Preisniveaus seien, auf die es hauptsächlich ankomme, als vielmehr die Wirkungen auf die Lage einzelner Industrien.

Geldpreise, besonders der Löhne, zuzuschreiben sind. Nun können die Schwierigkeiten, die entstehen, wenn die Geldlöhne gesenkt werden müssen, eigentlich nicht monetäre Störungen genannt werden; die gleichen Schwierigkeiten entstünden, wenn die Löhne in irgendeinem Gut festgelegt wären. Es handelt sich um ein monetäres Problem nur in dem Sinne, daß diese Schwierigkeit zu einem gewissen Grade durch monetäre Mittel überwunden werden könnte, sofern die Löhne in Geld festgelegt sind. Die Frage, auf welche die Autoren, die diesen zweiten Aspekt betonen, keine Antwort geben, lautet jedoch, ob die Schwierigkeit, die aus der Starrheit der Geldlöhne erwächst, mittels monetärer Anpassungen überwunden werden kann, ohne neue Störungen der ersten Art aufzubauen. Und es gibt in der Tat triftige Gründe für die Auffassung, daß die beiden Ziele, so weit wie möglich abwärtsgerichtete Anpassungen der Löhne zu vermeiden und Fehllenkungen der Produktion zu verhindern, nicht immer miteinander vereinbar sind.

Dieser Unterschied in der Gewichtung ist im Zusammenhang mit den Auffassungen darüber, welches die angemessenen Prinzipien einer nationalen Geldpolitik sind, deshalb so bedeutsam, weil man, wenn man hauptsächlich an die Beziehung von Preisen zu gegebenen Löhnen denkt, insbesondere, wenn man in nationalen Lohn-»Niveaus« denkt, leichthin zu der Schlußfolgerung gelangt, daß die Geldmenge an jede Gruppe von Leuten, zwischen denen ein festes Netz von Verträgen besteht, angepaßt werden müßte. (Folgerichtig sollte das Argument natürlich nicht nur auf Länder, sondern auch auf einzelne Industrien oder wenigstens auf »nicht-konkurrierende Gruppen« von Arbeitnehmern in jedem Land angewandt werden.) Andererseits gibt es keinen Grund, warum man erwarten sollte, daß die sich-selbst-umkehrenden Wirkungen monetärer Änderungen mit der Änderung der Geldmenge in einem einzelnen Gebiet einhergehen, das Teil eines umfassenderen monetären Systems ist. Wenn eine Verminderung oder Erhöhung der Nachfrage in einem Gebiet durch eine entsprechende Änderung der Nachfrage in einem anderen Gebiet ausgeglichen wird, gibt es keinen Grund, weshalb die Änderungen der Geldmenge in den beiden Gebieten die produktive Aktivität in irgendeinem Sinn fehllenken sollten. Sie sind einfach Manifestationen einer zugrunde liegenden realen Änderung, die sich über das Medium Geld durchsetzt.

Lassen Sie mich, um diesen Unterschied zu veranschaulichen, eine Aussage eines der glühendsten Befürworter des Monetären Nationalismus heranziehen, von Mr. Roy F. Harrod in Oxford. Mr. Harrod ist nicht unvertraut mit dem, was ich als die sich-selbst-umkehrenden Wirkungen monetärer Änderungen bezeichnet habe. Jedenfalls argumentierte er in einer früheren Publikation: »Wenn die Industrie angeregt wird, mit einer Geschwindigkeit vorwärts zu gehen, die nicht aufrechterhalten werden kann, wird man zwangsläufig periodische Krisen und Depressionen haben.«[16] Doch aus irgendeinem Grund scheint er zu denken, daß diese Fehllenkungen der Industrie selbst dann eintreten werden, wenn die Änderungen der Geldmenge eines einzelnen Landes im Lauf der normalen Neuaufteilungen des Geldes zwischen den Ländern stattfinden. In seinem Buch *International Economics* findet sich die folgende, bemerkenswerte Passage, welche die theoretische Grundlage oder, wie ich denke, den Irrtum, welcher dem Monetären Nationalismus zugrunde liegt, klarer als irgendeine andere Darstellung, der ich bis jetzt begegnet bin, zum Ausdruck bringt. Mr. Harrod behandelt den Fall ungleichen wirtschaftlichen Fortschritts in verschiedenen Ländern mit einem gemeinsamen Standard und gelangt zu dem Schluß, daß »die weniger rasch voranschreitenden Länder so mit der zusätzlichen Unannehmlichkeit eines deflationären monetären Systems gepeinigt würden. Inflation würde sich gerade dort ereignen, wo sie am gefährlichsten ist, nämlich in den rasch voranschreitenden Ländern. Dieser Einwand ergibt sich in der einen oder anderen Form bei allen Plänen für ein gemeinsames Weltgeld.«[17] Und die Lehre, die Mr. Harrod aus diesen Überlegungen zieht, besteht darin, daß »die Währungen der rascher voranschreitenden Länder dazu gebracht werden müssen, im Verhältnis zu den anderen im Wert zu steigen.«[18]

Es ist interessant zu fragen, in welchem Sinn Inflation und Deflation hier als *zusätzliche* Unannehmlichkeiten dargestellt werden, die den Schwierigkeiten, die aus einem ungleichen wirtschaftlichen Wachstum entstehen, noch hinzugefügt werden. Man könnte zunächst denken, Mr. Harrod habe jene *zusätzlichen* Schwierigkeiten im Sinn, die verursacht werden durch die sekundären Ausweitungen und Kontraktionen des Kredits, die sich bei dem von mir in einer früheren Vorlesung behandelten System nationaler Reserven notwendig ergeben. Doch diese Interpretation wird durch die ausdrückliche Behauptung ausgeschlossen, daß diese Schwierigkeit bei *allen* Formen eines gemeinsamen Weltgeldes auftritt. Es scheint, daß die Ausdrücke Inflation und Deflation hier einfach als Synonyme für Erhöhungen und Verminderungen der in Geld ausgedrückten Nachfrage relativ zu den gegebenen Kosten verwendet werden. In

---

[16] Harrod, R.F., *The International Gold Problem, Collected Papers: A record of the discussions of a study group of the Royal Institute of International Affairs, 1929–1931*, London: Oxford University Press, Humphrey Milford 1932, S. 29. Vgl. im Lichte dieser Feststellung auch die bemerkenswerte Passage des gleichen Autors (Harrod, R. F., *International Economics*, Cambridge Economic Handbooks VIII, London: Nisbet, und New York: Harcourt, Brace 1933, S. 150), in der argumentiert wird, daß »der einzige Weg, einen Abschwung zu vermeiden, darin besteht, einen Aufschwung einzuleiten«, obwohl nur zwei Zeilen später ein Aufschwung noch immer definiert wird »als eine Zunahme der Wachstumsrate der Produktion, die in der langen Periode nicht aufrechterhalten werden kann«.

[17] Harrod, R.F., *International Economics*, op.cit., S. 170.

[18] *Ibid.*, S. 174.

diesem Sinne könnten die Ausdrücke ebenso auf Verschiebungen der Nachfrage zwischen verschiedenen Industrien angewandt werden und würden tatsächlich nicht mehr bedeuten als eine Änderung der Nachfrage relativ zum Angebot. Der Einwand hierzu ist nicht nur, daß die Ausdrücke Inflation und Deflation hier unnötigerweise auf Phänomene angewandt werden, die in einfacheren Worten beschrieben werden können. Es geht vielmehr darum, ob es in diesem Fall irgendeinen Grund gibt, irgendeine der speziellen Konsequenzen zu erwarten, die wir mit monetären Störungen verbinden, das heißt, ob es wirklich irgendeine »zusätzliche Unannehmlichkeit« gibt, die durch monetäre Faktoren im eigentlichen Sinne verursacht wird. Wir könnten fragen, ob in diesem Fall eine der eigentümlichen, sich-selbst-umkehrenden Wirkungen auftritt, die für rein monetäre Ursachen typisch sind; im besonderen, ob »Inflation«, hier verwendet unter Bezug auf den Zuwachs an Geld in einem Land auf Kosten eines anderen, »die Industrie anregt, mit einer Geschwindigkeit vorwärts zu gehen, die nicht aufrechterhalten werden kann«, und ob Deflation im gleichen Sinn eine vorübergehende und vermeidbare Schrumpfung der Produktion mit einschließt.

Die Antwort auf diese Fragen ist nicht schwierig. Wir wissen, daß die wirklich schädlichen Wirkungen von Inflation und Deflation nicht so sehr der Tatsache entspringen, daß sich alle Preise in der gleichen Richtung und im gleichen Verhältnis ändern, sondern der Tatsache, daß das Verhältnis zwischen einzelnen Preisen sich in einer Richtung ändert, die nicht aufrechterhalten werden kann, oder mit anderen Worten, daß sie vorübergehend eine Verteilung der Kaufkraft auf Personen hervorbringen, die nicht stabil ist. Wir haben gesehen, daß die internationalen Neuaufteilungen von Geld Teil eines Prozesses sind, der gleichzeitig eine Änderung der Anteile der einzelnen Personen an der Geldmenge des Landes mit sich bringt, eine Neuaufteilung innerhalb des Landes, die auch stattfinden muß, wenn es kein internationales Geld gibt. Im letzten Fall, dem Fall freier Währungen, besteht der Unterschied jedoch darin, daß sich hier zuerst der relative Wert der in jedem Land vorhandenen gesamten Geldmenge ändert und daß der Prozeß der internen Neuaufteilung in einer Art und Weise Platz greift, die verschieden ist von der Art und Weise, wie sie unter einem internationalen Währungssystem stattfindet. Wir haben zuvor gesehen, daß die Änderung der Wechselkurse als solche eine Neuaufteilung von Kaufkraft im Land hervorbringt, allerdings eine Neuaufteilung, die keineswegs auf einer entsprechenden Änderung der zugrunde liegenden realen Lage beruht. Einzelne Industrien werden vorübergehend zur Expansion angeregt, obwohl es keine Gründe gibt, die eine dauerhafte Erhöhung der Produktion möglich machten. Kurz: die aufeinanderfolgenden Änderungen der individuellen Ausgaben und die entsprechenden Änderungen bestimmter Preise werden nicht in einer Abfolge eintreten, die die Industrie vom alten zum neuen Gleichgewicht führt.

Oder mit anderen Worten, die Wirkungen des Konstanthaltens der Geldmenge in einer Region oder in einem Land, wenn diese unter den Bedingungen eines internationalen Währungssystems abnähme, sind im wesentlichen inflationär; hielte man die Geldmenge hingegen konstant, wenn sie sich unter den Bedingungen eines internationalen Währungssystems auf Kosten anderer Länder erhöhte, käme es zu Wirkungen, die einer absoluten Deflation ähnlich sind.

Ich will damit nicht sagen, daß die praktische Bedeutung der deflationären oder inflationären Wirkungen einer Politik des Konstanthaltens der Geldmenge in einem einzelnen Land sehr groß ist. Die praktischen Gründe, die mir dafür zu sprechen scheinen, eine solche Politik zu verwerfen, habe ich bereits dargelegt. Der Grund, weshalb ich diese eher abstrakte Überlegung zumindest erwähnen wollte, liegt darin, daß sie, wenn sie korrekt ist, die Schwäche der theoretischen Grundlage des Monetären Nationalismus besonders klar offenlegt. Die Behauptung, daß die Wirkungen des Konstanthaltens der Geldmenge in einem Land, in dem sie unter den Bedingungen eines internationalen Standards sich verringern würde, inflationär sind und umgekehrt[19], ist natürlich dem Standpunkt, den die Monetären Nationalisten einnehmen, diametral entgegengesetzt. Weit davon entfernt einzuräumen, daß Änderungen der relativen Geldbestände einzelner Länder, die parallel zu den Änderungen ihrer Anteile am Welteinkommen stattfinden, schädlich sind, denken wir, daß solche Neuaufteilungen von Geld der einzige Weg sind, die Änderung im Realeinkommen mit einem Minimum an Störung zu bewerkstelligen. Im Zusammenhang mit solchen Änderungen von nationaler Inflation oder Deflation zu sprechen, kann nur zu einer fatalen Gedankenverwirrung führen.[20]

---

[19] Ohne dem Sachverhalt, der vielleicht einen etwas esoterischen theoretischen Punkt darstellt, unangemessenen Raum zu geben, ist es nicht möglich, hier einen vollständigen Beweis dieser Behauptung zu liefern. Eine erschöpfende Diskussion der komplizierten Wirkungen würde beinahe ein eigenes Kapitel erfordern. Aber eine Art indirekter Beweis mag hier angedeutet werden. Es würde wahrscheinlich nicht bestritten, daß, wenn ohne irgendeine andere Änderung die Geldmenge in einem Währungsgebiet um einen bestimmten Betrag vermindert und gleichzeitig in einem anderen Währungsgebiet um einen entsprechenden Betrag erhöht würde, dies deflationäre Wirkungen im ersten Gebiet und inflationäre im zweiten hätte. Und die meisten Ökonomen (ausgenommen allein die extremen Monetären Nationalisten) würden einräumen, daß keine solchen Wirkungen aufträten, wenn diese Änderungen gleichzeitig mit entsprechenden Änderungen des relativen Volumens der Transaktionen in den beiden Ländern erfolgten. Daraus scheint zu folgen, daß, wenn eine solche Änderung des relativen Volumens der Transaktionen in den beiden Ländern eintritt, die Geldmenge in jedem Land jedoch konstant gehalten wird, dies die Wirkung einer relativen Inflation bzw. Deflation haben muß.

[20] Zu diesem Punkt siehe auch Robbins, L., *Economic Planning and International Order*, London: Macmillan 1937, S. 281 ff.

Bevor ich diesen Gegenstand verlasse, möchte ich diesen theoretischen Überlegungen eine hinzufügen, die der Wirklichkeit etwas näher kommt. Während die ganze Idee einer Geldpolitik, die darauf gerichtet ist, alles und jedwedes einem »gegebenen« Lohnniveau anzupassen, mir aus rein theoretischen Gründen als verfehlt erscheint, scheinen mir ihre Folgen phantastisch, wenn wir uns vorstellen, daß sie auf die gegenwärtige Welt angewandt wird, in der dieses angeblich gegebene Lohnniveau gleichzeitig Gegenstand politischer Auseinandersetzung ist. Dies hieße, daß der ganze Mechanismus kollektiver Lohnverhandlungen künftig ausschließlich benutzt würde, die Löhne zu erhöhen, während jede Lohnkürzung – selbst wenn sie nur in einer einzelnen Industrie nötig wäre – mit monetären Mitteln herbeigeführt werden müßte. Ich glaube, ein solcher Vorschlag konnte überhaupt nur in einem Land und in einer Zeit in Erwägung gezogen werden, in dem bzw. in der die Arbeiterschaft lange Zeit in der Defensive gewesen war.[21] Es ist schwer, sich vorzustellen, wie Lohnverhandlungen zu führen wären, wenn es zur erklärten Pflicht der geldpolitischen Instanz würde, jede ungünstige Wirkung einer Lohnerhöhung auf die wettbewerbliche Stellung nationaler Industrien auf dem Weltmarkt auszugleichen. Aber einer Sache können wir uns wahrscheinlich ganz gewiß sein: daß die Arbeiterschaft schnell erlernte, daß ein ins Werk gesetzter Anstieg der Güterpreise nicht weniger eine Reduktion der Löhne darstellt als eine bewußte Beschneidung der Geldlöhne und daß folglich der Glaube sich bald als illusorisch erweisen wird, es sei einfacher, auf dem Umweg über eine Abwertung die Löhne aller Arbeiter in einem Land zu senken, als direkt die Geldlöhne jener zu senken, die von einer gegebenen Änderung betroffen sind.

---

[21] Es ist interessant zu beobachten, daß jene Länder in Europa, in denen bis 1929 die Löhne relativ am schnellsten angehoben worden waren, zumeist jene waren, die am meisten zögerten, mit Abwertungen der Währung zu experimentieren. Die jüngste Erfahrung in Frankreich scheint ebenfalls nahezulegen, daß eine Regierung der Arbeiterklasse wohl nie in der Lage sein wird, eine Abwertung der Währung als Instrument zur Senkung der Reallöhne einzusetzen.

Vorlesung IV
Internationale Kapitalbewegungen

1. Definition und Klassifizierung von Kapitalbewegungen. Für die Zwecke dieser Vorlesung verstehe ich unter internationalen Kapitalbewegungen den Erwerb von Ansprüchen gegenüber Personen oder von Rechten auf Eigentum in einem Land durch Personen in einem anderen Land oder die Veräußerung solcher Ansprüche oder Eigentumsrechte in einem anderen Land an Personen in diesem anderen Land. Diese Definition ist dazu gedacht, den Kauf und Verkauf von Gütern, die gleichzeitig mit der Bezahlung und dem Wechsel ihrer Eigentümer von dem einen in das andere Land übergehen, aus Kapitalbewegungen auszuschließen. Sie schließt aber auch jede Nettobewegung von Gold (oder anderem internationalem Geld) aus insofern, als diese Bewegungen Zahlungen für empfangene Güter oder Dienstleistungen (oder »einseitige« Übertragungen) sind und daher eine Übertragung von Eigentum an diesem Geld mit sich bringen, ohne einen neuen Anspruch von einem Land gegenüber dem anderen entstehen zu lassen. Dies ist natürlich nicht die einzig mögliche Definition von Kapitalbewegungen, und es könnten starke Argumente zugunsten einer umfassenderen Definition vorgebracht werden, die im Ergebnis jede Übertragung von Vermögen von Land zu Land als eine Kapitalbewegung behandeln würde. Der Grund, der mich zur Annahme der zuvor gegebenen Definition führt, liegt darin, daß es nur dank dieser Definition möglich ist, zwischen solchen internationalen Transaktionen zu unterscheiden, die Kapitalbewegungen sind, und solchen, die es nicht sind.

Die erste Art einer solchen Kapitalbewegung und diejenige, die uns in dieser Vorlesung mehr als jede andere beschäftigen wird, ist der Erwerb oder Verkauf von Beträgen nationalen Geldes des einen Landes durch Einwohner des anderen.[22] Die Form, in der sich diese Art Transaktion heute vorwiegend niederschlägt, sind Guthaben bei Banken des einen Landes, die gehalten werden von Banken und Einzelpersonen im anderen Land. Solche Guthaben werden in einem gewissen Umfang selbst dann gehalten, wenn ein sicherer und stabiler internationaler Standard existiert; denn statt Geld zu versenden ist es für die Banken in der Regel günstiger, jene Anforderungen ihrer Kunden, die

---

[22] Dies sollte nicht in dem Sinn verstanden werden, als ob ich die Ansicht teilte, alles Geld sei in gewisser Hinsicht ein »Anspruch«. Die Aussage im Text ist streng genommen nur auf Kreditgeld und besonders auf Bankdepositen anwendbar, die im folgenden hauptsächlich betrachtet werden. Sie wäre nicht anwendbar auf den Erwerb von Gold durch Ausländer zwecks Ausfuhr. Die so erworbenen Goldmünzen würden dadurch aufhören, »nationales« Geld in dem Sinne zu sein, in dem dieser Ausdruck hier verwendet wird, das heißt, sie würden nicht mehr zum Vermögen des Landes gehören, in dem sie ausgegeben worden sind.

aus den normalen, von Tag zu Tag entstehenden Differenzen zwischen Zahlungseingängen und -ausgängen im Ausland entstehen, aus solchen Guthaben zu bedienen. Und wenn es möglich ist, solche Guthaben entweder in Form zinstragender Bankeinlagen oder in der Form von Wechseln zu halten, besteht ein starker Anreiz, solche Ertrag abwerfende Anlagen als Substitute für ertraglose Bestände an internationalem Geld zu halten. Auf diese Weise kam es dazu, daß die sogenannte Golddevisenwährung die eigentliche Goldwährung allmählich immer mehr verdrängte. In den Jahren unmittelbar vor 1931 erlangte dies sehr große Bedeutung.

Wenn ein System flexibler Wechselkurse besteht oder ein System, bei dem die Leute über die Aufrechterhaltung der bestehenden Paritäten nicht gänzlich sicher sind, werden solche Guthaben noch bedeutender. Zwei neue Elemente kommen in diesem Fall ins Spiel. Einmal genügt es hier nicht mehr länger, wenn Banken und andere, die Schulden in verschiedenen Währungen haben, eine einzige Liquiditätsreserve gegenüber allen ihren Verpflichtungen halten. Sie werden genötigt, in jeder der verschiedenen Währungen, in denen sie Verpflichtungen haben, separate liquide Mittel zu halten und sie den speziellen Umständen anzupassen, die sich auf die Verpflichtungen in den einzelnen Währungen möglicherweise auswirken werden. Wir gelangen hier zu neuen, künstlichen Unterscheidungen von Liquidität; sie entstehen durch die Vielzahl von Währungen und bringen alle sich daraus ergebenden Möglichkeiten von Störungen mit sich, die aus Änderungen dessen, was man heutzutage mit »Liquiditätspräferenz« bezeichnet, folgen. Zweitens entsteht infolge von Änderungen der Wechselkurse die Möglichkeit eines Gewinns oder Verlusts auf diesen Guthaben in fremden Währungen. Die Erwartung einer unmittelbar bevorstehenden Änderung der Wechselkurse kann somit zu vorübergehenden Änderungen spekulativer Natur in der Größe solcher Guthaben führen. Ob diese zwei Arten von Motiven tatsächlich als verschieden angesehen werden müssen oder ob sie besser als grundsätzlich gleich behandelt werden, es kann kein Zweifel darüber bestehen, daß die Veränderlichkeit der Wechselkurse eine neue und mächtige Ursache kurzfristiger Kapitalbewegungen mit sich bringt, und zwar eine Ursache, die grundsätzlich verschieden ist von den Ursachen, die unter einem wohlgesicherten internationalen Standard wirksam sind.

Guthaben bei ausländischen Banken und andere Bestände an fremden Währungen sind natürlich nur ein Teil, wenngleich wahrscheinlich der wichtigste Teil der gesamten kurzfristigen Anlagen im Ausland. Hier tritt die Einschlagswirkung einer Änderung in der internationalen Verschuldung, die aus laufenden Transaktionen herrührt, in Erscheinung; und hier erfolgt die schnellste Reaktion auf Änderungen der relativen Attraktivität von Kapitalanlagen in den verschiedenen Ländern. Sobald wir uns außerhalb dieses Feldes bewegen, wird es ziemlich schwierig zu sagen, was genau als Bewegungen kurzfristigen Kapitals bezeichnet werden kann. Mit Ausnahme nicht verbriefter langfristiger Darlehen mag in der Tat fast jede Form internationaler Kapitalanlage als kurzfristige Anlage anzusehen sein, einschließlich insbesondere aller Anlagen in handelbaren Wertpapieren.[23] Aber hinsichtlich der monetären Probleme, mit denen wir uns hier befassen, sind hauptsächlich kurzfristige Kredite von Bedeutung, weil wir es bei diesen mit großen akkumulierten Fonds zu tun haben, die ihren Ort bei vergleichbar geringem Anstoß leicht zu wechseln vermögen. Das Angebot von Kapital zwecks langfristiger Investition ist im Vergleich zu diesen »flottierenden« Fonds relativ klein, da es auf einen gewissen Teil neuer Ersparnisse begrenzt ist.

Die wichtigste Frage, die wir zu behandeln haben, ist die Frage, inwieweit internationale Kapitalbewegungen unter verschiedenen Währungssystemen wahrscheinlich zu monetären Störungen führen und inwieweit und durch welche Mittel es möglich ist, solchen Störungen vorzubeugen. Es wird sich wiederum als nützlich erweisen, wenn wir uns dieser Aufgabe in drei Stufen nähern, beginnend mit einer Betrachtung des Mechanismus und der Funktion internationaler Kapitalbewegungen unter einem homogenen internationalen Geld. Anschließend untersuchen wir, wie dieser Mechanismus und die Wirkungen sich ändern, wenn wir es mit Mischgeldsystemen mit nationalen Reserven, aber festen Wechselkursen zu tun haben. Und schließlich werden wir die Wirkungen flexibler Wechselkurse zu prüfen haben sowie die Art und Weise, in der Schwankungen der Wechselkurse und Kapitalbewegungen einander wechselseitig beeinflussen.

2. Der Mechanismus internationaler Kapitalbewegungen bei einem homogenen internationalen Geld. Wenn die Wechselkurse als unveränderlich fest angesehen werden, sollten wir erwarten, daß Kapitalbewegungen von keinen anderen Überlegungen als denjenigen hinsichtlich erwarteter Netto-Erträge geleitet werden, natürlich unter Berücksichtigung der verschiedenen Grade des Risikos, die verschiedene Arten von Investitionen in sich bergen. Dies bedeutet nicht, daß es keine häufigen Änderungen der Kapitalströme von Land zu Land gibt. Es könnte natürlich eine ständige Tendenz seitens eines Landes bestehen, einen Teil der laufenden Ersparnisse eines anderen zu Bedingungen aufzunehmen, die günstiger sind als jene, zu denen diese Ersparnisse in dem Land investiert werden könnten, in dem sie gebildet werden. Ganz abgesehen von diesen Kapitalströmen, die mehr oder weniger dauerhaften Investitionen dienen, kann

---

[23] Selbst die Absichten des Verleihers oder Investors würden kaum ein hinreichendes Kriterium für eine Unterscheidung zwischen kurzfristigen und langfristigen Kapitalbewegungen liefern, da es dem außenstehenden Betrachter im einzelnen Fall durchaus klar sein mag, daß die Umstände die Investoren schnell veranlassen werden, ihre Absichten zu ändern.

es jedoch periodische oder gelegentliche kurzfristige Ausleihungen zum Ausgleich vorübergehender Unterschiede zwischen Importen und Exporten von Gütern und Leistungen geben.

Natürlich besteht kein Grund, weshalb sich Exporte und Importe von Tag zu Tag oder selbst von Monat zu Monat nahezu gleichläufig bewegen sollten. Wenn bei allen Transaktionen die Zahlung gleichzeitig mit der Lieferung der Güter zu leisten wäre, bedeutete dies, im Außenhandel nicht weniger als im Binnenhandel, eine Beschränkung des möglichen Umfangs an Transaktionen ähnlich der Art, die einträte, wenn alle Transaktionen die Form des Naturaltausches anzunehmen hätten. Die Möglichkeit von Transaktionen auf Kredit, der Tausch von Gegenwartsgütern gegen Zukunftsgüter, erweitert den Bereich vorteilhaften Tausches beträchtlich. Im internationalen Handel bedeutet dies im besonderen, daß Länder zu gewissen Jahreszeiten mehr importieren können als sie exportieren, da sie zu anderen Jahreszeiten mehr exportieren als sie importieren. Ob dies dadurch ermöglicht wird, daß der Exporteur dem Importeur in Höhe des Kaufpreises Kredit gewährt, oder dadurch, daß ein Kreditinstitut in einem der beiden Länder den Geldbetrag bereitstellt, immer bedeutet dies, daß die Verschuldung des importierenden Landes gegenüber dem exportierenden vorübergehend zunimmt, das heißt, daß per Saldo kurzfristige Kreditgewährung stattfindet.

An dieser Stelle ist es notwendig, hinsichtlich einer Art der Darstellung dieser Beziehungen besonders auf der Hut zu sein, die nahelegt, daß kurzfristige Kreditgewährung wegen einer passiven Handelsbilanz erforderlich wird, oder daß sie in irgendeinem Sinn eine Folge von ihr ist; daß die Kredite gewissermaßen zu dem Zweck eingeräumt werden, ein Handelsbilanzdefizit abzudecken. Wir werden ein richtigeres Bild gewinnen, wenn wir uns die große Mehrheit der individuellen Transaktionen in beiden Richtungen als Transaktionen auf Kredit vorstellen, so daß es die überschießende Kreditgewährung in einer Richtung während einer gegebenen Periode ist, die einen entsprechenden Exportüberschuß in der gleichen Richtung möglich gemacht hat. Wenn wir den gesamten Prozeß auf diese Weise betrachten, können wir sehen, welch beträchtlicher Teil des Handels durch kurzfristige Kapitalbewegungen erst ermöglicht wird. Wir können auch sehen, wie irreführend es sein kann zu meinen, Kapitalbewegungen würden ausschließlich durch vorhergehende Änderungen der relativen Zinssätze auf den verschiedenen Geldmärkten gelenkt. Was die Verwendung des verfügbaren Kredits lenkt und daher entscheidet, in welche Richtung sich der Saldo der Verschuldung zu einem bestimmten Zeitpunkt wendet, ist in erster Linie das Verhältnis der Preise an verschiedenen Orten. Es trifft natürlich zu, daß dort, wo jedes Land gewöhnlich seine Exporte finanziert und für seine Importe Schulden eingeht, jede absolute Zunahme der Exporte dahin tendiert, eine Zunahme der Nachfrage nach Krediten und damit eine Erhöhung des Zinssatzes im exportierenden Land zu bewirken. Aber in einem solchen Fall ist der Anstieg des Zinssatzes eher die Wirkung davon, daß dieses Land mehr ans Ausland ausleiht, als eine Ursache eines Kapitalstroms in dieses Land. Und wenngleich dieser Anstieg der Geldzinssätze zu einem Fluß von Fonds in der Gegenrichtung führen mag, ist dieser Fluß mehr ein Zeichen dafür, daß der Hauptmechanismus zur Verteilung der Fonds unvollkommen arbeitet, als dafür, daß er ein Teil dieses Mechanismus sei. Es besteht ebensowenig Grund zu sagen, daß die internationale Neuverteilung kurzfristigen Kapitals durch Änderungen der Zinssätze an den verschiedenen Orten zustandekommt, wie es Sinn machte zu sagen, daß die saisonalen Übertragungen von Fonds etwa aus der Landwirtschaft auf den Kohlebergbau durch einen Fall des Zinssatzes in der Landwirtschaft und einen Anstieg im Kohlebergbau hervorgerufen werden und umgekehrt.

Änderungen der kurzfristigen internationalen Verschuldung sind daher als Änderungen anzusehen, die großenteils gleichzeitig mit normalen Schwankungen im internationalen Handel vor sich gehen; und nur gewisse verbleibende Salden werden durch einen Fluß von Fonds ausgeglichen, der durch gewinnbringende Zinsdifferenzen ausgelöst wird, wobei diese Fonds größtenteils Interbank-Charakter haben. Es ist natürlich nicht zu leugnen, daß es, abgesehen von Änderungen der internationalen Verschuldung, die mehr oder weniger unmittelbar mit internationalem Handel verknüpft sind, auch ziemlich plötzliche und beträchtliche Ströme von Fonds geben kann, die entweder durch das plötzliche Auftreten besonders vorteilhafter Investitionsgelegenheiten verursacht sein können oder durch irgendeine Panik, die am betroffenen Ort eine heftige Nachfrage nach Kasse hervorruft. In diesem letzten Fall ist es in der Tat zutreffend, daß der Strom kurzfristiger Fonds monetäre Störungen auf Teile der Welt übertragen kann, die mit der ursprünglichen Ursache der Störung nichts zu tun haben; so ist es etwa denkbar, daß eine Kriegspsychose in Südamerika zu einem allgemeinen Anstieg der Zinssätze in London führen kann. Doch abgesehen von solchen speziellen Fällen ist schwer zu sehen, wie bei einem homogenen internationalen Geld Kapitalbewegungen, und besonders kurzfristige Kapitalbewegungen, eine Quelle der Instabilität bilden oder zu irgendwelchen Änderungen der produktiven Aktivität führen sollten, die nicht durch entsprechende Änderungen der realen Bedingungen gerechtfertigt sind.

3. Der Mechanismus internationaler Kapitalbewegungen unter einem System nationaler Reserven. Diese Schlußfolgerung muß jedoch etwas modifiziert werden, wenn wir, statt eines homogenen internationalen Geldes, eine Welt betrachten, die aus separaten nationalen Geld- und Bankensystemen besteht, selbst dann, wenn wir die Möglichkeit von Änderungen der Wechselkurse einstweilen noch außer acht lassen. Es ist natürlich eine wohlbekannte Tatsache, daß einer der wichtigsten Zwecke von Änderungen des Diskontsatzes durch die Zentralbanken darin liegt, die internationalen Bewegungen kurzfristigen Kapitals zu beeinflussen.[24] Eine Zentralbank, die sich einem Abstrom von Gold gegenübersieht, wird den Diskontsatz anheben, in der Hoffnung, daß sie durch das Anlocken kurzfristiger Kredite den Abstrom von Gold ausgleichen kann. In dem Maß, wie ihr dies gelingt, schiebt sie die Notwendigkeit auf, zuhause eine stärkere Kreditkontraktion vornehmen zu müssen, und sie kann sie vielleicht – wenn die Ursache der passiven Handelsbilanz vorübergehend ist – ganz vermeiden. Aber es ist keineswegs erwiesen, daß sie die Fonds gerade von dort anzieht, wohin das Gold zu fließen tendierte, und es kann sehr wohl sein, daß sie die Notwendigkeit der Kreditkontraktion nur auf ein anderes Land abschiebt. Und wenn aus irgendeinem Grund alle oder die Mehrheit der Zentralbanken zum gleichen Zeitpunkt zu der Auffassung gelangten, daß sie über größere Liquidität verfügen sollten, und zu diesem Zweck ihre Diskontsätze anheben, wird als alleinige Wirkung eine Art allgemeines Tauziehen einsetzen, in dessen Verlauf alle Zentralbanken bei dem Versuch, den Abstrom von Fonds zu stoppen und wenn möglich Fonds anzuziehen, einzig eine heftige Kreditkontraktion zuhause erreichen. Zwar mag die Tatsache, daß Zentralbanken auf alle größeren Goldbewegungen mit Änderungen des Diskontsatzes reagieren, bedeuten, daß Änderungen des Umfangs und der Richtung kurzfristiger Kredite häufiger und heftiger sein werden, wenn mehrere, national organisierte Bankensysteme vorhanden sind; aber wiederum ist als verantwortlich für diese Störungen nicht die Tatsache anzusehen, daß das System international ist [aufgrund fester Wechselkurse, d. Hrsg.], sondern vielmehr die Tatsache, daß es dem freien internationalen Fluß von Fonds Hindernisse errichtet.

Wiederum müssen wir uns hüten, diese Schwierigkeit insbesondere der Tatsache zuzuschreiben, daß es Zentralbanken gibt, obwohl in gewissem Sinn das Aufkommen dieser Art von Kreditstruktur, auf das sie zurückzuführen sind, durch das Vorhandensein derartiger Institutionen erst ermöglicht wurde. Die eigentliche Quelle der Schwierigkeit ist die Differenzierung zwischen Zahlungsmitteln mit verschiedenen Graden der Akzeptanz oder Liquidität, die Existenz einer Struktur, bestehend aus übereinander liegenden Schichten von Reserven verschiedener Grade der Liquidität; sie macht die Bewegung kurzfristiger Geldsätze und als Folge davon die Bewegung kurzfristiger Fonds viel stärker abhängig vom Stand der Liquidität der verschiedenen Finanzinstitutionen als von Veränderungen der Nachfrage nach Kapital zum Zweck realer In-

[24] Wenn diese Wirkung in der Diskussion über Änderungen der Diskontsätze in den beiden vorhergehenden Vorlesungen außer acht blieb, geschah dies, um die dort diskutierten Wirkungen klarer herauszustellen; aber dies soll nicht heißen, daß diese Wirkung auf Kapitalbewegungen, jedenfalls in der kurzen Periode, nicht die vielleicht wichtigste Wirkung dieser Änderungen ist.

vestition. Weil bei nationalen »Mischgeldsystemen« die Bewegungen kurzfristiger Fonds häufig die Folge sind nicht von Änderungen der Nachfrage nach Kapital zu Investitionszwecken, sondern von Änderungen der Nachfrage nach Kasse als Liquiditätsreserve, haben kurzfristige internationale Kapitalbewegungen ihren schlechten Ruf als Ursachen monetärer Störungen. Und dieser Ruf ist nicht ganz unverdient.

Aber nun stellt sich die Frage, ob dieser Mangel behoben werden kann, nicht dadurch, daß die Umlaufsmittel in den verschiedenen Ländern homogener gemacht werden, sondern vielmehr, wie dies die Monetären Nationalisten wünschen, dadurch, daß selbst das noch verbliebene Band zwischen den nationalen Währungen – die festen Paritäten zwischen ihnen – zerschnitten wird. Diese Frage ist von besonderer Bedeutung, weil der Gedanke, daß die nationalen geldpolitischen Instanzen niemals durch einen Kapitalabstrom gezwungen sein sollten, irgendwelche Maßnahmen zu ergreifen, die die inländische ökonomische Aktivität ungünstig beeinflussen könnten, wahrscheinlich die Hauptquelle dafür ist, flexible Wechselkurse zu fordern. Dieser Frage müssen wir uns deshalb zuwenden.

4. Der Mechanismus internationaler Kapitalbewegungen bei unabhängigen nationalen Währungen. Die drei wichtigsten Fragen, die wir hier zu betrachten haben, sind: Ist das Volumen kurzfristiger Kapitalbewegungen größer oder kleiner, wenn Unsicherheit über die künftigen Wechselkurse besteht? Sind die nationalen geldpolitischen Instanzen in der Lage, Kapitalbewegungen, die sie als nicht wünschenswert ansehen, entweder zu verhindern oder ihre Wirkungen auszugleichen? Und schließlich, welche weiteren Maßnahmen, sofern es solche überhaupt gibt, sind erforderlich, wenn die Ziele einer solchen Politik widerspruchsfrei verfolgt werden sollen?

Die Antwort auf die erste Frage haben wir teilweise bereits geliefert. Obwohl tatsächlich das Gegenteil behauptet worden ist, kann ich ganz und gar nicht sehen, weshalb unter einem System flexibler Wechselkurse das Volumen kurzfristiger Kapitalbewegungen und auch die Häufigkeit ihrer Richtungsänderungen etwas anderes als größer sein sollten.[25] Jede Vermutung, daß sich die

[25] Das einzige Argument gegen diese Ansicht, das ich überhaupt einsichtig finde, ist, daß unter der Goldwährung Bewegungen auf einen der Goldpunkte hin eine sichere Erwartung erzeugen, daß sich die Bewegung bald umkehren wird, und so einen speziellen Anreiz zu spekulativen Verschiebungen von Fonds schaffen. Doch obwohl dies völlig zutreffend ist, zeigt es nur, daß die Mängel der traditionellen Goldwährung der Tatsache zuzuschreiben waren, daß es unter der Goldwährung kein homogenes internationales Geld gab. Wenn auf internationale Zahlungen die gleichen Regelungen angewandt würden wie auf innerstaatliche Zahlungen, verschwände das Problem. Dies wäre der Fall, entweder wenn innerhalb eines Landes, so wie zwischen den Ländern, die Kosten von Geldüberweisungen nicht von irgendeiner Institution wie den Zentralbanken

Wechselkurse in naher Zukunft wahrscheinlich ändern, wäre ein zusätzliches starkes Motiv, Fonds von dem Land, dessen Währung wahrscheinlich fällt, in das Land zu verschieben, dessen Währung wahrscheinlich steigt. Ich denke, daß die Erfahrung der gesamten Nachkriegsperiode, und besonders die der letzten paar Jahre, so reichlich bestätigt hat, was man a priori erwarten durfte, daß darüber kein berechtigter Zweifel bestehen kann.[26] Es gibt nur einen Punkt, der es vielleicht noch verdient, ein wenig stärker hervorgehoben zu werden. Wo die möglichen Schwankungen der Wechselkurse auf enge Grenzen oberhalb und unterhalb eines fixierten Punktes begrenzt sind – wie zwischen den zwei Goldpunkten – wird die Wirkung kurzfristiger Kapitalbewegungen im großen und ganzen darin bestehen, die Amplitude der tatsächlichen Schwankungen zu vermindern, da jede Bewegung weg vom fixierten Punkt in der Regel die Erwartung erzeugt, daß sie sich bald umkehren wird. Das heißt, kurzfristige Kapitalbewegungen tendieren im großen und ganzen dazu, die Spannung zu lockern, die sich ursprünglich auf Grund einer vorübergehend passiven Zahlungsbilanz aufgebaut hatte. Wenn die Kurse jedoch variabel sind, tendieren die Kapitalbewegungen dazu, in der gleichen Richtung wie der ursprüngliche Grund zu wirken und ihn dadurch zu intensivieren. Dies bedeutet, daß, wenn dieser ursprüngliche Grund bereits eine kurzfristige Kapitalbewegung ist, die Beweglichkeit der Wechselkurse deren Schwankungsbreite zu vervielfachen tendiert und das, was ursprünglich eine kleine Unbequemlichkeit hätte sein können, in eine größere Störung verwandeln kann.

Sehr viel schwieriger ist die Antwort auf die zweite Frage: Können die zuständigen Instanzen diese Bewegungen kontrollieren; denn das, was die geldpolitischen Instanzen in einer bestimmten Richtung erreichen können, hängt großenteils davon ab, welche weiteren Folgen ihres Handelns sie hinzunehmen gewillt sind. Hier stellt sich vor allem die Frage, ob sie gewillt sind, die Wechselkurse in jedwedem Grad schwanken zu lassen, oder ob sie nicht denken, daß,

---

getragen würden und folglich (wie in den Vereinigten Staaten vor Errichtung des Federal Reserve Systems) die Wechselkurse zwischen den verschiedenen Städten schwanken dürften, und wenn gleichzeitig Gold in der Nähe der Grenze ebenso frei erhältlich wäre wie in der Hauptstadt; das Problem verschwände auch, wenn das System der Verrechnung zum Nennwert auf internationale Zahlungen ebenso zur Anwendung käme wie auf innerstaatliche Zahlungen. Zu diesem letzten Punkt vergleiche die nachfolgende Vorlesung V, 4. Abschnitt, S. 109f.

[26] Da immer mehr vergessen wird, daß die Periode vor 1931, wenn man sie an Vorkriegsstandards mißt, schon eine solche ausgeprägter Instabilität der Wechselkurse und der Ungewißheit über deren Zukunft war, lohnt es sich vielleicht hervorzuheben, daß besonders die Ansammlung ausländischer Guthaben in London während dieser Periode fast gänzlich eine Folge der Tatsache war, daß der Sterling unter den europäischen Währungen als die vergleichsweise sicherste angesehen wurde. Vgl. dazu Gregory, T.E., *The Gold Standard and its Future*, 3. Aufl., New York: Dutton 1934, S. 48ff.

obgleich mäßige Schwankungen der Wechselkurse die Kosten nicht wert sind, sie zu verhindern, ihnen dennoch nicht erlaubt werden darf, gewisse Grenzen zu überschreiten, da die störenden Wirkungen starker Schwankungen schlimmer wären als die Maßnahmen, durch die sie verhindert werden könnten. In der Praxis müssen wir wahrscheinlich davon ausgehen, daß die zuständigen Instanzen selbst dann, wenn sie bereit sind, eine langsame und fortschreitende Entwertung der eigenen Währung zuzulassen, sich verpflichtet fühlten, ihr energisch entgegenzuwirken, sobald sie drohte, zu einer Kapitalflucht oder zu einem starken Preisanstieg importierter Güter zu führen.

Die Theorie, daß ein Land, indem es die Wechselkurse schwanken läßt, »teures ausländisches Geld« daran hindern könnte, die Bedingungen im Inland zu beeinflussen, ist natürlich nicht neu. In Österreich beispielsweise argumentierten die Gegner der Einführung der Goldwährung im Jahre 1892, daß die Papierwährung Österreich von Störungen, die von den Weltmärkten ausgehen, abkoppele und davor schütze. Doch ich zweifle, ob die Theorie je ganz so weit geführt worden ist wie von einigen unserer zeitgenössischen Monetären Nationalisten, zum Beispiel von Mr. Harrod, der erklärte, daß er Wechselkursstabilisierung nicht akzeptieren könne, »wenn ein Land dadurch im Inneren zu einer Geldpolitik verpflichtet wird, die eine Erhöhung des Diskontsatzes involviert.«[27] Die moderne Idee ist anscheinend, daß ein Abstrom von Kapital unter keinen Umständen zu einem Anstieg der Zinssätze im Inland führen dürfe, und die Befürworter dieser Ansicht scheinen überzeugt zu sein, daß die Zentralbanken, sofern sie nicht verpflichtet sind, eine bestimmte Parität aufrechtzuerhalten, keine Schwierigkeit haben werden, einen Abstrom von Kapital entweder ganz zu unterbinden oder dessen Wirkung dadurch auszugleichen, daß sie die Fonds, die das Land verlassen haben, durch zusätzlichen Bankkredit ersetzen.

Es ist nicht leicht zu sehen, worauf sich dieses Vertrauen gründet. Solange der Abfluß von Kapital nicht durch andere Mittel wirksam unterbunden wird, kann ein fortdauerndes Bemühen, die Zinssätze niedrig zu halten, nur die Wirkung haben, diese Tendenz unbegrenzt zu verlängern und einen kontinuierlichen und zunehmenden Fall des Wechselkurses hervorzubringen. Ob der Abstrom von Kapital mit einem Rückzug von Guthaben beginnt, die Ausländer im Inland halten, oder mit einem Versuch seitens der Inländer, Anlagen im Ausland zu erwerben, er wird inländischen Banken Mittel entziehen, die sie hätten ausleihen können, und gleichzeitig auf den Wechselkurs drücken. Wenn es der Zentralbank gelingt, die Zinssätze zunächst niedrig zu halten, indem sie

[27] Vgl. Antwerp Chambre de Commerce (Hrsg.), *Compte-rendu des travaux de la réunion d'économistes organisée par la Chambre de Commerce d'Anvers* am 11., 12. und 13. Juli 1935, Brecht-Anvers: Typ. Braeckmans 1935, S. 107.

das Kapital, das das Land verlassen hat, durch neue Kredite ersetzt, läßt sie nicht nur die Bedingungen fortbestehen, unter denen der Kapitalexport attraktiv gewesen ist; die Wirkung der Kapitalexporte auf den Wechselkurs neigt, wie wir gesehen haben, dazu, selbstentflammend zu werden, und eine »Kapitalflucht« setzt ein. Gleichzeitig erhöht der Anstieg der Preise im Inland die Nachfrage nach Krediten, weil er eine Erhöhung der »realen« Profitrate bedeutet. Und die passive Handelsbilanz, die notwendigerweise anhält, solange ein Teil der Exporterlöse dazu verwendet wird, Kredite zurückzuzahlen oder neue Kredite ans Ausland zu gewähren, bedeutet, daß das Angebot von Realkapital zurückgehen und daher der »natürliche« oder »Gleichgewichts«-Zinssatz im Inland steigen wird. Es ist klar, daß unter solchen Bedingungen die Zentralbank, indem sie lediglich den Diskontsatz niedrig hält, ein Ansteigen der Zinssätze nicht verhindern könnte, ohne gleichzeitig eine größere Inflation auszulösen.

5. Die Kontrolle internationaler Kapitalbewegungen. Wenn dies stimmt, wäre es nur folgerichtig, wenn die Befürworter des Monetären Nationalismus verlangten, daß die Geldpolitik im eigentlichen Sinn durch eine strenge Kontrolle des Kapitalexports ergänzt werden sollte. Wenn es der wichtigste Zweck geldpolitischen Handelns ist, zu verhindern, daß Kapitalexporte sich störend auf den inländischen Geldmarkt auswirken, ist diese Kontrolle offensichtlich eine notwendige Ergänzung der Zentralbankpolitik. Doch scheinen jene, die einen solchen Kurs gutheißen, sich kaum bewußt zu sein, was dies zur Folge hat. Auf lange Sicht genügte es gewiß nicht, die auffälligeren Formen, Geld ins Ausland zu schaffen, zu verbieten. Es ist natürlich zutreffend, daß, sofern keine Hindernisse für den Kapitalexport bestehen, die bequemste und daher vielleicht die quantitativ bedeutendste Form, die der Kapitalexport annimmt, der konkrete Geldtransfer von Land zu Land ist. Und es ist denkbar, daß dieser durch bloßes Verbot und Kontrolle ziemlich wirksam verhindert werden könnte. Um selbst dies tatsächlich voll wirksam zu machen, wäre natürlich nicht nur ein Verbot von Ausleihungen an das Ausland und ein Verbot der Einfuhr von Wertpapieren jeglicher Art erforderlich, vielmehr ließe sich ein voll ausgebildetes System der Devisenkontrolle schwerlich vermeiden. Eine Devisenkontrolle aber, die dazu bestimmt ist, den Abstrom von Kapital wirksam zu verhindern, müßte tatsächlich eine vollständige Kontrolle des Außenhandels einschließen, da natürlich jede Änderung der Laufzeit von Export- oder Importkrediten einer internationalen Kapitalbewegung gleichkommt.

Jedem, der die Wichtigkeit dieses Sachverhalts in Zweifel zieht, empfehle ich nachdrücklich das sehr aufschlußreiche Memorandum über internationale kurzfristige Verschuldung von Mr. F. G. Conolly vom Stab der Bank für Internationalen Zahlungsausgleich, das kürzlich in einer gemeinsamen Publikation der Carnegie Stiftung und der Internationalen Handelskammer veröffentlicht worden ist.[28] Ich zitiere nur einen Abschnitt. »Es ist die Erfahrung eines jeden Landes gewesen, dessen Währung unter Druck geraten ist«, schreibt Mr. Conolly, »daß Importeure sich nicht nur weigern, normale Kreditlaufzeiten auszunutzen, sondern auch dazu neigen, ihren Bedarf auf Monate hinaus im voraus zu decken; sie nutzen lieber die heimische Währung, solange sie ihren internationalen Wert behält, statt Gefahr zu laufen, die zu ihren Einkäufen benötigten Devisen teurer erwerben zu müssen. Exporteure andererseits neigen dazu, Devisen – die Erlöse aus bereits getätigten Exporten –, im Ausland zu belassen und ihre laufende Geschäftstätigkeit so weit wie möglich durch Verschuldung im Inland zu finanzieren. So steht der Devisenmarkt unter einem doppelten Druck; das normale Angebot ausländischer Währungen aus dem Export trocknet aus, während die Nachfrage seitens der Importeure erheblich ansteigt. In einem Land mit einem großen Außenhandel mag der Druck auf den Devisenmarkt, der den Wirkungen dieses Wechsels in der Finanzierung des Handels zuzuschreiben ist, sehr erheblich sein.«[29] Was Mr. Conolly hier beschreibt, läuft natürlich auf einen Kapitalexport hinaus, der nur durch die Kontrolle der Zahlungsfristen jeder einzelnen Transaktion im Außenhandel des Landes verhindert werden könnte, ein Kapitalexport, der genauso gewaltig sein mag, gleichgültig, ob das Land seinen Außenhandel »aktiv« oder »passiv« betreibt,[30] das heißt, ob es gewöhnlich das Kapital selbst bereitstellt, um den Handel zu finanzieren, oder ob es dieses borgt. In der Tat sollte jedem, der mit der Devisenkontrolle etwas Erfahrung hat, klar sein, daß ein Kapitalexport nur verhindert werden kann, wenn nicht nur der Umfang der Exporte und der Importe kontrolliert wird, so daß sie einander im Wert stets entsprechen, sondern auch die Laufzeiten der Kredite bei allen diesen Transaktionen kontrolliert werden.

---

[28] Conolly, F.G., »Memorandum on the International Short-term Indebtedness«, in: *The Improvement of Commercial Relations Between Nations. The Problem of Monetary Stabilization.* Separate Memoranda from the Economists consulted by the Joint Committee of the Carnegie Endowment for International Peace and the International Chamber of Commerce on the improvement of commercial relations between nations and the problems of monetary stabilization, followed by the practical conclusions of a Committee of Experts, Paris: International Chamber of Commerce, Juni 1936, S. 352ff.

[29] *Ibid.*, S. 360.

[30] Vgl. Pierson, N.G., »The Problem of Value in the Socialist Society«, in: Hayek, F.A., Pierson, N.G., Mises, L.v., Halm, G. und Barone, E. (Hrsg.), *Collectivist Economic Planning. Critical Studies on the Possibilities of Socialism*, mit einer Einleitung und einem abschließenden Aufsatz von F.A. Hayek, London: Routledge & Kegan Paul 1935 [deutsche Übersetzung der Einleitung als »Sozialistische Wirtschaftsrechnung I: Natur und Geschichte des Problems« und des abschließenden Aufsatzes als »Sozialistische Wirtschaftsrechnung II: Der Stand der Diskussion (1935)« in: Hayek, *Schriften*, A 7, S. 65–90, 91–120, d. Hrsg.].

Anfänglich und so lange, wie die Unterschiede zwischen den nationalen Zinssätzen nicht allzu groß sind und die Leute noch nicht ganz gelernt haben, sich auf schwankende Wechselkurse einzustellen, können weit weniger durchgreifende Maßnahmen durchaus wirksam sein. Ich höre schon einige meiner englischen Freunde mich auf die wunderbare Disziplin der City of London hinweisen, die auf einen kleinen Wink der Bank von England hin, daß Kapitalexporte unerwünscht seien, es unterlassen wird, gegen das allgemeine Interesse zu handeln. Doch wir brauchen uns nur vorzustellen, wie weit die nationalen Zinssätze auseinanderklafften, wenn Kapitalbewegungen während einer gewissen Zeit wirksam unterbunden würden, um zu realisieren, wie illusorisch die Hoffnungen sein müssen, daß etwas anderes als die strengste Kontrolle geeignet ist, die Kapitalbewegungen zu verhindern.

Doch lassen wir im Augenblick die technischen Schwierigkeiten beiseite, die mit einer wirksamen Kontrolle internationaler Kapitalbewegungen verbunden sind. Nehmen wir an, daß die geldpolitischen Instanzen gewillt sind, in der Errichtung neuer Hindernisse für den internationalen Handel beliebig weit zu gehen, und daß sie tatsächlich jede unerwünschte Änderung in der internationalen Verschuldung mit Erfolg verhindern. Wird dies ein Land erfolgreich vor den Erschütterungen schützen, die sich aus Änderungen der Zinssätze im Ausland ergeben können? Oder werden diese nicht gleichwohl weitergeleitet über die Wirkung, die eine solche Änderung der Zinssätze auf die relativen Preise der international gehandelten Wertpapiere und Güter hat? Es ist wahrscheinlich einleuchtend, daß so lange, wie ein einigermaßen freier internationaler Verkehr von Wertpapieren existiert, kein großer Unterschied in der Bewegung der Zinssätze in den verschiedenen Ländern über längere Zeit bestehen kann. Aber die Monetären Nationalisten zögerten wahrscheinlich nicht, wenigstens zu versuchen, diese Kapitalbewegungen zu verhindern. Es wird jedoch nicht allgemein erkannt, daß Güterbewegungen eine ähnliche Wirkung haben, und dies bedarf vielleicht einer kurzen Erklärung.

Es wird wahrscheinlich nicht bestritten, daß ein beträchtlicher Anstieg des Zinssatzes zu einem Rückgang der Preise gewisser Güter im Verhältnis zu jenen anderer Güter führen wird; vor allem die Preise derjenigen Güter, die größtenteils der Herstellung von Kapitalgütern dienen, und jener, von denen große Lager gehalten werden, fallen im Vergleich zu den Preisen jener Güter, die mehr oder weniger unmittelbar für den Konsum bestimmt sind. Und gewiß wird sich, falls Zölle und Quoten nicht sofort angepaßt werden, ein solcher Preisrückgang auf die Preise ähnlicher Güter in dem Land übertragen, das den Anstieg der Zinssätze zunächst unterbindet. Aber wenn die Preise der Güter, die großenteils zu Investitionszwecken verwendet werden, relativ zu den Preisen anderer Güter fallen, bedeutet dies eine erhöhte Profitabilität der Investitionen verglichen mit der laufenden Produktion, folglich eine erhöhte Nachfrage nach Krediten bei den geltenden Zinssätzen, und wenn die Zentralbank nicht gewillt ist, eine unbegrenzte Kreditexpansion zuzulassen, wird sie durch den Anstieg der Zinssätze im Ausland gezwungen, den eigenen Zinssatz zu erhöhen, selbst dann, wenn jeder Abstrom von Kapital wirksam verhindert worden ist. Auch wenn sich das Kapitalangebot nicht ändern sollte, wird die Art der Güter, die unter den veränderten Umständen am vorteilhaftesten importiert und exportiert werden, die Nachfrage nach Kapital doch noch ändern mit den nämlichen Wirkungen.[31]

Richtig an der ganzen Sache ist, daß ein Land, das die Vorteile der internationalen Arbeitsteilung wahrnimmt, den Auswirkungen von Störungen in diesen internationalen Handelsbeziehungen nur entrinnen kann, wenn es bereit ist, sämtliche Handelsbande, die es mit dem Rest der Welt verbinden, zu kappen. Es ist natürlich zutreffend, daß die Störungen, die ihren Ursprung im Ausland haben, die Bedingungen im Inland um so weniger beeinflussen, je geringer die Verflechtung mit dem Rest der Welt ist. Aber es ist eine Illusion zu meinen, es sei möglich, ein Mitglied der internationalen Handelsgemeinschaft zu bleiben und gleichzeitig Störungen, die von der Außenwelt ausgehen, daran zu hindern, das Land zu erreichen, indem eine nationale Geldpolitik verfolgt wird von der Art, wie sie angezeigt wäre, wenn das Land ein geschlossenes System wäre. Aus diesem Grund hat sich die Ideologie des Monetären Nationalismus als eine der wichtigsten Kräfte erwiesen, die noch verbliebenen Reste eines internationalen Wirtschaftssystems zu zerstören, und sie wird sich, wenn sie einflußreich bleibt, künftig in noch viel größerem Maß als eine solche Kraft erweisen.

Es gibt zwei weitere Punkte, die ich besonders hervorheben möchte, bevor ich heute schließe. Bis hierher habe ich, der Praxis der Monetären Nationalisten folgend, vor allem die störenden Wirkungen ins Auge gefaßt, die Änderungen der Kapitalnachfrage, die ihren Ursprung im Ausland haben, auf ein Land ausüben. Es gibt natürlich noch eine andere Seite dieses Bildes. Was vom Standpunkt des Landes, auf das die Wirkungen vom Ausland übertragen werden, eine Störung darstellt, wirkt in dem Land, in dem die ursprüngliche Änderung stattfindet, stabilisierend. Kapital preiszugeben, weil anderswo plötzlich eine dringendere Nachfrage aufgetreten ist, ist gewiß störend. Aber kurzfristig Kapital erhalten zu können, wenn ein plötzlicher, unvorhergesehener Bedarf im Inland auftaucht, trägt sicherlich zur Stabilisierung der Bedingungen im Inland bei. Es ist ganz unwahrscheinlich, daß Schwankungen auf dem nationalen Kapitalmarkt kleiner wären, wenn die Welt in wasserdichte Abteilungen zerlegt wäre. Wahrscheinlich ist eher, daß in diesem Fall Schwankungen innerhalb ei-

[31] Vgl. dazu Robbins, L., *The Great Depression*, London: Macmillan 1934, S. 175.

nes jeden nationalen Gebietes viel heftiger und störender wären, als sie es jetzt sind.

Eng damit verknüpft ist der zweite Punkt, den ich nur noch ganz kurz streifen kann. Ich habe die Wahrscheinlichkeit bereits erwähnt, daß die Beschränkungen des Kapitalverkehrs, die eine Politik des Monetären Nationalismus nach sich zieht, dahin tendierten, die Zinsdifferenzen zwischen Ländern zu vergrößern. Dies ist natürlich der Tatsache zuzuschreiben, daß die Instabilität der Wechselkurse zwar dahin wirkte, das Volumen und die Häufigkeit irregulärer Ströme kurzfristiger Fonds zu erhöhen, daß sie aber in noch größerem Maß das Volumen internationaler langfristiger Investitionen verminderte. Wenngleich dies von manchen als eine gute Sache angesehen wird, zweifle ich, ob sie voll und ganz erkennen, was das bedeuten würde. Die rein ökonomischen Wirkungen, die Einschränkung der internationalen Arbeitsteilung, die diese Politik einschließt, und die Verminderung des gesamten Investitionsvolumens, zu der sie fast sicher führen würde, sind schlimm genug. Aber noch ernster scheinen mir die politischen Auswirkungen wachsender Unterschiede im Lebensstandard verschiedener Länder zu sein. Es gehört nicht viel Phantasie dazu, sich die neuen Quellen internationaler Spannungen vorzustellen, die eine solche Situation schüfe.[32] Doch dies führt mich über den Rahmen dieser Vorlesungen hinaus, und ich muß mich darauf beschränken, Ihre Aufmerksamkeit darauf zu lenken, ohne mich näher damit zu befassen.

---

[32] Vgl. dazu Robbins, L., *Economic Planning and International Order*, London: Macmillan 1937, S. 68ff.

Vorlesung V
Die Probleme eines wirklich internationalen Standards

1. Gold als der internationale Standard. Ich habe nun den negativen Teil meiner Überlegungen abgeschlossen, die Darlegung der Gründe, die gegen unabhängige nationale Währungen sprechen. Wenn ich auch nicht hoffen kann, im Rahmen dieser wenigen Vorlesungen die theoretische Grundlage des Monetären Nationalismus vollständig widerlegt zu haben, hoffe ich doch, zumindest drei Dinge gezeigt zu haben: daß es keine rationale Begründung gibt für die separate Regulierung der Geldmenge in einem Land, das Teil eines weiterreichenden wirtschaftlichen Systems bleibt; daß der Glaube, man könne mittels einer unabhängigen nationalen Währung ein Land vor finanziellen Schocks abschirmen, die ihren Ursprung im Ausland haben, weitgehend illusorisch ist; und daß ein System schwankender Wechselkurse im Gegenteil neue und sehr ernste Störungen der internationalen Stabilität hervorriefe. Ich möchte dem jetzt weiter nichts hinzufügen, außer daß ich Sie vielleicht daran erinnern darf, daß ich bei meiner Beweisführung stets unterstellt habe, daß ein solches System so intelligent gehandhabt würde, wie es menschenmöglich ist. Ich habe mich enthalten, meine Gründe mit dem Hinweis auf die Mißbräuche, denen ein solches System fast sicher ausgeliefert wäre, zu erhärten; ich habe mich enthalten, auf die praktische Unmöglichkeit hinzuweisen, daß verschiedene Länder sich über das gerechtfertigte Maß einer Abwertung einigen; ich habe mich enthalten, auf die daraus folgende Gefahr eines Abwertungswettlaufs und der allgemeinen Rückkehr zu einer merkantilistischen Politik der Handelsbeschränkungen hinzuweisen, die heutzutage, wie in früheren Jahrhunderten, die unvermeidliche Reaktion auf Abwertungen in anderen Ländern sind.[33]

Wir müssen daher einsehen, daß eine unabhängige Steuerung der verschiedenen nationalen Währungen in keinem wie immer gearteten Sinn als ein Ersatz für ein vernünftig geregeltes Weltwährungssystem angesehen werden kann. Ein solches System mag heute ein unerreichbares Ideal scheinen. Aber dies bedeutet nicht, daß die Frage, was wir tun können, um dem Ideal so nahe wie möglich zu kommen, nicht eine Reihe wichtiger Probleme aufwirft. Freilich sind gewisse »internationale« Systeme weit entfernt von diesem Ideal. Ich hoffe verdeutlicht zu haben, daß ich insbesondere ein internationales Systems von der Art, wie wir es in der Vergangenheit hatten, als keineswegs vollständig zufriedenstellend an-

---

[33] Ich erachte es als nötig, den Leser daran zu erinnern, daß die Begrenzung der Zeit es mir nicht erlaubte, in diesen Vorlesungen auf die ungeheuer wichtigen praktischen Wirkungen einer Politik des Monetären Nationalismus auf die Handelspolitik so ausführlich einzugehen, wie ich dies gewünscht hätte. Obwohl dies ausgetretener Grund ist, kann nicht oft genug wiederholt werden, daß es ohne Stabilität der Wechselkurse vergeblich ist, auf irgendeinen Abbau der Handelsschranken zu hoffen.

sehe. Die Monetären Nationalisten verdammen es, weil es international ist; ich andererseits schreibe seine Mängel dem Umstand zu, daß es nicht international genug ist. Aber die Frage, wie wir es befriedigender gestalten können, das heißt wahrhaft international, habe ich bislang nicht berührt. Es handelt sich um eine Frage, die äußerst schwierige Probleme aufwirft. Ich kann sie in dieser letzten Vorlesung nur kurz ansprechen.

Die erste, aber keineswegs die wichtigste oder interessanteste Frage, der ich mich zuwenden muß, ist die, ob der internationale Standard Gold sein muß. Aus rein ökonomischen Gründen gibt es kaum Argumente, die für die Verwendung von Gold als internationalem Geld vorgebracht werden können, doch viele ernst zu nehmende Einwände, die dagegen sprechen. In einem fest etablierten Weltstaat mit einer Regierung, die den Versuchungen der Inflation widersteht, wäre es absurd, enorme Anstrengungen zu unternehmen, Gold aus der Erde zu graben, wenn billiges Ersatzgeld den gleichen Dienst wie Gold mit gleicher oder größerer Effizienz zu leisten vermag. Doch in einer Welt, die aus souveränen Einzelstaaten besteht, scheinen mir zwingende politische Gründe vorhanden zu sein, weshalb allein Gold (oder Edelmetalle) und kein wie immer geartetes künstliches internationales Tauschmittel, ausgegeben von einer internationalen Institution, erfolgreich als internationales Geld verwendet werden könnte. Für das Funktionieren eines internationalen Standards ist es wesentlich, daß die Bestände eines jeden Landes an internationalem Geld für dieses Land eine Reserve an Tauschmitteln darstellen sollten, die in allen eventuell vorkommenden Fällen bei internationalen Transaktionen universell annehmbar bleiben. Und so lange, wie es separate souveräne Staaten gibt, wird unter diesen möglichen Fällen die Gefahr eines Krieges, oder eines Zusammenbruchs der internationalen monetären Vereinbarungen aus irgendeinem anderen Grund, immer eine große Rolle spielen. Und da die Leute immer spüren werden, daß sie gegen diese Notfälle eine gewisse Reserve an dem einen Gegenstand zu halten haben, den durch uralten Brauch zivilisierte ebenso wie unzivilisierte Menschen anzunehmen bereit sind – das heißt, da einzig Gold einem der Zwekke dient, für die Geldvorräte gehalten werden –, und da in einem gewissen Umfang Gold stets für diesen Zweck gehalten werden wird, kann kaum ein Zweifel bestehen, daß es der einzige internationale Standard ist, der in der heutigen Welt eine Überlebenschance hat. Aber während ein internationaler Standard, wie gesagt, aus rein ökonomischen Gründen wünschenswert ist, muß Gold trotz seiner unleugbaren Mängel allein aus politischen Überlegungen gewählt werden.

Was getan werden sollte, wenn die wohlbekannten Mängel des Goldes sich zu stark fühlbar machen, wenn wegen starker Änderungen seiner Produktionsbedingungen oder wegen einer beträchtlichen neuen Nachfrage nach Gold plötzliche Änderungen seines Wertes drohen, stellt natürlich ein Problem von erheblicher Bedeutung dar. Aber es ist weder das interessanteste noch das wichtigste Problem, und ich möchte es hier nicht diskutieren. Die Schwierigkeiten, die ich ins Blickfeld nehmen möchte, sind vielmehr jene, die der internationalen Goldwährung schon vor 1914 und in einem noch größeren Maß während ihrer kurzen Existenz nach dem Krieg anhafteten. Es handelt sich um die Probleme, die daraus entstehen, daß die sogenannten Goldwährungen mit Gold nur durch die vergleichsweise geringen nationalen Reserven verbunden sind, die die Grundlage eines multiplen Überbaus an Geld bilden, das im Wege der Kreditgewährung geschaffen wird und das seinerseits aus vielen verschiedenen Schichten unterschiedlicher Grade der Liquidität oder Akzeptanz besteht. Es ist, wie wir gesehen haben, dieser Sachverhalt, der dazu führt, daß die Wirkungen von Änderungen der internationalen Geldströme anders ausfallen als diejenigen von Änderungen nur zwischenörtlicher Geldbewegungen; dieser Sachverhalt ist der Existenz separater nationaler Geldsysteme, die in gewissem Grad ihr eigenes Leben führen, zu verdanken. Die Homogenität der Umlaufsmittel verschiedener Länder ist durch das Entstehen separater, national organisierter Bankensysteme zerstört worden. Kann etwas unternommen werden, sie wieder herzustellen?

2. Die »perverse Elastizität« unseres Kreditgeldes. Es ist wichtig, hier zunächst zwischen der Notwendigkeit eines »lender of last resort« und dem Aufbau des Bankgeschäfts auf dem Prinzip »nationaler Reserven« zu unterscheiden. Daß eine ausgedehnte Verwendung von Bankdepositen als Geld nicht möglich wäre, daß es die heutige Art des Depositengeschäfts der Banken nicht gäbe, wenn nicht jemand in der Lage wäre, das Bargeld zur Verfügung zu stellen, falls das Publikum plötzlich wünschen sollte, einen beträchtlichen Teil der von ihm gehaltenen Bankeinlagen in liquidere Geldformen umzuwandeln, steht vermutlich außer Zweifel. Es ist weit weniger offenkundig, weshalb alle Banken in einem bestimmten Gebiet oder Land dazu gebracht werden sollten, sich auf eine einzige nationale Reserve zu verlassen. Dies ist gewiß kein System, das jemand aus rationalen Gründen bewußt entworfen hätte, und es entstand als ein zufälliges Nebenprodukt einer Politik, die sich mit andersartigen Problemen befaßte.[34] Die rationale Wahl läge wohl zwischen einem »freien Bankwesen« einerseits, das nicht nur allen Banken das Recht der Notenausgabe einräumt und ihnen gleichzeitig auferlegt, sich auf ihre eigenen Reserven zu verlassen, sie aber auch ihr Betätigungsfeld und ihre Geschäftsverbindungen

[34] Vgl. Bagehot, W., *Lombard Street*, London: P.S. King, 1873, und Smith, V.C., *The Rationale of Central Banking*, London: P.S. King 1936 [Nachdruck Indianapolis: Liberty Press 1990].

ohne Rücksicht auf nationale Grenzen frei wählen läßt,[35] und einer internationalen Zentralbank andererseits. Ich brauche nicht hinzuzufügen, daß diese beiden Ideale in der Welt, wie wir sie kennen, äußerst unpraktikabel erscheinen. Aber ich bin nicht sicher, ob der von uns gewählte Kompromiß, nämlich der einzelstaatlicher Zentralbanken, die keine unmittelbare Macht über den größten Teil der nationalen Umlaufsmittel haben, die aber als einzige letzte Reserve nur einen vergleichsweise kleinen Betrag an Gold halten, ob dieser Kompromiß nicht eine der unstabilsten Regelungen ist, die man sich vorstellen kann.

Erinnern wir uns einen Augenblick an die wesentlichen Züge der sogenannten Goldwährungen, wie sie in moderner Zeit existierten. Das weithin gebräuchlichste Tauschmittel, die Bankdepositen, ist mengenmäßig nicht festgelegt. Zusätzliche Depositen können jederzeit spontan entstehen (durch Banken »geschaffen« werden), oder es kann ein Teil der vorhandenen ebenso verschwinden. Obschon sie überwiegend für laufende Zahlungen verwendet werden, sind sie keineswegs die einzigen Formen, in denen Guthaben zur Abwicklung solcher Zahlungen gehalten werden können. In dieser Funktion sind Bankdepositen in laufender Rechnung [Sichteinlagen] nur ein Posten – ein sehr liquider, obgleich keinesfalls der liquideste von allen – in einer langen Reihe von Anlageformen mit verschiedenen Graden der Liquidität.[36] Überziehungsmöglichkeiten, Spareinlagen und viele Typen sehr marktgängiger Wertpapiere einerseits und Banknoten und Münzen andererseits werden zu verschiedenen Zeiten und in verschiedenen Graden in dieser Funktion mit Sichteinlagen im Wettbewerb stehen. Die Beträge, die als Sichteinlagen gehalten werden, um der erwarteten Nachfrage zu genügen, brauchen daher nicht mit der erwarteten Größe dieser Zahlungen zu schwanken; sie können sich auch ändern mit jeder Änderung der Ansichten über die Leichtigkeit, mit der es möglich sein wird, diese anderen Anlageformen in Bankdepositen umzuwandeln. Das Angebot von Bankdepositen andererseits hängt von ähnlichen Überlegungen ab. Wie weit die Banken bereit sind, über ihre verfügbaren Kassenbestände hinaus Verbindlichkeiten in dieser Form einzugehen, hängt von ihrer Ansicht ab, wie leicht es sein wird, andere Anlagen in Kasse umzuwandeln. Wenn das Vertrauen allgemein groß ist, so daß vergleichsweise kleine Kassenbestände ausreichen, um ein gegebenes Zahlungsvolumen abzuwickeln, werden die Banken eher bereit sein, die Bankdepositen auszuweiten. Umgekehrt wird jede Zunahme der Unsicherheit über die Zukunft zu einer erhöhten Nachfrage nach allen li-

---

[35] Vgl. Mises, L. v., *Geldwertstabilisierung und Konjunkturpolitik*, Jena: G. Fischer 1928.

[36] Vgl. besonders Hicks, J.R., »A Suggestion for Simplifying the Theory of Money«, *Economica*, N.S., Vol. II, No. 5, Februar 1935 [abgedruckt in: Hicks, J.R., *Critical Essays in Monetary Theory*, Oxford: Oxford University Press 1967], und Lavington, F., *The English Capital Market*, London: Methuen 1921, S. 30.

quideren Anlageformen führen, das heißt besonders nach Bankdepositen und Bargeld, und zu einem Rückgang des Angebots an Bankdepositen.

Wo eine Zentralbank besteht, ist die Verantwortung, die Kasse zur Umwandlung der Depositen bereitzustellen, aufgeteilt auf die Banken und die Zentralbank. Wahrscheinlich sollte man besser sagen, sie ist von den Banken auf die Zentralbank abgeschoben, da es nunmehr die anerkannte Pflicht der Zentralbank ist, in einer Notlage – gegen Entgelt – die gesamte Kasse bereitzustellen, die erforderlich sein mag, um Sichteinlagen zurückzuzahlen. Wenngleich die letzte Verantwortung, bei Bedarf die Kasse bereitzustellen, somit der Zentralbank übertragen ist, hat sie doch, bis diese Nachfrage tatsächlich auftritt, wenig Macht, die Expansion zu verhindern, die zu einer erhöhten Nachfrage nach Kasse führt.

Bei einem internationalen Standard ist die Zentralbank eines Landes ihrerseits in ihrem Handeln nicht frei. Bei der Kasse, von der ich bisher gesprochen habe, handelt es sich um das von der Zentralbank geschaffene Geld: es wird innerhalb des Landes allgemein angenommen und ist das einzige Zahlungsmittel außerhalb des Kundenkreises einer einzelnen Bank. Die Zentralbank hat jedoch nicht nur die erforderlichen Summen des innerhalb des Landes allgemein akzeptierten Tauschmittels bereitzustellen; sie hat überdies das noch liquidere, international akzeptierte Geld bereitzustellen. Dies bedeutet, daß in einer Situation, in der eine allgemeine Tendenz zu größerer Liquidität besteht, gleichzeitig eine größere Nachfrage nach Zentralbankgeld und nach internationalem Geld entfaltet wird. Doch das einzige Mittel, mit dem die Zentralbank die Nachfrage nach internationalem Geld eindämmen und dessen Angebot erhöhen kann, besteht darin, das Angebot von Zentralbankgeld zu verringern. Folglich führt in diesem Fall ebenso wie im vorhergehenden jede Erhöhung der Nachfrage nach einer liquideren Geldart zu einem viel größeren Rückgang im Angebot der etwas weniger liquiden Geldarten.

Diese Differenzierung verschiedener Geldarten nach solchen, die nur unter Kunden einer einzelnen Bank verwendet werden können, und solchen, die nur innerhalb eines einzelnen Landes verwendet werden können, und schließlich solchen, die international verwendet werden können – diese (wie ich sie früher genannt habe) künstlichen Unterscheidungen von Liquidität – hat daher die Wirkung, daß jede Änderung der relativen Nachfrage nach den verschiedenen Geldarten zu einer kumulativen Änderung der gesamten Menge an Umlaufsmitteln führt. Jedes Begehren gegenüber den Banken auf Umwandlung eines Teils der Depositen in Bargeld zwingt sie, die Depositen um mehr als den ausbezahlten Betrag zu verringern, und dazu, sich von der Zentralbank zusätzliche Kasse zu verschaffen; die Zentralbank ihrerseits wird gezwungen, Gegenmaßnahmen zu ergreifen und so das auf Kontraktion ausgerichtete Streben auf die anderen Banken zu übertragen. Das gleiche gilt natürlich mutatis mutandis bei einer Verringerung der Nachfrage nach liquideren Anlageformen, was eine beträchtliche Zunahme des Geldangebots bewirkt.

Dies alles ist natürlich nur das bekannte Phänomen, das Mr. R.G. Hawtrey so zutreffend als die »inhärente Instabilität des Kredits« beschrieben hat. Es gibt jedoch diesbezüglich zwei Punkte, die in diesem Zusammenhang eine besondere Hervorhebung verdienen. Der eine ist der, daß als Folge des spezifischen Aufbaus der Kreditstruktur Änderungen der Liquiditätspräferenz zwischen verschiedenen Geldarten wahrscheinlich eine viel wirksamere Ursache von Störungen sind als die Änderungen der Präferenz zwischen Geldbeständen *im allgemeinen* und Güterbeständen *im allgemeinen*, die eine so große Rolle bei den jüngsten Verfeinerungen der Theorie gespielt haben. Der andere ist der, daß die Störungen aus dieser Quelle wahrscheinlich viel ernster sind, wenn es für eine ganze Region nur eine einzige Bank gibt oder wenn alle Banken eines Landes sich auf eine einzige Zentralbank verlassen müssen; denn die Wirkung jeder Änderung der Liquiditätspräferenz beschränkt sich im allgemeinen auf die Gruppe von Leuten, die sich direkt oder indirekt auf die nämliche Reserve an liquideren Anlagen verlassen.

Aus alledem scheint zu folgen, daß das Problem, mit dem wir uns befassen, nicht so sehr ein Problem der Geldreform im engeren Sinne ist als ein Problem der Reform des Bankwesens im allgemeinen. Der Kern der Schwierigkeit besteht in dem, was sehr zutreffend die perverse Elastizität der Bankdepositen[37] als Umlaufsmittel genannt worden ist; der Grund liegt darin, daß Depositen, wie andere Formen von »Kreditgeld«, Ansprüche auf eine andere, allgemeiner akzeptierte Geldart darstellen, daß eine proportionale Reserve jenes anderen Geldes gegen sie gehalten werden muß und daß ihr Angebot sich daher gegenläufig zur Nachfrage nach der liquideren Geldart ändert.

3. Der Chicago-Plan als Weg zur Reform des Bankensystems. Der weitaus interessanteste Vorschlag zur Bankenreform, der in den letzten Jahren gemacht wurde, ist der sogenannte Chicago- oder 100 Prozent-Plan[38]; er ist dies nicht deshalb, weil er in seiner gegenwärtigen Form praktikabel oder auch nur theoretisch richtig erscheint, sondern weil er den Kern des Problems trifft. Dieser Vorschlag läuft in Wirklichkeit auf eine Ausdehnung der Prinzipien der Peelschen Bank-

---

[37] Currie, L., *The Supply and Control of Money in the United States*, Cambridge (Mass.): Harvard University Press 1934, S. 130ff.

[38] Zur Bedeutung des »Chicago-Plans« vergleiche besonders den interessanten und anregenden Artikel von Simons, H.C., »Rules versus Authorities in Monetary Policy«, *Journal of Political Economy*, Vol. 44, no. 1, Februar 1936, S. 1–30, und Lutz, F., *Das Grundproblem der Geldverfassung*, Stuttgart und Berlin: W. Kohlhammer 1936 [abgedruckt in: Lutz, F.A., *Geld und Währung*, Tübingen: Mohr Siebeck 1962], wo sich weitere Literaturhinweise zu diesem Vorschlag finden.

akte von 1844 auf Bankdepositen hinaus. Der praktikabelste Vorschlag, der bislang zu seiner Durchführung gemacht wurde, besteht darin, die Banken mit einer genügend großen Menge Papiergeldes auszustatten, um die gegen Sichtdepositen gehaltenen Reserven auf 100 Prozent zu erhöhen, und sie fortan zu verpflichten, ständig eine solche Reserve von 100 Prozent aufrechtzuerhalten.

Der Plan wurde in dieser Form als Instrument des Monetären Nationalismus entworfen. Aber es gibt keinen Grund, weshalb er nicht ebenso gut dazu verwendet werden könnte, ein homogenes internationales Geld zu schaffen.[39] Eine mögliche, obgleich vielleicht eine etwas phantastische Lösung scheint zu sein, die Gold-Äquivalente aller verschiedenen nationalen Geldeinheiten proportional in einem solchen Ausmaß herabzusetzen, daß das gesamte Geld in allen Ländern zu [mindestens, d. Hrsg.] 100 Prozent in Gold gedeckt wäre, und von diesem Datum an Änderungen des nationalen Geldumlaufs nur im gleichen Umfang, wie sich die im Land vorhandene Goldmenge ändert, zuzulassen.[40] Ein solcher Plan würde offensichtlich als wesentliche Ergänzung eine internationale Kontrolle der Goldproduktion erfordern, da die Erhöhung des Wertes des Goldes andernfalls eine enorme Zunahme des Goldangebots mit sich brächte. Aber dies schüfe nur ein Sicherheitsventil, das vermutlich in jedem Fall nötig wäre, um das System davor zu schützen, allzu starr zu werden.

Die unleugbare Anziehungskraft dieses Vorschlags liegt genau in der Eigenschaft, die ihn als etwas unpraktikabel erscheinen läßt, nämlich in der Tatsache, daß er in Wirklichkeit, wie zumindest von einem seiner Förderer voll realisiert wird, auf eine Abschaffung des Depositengeschäfts der Banken, wie wir es kennen, hinausläuft.[41] Anstelle der Vielfalt von Umlaufsmitteln, die heute nach dem Grad ihrer Akzeptanz von Bankdepositen bis zu Gold reichen, sieht er eine einzige Geldart vor. Und er beseitigte wirksam die verderblichste Eigenschaft des gegenwärtigen Systems: daß nämlich eine Bewegung in Richtung auf liquidere Geldarten einen tatsächlichen Rückgang des gesamten Geldangebots verursacht und umgekehrt. Die ernsteste Frage, die er aufwirft, besteht jedoch darin, ob wir durch Abschaffung des Depositengeschäfts der Banken, wie wir es kennen, wirksam verhindern könnten, daß das Prinzip, auf dem es beruht, sich in anderer Weise manifestiert. Es ist vom kritischsten Kopf unter den Schöpfern des Plans sehr zutreffend bemerkt worden, daß das Bankgeschäft ein sich immer und überall durchsetzendes Phänomen ist,[42] und es stellt sich die Frage, ob man es, wenn man es daran hindert, in seinen traditionellen Formen in Erscheinung zu treten, nicht lediglich in andere, weniger überprüfbare For-

[39] Vgl. Simons, H.C., *loc. cit.*, S.5, Anm.3.

[40] Eine vielleicht etwas weniger unpraktikable Alternative könnte internationaler Bimetallismus mit einem geeigneten Wertverhältnis sein.

[41] Vgl. Simons, H.C., *loc. cit.*, S.16.

[42] *Ibid.*, S.17.

men treibt. Ein historischer Präzedenzfall legt es eigentlich nahe, in dieser Hinsicht vorsichtig zu sein. Die Bankakte von 1844 war dazu bestimmt, das zu kontrollieren, was damals das einzige wichtige Substitut von Gold als weitherum verwendetes Tauschmittel zu sein schien, und verfehlte doch vollständig ihren Zweck wegen der schnellen Ausweitung der Bankdepositen. Ist es nicht möglich, daß rasch neue Arten von Geldsubstituten entstünden oder vorhandene zunehmende Bedeutung gewännen, wenn ähnliche Restriktionen, wie sie damals den Banknoten auferlegt wurden, nun der Zunahme der Bankdepositen auferlegt würden? Und sind wir denn heute überhaupt imstande, eine scharfe Linie zu ziehen zwischen dem, was Geld ist und was nicht? Gibt es nicht schon alle Arten von »Geldsubstituten«[43] wie Spareinlagen, Überziehungsfazilitäten, Wechsel usw., die jedenfalls die Wünsche nach liquiden Reserven beinahe ebenso gut befriedigen wie Geld?

All dies muß leider zugegeben werden, und es beeinträchtigt die verlockende Einfachheit des 100 Prozent-Plans erheblich. Es scheint, daß er aus diesem Grund zumindest von einem der ursprünglichen Befürworter aufgegeben worden ist.[44] Das Problem ist offenkundig ein viel umfassenderes, und ich stimme mit Mr. H.C. Simons überein, daß es »nicht bewältigt werden kann allein durch Gesetzgebung, die sich auf das, was wir Banken nennen, richtet«.[45] Doch zumindest in einer Beziehung scheint mir der 100 Prozent-Plan in die richtige Richtung zu weisen. Selbst wenn es, was vermutlich zutrifft, unmöglich ist, eine scharfe Linie zu ziehen zwischen dem, was als Geld anzusehen ist und was nicht, und wenn folglich jeder Versuch, die Menge dessen starr festzulegen, was mehr oder weniger beliebig als »Geld« ausgesondert wird, ernste Schwierigkeiten schüfe, bleibt es doch wahr, daß es innerhalb des Arsenals von Dingen, die zweifelsfrei allgemein als Geld verwendet werden, unnötige und rein institutionelle Unterscheidungen von Liquidität gibt, die die Quellen ernster Störungen sind und die so weit wie möglich eliminiert werden sollten. Wenn dies gegenwärtig nicht durch eine allgemeine Rückkehr zur allseitigen Verwendung des gleichen internationalen Zahlungsmittels bei der Abwicklung der überwiegenden Zahl von Transaktionen geschehen kann, sollte es zumindest möglich sein, sich diesem Ziel anzunähern, indem man die Unterschiede in der Liquidität zwischen den verschiedenen, zur Zeit verwendeten Arten von Geld verringert und die Wirkungen von Änderungen in der Nachfrage nach [unterschiedlich] liquiden Mitteln auf die gesamte Menge der umlaufenden Zahlungsmittel so weit wie möglich ausgleicht.

---

43 *Ibid.*, S. 17.
44 *Ibid.*, S. 17.
45 *Ibid.*

4. Wechselkurse und Goldreserven. Dies führt mich zu der mehr praktischen Frage, was unternommen werden kann, um die Instabilität der Kreditstruktur zu vermindern, wenn das allgemeine Rahmenwerk des gegenwärtigen Geldsystems beibehalten werden soll. Wie wir eben gesehen haben, muß es das Ziel sein, die Gewißheit zu erhöhen, daß eine Art von Geld stets ohne weiteres zu einem bekannten Kurs gegen andere Arten von Geld austauschbar ist und daß ein solcher Austausch zu keinen Änderungen der gesamten Geldmenge führt. Insoweit, wie die Beziehungen zwischen verschiedenen nationalen Währungen betroffen sind, führt dies natürlich zur Forderung nach Reformen in der genau entgegengesetzten Richtung wie jene, die von Monetären Nationalisten befürwortet werden. Anstelle beweglicher Kurse oder einer Erweiterung der »Goldpunkte« sollte durch die Einrichtung eines internationalen Clearings zur Parität absolute Starrheit der Wechselkurse sichergestellt werden. Wenn alle Zentralbanken sich verpflichteten, jede fremde Währung unbeschränkt zum gleichen festen Kurs zu kaufen und zu verkaufen, und auf diese Weise selbst Schwankungen innerhalb der »Goldpunkte« verhinderten, wären die verbleibenden Unterschiede in der Bezeichnung der nationalen Währungen wirklich nicht bedeutsamer als die Tatsache, daß die gleiche Quantität Tuch in Yard oder in Meter angegeben werden kann. Mit einem internationalen Gold-Ausgleichsfonds ähnlich jenem, der vom Federal Reserve System geführt wird, der den größeren Teil der tatsächlichen Goldbewegungen, die in der Vergangenheit stattzufinden pflegten, entbehrlich machte, könnten unveränderliche Wechselkurse aufrechterhalten werden, ohne den Zentralbanken eine übermäßige Bürde aufzuerlegen.[46] Das wichtigste Ziel bestünde hier natürlich eher darin, einen der Hauptgründe internationaler Bewegungen kurzfristiger Fonds zu beseitigen als solche Bewegungen zu verhindern oder ihre Wirkungen mit Mitteln auszugleichen, die den Anreiz zu solchen Bewegungen nur erhöhen.[47]

---

[46] Die Gründer der Bank für Internationalen Zahlungsausgleich faßten eindeutig ins Auge, daß die Bank einen solchen Fonds errichten kann, und Artikel 24 ihrer Statuten legt ausdrücklich fest, daß die Bank mit den Zentralbanken spezielle Vereinbarungen treffen darf, um die Abwicklung internationaler Transaktionen zwischen ihnen zu erleichtern: »Sie kann deshalb mit den Zentralbanken vereinbaren, dass Gold im Sonderdepot für diese reserviert und zu Überweisungszwecken zu deren Verfügung gehalten wird, dass Konten eröffnet werden, mit deren Hilfe die Zentralbanken ihre Anlagen von einer Währung in die andere umwandeln können, und dass sonstige Massnahmen ergriffen werden, die der Verwaltungsrat im Rahmen der ihm durch die Statuten übertragenen Befugnisse für geeignet hält.«

[47] In einem Buch, das erschienen ist, nachdem ich diese Vorlesungen gehalten habe (Whittlesey, C.R., *International Monetary Issues*, New York: McGraw-Hill 1937) gelangt der Autor von der Feststellung, daß eine Erweiterung der Goldpunkte die Wirkung hätte, das Volumen der kurzfristigen Kapitalbewegungen dieser Art zu erhöhen (S. 116), zu der Schlußfolgerung, daß »der einzige Weg, diesen Umstand zu überwinden, in der

Aber Unbeweglichkeit der Wechselkurse ist nur eine Vorbedingung einer erfolgreichen Politik, die darauf gerichtet ist, monetäre Störungen zu minimieren. Sie beseitigt eine der institutionell bedingten Differenzierungen der Liquidität, die den Anstoß geben können, daß plötzlich eine Geldart einer anderen vorgezogen wird. Doch es bleibt die weitere Unterscheidung zwischen den verschiedenen Arten von Geld, die die nationalen Geldsysteme konstituieren; und so lange, wie das allgemeine Rahmenwerk unserer gegenwärtigen Bankensysteme beibehalten wird, können die Gefahren, die der Stabilität hieraus erwachsen, schwerlich anders bekämpft werden als durch eine bewußte Politik der einzelstaatlichen Zentralbanken.

Die wichtigste Änderung, die hier erforderlich scheint, besteht darin, die Goldreserven aller Zentralbanken genügend groß zu machen, um diese von der Notwendigkeit zu befreien, eine Änderung des gesamten nationalen Geldumlaufs *proportional* zur Änderung ihrer Reserven [das bedeutet hier: um *ein Mehrfaches* der Änderung ihrer Reserven, d. Hrsg.] herbeiführen zu müssen; das heißt, jede Änderung der relativen Größe der Geldmenge verschiedener Länder sollte durch eine tatsächliche Übertragung entsprechender Beträge von Land zu Land herbeigeführt werden ohne irgendwelche »sekundären« Kontraktionen oder Expansionen des Kreditüberbaus in den betroffenen Ländern. Dieses Prinzip ließe sich nur verwirklichen, wenn die einzelnen Zentralbanken genügend große Goldreserven hielten, die sie frei verwenden könnten, ohne zu irgendwelchen speziellen Maßnahmen zu ihrem »Schutz« Zuflucht nehmen zu müssen.

Nun bietet die gegenwärtige Fülle an Gold eine außergewöhnliche Gelegenheit zu einer solchen Reform. Um aber das gewünschte Ergebnis zu erreichen, ist nicht allein das absolute Angebot an Gold, sondern auch seine Verteilung von Bedeutung. In dieser Hinsicht muß es als unglücklich erscheinen, wenn jene Länder, die bereits über große Goldreserven verfügen und deshalb in der Lage wären, die Goldwährung auf diese Art und Weise zu handhaben, diese Stellung dazu benutzen sollten, den Preis künstlich hoch zu halten. Die Politik seitens jener Länder, die sich bereits in einer starken Goldposition befinden, hätte, sofern sie auf die Wiederherstellung eines internationalen Goldstandards abzielt, darin bestehen sollen, unter Aufrechterhaltung fester Wechselkurse mit allen Ländern in ähnlicher Lage den Goldpreis zu senken, um den Goldstrom in jene Länder zu lenken, die noch nicht in der Lage sind, Goldzahlungen aufzunehmen. Erst wenn der Goldpreis genügend gefallen wäre, um jene Länder zu befähigen, ausreichende Reserven zu erwerben, sollte eine all-

---

Eliminierung der Goldpunkte läge« (S. 117). Aber der einzige Weg zur Eliminierung der Goldpunkte, den er sich denken kann, ist die Abschaffung der Goldwährung!

gemeine und gleichzeitige Rückkehr zu einer freien Goldwährung versucht werden.

Selbst wenn man mit einer angemessenen Verteilung des Goldes zwischen den Ländern starten könnte, wenn also jedes Land anfänglich in die Lage versetzt wäre, seinen Goldbestand um den absoluten Betrag variieren zu lassen, um den der Geldumlauf im einzelnen Fall zunehmen oder absinken müßte, mag es zunächst den Anschein haben, daß einige Länder sich ihrer Goldvorräte bald wieder so entblößt fänden, daß sie gezwungen wären, traditionelle Maßnahmen zu ihrem Schutz zu ergreifen. Und es kann nicht geleugnet werden, daß, solange der Goldvorrat eines Landes weniger als 100 Prozent seines gesamten Geldumlaufs ausmacht, es zumindest vorstellbar ist, daß er auf einen Stand fallen kann, bei dem die geldpolitischen Instanzen, um den Rest zu schützen, zu einer Politik der Kreditkontraktion Zuflucht nehmen müßten. Eine kurze Überlegung wird jedoch zeigen, daß dieser Fall höchstwahrscheinlich nicht eintritt, sofern ein Land mit einem ziemlich großen Goldvorrat startet und wenn seine geldpolitischen Instanzen nicht nur bei Verminderungen, sondern ebenso bei Erhöhungen des gesamten Geldumlaufs am Hauptprinzip festhalten.

Wenn wir annehmen, die einzelnen Länder starteten mit einer Goldreserve, die sich nur auf ein Drittel des gesamten Geldumlaufs beläuft,[48] böte dies wahrscheinlich einen Spielraum, der bei jedweder Verminderung des Anteils eines Landes an der Geldmenge der Welt, die möglicherweise nötig werden kann, bequem ausreichte. Daß der Anteil eines Landes am Einkommen der Welt und daher der Anteil seiner Geldnachfrage an der Geldnachfrage der Welt um mehr als dieses Drittel abfallen sollte, wäre jedenfalls ein ungewöhnlicher Fall, der einer ungewöhnlichen Behandlung bedürfte.[49] Wenn die Geschichte nahezule-

[48] Zum derzeitigen Wert des Goldes beläuft sich (Ende 1936) der Vorrat an monetärem Gold in der Welt auf 73,5 Prozent aller Sichtverbindlichkeiten der Zentralbanken zuzüglich des umlaufenden staatlichen Papiergeldes. Der Prozentsatz wäre natürlich beträchtlich niedriger, wenn, wie es für diesen Zweck nötig wäre, der Vergleich mit den gesamten Sichtdepositen bei den Geschäftsbanken zuzüglich Banknoten etc. in den Händen des Publikums gemacht würde. Aber zweifellos wäre, selbst wenn der Goldpreis etwas herabgesetzt würde (sagen wir um ein Siebtel, das heißt von 140 auf 120 Schilling oder von 35 $ auf 30 $ je Unze), immer noch reichlich Gold verfügbar, um genügend Reserven bereitzustellen.

[49] Wenn dessen ungeachtet in einem Einzelfall die Goldreserven eines Landes nahezu erschöpft sein sollten, bestünde das erforderliche Heilmittel darin, das nötige Gold durch Verschuldung im Ausland zu beschaffen und dieses der Zentralbank auszuhändigen als Rückzahlung eines Teils der Staatsschuld, die vermutlich zumindest einen Teil der nicht aus Gold bestehenden Aktiva der Zentralbank ausmacht (oder im Austausch gegen sonstige Aktiva, die die Bank an den Staat zu veräußern hätte). Der wesentliche Punkt ist hier, daß der Erwerb dieses Goldes aus Steuermitteln zu begleichen ist und nicht durch die Schaffung zusätzlichen Kredits durch die Zentralbank.

gen scheint, daß solche beträchtlichen Goldverluste durchaus nicht selten sind, liegt dies an einer anderen Ursache, die wegfallen sollte, wenn das vorgeschlagene Prinzip wirklich angewandt würde. Wenn unter der Goldwährung, wie wir sie kannten, ein Land den Kredit mehr als im Gleichschritt mit dem Rest der Welt ausdehnte, führte dies gewöhnlich erst nach einer beträchtlichen zeitlichen Verzögerung zu einem Abstrom von Gold. An sich bedeutet dies, daß – lange vor der Wiederherstellung des Gleichgewichts durch die direkten Wirkungen der Goldströme – eine Menge Gold, die näherungsweise dem im Übermaß geschaffenen Kredit entspricht, aus dem Land hätte abfließen sollen. Wenn jedoch, wie es häufig zutraf, das Land mit der Verminderung seiner umlaufenden Geldmenge um den Betrag des verlorenen Goldes in Verzug kommt, das heißt, wenn es versucht, die Goldverluste durch Schaffung neuer Kredite »auszugleichen«, gibt es hinsichtlich der Menge Gold, die das Land möglicherweise verläßt, keine Grenze außer der Größe der Reserven. Mit anderen Worten, wenn das Prinzip, die gesamte umlaufende Geldmenge um den vollen Betrag des eingeführten oder ausgeführten Goldes zu verändern, streng angewandt würde, wären die Goldbewegungen weit geringer, als dies in der Vergangenheit der Fall war, und der Umfang der Goldbewegungen, die wir aus der Vergangenheit kennen, gibt daher keinen Anlaß zur Vermutung, daß sie künftig gleich groß wären.

5. Kreditpolitik der Zentralbanken. Diese Überlegungen werden bereits klar gemacht haben, daß das Prinzip der hier vorgeschlagenen Zentralbankpolitik keinesfalls in sich schließt, daß die Zentralbanken aller Notwendigkeit enthoben werden sollten, ihre Kreditpolitik nach dem Stand ihrer Reserven zu gestalten. Ganz im Gegenteil. Das Prinzip bedeutet nur, daß sie nicht gezwungen sein sollten, sich an die starre Regel zu halten, ihre Noten und Depositen [das Zentralbankgeld, d. Hrsg.] *proportional* zur Änderung ihrer Reserven [das heißt um *ein Mehrfaches* der Änderung ihrer Reserven, d. Hrsg.] zu ändern. Stattdessen hätten sie die viel schwierigere Aufgabe zu übernehmen, die gesamte Geldmenge in ihrem Land so zu beeinflussen, daß diese Gesamtmenge sich um denselben absoluten Betrag ändert wie ihre Reserven [Gold und fremde Währungen, d. Hrsg.]. Und da die Zentralbank über den größeren Teil der Umlaufsmittel des Landes keine unmittelbare Macht hat, müßte sie versuchen, deren Menge mittelbar zu kontrollieren. Dies bedeutet, daß sie ihre Macht dazu nutzen müßte, das Volumen ihrer Noten und Depositen so zu ändern, daß der [von den Geschäftsbanken] darauf errichtete Kreditüberbau sich um den gleichen Betrag ändert wie ihre Reserven. Da jedoch der Bestand an gewöhnlichen [vom Publikum bei den Geschäftsbanken gehaltenen] Depositen und an anderen Arten allgemeiner Tauschmittel, die auf einer gegebenen Menge Zentralbankgeld beruhen, zu verschiedenen Zeiten verschieden sein wird, bedeutet dies, daß die Zentralbank, damit sich die gesamte Geldmenge gleich verändert wie ihre Reserven, die Menge des Zentralbankgeldes häufig unabhängig von Änderungen ihrer Reserven und gelegentlich sogar in einer der Änderung ihrer Reserven entgegengesetzten Richtung ändern müßte.

Es sollte vielleicht schon immer offenkundig gewesen sein, daß bei einem Bankensystem, das sich während seiner Entwicklung auf die Unterstützung einer Zentralbank verlassen konnte, die, wenn nötig, Kasse [Zentralbankgeld] zur Verfügung stellte, keine Art Kontrolle der Umlaufsmittel erreicht werden kann, es sei denn, die Zentralbank besitze die Macht und setze diese Macht ein, das Volumen der Bankdepositen in normalen Zeiten zu kontrollieren. Und die Politik, die eine solche Kontrolle wirksam macht, wird sehr verschieden sein müssen von der Politik einer Bank, die sich nur mit ihrer eigenen Liquidität befaßt. Sie wird beharrlich der Bewegungsrichtung des Kreditvolumens im Land entgegenwirken müssen, die Kreditbasis schmälern, wenn der Kreditüberbau sich auszudehnen, und jene ausweiten, wenn dieser zu schrumpfen tendiert.

Es ist heute beinahe ein Gemeinplatz, daß bei einer entwickelten Bankenstruktur die Politik der Zentralbank in keiner Hinsicht automatisch sein kann. Es erforderte von einer Zentralbank in der Tat größte Kunst und Urteilskraft, erfolgreich zu bewerkstelligen, daß das von den Geschäftsbanken im Wege der Kreditgewährung bereitgestellte Geld sich so verhält, wie sich ein reines Metallgeld unter ähnlichen Umständen verhielte. Auch wenn es sehr zweifelhaft erscheinen mag, ob dieses Ideal je vollständig zu erreichen ist, kann doch kein Zweifel bestehen, daß wir immer noch so weit von ihm entfernt sind, daß sehr beträchtliche Änderungen weg von der traditionellen Politik erforderlich sein werden, bis wir sagen können, daß auch nur das Mögliche erreicht worden sei.

Jedenfalls sollte offensichtlich sein, daß eine Zentralbank, die nichts unternimmt, um den Ausweitungen des Bankkredits, die erst durch ihre Existenz ermöglicht werden, entgegenzuwirken, der Kette, über die sich die kumulativen Expansionen und Kontraktionen des Kredits vollziehen, lediglich ein weiteres Glied hinzufügt. Solange die Zentralbanken nur angesehen werden und sie sich selbst ansehen als »lenders of last resort«, die die Kasse bereitzustellen haben, die erforderlich wird als Folge einer vorausgegangenen Kreditexpansion, mit der sie, bis dieser Punkt erreicht ist, nicht befaßt sind, solange die Zentralbanken zuwarten, bis »der Markt in der Bank ist«, ehe sie sich verpflichtet fühlen, die Expansion einzudämmen, können wir nicht hoffen, daß große Schwankungen des Kreditvolumens vermieden werden. Mr. Hawtrey hatte mit seiner nun berühmten Aussage gewiß recht, daß, »solange der Kredit nach Maßgabe der Reserveproportionen reguliert wird, der Konjunkturzyklus bestimmt wiederkehrt.«[50] Aber leider wird gewöhnlich nur eine und nicht einmal

[50] Hawtrey, R.G., *Monetary Reconstruction*, London und New York: Longmans, Green 1923, S.144.

die wichtigere der wesentlichen Folgerungen aus dieser Aussage gezogen. Was gewöhnlich hervorgehoben wird, ist die Tatsache, daß die Rücksicht auf Reserveproportionen die Zentralbanken schließlich zwingen wird, einen Prozeß der Kreditexpansion zu stoppen und sogar einen Prozeß der Kreditkontraktion einzuleiten. Viel wichtiger erscheint mir, daß die Betrachtung nur ihrer eigenen Reserveposition die Zentralbanken nicht veranlaßt, der Zunahme der Bankdepositen entgegenzuwirken, selbst wenn diese Zunahme eine Zunahme des inländischen Kreditgeldumlaufs im Verhältnis zu den Goldreserven bedeutet, und obgleich es sich dabei um eine Zunahme handelt, die größtenteils ermöglicht wird durch die sichere Erwartung seitens der Geschäftsbanken, daß die Zentralbanken letzten Endes die erforderliche Kasse bereitstellen werden.

Hinsichtlich der Frage, inwieweit Zentralbanken in der Praxis diese schwierige Aufgabe zu bewältigen vermögen, sind offensichtlich verschiedene Meinungen möglich. Der Optimist wird überzeugt sein, daß sie fähig sind, weit mehr zu leisten, als bloß die Gefahren abzuwenden, die ihre Existenz schafft. Der Pessimist wird skeptisch sein, ob sie im Ganzen gesehen nicht mehr Unheil stiften als Gutes tun. Die Schwierigkeit der Aufgabe, die Unmöglichkeit, irgendeine feste Regel vorzuschreiben, und das Ausmaß, in dem das Handeln der Zentralbanken stets dem Druck der öffentlichen Meinung und dem politischen Einfluß ausgesetzt ist, rechtfertigen gewiß große Zweifel. Und obwohl die alternative Lösung heute wahrscheinlich außerhalb des Bereichs praktischer Politik liegt, verdient sie wegen ihrer Wichtigkeit zumindest eine kurze Betrachtung, bevor wir den Gegenstand verlassen.

Wie ich bereits hervorgehoben habe, ist das »Prinzip nationaler Reserven« nicht unlöslich mit der Zentralisierung der Notenausgabe verbunden. Während wir es wahrscheinlich als gegeben hinnehmen müssen, daß die Notenausgabe bei einer oder einigen wenigen privilegierten Institutionen verbleibt, brauchen diese Institutionen nicht notwendig die Verwalter der nationalen Reserve zu sein. Es gibt keinen Grund, weshalb die Notenbanken nicht gänzlich auf die Funktionen der Noten ausgebenden Abteilung der Bank von England beschränkt werden sollten, das heißt auf die Umwandlung von Gold in Noten und von Noten in Gold, während die Pflicht, angemessene Reserven zu halten, den einzelnen Banken überlassen wird. Im Hintergrund könnte immer noch die Befugnis stehen, bei einem »run« auf die Banken die Beschränkungen der Notenausgabe vorübergehend zu »suspendieren« und zu einem Strafzins ein Notgeld auszugeben.

Der Vorteil eines solchen Plans bestünde darin, daß eine Schicht im Aufbau der Kreditpyramide eliminiert wäre und die kumulativen Wirkungen von Änderungen der Liquiditätspräferenz entsprechend verringert würden. Der Nachteil wäre, daß die verbleibenden, im Wettbewerb miteinander stehenden Institutionen unausweichlich nach dem Prinzip proportionaler Reserven handeln müßten und daß niemand in der Lage wäre, die Tendenz zu kumulativen Änderungen durch bewußte Politik auszugleichen. Dies wäre wohl nicht so schlimm, wenn zahlreiche kleine Banken existierten, deren Tätigkeitsfelder sich frei über die ganze Welt erstrecken und sich überschneiden könnten. Aber der Plan kann dort schwerlich empfohlen werden, wo wir es mit den vorhandenen Bankensystemen zu tun haben, die aus einigen wenigen großen Institutionen bestehen, die das gleiche Feld eines einzelnen Landes abdecken. Es handelt sich wahrscheinlich um eines der Ideale, das in einer liberalen Welt-Föderation verwirklicht werden könnte, das aber nicht durchführbar ist, wo nationale Grenzen mit den Grenzen der normalen Aktivitäten von Bankinstitutionen zusammenfallen. Das praktische Problem bleibt dasjenige einer angemessenen Politik nationaler Zentralbanken.

6. *Schlußfolgerungen.* Es ist leider nicht möglich, hier mehr über die Grundsätze zu sagen, denen eine rationale Zentralbankpolitik zu folgen hätte, ohne auf einige der umstrittensten Probleme der Konjunkturtheorie einzugehen, die außerhalb des Rahmens dieser Vorlesungen liegen. Ich muß mich daher auf den Hinweis beschränken, daß das, was ich bislang gesagt habe, völlig unabhängig von den spezifischen Ansichten über diesen Gegenstand ist, derentwegen ich, wie ich meine zu Unrecht, beschuldigt worden bin, ein Deflationist zu sein. Ob wir der Auffassung sind, daß das Ideal eine mehr oder weniger konstante Geldmenge ist, oder ob wir denken, daß die Geldmenge allmählich mit einer ziemlich konstanten Rate nach Maßgabe des Produktivitätszuwachses zunehmen sollte, das Problem, wie wir verhindern können, daß der Kreditüberbau in einem Land in die eine oder andere Richtung ausschlägt, bleibt das gleiche.

Was immer unsere Ansichten über das wünschenswerte Verhalten der gesamten Geldmenge sein mögen, hier ist es lediglich mein Ziel gewesen, zu zeigen, daß diese Ansichten niemals auf ein einzelnes Land, das Teil eines internationalen wirtschaftlichen Systems ist, angewandt werden können und daß jeder Versuch, es zu tun, langfristig und für die Welt als Ganzes gesehen wahrscheinlich zu einer zusätzlichen Quelle der Instabilität wird. Dies bedeutet natürlich, daß eine wirklich rationale Geldpolitik allein von einer internationalen geldpolitischen Instanz durchgeführt werden könnte, oder jedenfalls nur in engster Kooperation der nationalen Instanzen und mit dem gemeinsamen Ziel, den Geldumlauf eines jeden Landes dahin zu bringen, sich möglichst so zu verhalten, als ob er Teil eines intelligent geleiteten internationalen Systems wäre.

Aber ich denke, es bedeutet auch, daß so lange, wie eine effektive internationale geldpolitische Instanz ein utopischer Traum bleibt, jede mechanische Regel (wie die der Goldwährung), die zumindest eine gewisse Konformität monetärer Änderungen im nationalen Bereich mit dem sicherstellt, was sich unter einem wahrhaft internationalen Währungssystem ereignete, den zahlreichen unabhängigen und unabhängig regulierten nationalen Währungen bei weitem vorzuziehen ist. Wenn sie auch keine wirklich rationale Steuerung der Geldmenge gewährleistet, tendiert sie jedenfalls dahin, die Geldmenge zu veranlassen, sich in grob vorhersehbaren Bahnen zu bewegen, was von größter Wichtigkeit ist. Und da es außer einer vollständigen Autarkie kein Mittel gibt, ein Land gegen die Torheit oder Perversität der Geldpolitik anderer Länder zu schützen, bleibt zur Vermeidung ernsthafter Störungen allein die Hoffnung, sich einigen allgemeinen Regeln zu unterwerfen – auch wenn sie keineswegs ideal sind –, um andere Länder anzuregen, eine ähnlich vernünftige Politik zu befolgen. Daß es reichlich Raum gibt zu einer Verbesserung der Spielregeln, wie sie in der Vergangenheit vermeintlich bestanden, wird niemand leugnen. Der wichtigste Schritt in dieser Richtung besteht darin, daß der *Sinn* eines internationalen Standards und die wahren Quellen der Instabilität des gegenwärtigen Systems genau verstanden werden. Aus diesem Grund empfand ich es als meine dringendste Aufgabe, die größeren theoretischen Zusammenhänge, die sich auf das vor uns liegende praktische Problem beziehen, erneut darzulegen. Ich hoffe, mit der weitgehenden Beschränkung auf diese theoretischen Probleme die Erwartungen nicht zu sehr enttäuscht zu haben, zu denen der Titel dieser Vorlesungen Anlaß geben mochte. Wie ich zu Beginn dieser Vorlesungen sagte, glaube ich wirklich, daß auf lange Sicht die menschlichen Dinge von geistigen Kräften geleitet werden. Es ist dieser Glaube, der nach meiner Überzeugung abstrakten Überlegungen dieser Art ihre Bedeutung verleiht, wie gering auch immer ihr Einfluß auf das sein mag, was in der unmittelbaren Zukunft durchführbar ist.

Warenreservewährung (1943)*

1

Die Goldwährung, wie wir sie kannten, hatte zweifellos ihre großen Mängel. Aber es besteht die Gefahr, daß ihre völlige Verdammung, die jetzt Mode geworden ist, vergessen läßt, daß sie auch bedeutsame Vorzüge hatte, die den meisten Alternativen fehlen. Ein weise und unparteiisch kontrolliertes System einer gelenkten Währung für die ganze Welt mag ihr tatsächlich in jeder Hinsicht überlegen sein. Aber das ist ein Vorschlag, der in der Praxis noch lange nicht in Betracht kommt. Im Vergleich jedoch mit den verschiedenen Plänen einer nationalen Geldregelung hatte die Goldwährung drei sehr bedeutende Vorzüge: Sie bildete tatsächlich eine internationale Währung, ohne die nationale Geldpolitik den Entscheidungen einer internationalen Behörde zu unterwerfen; sie machte die Geldpolitik in hohem Maß automatisch und dadurch voraussehbar; und die Änderungen im Angebot von Basisgeld, die ihr Mechanismus sicherte, gingen im Ganzen und Großen in die erwünschte Richtung.

2

Die Bedeutung dieser Vorteile sollte nicht unterschätzt werden. Die Schwierigkeiten einer bewußten Koordination der Politik der Einzelstaaten sind ungeheuer groß, weil unser Wissen in seinem gegenwärtigen Stand nur in ganz wenigen Situationen zu eindeutigen Entscheidungen führt und weil Entscheidungen, bei denen fast immer gewisse Interessen anderen Interessen geopfert werden müssen, auf subjektiven Beurteilungen beruhen müssen. Aber unkoordinierte Nationalpolitik, die allein von den unmittelbaren Interessen der einzelnen Länder geleitet ist, kann in ihrer Gesamtwirkung auf jedes Land schlechter sein als eine noch so unvollkommene internationale Währung. Und wenn auch das automatische Wirken der Goldwährung bei weitem nicht vollkommen ist,

---

* Erstveröffentlichung: »A Commodity Reserve Currency«, *Economic Journal* 53, 1943, S. 176–184.

können ebenso bloß dadurch, daß unter der Goldwährung die Politik von bekannten Regeln geleitet ist und infolgedessen die Handlungsweise der Behörden vorausgesehen werden kann, die Unvollkommenheiten der Goldwährung weniger Störungen verursachen als eine zwar rationalere aber weniger umfassende Politik. Das allgemeine Prinzip, daß die Goldproduktion angeregt wird, wenn der Wert des Goldes zu steigen beginnt, und absinkt, wenn sein Wert fällt, ist das richtige, zumindest der Tendenz nach, wenn auch nicht in der Art und Weise, in der es in der Praxis wirkt.

Es muß bemerkt werden, daß keiner der Gründe für die Goldwährung direkt mit irgend einer dem Gold innewohnenden Eigenschaft zusammenhängt. Jede international anerkannte Währung, die sich auf eine Ware stützt, deren Wert durch ihre Produktionskosten geregelt wird, würde im wesentlichen dieselben Vorteile besitzen. Das Gold wurde in der Vergangenheit hauptsächlich durch einen irrationalen aber deswegen nicht weniger realen Faktor zum einzigen Stoff, auf den in der Praxis eine internationale Währung aufgebaut werden konnte, und das war sein Nimbus – oder wenn Sie wollen, die herrschende abergläubische Vorliebe für das Gold, wodurch es allgemein leichter angenommen wurde, als irgend etwas anderes. So lange dieser Glaube herrschte, war es möglich, eine internationale, auf Gold aufgebaute Währung aufrechtzuerhalten, ohne zu ihrer Stützung viel planen oder willkürlich organisieren zu müssen. Aber wenn es auch ein Vorurteil war, das die internationale Goldwährung möglich machte, so hat das Bestehen eines solchen Vorurteils wenigstens ein internationales Geld möglich gemacht, zu einer Zeit, da ein auf ausdrückliches Übereinkommen und systematische Zusammenarbeit gegründetes internationales System nicht in Frage kam.

3

Die entscheidende Veränderung, die in letzter Zeit vor sich gegangen ist und die die Aussichten und Möglichkeiten in diesem Gebiet grundlegend geändert hat, ist die psychologische Erscheinung, daß die unbedachte Vorliebe für Gold, die den speziellen Nimbus des Goldes bildete, schwer erschüttert wurde – wenn auch vielleicht nicht so stark, wie sich viele Leute vorstellen; ferner, daß sie in vielen Kreisen einem ebenso starken und unbegründeten Vorurteil gegen das Gold Platz gemacht hat; und schließlich, daß die Leute im allgemeinen viel eher bereit sind, rationale Alternativen in Betracht zu ziehen. Es ist daher wichtig, daß wir andere Systeme nochmals ernstlich erwägen, welche die Vorteile einer automatisch funktionierenden internationalen Währung beibehalten, ohne die speziellen Mängel des Goldes zu besitzen. Eine solche Alternative, die kürzlich von kompetenten Forschern auf dem Gebiet monetärer Probleme in ihren praktischen Einzelheiten ausgearbeitet worden ist, ist so, daß sie viele für sich gewinnen wird, die in der Vergangenheit für die Goldwährung eingetreten sind, nicht weil sie sie als ideal betrachtet haben, sondern weil sie ihnen besser schien als alles andere, was in der praktischen Politik durchführbar schien.

Bevor wir den neuen Vorschlag beschreiben, ist es notwendig, die tatsächlichen Fehler der Goldwährung kurz zu betrachten, die wir beseitigen möchten. Es sind in der Hauptsache nicht jene, die am allgemeinsten erkannt werden. Die vielbesprochene »Launenhaftigkeit« der Goldproduktion kann sehr leicht überschätzt werden. Die Fälle stark vermehrten Goldangebotes in der Vergangenheit haben in Wirklichkeit erst stattgefunden, nachdem eine sehr lange Knappheit eine wirkliche Notwendigkeit für diese Vermehrungen geschaffen hatte. Der ernste Einwand gegen das Gold ist vielmehr die Langsamkeit, mit der sich sein Angebot echten Nachfrageänderungen anpaßt. Ein vorübergehender Anstieg in der allgemeinen Nachfrage nach liquiden Mitteln oder die Einführung der Goldwährung in einem neuen Lande mußten große Veränderungen im Goldwert verursachen, solange sich das Angebot nur langsam anpaßte. Infolge der verzögerten Reaktion wurde das vermehrte Angebot oft erst verfügbar, wenn es nicht mehr gebraucht wurde. Dieses neue Angebot wurde damit nicht nur eher eine Verlegenheit als eine Hilfe, sondern es blieben auch die vermehrten Goldvorräte, die durch eine vorübergehende Vermehrung der Nachfrage hervorgebracht wurden, dauernd bestehen und bildeten die Grundlage für eine zu große Kreditexpansion, sobald die Nachfrage wieder fiel.

Dieser letzte Punkt ist eng verknüpft mit dem einen wirklich paradoxen Zug der Goldwährung: nämlich mit der Tatsache, daß das Bestreben aller Individuen, liquider zu werden, die Gesellschaft nicht im mindesten in eine liquidere Lage brachte. Es gibt aber Zeiten, in denen der Wunsch der Individuen, liquider zu werden, einen wirklichen Bedarf der gesamten Gesellschaft ausdrückt. Es wird immer Perioden geben, in denen wachsende Unsicherheit über die Zukunft es wünschen läßt, daß ein größerer Teil unserer Mittel eine Form annimmt, in der sie leicht in jene Gestalt verwandelt werden können, in der wir sie in noch unvorhersehbaren Umständen brauchen werden. Eine vernunftgemäße Ordnung unserer Dinge würde es erfordern, daß in solchen Zeiten die Produktion in gewissem Maß von Dingen von beschränktem Nützlichkeitsbereich auf Dinge umgestellt wird, die unter allen Umständen gebraucht werden, wie die meist verwendeten Rohmaterialien. Geradezu eine Ironie der Goldwährung liegt darin, daß in ihr eine allgemeine Steigerung des Wunsches nach Liquidität zur Steigerung der Produktion gerade des einen Dinges führt, das zu praktisch keinem anderen Zweck gebraucht werden kann als dem, eine Liquiditätsreserve für die Individuen zu bilden; und überdies gerade eines Dinges, das nicht nur wenige andere Verwendungen hat, sondern das auch nur so langsam in vermehrter Menge angeboten werden kann, daß eine Steigerung der

Nachfrage zunächst viel mehr seinen Wert als seine Menge ändern wird oder, mit anderen Worten, eine allgemeine Preissenkung verursachen wird; während, wenn das Angebot sich einmal vergrößert hat und die Nachfrage dann wieder sinkt, das Überangebot nur durch ein Sinken seines Wertes oder durch eine allgemeine Preissteigerung wettgemacht werden kann.

4

Rationalere Pläne, die auf der Verwendung anderer Waren als Gold beruhen, wurden oft entworfen, aber so lange das allgemeine Vorurteil zugunsten des Goldes bestand, waren sie kaum von praktischem Interesse. In der gegenwärtigen Situation verdient aber wenigstens einer von diesen Vorschlägen, der kürzlich von zwei amerikanischen Gelehrten im einzelnen ausgearbeitet wurde, wegen seiner erfolgreichen Vereinigung von theoretischen und praktischen Vorzügen sorgfältigere Beachtung. Benjamin Graham in New York und Frank D. Graham in Princeton, die, einander unbekannt, zu sehr ähnlichen Gedanken gekommen waren, haben ihre Vorschläge in den letzten Jahren in einer Reihe von Publikationen ausgearbeitet.[51] Obwohl ihre Pläne zunächst befremdend und kompliziert erscheinen mögen, sind sie in Wirklichkeit sehr einfach und ungemein praktisch.

Der Grundgedanke ist der, daß Geld nur im Austausch gegen eine festgesetzte Kombination von Lagerscheinen für eine Anzahl lagerfähiger Rohwaren ausgegeben werden und in derselben Wareneinheit einlösbar sein soll. 100 Pfund würden zum Beispiel statt als eine gewisse Menge Gold als eine bestimmte Menge Weizen *plus* eine bestimmte Menge Zucker *plus* Kupfer *plus* Kautschuk etc. definiert werden. Da Geld nur gegen eine vollständige Zusammenstellung aller dieser Rohwaren in den entsprechenden Mengenverhältnissen (in Benjamin Grahams Plan vierundzwanzig verschiedene Waren) ausgegeben werden würde und da Geld auch in derselben Weise einlösbar wäre, so wäre der Gesamtpreis der Zusammenstellung aller dieser Waren ein fester, aber nur der Gesamtpreis und nicht der Preis der einzelnen Waren. In dieser Hinsicht würden die verschiedenen Waren mit dem Geld nicht in der Art zusam-

[51] Siehe insbesondere Graham, B., *Storage and Stability*, New York: McGraw-Hill Book Co. 1937 und Graham, F.D., *Social Goals and Economic Institutions*, Princeton: Princeton University Press 1942. Ein fast gleicher Vorschlag wurde früher von dem holländischen Nationalökonomen Professor J. Goudriaan in einer Broschüre *How to Stop Deflation*, London 1932, gemacht, die ich zur Zeit der Abfassung des obigen Artikels noch nicht gesehen hatte. Benjamin Graham hat seither seine Vorschläge in einem Buch weiter ausgearbeitet: *World Commodities and World Currency*, New York: McGraw Hill Book Co. 1945.

menhängen wie Gold und Silber in einem bimetallistischen System, in dem eine Geldeinheit *entweder* für eine bestimmte Menge Gold *oder* für eine bestimmte Menge Silber erhältlich war; sondern so, als ob (wie in dem Plan, der von Alfred Marshall unter dem Namen »Symmetallismus« vorgeschlagen wurde) nur der Preis der Kombination bestimmter Mengen Gold und Silber festgesetzt wäre, aber der Preis jedes dieser Metalle für sich hätte schwanken können.

Mit diesem System würde ein Steigen in der Nachfrage für liquide Mittel zu einer Aufhäufung der Bestände von Rohwaren von größter Nützlichkeit führen. Das Horten von Geld würde, anstatt zur Vergeudung von Produktionsmitteln zu führen, wie ein Auftrag wirken, Rohmaterialienvorräte auf Rechnung des Hortenden anzulegen. Sowie das gehortete Geld wieder in Umlauf zurückkäme und die Nachfrage nach Waren stiege, würden diese Lager zur Befriedigung der neuen Nachfrage freigegeben. Da die bestimmte Gruppe von Waren immer gegen eine feste Geldsumme eingetauscht werden kann, könnte ihr Gesamtpreis nie unter diese Summe sinken; und da Geld zum gleichen (oder zu einem nur wenig veränderten) Satz einlösbar wäre, könnte ihr Gesamtpreis auch nie über diese Ziffer steigen. In dieser Hinsicht ist das Ziel des Vorschlags ähnlich dem des »tabular standard« oder der »Indexwährungen«, die einmal viel erörtert wurden. Aber er unterscheidet sich von diesen durch seine direkte und automatische Wirkungsweise. Ob das Preisniveau irgend einer bestimmten Auswahl von Waren durch bewußte Anpassungen der Geldmenge wirklich konstant gehalten werden könnte, ist zumindest zweifelhaft. Aber es kann kein Zweifel bestehen, daß der Gesamtpreis der ausgewählten Rohmaterialien sich nicht ändern könnte, so lange die Finanzbehörde bereit ist, die Warenzusammenstellung zu einem bestimmten Preis zu kaufen und zu verkaufen.

So, wie ihn seine amerikanischen Vorkämpfer vorschlagen, ist der Plan vor allem für die Einführung im nationalen Bereich der Vereinigten Staaten entworfen. Aber die Argumente, die für ihn sprechen, gelten nicht weniger für andere Länder. Da aber die Einführung des Planes in mehreren Ländern, die ihn auf Grund verschiedener Warenkombinationen aufbauen, eine neue Ursache ernster Unstabilitäten bilden würde, scheint es, daß der Plan nicht nur international eingeführt werden könnte, sondern, damit er seinen Zweck erfüllt, international eingeführt werden müßte – oder, was praktisch auf dasselbe hinausläuft, daß er von allen Großstaaten nach demselben Prinzip durchgeführt werden müßte. Die bestimmte Kombination von Rohmaterialien, auf denen Benjamin Grahams Plan aufgebaut ist (fünf Arten Getreide, vier Fette und Ölsamen, drei andere Nahrungsmittel, vier Metalle, drei Textilfaserstoffe, Tabak, Häute, Kautschuk und Petroleum), und sicherlich auch andere Einzelheiten müßten abgeändert werden; aber das Prinzip wirft auch für die internationale Anwendung keine ernsten Schwierigkeiten auf. Im folgenden Umriß der Art und Weise, wie sich der Plan auswirken würde, wird angenommen werden, daß Wareneinheiten derselben Zusammensetzung zumindest in Großbritannien und in den Vereinigten Staaten als Währungsgrundlage eingeführt sind.

5

Aus Gründen, die sich sofort zeigen werden, ist der Plan am leichtesten in Funktion zu setzen, wenn ein Sinken der Nachfrage droht. Er kann in einer solchen Zeit automatisch in Kraft gesetzt werden, indem im Vorhinein ein Kaufpreis für die Warenkombination festgesetzt wird, der ganz wenig unter dem herrschenden Marktwert liegt. Wenn dann die Nachfrage für Rohmaterialien nachzulassen und ihr Preis zu fallen beginnt, würden den Währungsbehörden der teilnehmenden Länder alle Wareneinheiten angeboten werden, die zu dem festgesetzten Preis auf dem Markt nicht abgesetzt werden können. Ihre Käufe würden den Ausfall der industriellen Nachfrage wettmachen – und für jeden Betrag, der in Form von Geld in privaten Händen angesammelt würde, würde ein entsprechender Betrag an Rohmaterialien in den Lagerhäusern angesammelt werden. Die allgemeine Nachfrage nach Rohmaterialien bliebe so erhalten – aber nur die Nachfrage nach der Gruppe als Ganzem und nicht die für jede einzelne Ware, deren Erzeugung sehr wohl zu hoch sein kann und daher zu kürzen sein wird.

Es ist leicht zu sehen, wie die Wirkungsweise des Planes dazu führen würde, die Nachfrage nach Rohmaterialien zu stabilisieren. Ebenso wie früher die Goldgewinnung die einzige Industrie war, die während Depressionsperioden regelmäßig prosperierte, so könnten bei diesem Plan unter denselben Umständen die Produzenten von Rohmaterialien durch die Möglichkeit, ihre Produkte zu günstigeren Bedingungen gegen Fabrikate einzutauschen, sich sogar einer etwas erhöhten Prosperität erfreuen. Aber während die Goldgewinnung eine viel zu kleine Industrie ist, als daß ihre Prosperität außerhalb ihrer selbst wesentliche Bedeutung oder Wirkung haben könnte, würde das gesicherte Einkommen der Rohmaterialproduzenten schon fast die Nachfrage für Fabrikate stabilisieren und verhindern, daß Depressionen ernste Formen annehmen. Der Vorteil würde aber in Wirklichkeit nicht auf die Produzenten der in der Warenkombination enthaltenen Waren beschränkt sein. Sogar ein Land, das keine dieser Waren erzeugt, würde kaum weniger Gewinn daraus ziehen als die anderen Länder. So lange es bereit ist, die Warengruppe zu einem festgesetzten Preis in seiner nationalen Währung zu kaufen, würde alles Geld, das auf diese Weise an die Produzenten von Rohmaterialien ausgegeben würde, für diese Produzenten keine andere Verwendung haben als zum Ankauf von Erzeugnissen des Landes, dem sie ihre Rohprodukte verkauft hatten.

6

Zunächst mag es scheinen, als ob die Arbeitsweise des Planes die Gefahr einer ernsten inflationistischen Expansion bilden würde. Aber wenn man die Sache prüft, zeigt sich, daß die Wirkung in Wirklichkeit nicht inflationistisch in irgend einem belangvollen Sinn des Wortes sein kann; soweit er überhaupt eine Geldausweitung erlaubt, könnte sie schwerlich zu einer allgemeinen Preissteigerung oder zu jener Knappheit an Konsumgütern führen, durch die sich die schlimmsten Folgen der Inflation auswirken. Tatsächlich ist es einer der großen Vorzüge des Planes, daß er jeder Expansion automatisch einen Riegel vorschiebt, bevor sie gefährlich werden kann. Wir haben zuerst seine Funktion während einer Depression betrachtet, weil seine Wirksamkeit während einer Hochkonjunktur von der vorangegangenen Anhäufung von Warenvorräten abhängt, wie sie während einer Periode nachlassender Aktivität stattfinden würde. Die Art, in der der Plan sich auswirken würde, während eine Besserung in den allgemeinen Aussichten zu einer Mobilisierung der gehorteten Barreserven führt, ist jedoch nicht weniger wichtig.

Der Gesamtpreis der Rohmaterialien, die in der Warenkombination zusammengestellt sind, könnte nicht steigen, solange die Währungsbehörden imstande sind, aus ihren Vorräten zum festgesetzten Preis zu verkaufen. An Stelle einer Preissteigerung und einer daraus folgenden Vermehrung der Produktion, so wie die Nachfrage steigt, und pari passu mit der Rückkehr des gehorteten Geldes in den Umlauf würden Waren aus den Vorräten freigesetzt und das Geld, das dafür eingeht, eingezogen werden. Die Ersparnisse, die während wirtschaftlich stiller Zeiten von den Einzelnen in der Form von Bargeld gemacht wurden, wären nicht verschwendet, sondern würden in der Form von Rohwaren auf Verwendung warten. Infolgedessen würde eine neuerliche Belebung der wirtschaftlichen Tätigkeit nicht zu einem zusätzlichen Ansporn zur Erzeugung von Rohmaterialien führen, sondern diese würde in gleichem Ausmaß fortgeführt werden. Es besteht guter Grund, den temporären Ansporn zu einer Überausdehnung der Produktion von Rohwaren, der immer mit dem jähen Preisanstieg in Konjunkturzeiten gegeben war, als eine der wichtigsten Ursachen der allgemeinen Instabilität anzusehen. Das würde mit dem vorgeschlagenen Plan völlig vermieden werden – zumindest solange die Währungsbehörde Vorräte hat, aus denen sie verkaufen kann. Aber da sie notwendig genügend Reserven besitzen würde, um alles zusätzliche Bargeld einzulösen, das in der stillen Periode angesammelt wurde (und beträchtlich mehr, wenn die Warenvorräte, die von der Regierung zu Beginn des neuen Systems gehalten wurden, einbezogen werden), so würde die Hochkonjunktur fast sicher durch die Zusammenschrumpfung des Umlaufs niedergedämpft werden, bevor die Reserven erschöpft sind.

7

Wie schon früher bemerkt, *klingt* der Plan kompliziert, ist aber in Wirklichkeit sehr einfach zu handhaben. Es wäre insbesondere nicht notwendig, daß die Währungsbehörden oder die Regierung auf irgend eine Weise direkt die vielen Waren handhaben, aus denen die Warengruppe zusammengesetzt ist. Sowohl die Zusammenstellung der erforderlichen Gruppen von Lagerscheinen als das tatsächliche Lagern der Waren könnte ruhig der Privatinitiative überlassen werden. Berufsmakler würden bald für die Zusammenstellung und Einreichung der Lagerscheine sorgen, sobald ihr Gesamtmarktpreis auch nur ganz wenig unter die Normalziffer fiele, und für die Zurückziehung und Wiederverteilung der Scheine auf ihre verschiedenen Märkte, wenn ihr Gesamtpreis über jene Ziffer stiege. In dieser Hinsicht würde die Tätigkeit der Währungsbehörde ebenso mechanisch sein wie der Kauf und Verkauf von Gold unter der Goldwährung.

Das will nicht sagen, daß der Vorschlag nicht zahlreiche Probleme aufwirft, die in dieser kurzen Skizze nicht voll behandelt werden können. Zumindest die wichtigeren von diesen Problemen wurden in den schon erwähnten Publikationen behandelt und praktische Lösungen vorgeschlagen. Um nur einige von diesen Punkten zu erwähnen: Die Kosten der physischen Lagerung der Waren könnten aus der Differenz zwischen den Preisen, zu denen die Währungsbehörde die Wareneinheiten kauft und verkauft, bestritten werden. (Es sollte beachtet werden, daß die Kosten der Lagerung keine Zinsen einschließen würden, weil der Zinsenverlust von den Leuten, die das Geld halten, das gegen die Waren ausgegeben wird, freiwillig getragen würde.) Die Probleme, die durch die Zusammensetzung der Wareneinheit auftreten, und die periodischen Änderungen, die darin notwendig werden, können auch durch die Annahme eines objektiven Grundsatzes gelöst werden, der sie aus der Sphäre politischen Streits herausheben würde. Ähnlich werfen auch die Probleme der Qualitätsunterschiede und Unterschiedlichkeiten je nach dem Platz der Lagerung und ähnliches keine unüberwindlichen Schwierigkeiten auf. Es soll in diesem Zusammenhang festgehalten werden, daß für die Zwecke des Planes das Einschließen der wichtigsten Arten jeder Ware auf die Preise ihrer nahen Ersatzgüter fast dieselbe Wirkung hätte, als wenn sie selbst mit eingeschlossen wären.

Zwei besondere Punkte müssen jedoch auch in einem so kurzen Überblick erwähnt werden. Der erste ist die wichtige Einzelheit des Planes, daß die Währungsbehörde unter genau bestimmten Umständen die Macht haben muß, an Stelle von Lagerscheinen für lagernde Waren Kontrakte für künftige Lieferung einer Ware anzunehmen (oder solche für sie einzusetzen). Das begegnet den Schwierigkeiten, die sonst durch eine vorübergehende Knappheit irgend einer Ware, die in der Einheit eingeschlossen ist, hervorgerufen werden würden, und ermöglicht es, die Reserven für ein gewisses Ausmaß von Stabilisierung sogar von individuellen Warenpreisen zu verwenden. Das würde z.B. erreicht werden, wenn für gegenwärtige Waren Terminkontrakte eingesetzt würden, sobald der laufende Preis um mehr als einen festgesetzten Prozentsatz über den Terminpreis stiege.

Der zweite Punkt ist, daß, wenn es gewünscht werden sollte, den Wert des Goldes zu erhalten oder einen zu raschen Fall zu verhüten, es nicht schwer wäre, den Goldwert in solcher Weise mit dem Warenschema zu verknüpfen, daß er, obwohl das Gold keine bedeutende Wirkung auf den Geldwert hätte, zugleich mit dem Geldwert stabilisiert würde. Ob das im Hinblick auf das Interesse, das ganze Nationen an der Erhaltung des Goldwertes haben, wünschenswert ist und ob dies benutzt werden soll, um die Goldproduktion auf unbeschränkte Zeit nahe der gegenwärtigen Höhe zu halten, oder dazu, einen allmählichen aber voraussagbaren Abbau der ihr gewidmeten Produktionsmittel zu erreichen, ist ein politisches Problem, das wir hier nicht zu betrachten brauchen. Das Wichtige ist nur, daß es viele Wege gibt, in denen Gold, wenn es gewünscht wird, mit dem neuen Plan verknüpft werden kann, ohne damit die Vorteile des Planes zu mindern.

Es ist wohl richtig zu sagen, daß alle rationalen Argumente, die zu Gunsten des Goldstandards vorgebracht werden können, sogar noch mehr für diesen Vorschlag gelten, der zugleich von den meisten Mängeln des ersteren frei ist. Wenn man die Durchführbarkeit des Planes beurteilt, darf er jedoch nicht allein als ein Plan für eine Währungsreform angesehen werden. Es muß in Erinnerung behalten werden, daß die Ansammlung von Warenreserven zweifellos ein Teil der Politik der verschiedenen Nationen bleiben wird und daß politische Überlegungen es unwahrscheinlich machen, daß die Märkte für Rohmaterialien in irgend einer Zukunft, für die wir jetzt planen können, ganz sich selbst überlassen bleiben werden. Alle Pläne, die auf direkte Kontrolle der Preise von bestimmten Waren abzielen, sind jedoch ernstesten Einwänden ausgesetzt und werden sicher schwere wirtschaftliche und politische Schwierigkeiten hervorrufen. Auch abgesehen von monetären Überlegungen ist, was wir besonders brauchen, ein System, unter dem diese Kontrollen den einzelnen Behörden, die ja im wesentlichen nur willkürlich und unvorhersagbar handeln können, weggenommen und statt dessen einer mechanischen und voraussagbaren Regel unterworfen werden. Wenn das mit dem Wiederaufbau eines internationalen Geldsystems verbunden werden kann, das der Welt noch einmal stabile internationale Währungsbeziehungen und größere Freiheit in der Bewegung von Rohmaterial sichern würde, so würde ein großer Schritt vorwärts getan worden sein zu einer prosperierenden und stabileren Weltwirtschaft.

Entnationalisierung des Geldes

Eine Analyse der Theorie und Praxis konkurrierender Umlaufsmittel (1976)*

»Denn in jedem Land der Welt, glaube ich, haben Habgier und Unrecht der Fürsten und souveränen Staaten, die das Vertrauen ihrer Untertanen mißbrauchten, die tatsächliche Menge des ursprünglich in ihren Münzen enthaltenen Metalls schrittweise verringert.«

Adam Smith**

» ... wenn die Krankheit
Verzweifelt ist, kann ein verzweifelt Mittel
Nur helfen, oder keins.«

William Shakespeare***

---

* Erstveröffentlichung: *Denationalisation of Money: An Analysis of the Theory and Practice of Concurrent Currencies*, London: Institute of Economic Affairs 1976. (Hobart Paper (Special) 70); 2. Auflage: *Denationalisation of Money – The Argument Refined: An Analysis of the Theory and Practice of Concurrent Currencies*, London: Institute of Economic Affairs 1978. Die 2. Auflage liegt dieser Übersetzung zugrunde.

** Smith, A., *Untersuchung über Wesen und Ursachen des Reichtums der Völker* (1776), aus dem Englischen übersetzt von Monika Streissler, herausgegeben und eingeleitet von Erich W. Streissler, Tübingen: Mohr Siebeck – UTB 2005, S. 109.

*** Shakespeare, W., *Hamlet, Prinz von Dänemark*, IV. Aufzug, 3. Szene, übersetzt von August Wilhelm Schlegel.

Inhaltsübersicht

Einleitung zur ersten englischen Auflage (1976)

Verzweifelt über die Hoffnungslosigkeit, eine politisch praktikable Lösung für das zu finden, was technisch eines der einfachsten Probleme ist – nämlich die Inflation zu stoppen –, machte ich vor ungefähr einem Jahr in einer Vorlesung einen etwas verblüffenden Vorschlag,[1] dessen weitere Verfolgung ganz unerwartete, neue Horizonte eröffnet hat. Ich konnte nicht widerstehen, die Idee weiterzuverfolgen, zumal die Aufgabe, Inflation zu verhindern, mir immer von größter Wichtigkeit zu sein schien, und das nicht nur wegen des von großen Inflationen verursachten Schadens und Leids, sondern auch deshalb, weil ich seit langem davon überzeugt bin, daß auch schwache Inflationen letztlich die wiederkehrenden Perioden von Depression und Arbeitslosigkeit hervorbringen, die mit Recht dem System des freien Unternehmertums zum Vorwurf gemacht worden sind und die es daher zu verhindern gilt, wenn eine freie Gesellschaft erhalten bleiben soll.

Die weitere Verfolgung des Vorschlags, daß der Regierung das Monopol der Geldemission entzogen werden sollte, eröffnete die faszinierendsten theoretischen Ausblicke und zeigte die Möglichkeit von bisher nie in Erwägung gezogenen Einrichtungen auf. Sobald man sich von dem allgemein – allerdings stillschweigend – angenommenen Credo befreit, ein Land müsse von seiner Regierung mit einem eigenen, spezifischen und exklusiven Geld versorgt werden, taucht eine Unmenge interessanter, nie untersuchter Fragen auf. Was dann folgte, war ein Einfall in ein völlig unerforschtes Gebiet. In dieser kurzen Arbeit kann ich lediglich einige wenige Entdeckungen aufzeigen, die ich während eines ersten Überblicks über das Terrain gemacht habe. Mir ist natürlich vollkommen bewußt, daß ich nur an der Oberfläche des neuen Fragenkomplexes gekratzt habe und daß ich noch sehr weit von einer Lösung all der Probleme entfernt bin, die die Existenz mehrerer, nebeneinander umlaufender Zahlungsmittel aufwürfe. In der Tat werde ich zahlreiche Fragen stellen müssen, auf die ich keine Antwort habe; auch werde ich nicht alle theoretischen Probleme diskutieren können, die bei der Erklärung der neuen Situation auftauchen. Es wird noch viel Arbeit auf diesem Gebiet zu leisten sein; aber es gibt schon Anzeichen, daß die Grundidee das schöpferische Denken anderer angeregt hat und daß bereits einige jüngere Köpfe an diesem Problem arbeiten.[2]

---

[1] Vgl. Hayek, F.A., *Choice in Currency: A Way to Stop Inflation*, London: The Institute of Economic Affairs (Occasional Paper 48) 1976; [deutsch: »Freie Währungswahl: eine Methode, die Inflation zu stoppen«, in: Hayek, F.A., *Wirtschaft, Wissenschaft und Politik. Aufsätze zur Wirtschaftspolitik*, Tübingen 2001 (Hayek, *Schriften*, A 6), S. 147–160.]

[2] Vgl. Klein, B., »The Competitive Supply of Money«, *Journal of Money, Credit and Banking*, Vol. VI, 1974, S. 423–435, Tullock, G., »Paper Money – A Cycle in Ca-

Das wichtigste Ergebnis des derzeitigen Untersuchungsstadiums ist, daß der Hauptmakel des Marktsystems und damit der Grund für durchaus gerechtfertigte Vorwürfe – nämlich seine Anfälligkeit für wiederkehrende Perioden von Depression und Arbeitslosigkeit – eine Konsequenz des uralten Monopols der Regierung auf die Geldemission ist. Ich habe nun nicht mehr den geringsten Zweifel, daß privates Unternehmertum, wäre es von Regierungen nicht daran gehindert worden, das Publikum schon vor langer Zeit mit einer Auswahl an Zahlungsmitteln hätte versorgen können und versorgt haben würde, von denen diejenigen, die sich im Wettbewerb durchgesetzt hätten, von Grund auf stabil gewesen wären und sowohl eine übermäßige Anregung der Investitionstätigkeit als auch die nachfolgenden Perioden der Kontraktion verhindert hätten.

Die Forderung nach Freiheit bei der Geldemission wird zunächst vielen mit gutem Grund suspekt erscheinen, da eine ganze Reihe von vermeintlichen Weltverbesserern mit stark inflationistischem Einschlag solche Forderungen in der Vergangenheit immer wieder erhoben hat. Die meisten Verfechter der »Bankfreiheit« im frühen 19. Jahrhundert (und sogar ein wesentlicher Teil der Verfechter des »banking principle«) bis hin zu den Agitatoren für das »Freigeld« im 20. Jahrhundert – Silvio Gesell und die Pläne von Major C.H. Douglas, H. Rittershausen und Henry Meulen[3] propagierten freie Notenemission, weil sie *mehr* Geld wollten. Oft lag ihrer Argumentation auch der Verdacht zugrunde, das Monopol der Regierung sei mit dem allgemeinen Prinzip der Handels- und Gewerbefreiheit nicht vereinbar, aber sie alle glaubten ausnahmslos, das Monopol habe eher zu übermäßiger Beschränkung als zu übertriebener Ausweitung des Geldangebots geführt. Sie erkannten sicherlich nicht, daß die Regierungen viel häufiger, als es irgendeine private Unternehmung getan hätte, uns mit dem Schwundgeld versorgt hatten, das von Silvio Gesell empfohlen worden war.

Ich möchte an dieser Stelle lediglich hinzufügen, daß ich, um beim Hauptthema zu bleiben, mir nicht gestatten werde, mich auf eine Diskussion der interessanten methodologischen Frage einzulassen, wie es möglich ist, eine bedeutungsvolle Aussage über Umstände, mit denen wir praktisch keine Erfahrung haben, zu machen, obwohl dieser Sachverhalt ein interessantes Licht auf die Methode der Wirtschaftstheorie im allgemeinen wirft.

---

thay«, *Economic History Review*, Vol. 9, 1956, S. 393–407, und Tullock, G., »Competing Monies«, *Journal of Money, Credit and Banking*, Vol. VII, 1975, S. 491–497.

[3] Gesell, S., *Die natürliche Wirtschaftsordnung durch Freiland und Freigeld*, 1. Aufl. Rehbrücke bei Berlin: Selbstverlag 1911, 4. Aufl., Rehbrücke bei Berlin: Selbstverlag 1920; Douglas, C.H., *Social Credit*, 1. Aufl., London: C. Palmer 1924, 4. Aufl., Hawthorne, Calif.: Omni Publications 1966; Rittershausen, H., *Der Neubau des deutschen Kreditsystems*, Berlin: Stilke 1932; und Meulen, H., *Free Banking. An Outline of a Policy of Individualism*, London: Macmillan 1934.

Zusammenfassend möchte ich nur sagen, daß mir diese Aufgabe wichtig und dringend genug erschien, um während einiger Wochen die Arbeit an meiner Hauptaufgabe zu unterbrechen, der ich während der letzten Jahre meine ganze Energie gewidmet habe und deren Vollendung noch einen abschließenden dritten Band erfordert.[4] Der Leser wird hoffentlich verstehen, daß ich unter diesen Umständen, entgegen meiner sonstigen Gewohnheit, nach der Fertigstellung des ersten Entwurfs der vorliegenden Arbeit den größten Teil der anspruchsvollen und zeitraubenden Tätigkeit des Ausfeilens und Druckreifmachens dem einfühlsamen Bemühen von Herrn Arthur Seldon, dem Redaktionsdirektor des Institute of Economic Affairs, überlassen habe. Seine wohltuende Sorgfalt hat bereits einige meiner kürzeren, von diesem Institut herausgegebenen Essays wesentlich lesbarer gemacht, und er hat sich bereit erklärt, auch hier diese Aufgabe zu übernehmen. Ihm sind insbesondere die hilfreichen Titel der Unterabschnitte sowie die abschließenden »Diskussionsfragen«[5] zu verdanken. Außerordentlich dankbar bin ich ihm dafür, daß er auf diese Weise die prompte Veröffentlichung dieses kurzen Abrisses ermöglicht hat. Er wäre sonst wahrscheinlich noch lange nicht erschienen, da ich meinen Lesern von »Law, Legislation and Liberty«[6] schuldig bin, mir bei der Fertigstellung keine längere Ablenkung zu gestatten als nötig ist, um in dieser speziellen Angelegenheit einen groben Abriß meines Arguments zu Papier zu bringen.

Eine besondere Entschuldigung richte ich an meine zahlreichen Freunde, die bemerken werden, daß ich während der letzten Jahre, in denen ich mit völlig anderen Problemen beschäftigt war, ihre Publikationen nicht gelesen habe, die eng mit dem in der vorliegenden Abhandlung behandelten Thema zusammenhängen und aus denen ich wahrscheinlich viel hätte lernen können, was mir bei ihrer Abfassung von Nutzen gewesen wäre.

Salzburg, 30. Juni 1976 F. A. v. Hayek

[4] Hayek, F.A., *Law, Legislation and Liberty*, London: Routledge & Kegan Paul, Vol. I, 1973, Vol. II, 1976, Vol. III, 1979; Neuübersetzung (in einem Band): *Recht, Gesetz und Freiheit*, Tübingen: Mohr Siebeck 2003 (Hayek, *Schriften*, B 4).

[5] [Sie wurden in die deutsche Ausgabe nicht übernommen, d. Hrsg.]

[6] Vgl. Anm. 4.

Vorwort zur deutschen Ausgabe (1977)

Der Gegenstand, dem die folgende Abhandlung gewidmet ist, scheint mir so wichtig, daß die Diskussion darüber nicht früh genug beginnen kann. Ebenso wie ich die Redaktion der englischen Erstausgabe Freunden überließ, während ich mich selbst dringenden anderen literarischen Verpflichtungen widmen mußte, vertraue ich nun die deutsche Übersetzung Herrn Dr. Reinhold Veit zur endgültigen Redaktion an, nachdem ich den Entwurf der Übersetzung auf seine sachliche Richtigkeit durchgesehen habe, bevor es mir der Antritt einer größeren Reise unmöglich machte, mich der Drucklegung selbst anzunehmen. Ich habe jedoch für die deutsche Veröffentlichung alle Zusätze zur Verfügung gestellt, die bereits für die in Vorbereitung befindliche zweite englische Auflage bestimmt waren. Es handelt sich dabei meist nur um weitere Ausführungen der grundlegenden Idee, außer bei der längeren Einfügung in Abschnitt XXIV, die sich mit einer wichtigen voraussichtlichen Entwicklung befaßt, die ich bei der Abfassung der ersten Auflage nicht vorausgesehen hatte. Ihre völlige Verarbeitung würde verschiedene Reformulierungen früherer Stellen notwendig machen, und ich möchte dem Leser, der mit dem allgemeinen Gedankengut schon vertraut ist, empfehlen, sich diese Einfügung in einem frühen Zeitpunkt anzusehen.

Es verbleibt mir nur, dem Walter Eucken Institut und der Übersetzerin Wendula Gräfin v. Klinckowstroem für alle Bemühungen zu danken, die die prompte Erledigung dieser Arbeit möglich gemacht haben.

Freiburg i. Br., 7. April 1977 F. A. v. Hayek

Eine Bemerkung zur zweiten, erweiterten englischen Auflage (1978)

Es ist gerade 13 Monate her, daß ich mit der Niederschrift dieser Studie begonnen habe, und seit ihrem ersten Erscheinen sind nur wenig mehr als sechs Monate vergangen. Es mag daher kaum überraschen, daß die Ergänzungen, die ich in dieser zweiten Auflage für wünschenswert hielt, mehr die weitere gedankliche Entwicklung der behandelten Fragen als kritische Einwände betreffen, die ich bislang erfahren habe. Die bisherigen Kommentare brachten vielmehr weit öfter ungläubiges Erstaunen zum Ausdruck als irgendwelche Einwendungen gegen meine Argumentation.

So betreffen die meisten Ergänzungen ziemlich einleuchtende Punkte, die ich in der ersten Auflage wohl klarer hätte darstellen sollen. Nur eine betrifft einen Punkt, über den mich weiteres Nachdenken dazu geführt hat, eine etwas andere Entwicklung als die zunächst von mir vermutete zu erwarten, wenn die von mir vorgeschlagene Reform angenommen würde. Tatsächlich scheint mir die klare Unterscheidung von zwei verschiedenen Arten von Wettbewerb von immer größerer Bedeutung zu sein: Die erste führt voraussichtlich zur allgemeinen Akzeptanz eines weithin gebrauchten Standards [Warenkorbes] (oder vielleicht ganz weniger solcher Standards), während es bei der zweiten Art von Wettbewerb um das Vertrauen des Publikums in das Umlaufsmittel mit einer bestimmten Bezeichnung geht. In einer etwas ausführlicheren Einführung in Abschnitt XXIV, 1. habe ich nun eine der bedeutsamsten wahrscheinlichen Konsequenzen skizziert, die ich ursprünglich nicht vorhergesehen hatte.

Ich habe nur kleinere stilistische Änderungen gemacht, um das, was ich sagen wollte, klarer zum Ausdruck zu bringen. Selbst den Unterschied zwischen dem eher zaghaften Ton zu Beginn, der, wie es dem Leser wohl nicht entgangen ist, sich allmählich mit dem Fortschreiten des Arguments zum Ton größerer Zuversicht wandelt, habe ich beibehalten. Weiteres Nachdenken hat mich bisher in meinem Glauben sowohl an die Wünschbarkeit als auch an die Durchführbarkeit der vorgeschlagenen fundamentalen Änderung nur noch bestärkt.

Einige wichtige Beiträge zu den hier betrachteten Problemen, die auf der Konferenz der Mont Pèlerin Gesellschaft vorgetragen wurden, konnte ich hier nicht berücksichtigen; die Konferenz fand statt, nachdem das Material für diese zweite Auflage schon vorbereitet war und ich unmittelbar zu ausgedehnten Reisen aufbrechen mußte. Ich hoffe, daß die dort vorgetragenen Beiträge von W. Engels, D. L. Kemmerer, W. Stützel und R. Vaubel bald im Druck verfügbar sein werden. Zu einem sehr späten Zeitpunkt habe ich jedoch noch eine Erwiderung auf einen Kommentar von Milton Friedman, der mir einer raschen Antwort zu bedürfen schien, eingefügt.

Vielleicht hätte ich oben [in der Einleitung zur ersten englischen Auflage, d.

Hrsg.] dem Hinweis auf meine Inanspruchnahme durch andere Probleme, die es mir verwehrte, dem hier behandelten Gegenstand die volle Aufmerksamkeit zuzuwenden, die er verdient, noch hinzufügen sollen, daß meine Hoffnungslosigkeit, unter der gegenwärtigen institutionellen Struktur jemals wieder zu einem erträglichen Geldsystem zu kommen, tatsächlich ebenso sehr ein Ergebnis meines langjährigen Studiums ist, das ich der vorherrschenden politischen Ordnung gewidmet habe – und insbesondere den Auswirkungen einer Regierung, die von einer mit unbeschränkter Macht ausgestatteten, demokratischen Körperschaft ausgeübt wird –, wie sie ein Ergebnis meiner früheren Arbeit ist, als die Geldtheorie noch eines meiner zentralen Forschungsgebiete war.

Ferner sollte ich vielleicht noch hinzufügen, was ich oft zu erläutern Gelegenheit hatte, aber möglicherweise nie schriftlich festgehalten habe: Ich bin fest davon überzeugt, daß es die Hauptaufgabe des Wirtschaftstheoretikers oder Sozialphilosophen sein sollte, auf die öffentliche Meinung einzuwirken, um das politisch möglich zu machen, was heute politisch unmöglich sein mag. Der Einwand, meine Vorschläge seien gegenwärtig undurchführbar, hält mich deshalb nicht im geringsten davon ab, sie zu entwickeln.

Schließlich fühle ich mich nach dem Wiederlesen dieser zweiten Auflage verpflichtet, dem Leser von Anfang an klar zu machen, daß ich auf dem Gebiet des Geldes der Regierung nicht verbieten will, irgend etwas zu tun; ich will nur, daß sie andere nicht daran hindert, Dinge zu tun, die sie besser machen könnten.

Freiburg im Breisgau — F. A. Hayek

I. Der praktische Vorschlag

Der konkrete Vorschlag für die nahe Zukunft – und damit der Anlaß für die Untersuchung eines wesentlich weiterreichenden Planes – besteht darin, daß *die Länder des Gemeinsamen Marktes, möglichst einschließlich der neutralen Länder Europas (und vielleicht später der Länder Nordamerikas) sich gegenseitig durch formalen Vertrag verpflichten, in allen ihren Staatsgebieten dem freien Verkehr der Währungen (einschließlich Goldmünzen) aller beteiligten Länder sowie einer ebenso freien Ausübung des Bankgeschäfts seitens jeder in einem ihrer Länder gesetzlich niedergelassenen Bank keine Hindernisse in den Weg zu legen.*

Dies würde zunächst bedeuten, daß jegliche Art von Devisenkontrolle oder Regulierung von Geldströmen zwischen diesen Ländern abgeschafft würde und daß hinsichtlich des Gebrauchs jeder dieser Währungen bei Abschluß von Verträgen und im Rechnungswesen volle Freiheit herrschte. Weiter würde es bedeuten, daß jede in einem dieser Länder ansässige Bank in jedem anderen Land Zweigstellen errichten könnte, und zwar zu denselben Bedingungen wie die dort niedergelassenen Banken.

1. Freihandel mit Geld. Zweck dieses Planes ist es, den bestehenden, für Geld und Staatsfinanzen verantwortlichen Instanzen eine dringend nötige Disziplin aufzuerlegen, indem man es einer jeden, und für immer, unmöglich macht, ein Geld auszugeben, das wesentlich weniger verläßlich und nützlich ist als das Geld irgendeiner anderen. Sobald das Publikum mit den neuen Möglichkeiten vertraut geworden wäre, führte jede Abweichung vom geraden Pfad der Versorgung mit gutem Geld sofort dazu, daß das schlechte Geld rasch durch ein anderes verdrängt würde. Damit wäre den einzelnen Ländern die Möglichkeit zu den zahlreichen Winkelzügen genommen, mit deren Hilfe sie jetzt die Auswirkungen ihrer Handlungen durch Maßnahmen zum »Schutz« ihrer Währung vorübergehend verheimlichen können, und sie wären gezwungen, den Wert ihrer Währungen in erträglichem Maße stabil zu halten.

2. Ein Vorschlag, praktikabler als eine utopische europäische Währung. Dieser Plan erscheint mir sowohl besser als auch praktikabler als der utopische Plan, eine neue, europäische Währung einzuführen, die letztlich, was das Geld anlangt, die Wurzel allen Übels – das Monopol der Regierung auf die Emission und Kontrolle des Geldes – nur noch befestigte. Außerdem ist zu vermuten, daß die Länder, wenn sie nicht bereit sind, den hier vorgebrachten begrenzteren Vorschlag anzunehmen, erst recht nicht bereit sein werden, eine gemeinsame europäische Währung zu akzeptieren. Die Idee, der Regierungsgewalt das uralte Vorrecht auf das Geldmonopol ganz und gar zu entziehen, ist den meisten

Menschen noch zu ungewohnt, ja sogar besorgniserregend, und hat deshalb keine Aussicht, in naher Zukunft verwirklicht zu werden. Aber die Leute könnten lernen, die Vorteile zu sehen, wenn man, wenigstens anfänglich, die einzelstaatlichen Währungen um die Gunst des Publikums wetteifern ließe.

Obwohl ich stark mit dem Wunsch sympathisiere, die ökonomische Einigung des westlichen Europa durch völlige Liberalisierung der in ihm fließenden Geldströme zu vervollständigen, habe ich ernste Bedenken, ob es wünschenswert ist, dies durch Schaffung einer neuen, europäischen Währung zu erreichen, die von irgendeiner überstaatlichen Instanz geleitet wird. Ganz abgesehen davon, daß die Mitgliedsländer sich höchst wahrscheinlich nicht werden darauf einigen können, welche Politik eine gemeinsame geldpolitische Instanz in der Praxis zu verfolgen hätte (und daß es praktisch unvermeidlich wäre, daß einige Länder ein schlechteres Geld bekämen, als sie jetzt haben), erscheint es selbst unter günstigsten Umständen höchst unwahrscheinlich, daß die gemeinsame Währung besser verwaltet würde als die gegenwärtigen nationalen. Überdies ist eine einzige internationale Währung in vieler Hinsicht nicht besser, sondern schlechter als eine nationale Währung, falls sie nicht besser geleitet wird. Sie ließe einem Land mit finanziell erfahrenerem Publikum nicht einmal die Chance, den Konsequenzen der groben Vorurteile zu entgehen, die die Entscheidungen der anderen beherrschen. Der Vorteil einer internationalen Instanz sollte hauptsächlich darin liegen, einen Mitgliedstaat vor den schädlichen Maßnahmen anderer zu schützen, und nicht, ihn zu zwingen, ihre Torheiten mitzumachen.

3. Freihandel in Bankgeschäften. Die vorgeschlagene Ausdehnung des Freihandels mit Geld (free trade in money) auf Freihandel bei Ausübung aller Bankgeschäfte (free trade in banking) ist ein absolut unentbehrlicher Teil des Planes, wenn er das, was beabsichtigt ist, erreichen soll. Erstens sind Bankdepositen, über die mit Scheck [oder Überweisung] verfügt wird,[7] die also eine Art privat geschaffenes Geld sind, heute natürlich Teil – und in den meisten Ländern bei weitem der größte Teil – der gesamten Menge an allgemein akzeptierten Tauschmitteln. Zweitens sind Expansion und Kontraktion des jeweiligen nationalen Überbaus an Bankeinlagen, die im Wege der Kreditgewährung geschaffen werden, zur Zeit der wichtigste Vorwand für eine staatliche Kontrolle der Basisgeldmenge.

Bezüglich der Auswirkungen einer Annahme des Vorschlags will ich an dieser Stelle nur hinzufügen, daß natürlich beabsichtigt ist, die einzelstaatlichen geld- und finanzpolitischen Instanzen von vielen Handlungen abzuhalten, die

---

[7] [Wenn später im Text von Scheckkonten die Rede ist, sind darunter Bankkonten mit täglich fälligen Geldern (oder Sichteinlagen) zu verstehen, d. Hrsg.]

zu unterlassen politisch unmöglich ist, solange sie die Macht dazu haben. Diese sind ausnahmslos schädlich und stehen dem langfristigen Interesse des betreffenden Landes entgegen, doch sind sie als Notbehelf bei akuten Schwierigkeiten politisch unvermeidlich. Es sind Maßnahmen, mit deren Hilfe Regierungen ganz leicht und schnell die Ursachen von Unzufriedenheit bestimmter Gruppen oder Wirtschaftszweige beseitigen können, Maßnahmen, die jedoch langfristig unweigerlich zur Störung und letztlich Zerstörung der Marktwirtschaft führen.

4. Die Regierungen am Vertuschen einer Geldentwertung hindern. Der Hauptvorzug des vorgeschlagenen Plans ist, mit anderen Worten, daß er Regierungen daran hinderte, das von ihnen in Umlauf gebrachte Geld gegen schädliche Konsequenzen ihrer eigenen Maßnahmen zu »schützen«, und sie folglich hinderte, solche schädlichen Mittel weiter einzusetzen. Die Regierungen würden außerstande gesetzt, die Entwertung des von ihnen ausgegebenen Geldes zu vertuschen, den Abfluß von Geld, Kapital und anderen Ressourcen – eine Folge verschlechterter Bedingungen für ihre heimische Nutzung – zu verhindern oder Preise zu kontrollieren – lauter Maßnahmen, die natürlich auf eine Zerstörung des Gemeinsamen Marktes hinwirkten. Der Plan scheint in der Tat alle Erfordernisse eines Gemeinsamen Marktes besser zu erfüllen als eine gemeinsame Währung, ohne die Errichtung einer neuen, internationalen Institution oder die Übertragung weiterer Befugnisse auf eine überstaatliche Instanz notwendig zu machen.

Der Plan liefe praktisch nur dann auf eine Verdrängung der nationalen Währungen hinaus, wenn die nationalen geldpolitischen Instanzen sich falsch verhielten. Selbst dann könnten sie durch rasche Verhaltensänderung eine vollständige Verdrängung der nationalen Währung noch abwehren. Möglich ist, daß in einigen sehr kleinen Ländern mit ausgedehnten internationalen Handelsbeziehungen und Tourismus die Währung eines der größeren Länder allmählich überwiegen könnte, aber es gibt, unter der Annahme einer vernünftigen Politik, keinen Grund, warum die meisten der vorhandenen Währungen nicht weiterhin lange Zeit in Gebrauch bleiben sollten. (Es wäre natürlich wichtig, daß die Beteiligten keine stillschweigende Übereinkunft träfen, kein Geld anzubieten, das so gut wäre, daß die Bürger der anderen Staaten es vorzögen! Und der Verdacht auf schuldhaftes Handeln müßte sich natürlich immer gegen die Regierung richten, deren Geld das Publikum nicht will!)

Ich glaube nicht, daß der Plan Regierungen von irgend etwas abhalten würde, was sie im Interesse einer gut funktionierenden Wirtschaft tun sollten oder was langfristig zum Wohle einer wesentlichen Gruppe wäre. Das allerdings wirft komplexe Fragen auf, die besser im Rahmen der vollständigen Entwicklung des zugrunde liegenden Prinzips diskutiert werden.

II. Die Verallgemeinerung des zugrunde liegenden Prinzips

Zieht man es ernsthaft in Erwägung, den Gebrauch mehrerer, nebeneinander umlaufender Zahlungsmittel in einem begrenzten Gebiet unmittelbar in die Tat umzusetzen, ist es offensichtlich wünschenswert, die Konsequenzen einer allgemeinen Anwendung des Prinzips, auf dem dieser Vorschlag beruht, zu untersuchen. Wenn wir darüber nachdenken, davon abzurücken, daß in jedem Land nur ein einziges, von der Regierung emittiertes Geld in Gebrauch ist, und die von anderen Regierungen emittierten Währungen als gleichgestellt zuzulassen, taucht sofort die Frage auf, ob es nicht gleichermaßen wünschenswert wäre, das Monopol der Regierung auf die Geldversorgung ganz und gar zu beseitigen und privaten Unternehmungen zu gestatten, das Publikum mit anderen Tauschmitteln zu versorgen, denen es möglicherweise den Vorzug gäbe.

Die Fragen, die diese Reform aufwirft, sind derzeit wesentlich theoretischer als der praktische Vorschlag, da der weiterreichende Gedanke gewiß der allgemeinen Öffentlichkeit viel zu seltsam und fremd vorkommt, um gegenwärtig für eine Anwendung in Betracht zu kommen. Die aufgeworfenen Probleme werden zudem offensichtlich selbst von Sachverständigen noch zu wenig verstanden, so daß niemand die Folgen eines solchen Planes im einzelnen verläßlich voraussagen kann. Gleichwohl ist es durchaus möglich, daß das jetzt noch unbestrittene und allgemein akzeptierte Vorrecht der Regierung auf die Geldschaffung weder notwendig ist noch überhaupt Vorteile bietet. Es könnte sich in der Tat als schädlich, seine Abschaffung hingegen als großer Gewinn erweisen, indem sie den Weg für sehr nutzbringende Entwicklungen freigäbe. Die Diskussion kann daher nicht früh genug beginnen. Zwar mag die Verwirklichung ganz und gar undurchführbar sein, solange die Öffentlichkeit darauf geistig nicht vorbereitet ist und unkritisch das Dogma einer notwendigen Prärogative der Regierung hinnimmt, doch sollte das nicht länger einen Hinderungsgrund bilden dürfen für die intellektuelle Erforschung der faszinierenden theoretischen Probleme, die dieser Plan aufwirft.

1. Wettbewerb zwischen Zahlungsmitteln wurde von Ökonomen nicht diskutiert. Es ist eine merkwürdige Tatsache, daß Zahlungsmittel, die miteinander im Wettbewerb stehen, bis vor kurzem nie ernsthaft untersucht worden sind.[8] Die vorhandene Literatur gibt keine Antwort auf die Frage, warum ein Monopol

---

[8] Obgleich ich selbständig zur Erkenntnis der Vorteile unabhängiger, konkurrierender Umlaufsmittel gelangt bin, muß ich nun Professor Benjamin Klein geistige Priorität zugestehen, der in einem mir bis vor kurzem unbekannten, 1970 geschriebenen und 1974 veröffentlichten Aufsatz den Hauptvorteil von Wettbewerb zwischen Umlaufsmitteln klar dargelegt hat. (Klein, B., »The Competitive Supply of Money«, *Journal of Money, Credit and Banking*, Vol. VI, 1974, S. 423–435.)

der Regierung auf die Geldversorgung überall als unerläßlich angesehen wird, oder ob dieser Glaube einfach von dem unerklärten Postulat herrührt, innerhalb eines jeden Landes müsse eine einzige Art von Geld in Umlauf sein – was, solange lediglich Gold und Silber ernstlich als mögliche Geldarten angesehen wurden, als eindeutiger Vorteil erscheinen mochte. Ebenso können wir keine Antwort auf die Frage finden, was geschähe, wenn dieses Monopol abgeschafft und die Geldversorgung dem Wettbewerb privater Unternehmen geöffnet würde, die verschiedene Umlaufsmittel anböten. Die meisten Leute stellen sich anscheinend vor, jeglicher Vorschlag, privaten Einrichtungen die Geldausgabe zu gestatten, bedeute, ihnen solle erlaubt werden, *dasselbe* Geld auszugeben wie irgend jemand anderer (was bei Zeichengeld natürlich einfach auf Fälschung hinauslaufen würde); gemeint sind aber *verschiedene* Arten von Geld, die aufgrund unterschiedlicher Benennung klar unterscheidbar und vom Publikum frei wählbar wären.

2. *Anfängliche Vorteile des staatlichen Geldmonopols.* Zu der Zeit, als sich die Geldwirtschaft erst langsam bis in entlegenere Gegenden auszudehnen begann und eines der Hauptprobleme darin bestand, sehr vielen Menschen die Kunst des Rechnens in Geld beizubringen (und das ist noch gar nicht sehr lange her), mag vielleicht eine einzige, leicht erkennbare Geldart von beträchtlicher Hilfe gewesen sein. Und es mag argumentiert werden, daß der ausschließliche Gebrauch einer solchen einzigen, einheitlichen Art von Geld wesentlich zur Vergleichbarkeit von Preisen und damit zur Ausdehnung des Wettbewerbs und der Märkte beitrug. Da die Echtheit des Metallgeldes nur durch einen schwierigen Prüfvorgang festzustellen war, wozu der normale Mensch weder fähig noch ausgerüstet war, konnten außerdem triftige Gründe dafür angeführt werden, den Feingehalt der Münzen durch den Prägestempel einer allgemein anerkannten Autorität, die außerhalb der großen Handelszentren nur die Obrigkeit sein konnte, zu garantieren. Doch heutzutage überwiegen diese anfänglichen Vorteile, die den Obrigkeiten als Entschuldigung dafür gedient haben mögen, sich das ausschließliche Recht auf die Prägung von Metallgeld anzueignen, die Nachteile dieses Systems sicherlich nicht. Es hat die Mängel eines jeden Monopols: Man muß sein Produkt benutzen, selbst wenn es unbefriedigend ist, und vor allem verhindert es die Entdeckung besserer Methoden, ein Bedürfnis zu befriedigen, weil der Monopolist dazu keinen Anreiz hat.

Wenn die Leute einsähen, welchen Preis in Form periodischer Inflation und Instabilität sie zahlen für die Bequemlichkeit, bei den gewöhnlichen Geschäftstransaktionen nur mit einer Art von Geld umgehen und nicht gelegentlich überlegen zu müssen, ob der Gebrauch eines anderen Geldes als des gewohnten vorteilhafter wäre, dann würden sie diesen Preis wahrscheinlich als viel zu hoch ansehen. Denn diese Bequemlichkeit ist von weitaus geringerer

Bedeutung als die Möglichkeit, ein zuverlässiges Geld zu gebrauchen, das nicht in periodischen Abständen den glatten Wirtschaftsablauf stört – eine Möglichkeit, die den Leuten von der Regierung kraft ihres Monopols vorenthalten wird. Den Leuten wurde die Gelegenheit, diesen Vorteil zu entdecken, gar nicht gegeben. Regierungen hatten zu allen Zeiten ein großes Interesse daran, die Öffentlichkeit davon zu überzeugen, daß das Recht zur Geldemission ausschließlich ihnen zustehe. Solange damit praktisch die Ausgabe von Gold-, Silber- und Kupfermünzen gemeint war, machte dies nicht so viel aus wie heute, da wir wissen, daß es noch viele andere Geldarten gibt, nicht zuletzt Papiergeld, zu dessen Handhabung die Regierung noch weniger kompetent ist und bei dem sie noch stärker als bei Metallgeld zu Mißbrauch neigt.

III. Der Ursprung der Prärogative der Herrscher auf die Geldschaffung

Mehr als 2000 Jahre lang lief die Prärogative oder das ausschließliche Recht der Herrscher auf die Ausgabe von Geld in der Praxis lediglich auf eine Monopolstellung bei der Prägung von Münzen aus Gold, Silber oder Kupfer hinaus. Während dieser Zeit wurde dieses Vorrecht allmählich als ein wesentliches Attribut der Herrschaftsgewalt fraglos akzeptiert – umgeben von allem Geheimnisvollen, das die heilige Allmacht des Herrschers in der Regel hervorrief. Vielleicht reicht diese Vorstellung sogar noch weiter zurück als in das sechste vorchristliche Jahrhundert, in dem König Krösus von Lydien die ersten Münzen prägte, in eine Zeit also, in der man lediglich durch eingestanzte Zeichen den Feingehalt der Metallbarren zu bestätigen pflegte.

Zur festen Einrichtung wurde die Münzhoheit des Herrschers jedenfalls im Römischen Kaiserreich.[9] Als dann zu Beginn der Neuzeit Jean Bodin das Konzept der Souveränität entwickelte, behandelte er das Münzrecht als eines ihrer bedeutendsten und wesentlichsten Bestandteile.[10] Die Regalien, wie man diese königlichen Vorrechte nannte, von denen das Münzregal, das Bergregal und das Zollregal die wichtigsten waren, bildeten im Mittelalter die Haupteinnahmequellen der Herrscher und wurden allein unter diesem Gesichtspunkt betrachtet. Es ist offensichtlich, daß, als sich das gemünzte Geld ausbreitete, die Herr-

---

[9] Endemann, W., *Studien in der romanisch-kanonistischen Wirtschafts- und Rechtslehre bis gegen Ende des 17. Jahrhunderts*, 2. Bd., Berlin: J. Guttentag 1883, S. 171.

[10] Bodin, J., *The Six Bookes of a Commonweale*, London: A. Islip 1606, S. 176 (Original: *Les six livres de la république*, Paris: Jacques du Puys 1576). Bodin, der mehr von Geld verstand als die meisten seiner Zeitgenossen, mag wohl gehofft haben, die Regierungen großer Staaten würden verantwortungsbewußter sein als die abertausend kleineren Obrigkeiten, die im späten Mittelalter das Münzregal erworben hatten und es manchmal noch ärger mißbrauchten als die reicheren Fürsten großer Länder.

schenden überall bald entdeckten, daß das ausschließliche Münzrecht sowohl ein wichtiges Machtinstrument als auch eine attraktive Gewinnquelle war. Seit Anbeginn wurde die Prärogative weder beansprucht noch gewährt mit der Begründung, sie diene dem Wohl der Allgemeinheit; sie galt einfach als ein grundlegendes Element der Regierungsgewalt.[11] Die Münzen dienten in der Tat, wie die Flagge, als Machtsymbol, womit der Herrscher seine Souveränität demonstrierte; sie teilten dem Volk mit, wer sein Herrscher war, dessen Bild die Münzen bis in die entferntesten Teile seines Reiches trugen.

1. Obrigkeitliches Zertifikat über Gewicht und Feingehalt des Metalls. Die den Herrschenden zugedachte Aufgabe bestand natürlich anfangs nicht so sehr im Herstellen von Geld als vielmehr im Beglaubigen von Gewicht und Feingehalt der Materialien, die allgemein als Geld dienten,[12] wozu nach den allerersten Zeiten nur drei Metalle gehörten, nämlich Gold, Silber und Kupfer. Man sah darin eher eine Aufgabe der Durchsetzung und Beglaubigung einheitlicher Gewichte und Maße.

Die Metallstücke wurden nur dann als echtes Geld angesehen, wenn sie die Prägung des zuständigen Herrschers trugen, für dessen Pflicht man es hielt zu gewährleisten, daß die Münzen das richtige Gewicht und den Feingehalt hatten, die ihrem Wert entsprachen.

Während des Mittelalters kam jedoch der Aberglaube auf, es sei der hoheitliche Akt, der dem Geld den Wert verleihe. Obwohl die Erfahrung immer das Gegenteil bewies, wurde diese Doktrin des *valor impositus*[13] von der Rechtslehre weitgehend übernommen und diente zu einem gewissen Grad als Rechtfertigung der ständigen, vergeblichen Versuche der Herrscher, den Münzen, die eine geringere Menge Edelmetall enthielten, den gleichen Wert [wie den vollwertigen] aufzudrücken. (In den ersten Jahren dieses Jahrhunderts wurde die

---

[11] Dasselbe gilt für das Postmonopol, das überall einen sich ständig verschlechternden Service zu bieten scheint und von dem in Großbritannien (vgl. *The Times* vom 25. Mai 1976) der Generalsekretär der Gewerkschaft der Postbediensteten (!) kürzlich sagte, daß »Regierungen beider politischer Schattierungen einen einstmals großartigen öffentlichen Dienstleistungsbetrieb auf das Niveau eines Varieté-Scherzes reduziert haben.« *Politisch* gesehen mag das Rundfunkmonopol sogar noch gefährlicher sein, aber *ökonomisch* gesehen bezweifle ich, ob irgendein Monopol so viel Schaden angerichtet hat wie das der Geldemission.

[12] Vgl. Smith, A., *Untersuchung über Wesen und Ursachen des Reichtums der Völker* (1776), Tübingen: Mohr Siebeck-UTB 2005, S. 107: »So kam es zum gemünzten Geld und jenen öffentlichen Anstalten, die Münzen genannt werden – Einrichtungen von genau der gleichen Art wie die Ämter der Meß- und Stempelmeister für Woll- und Leinenzeug.«

[13] Endemann, W., *Studien in der romanisch-kanonistischen Wirtschafts- und Rechtslehre bis gegen Ende des 17. Jahrhundert*, 2. Bd., Berlin: J. Guttentag 1883, S. 172.

mittelalterliche Doktrin durch Professor G.F. Knapp wiederbelebt; seine *Staatliche Theorie des Geldes* scheint noch immer einen gewissen Einfluß auf die zeitgenössische Rechtstheorie auszuüben.[14])

Es gibt keinen Grund zu bezweifeln, daß private Unternehmungen – wäre es ihnen gestattet worden – fähig gewesen wären, ebenso gute und zumindest genauso vertrauenswürdige Münzen bereitzustellen. In der Tat haben sie es gelegentlich getan oder wurden von der Regierung dazu beauftragt. Doch solange die technische Seite des Bereitstellens gleichförmiger und erkennbarer Münzen noch größte Schwierigkeiten bereitete, erfüllte die Regierung zumindest eine nützliche Aufgabe. Unglücklicherweise entdeckten die Regierungen aber bald, daß sie nicht nur nützlich war, sondern sich auch gewinnbringend gestalten ließ, zumindest solange die Leute keine Alternative hatten zum Gebrauch des Geldes, das sie bereitstellten. Die Münzgebühr, die zur Deckung der Prägekosten erhoben wurde, erwies sich als sehr attraktive Einnahmequelle und wurde bald weit über die Herstellungskosten der Münzen hinaus angehoben. Und vom Einbehalten eines recht ansehnlichen Anteils des Metalls, das zur staatlichen Münze gebracht wurde, um es zu neuen Münzen schlagen zu lassen, war es nur ein Schritt zu der im Mittelalter in zunehmendem Maße üblichen Praxis, die umlaufenden Münzen zurückzurufen, um dann die verschiedenen Geldeinheiten mit niedrigerem Gold- oder Silbergehalt neu zu prägen. Wir werden die Wirkungen dieser Münzverschlechterungen im nächsten Abschnitt betrachten. Seitdem jedoch die Funktion von Regierungen bei der Geldschaffung nicht länger nur im Bestätigen von Gewicht und Feingehalt eines bestimmten Metallstücks liegt, sondern eine bewußte Entscheidung über die Menge des in Umlauf zu bringenden Geldes mit einschließt, haben sich die Regierungen als völlig unzureichend erwiesen, diese Aufgabe zu erfüllen, und sie haben, das kann ohne Einschränkung gesagt werden, unablässig und überall das in sie gesetzte Vertrauen dazu mißbraucht, die Leute zu betrügen. Die Dinge sind zweifellos nur noch viel schlimmer geworden, seit die Regierungen die Geldemission nicht mehr ausschließlich unter finanziellen Gesichtspunkten betrachteten, sondern sie und das Publikum sich von Nationalökonomen überreden ließen, zu versuchen, damit Gutes zu bewirken.

2. Das Auftreten von Papiergeld. Die Prärogative der Herrscher, die sich ursprünglich nur auf die Ausgabe von Münzen bezogen hatte, weil sie die einzige damals gebräuchliche Geldart waren, wurde, als andere Geldarten auf der Bild-

[14] Knapp, G.F., *Staatliche Theorie des Geldes*, Leipzig: Duncker & Humblot 1905; vgl. Mann, F.A., *The Legal Aspect of Money, with Special Reference to Comparative and Private International Law* (1938), 3. überarb. Aufl., Oxford: Oxford University Press 1971 [deutsch: *Das Recht des Geldes. Eine rechtsvergleichende Untersuchung auf der Grundlage des englischen Rechts*, Frankfurt a.M. und Berlin: A. Metzner 1960].

fläche erschienen, sofort auf diese ausgedehnt. Ursprünglich kamen solche andere Geldarten auf, als die Regierungen ihren Geldbedarf durch Zwangsanleihen zu decken suchten, wofür sie Quittungen ausstellten und die Leute anwiesen, diese wie Geld in Zahlung zu nehmen. Die Bedeutung des allmählichen Aufkommens von staatlichem Papiergeld, und bald von Banknoten, ist für unsere Zwecke schwer abzuschätzen, weil über lange Zeit das Problem nicht im Auftauchen neuer Arten von Geld mit einer anderen Bezeichnung bestand, sondern darin, daß verbriefte Forderungen als Zahlungsmittel benutzt wurden, wobei diese Forderungen auf das jeweilige, von der Regierung als Monopolist emittierte Metallgeld lauteten.

Wahrscheinlich ist es unmöglich, daß Papierscheine oder Zeichengeld aus einem anderen Stoff, der keinen nennenswerten Marktwert hat, allmählich als Geld angenommen und gehalten werden, es sei denn, sie stellen eine Forderung auf einen wertvollen Gegenstand dar. Um als Geld akzeptiert zu werden, müssen sie zunächst ihren Wert aus einer anderen Quelle beziehen wie zum Beispiel aus ihrer Konvertibilität in eine andere Art von Geld. Folglich blieben Gold und Silber oder auf sie ausgestellte Forderungen lange Zeit die einzigen Geldarten, zwischen denen irgendein Wettbewerb stattfinden konnte; und seit seinem starken Wertverfall im 19. Jahrhundert hörte sogar Silber auf, ein ernstzunehmender Konkurrent des Goldes zu sein. (Die Möglichkeiten des Bimetallismus[15] sind für unsere Probleme irrelevant.)

3. Politische und technische Möglichkeiten der Kontrolle von Papiergeld. Die Lage ist jedoch eine ganz andere geworden, seitdem sich Papiergeld überall einbürgerte. Das Monopol der Regierung auf die Geldemission war schon schlimm genug, solange Metallgeld vorherrschte. Doch es wurde zu einem anhaltenden Mißstand, seitdem das Papiergeld (oder anderes Zeichengeld), das sowohl bestes als auch schlechtestes Geld abgeben kann, unter politische Kontrolle geriet. Ein Geld, dessen Angebot bewußt von einer Einrichtung reguliert wird, deren Selbstinteresse sie zwingt, die Wünsche der *Benutzer* zu befriedigen, könnte das beste sein. Ein Geld, dessen Steuerung sich an der Befriedigung von Gruppeninteressen ausrichtet, muß dagegen zwangsläufig das denkbar schlechteste sein (Abschnitt XVIII).

Der Wert des Papiergeldes kann offensichtlich aufgrund verschiedener Gesichtspunkte reguliert werden – wenn es auch mehr als zweifelhaft ist, ob irgendeine, mit unbegrenzter Macht ausgestattete demokratische Regierung dies jemals zufriedenstellend bewerkstelligen kann. Obwohl geschichtliche Erfahrung auf den ersten Blick den Glauben zu rechtfertigen scheint, daß nur Gold ein stabiles Geld abzugeben vermag und daß alles Papiergeld früher oder später

[15] Siehe unten Abschnitt VII.

an Wert verlieren muß, lehren uns alle unsere Erkenntnisse über die Bestimmungsgründe des Geldwertes, daß dieses Vorurteil zwar verständlich, aber unbegründet ist. Die *politische* Unmöglichkeit, daß Regierungen dazu fähig sind, ist kein Grund zu bezweifeln, daß es *technisch* möglich ist, die Menge jeder Art von Zeichengeld so zu kontrollieren, daß sein Wert sich in gewünschter Weise verhält und daß es aus diesem Grund seine Akzeptanz und seinen Wert beibehält. Es wäre deshalb nunmehr möglich – falls es gestattet wäre –, eine Vielzahl vollkommen verschiedener Zahlungsmittel zu haben. Sie könnten nicht bloß unterschiedliche Mengen desselben Metalls verkörpern, sondern auch unterschiedliche abstrakte Einheiten, deren gegenseitige Wertverhältnisse schwanken. Desgleichen könnten wir Währungen haben, die in vielen Ländern nebeneinander im Umlauf sind und den Leuten zur Auswahl stehen. Diese Möglichkeit scheint bis vor kurzem niemals ernsthaft ins Auge gefaßt worden zu sein. Selbst die radikalsten Verfechter des freien Unternehmertums, wie der Philosoph Herbert Spencer[16] oder der französische Ökonom Joseph Garnier[17], scheinen lediglich für private Münzprägung eingetreten zu sein, während die Free-Banking-Bewegung Mitte des 19. Jahrhunderts bloß für das Recht der Notenausgabe in Einheiten der bestehenden Währung gestritten hat.[18] Gleichwohl ist es vielleicht von Bedeutung, daß Adam Smith unter den »nur drei Pflichten, [die] im System natürlicher Freiheit ... der Landesherr ... zu erfüllen [hat],«[19] die Kontrolle der Geldemission nicht erwähnt.

4. Das Geldmonopol hat die Macht der Regierung gestärkt. Während, wie wir gleich sehen werden, das ausschließlich der Regierung zustehende Recht auf Ausgabe und Regulierung des Geldes uns sicherlich nicht zu einem besseren Geld verhalf, als wir sonst gehabt hätten, wahrscheinlich zu einem sehr viel schlechteren, ist es natürlich ein Hauptinstrument der vorherrschenden Regierungspolitik geworden und hat viel dazu beigetragen, daß die Macht der Regierung allgemein zunahm. Die gegenwärtige Politik stützt sich in vielem auf die Annahme, die Regierung habe die Macht, jede von ihr gewünschte Menge zusätzlichen Geldes zu schaffen und die Leute zu dessen Annahme zu zwingen. Aus diesem Grund werden Regierungen ihre überkommenen Rechte hart verteidigen. Doch aus demselben Grund ist es auch äußerst wichtig, daß sie ihnen genommen werden.

---

16 Spencer, H., *Social Statics*, 1. Aufl. London 1851, gekürzte und überarbeitete Aufl., London: Watts & Co. 1910.

17 Garnier, J.J., *Traité théorique et pratique du change et des opérations de banque*, Paris, Lyon: L. Fontenat 1841.

18 Smith, V.C., *The Rationale of Central Banking*, London: P.S. King & Son 1936 [Neuausgabe: Indianapolis: Liberty Press 1990].

19 Smith, A., *Reichtum der Völker*, op.cit. (Anm. 12, S. 144), S. 671.

Eine Regierung sollte (zumindest in Friedenszeiten), wie eine Privatperson, nicht in der Lage sein zu nehmen, was immer sie möchte; sie sollte vielmehr strikt auf den Gebrauch der Mittel beschränkt sein, die ihr durch die Volksvertreter zur Verfügung gestellt werden, und sie sollte die Ressourcen nicht über den vom Volk zugestandenen Anteil hinaus beanspruchen können. Der heutigen Expansion der Staatstätigkeit wurde in hohem Maße dadurch Vorschub geleistet, daß es der Regierung möglich war, Defizite durch Geldschaffung zu decken – gewöhnlich unter dem Vorwand, dadurch Beschäftigungsmöglichkeiten zu schaffen.

IV. Der anhaltende Mißbrauch der Prärogative der Regierung

Wenn man die Geschichte des Geldes studiert, kann man nicht umhin, sich darüber zu wundern, daß die Leute sich so lange Regierungen gefallen ließen, die über 2000 Jahre hinweg eine Macht für sich beanspruchten, die sie normalerweise dazu gebrauchten, die Leute auszunützen und zu betrügen. Dies kann nur so erklärt werden, daß sich der Mythos (die Prärogative der Regierung sei notwendig) so fest eingeprägt hatte, daß es selbst den professionell mit diesem Thema Befaßten (zu denen lange Zeit auch der Verfasser dieser Schrift gehörte[20]) niemals in den Sinn kam, ihn in Frage zu stellen. Sobald jedoch die Gültigkeit der herrschenden Doktrin angezweifelt wird, erweist sich ihre Basis schnell als brüchig.

Einzelheiten über die ruchlosen Aktivitäten von Herrschern bei der Monopolisierung des Geldes können wir nicht weiter als bis in die Zeit des griechischen Philosophen Diogenes zurückverfolgen, von dem berichtet wird, er habe bereits im 4. Jahrhundert v. Chr. das Geld als Würfelspiel der Politiker bezeichnet. Doch von der Zeit der Römer bis ins 17. Jahrhundert, als Papiergeld in verschiedenen Formen anfing bedeutsam zu werden, ist die Geschichte des Münzwesens fast durchgängig ein Bericht von Entwertungen oder laufender Verminderung des Metallgehalts der Münzen und einem entsprechenden Ansteigen aller Güterpreise.

1. Die Geschichte des Geldes ist weitgehend eine solche von Inflationen, zuwege gebracht von Regierungen. Niemand hat bis jetzt eine vollständige Geschichte dieser Entwicklungen geschrieben.[21] Sie wäre in der Tat allzu eintönig

---

[20] Hayek, F. A., *The Constitution of Liberty*, Chicago: University of Chicago Press und London: Routledge & Kegan Paul 1960, S. 324 ff. [deutsch: *Die Verfassung der Freiheit*, Tübingen: Mohr Siebeck 2005 (Hayek, *Schriften* B3), S. 437 ff.].

[21] Siehe jedoch Gaettens, R., *Inflationen. Das Drama der Geldentwertungen vom Altertum bis zur Gegenwart,* München: Pflaum 1955.

und deprimierend. Ich halte es jedoch für keine Übertreibung zu sagen, daß diese Geschichte größtenteils eine Geschichte von Inflationen ist, und zwar gewöhnlich von Inflationen, die durch Regierungen und zum Vorteil von Regierungen zuwege gebracht wurden – obgleich die Entdeckung von Gold und Silber im 16. Jahrhundert eine ähnliche Wirkung hatte. Historiker haben immer wieder versucht, die Inflation zu rechtfertigen, indem sie darauf hinwiesen, daß erst sie die großen Perioden rapiden ökonomischen Fortschritts möglich machte. Sie entwarfen sogar eine Reihe von Theorien, die in Inflationen einen Motor der Wirtschaftsgeschichte sehen.[22] Diese Theorien sind jedoch durch die Erfahrung eindeutig widerlegt worden: In England und Amerika waren am Ende ihrer wohl stürmischsten Entwicklungsperiode die Preise auf fast dem gleichen Niveau wie zweihundert Jahre vorher. Doch die periodisch auftretenden Wiederentdecker solcher Theorien haben gewöhnlich von früheren Diskussionen keine Kenntnis.

2. Deflation im frühen Mittelalter war lokal oder zeitlich begrenzt. Das frühe Mittelalter mag eine Deflations-Periode gewesen sein, die zum wirtschaftlichen Niedergang ganz Europas beitrug. Doch selbst das ist nicht sicher. Es hat den Anschein, daß alles in allem das Schrumpfen des Handels zur Verringerung des Geldumlaufs führte und nicht umgekehrt. Wir stoßen auf zu viele Klagen über Verteuerung der Güter und Verschlechterung der Münzen, als daß wir die Deflation für mehr halten können als ein lokales Phänomen in Regionen, wo Kriege und Wanderungsbewegungen den Markt zerstört hatten und wo die Geldwirtschaft schrumpfte, während die Leute ihre Schätze vergruben. Wo aber, wie in Nord-Italien, der Handel frühzeitig wiederauflebte, beginnen alle die kleinen Fürstentümer sofort damit, sich in der Verschlechterung der Münzen gegenseitig zu überbieten – ein Prozeß, der trotz einiger erfolgloser Bemühungen privater Kaufleute, ein besseres Tauschmittel zur Verfügung zu stellen, während der folgenden Jahrhunderte anhielt, bis man Italien als das Land mit dem schlechtesten Geld und den besten Geldtheoretikern zu beschreiben begann.

---

22 Insbesondere Sombart, W., *Der moderne Kapitalismus*, Bd. 2: *Das europäische Wirtschaftsleben im Zeitalter des Frühkapitalismus, vornehmlich im 16., 17. und 18. Jahrhundert*, München und Leipzig: Duncker & Humblot 1902, 2. Aufl. 1916/17; und vor ihm Alison, A., *History of Europe during the French Revolution*, Vol. 1, Edinburgh: W. Blackwood, London: T. Codell 1833, und andere. Vgl. dazu auch Barth, P., *Die Philosophie der Geschichte als Sociologie*, 2., durchgesehene und sehr erweiterte Aufl., Leipzig: Reisland 1915, der der »Geschichte als Funktion des Geldwerts« einen ganzen Abschnitt gewidmet hat, sowie Herzfeld, M., »Die Geschichte als Funktion der Geldbewegung. (Zum Problem der inflationistischen Geschichtstheorie)«, *Archiv für Sozialwissenschaft und Sozialpolitik*, Bd. 56, H. 3, 1926, S. 654–686.

Doch obwohl Theologen und Juristen diese Praktiken einhellig verdammten, verschwanden sie nicht, bis schließlich die Einführung des Papiergeldes der Obrigkeit eine noch billigere Methode, die Leute zu betrügen, verschaffte. Natürlich konnte die Obrigkeit ihre Praxis, den Leuten schlechtes Geld aufzuzwingen, nicht ohne den Einsatz grausamster Maßnahmen verfolgen. So faßt eine Abhandlung über die rechtliche Regelung des Geldwesens die geschichtliche Entwicklung der Strafen, die bei bloßer Annahmeverweigerung des gesetzlichen Geldes verhängt wurden, wie folgt zusammen:

»Von Marco Polo lernen wir, daß das chinesische Recht des 13. Jahrhunderts bei Zurückweisung des kaiserlichen Papiergeldes die Todesstrafe verhängte; zwanzig Jahre in Ketten oder in einigen Fällen auch der Tod waren als Strafe vorgesehen für die Weigerung, französische Assignaten anzunehmen. Das frühe englische Recht bestrafte die Annahmeverweigerung als Majestätsbeleidigung. Zur Zeit der amerikanischen Revolution wurde die Nicht-Annahme kontinentaler Noten als feindlicher Akt behandelt und brachte manchmal eine Aberkennung der Forderung mit sich.«[23]

3. Der Absolutismus unterdrückte den Versuch von Kaufleuten, stabiles Geld zu schaffen. Einige der frühen Bankgründungen in Amsterdam und anderswo entstanden aus den Versuchen von Kaufleuten, sich selbst ein stabiles Geld zu sichern, doch der aufkommende Absolutismus unterdrückte bald alle diese Bemühungen, ein nicht-staatliches Geld zu schaffen. Stattdessen förderte er das Entstehen von Banken, die Noten mit der Bezeichnung des offiziellen staatlichen Geldes ausgaben. Wir können hier noch weniger als in der Geschichte des Metallgeldes skizzieren, wie diese Entwicklung neuem Mißbrauch politischer Macht Tür und Tor öffnete.

Man sagt, die Chinesen hätten aufgrund ihrer Erfahrungen mit Papiergeld versucht (natürlich erfolglos), es für alle Zeiten zu verbieten, bevor es die Europäer überhaupt erfanden.[24] Sicher ist, daß die europäischen Staaten, als sie diese Möglichkeit erkannt hatten, sie rücksichtslos auszunutzen begannen, nicht um die Leute mit gutem Geld zu versorgen, sondern um daraus so viel wie möglich in die Staatskasse zu lenken. Seit der Zeit, als die britische Regierung im Jahre 1694 der Bank von England gegen Entgelt ein begrenztes Notenmonopol einräumte, ist es das Hauptanliegen von Regierungen gewesen, die ehemals auf dem Münzregal beruhende Macht über das Geld sich nicht aus der

---

23 Nussbaum, A., *Money in the Law, National and International* (1939), 2. Aufl., Brooklyn: Foundation Press 1950, S. 53.

24 Zu den Ereignissen in China vgl. Vissering, W., *On Chinese Currency. Coin and Paper Money*, Leiden: E.J. Brill 1877 und Tullock, G., »Paper Money – A Cycle in Cathay«, *Economic History Review*, Vol. 9, 1956, S. 393–407, der jedoch die oft berichtete Geschichte vom »endgültigen Verbot« nicht erwähnt.

Hand gleiten und auf wirklich unabhängige Banken übergehen zu lassen. Eine Zeitlang wurden dieser Macht durch das Heraufkommen der Goldwährung und den damit verbundenen Glauben, sie aufrechtzuerhalten sei eine wichtige Sache des Prestiges, von ihr abzugehen dagegen eine nationale Schande, wirksame Schranken gesetzt. Das brachte der Welt die eine lange Periode – 200 Jahre oder mehr – relativer Stabilität, während der sich der moderne Industrialismus, wenn auch gestört durch periodische Krisen, entwickeln konnte. Aber sobald man vor etwa 50 Jahren weit herum erkannte, daß die Konvertibilität in Gold nur eine Methode war zur Beschränkung der Geld*menge*, des eigentlichen wertbestimmenden Faktors von Geld, wurden die Regierungen nur allzu begierig, sich dieser Disziplin zu entziehen, und das Geld wurde mehr als jemals zuvor zum Spielball der Politik. Nur wenige der Großmächte hielten eine Zeitlang eine erträgliche monetäre Stabilität aufrecht und brachten diese auch ihren Kolonialreichen. Doch Osteuropa und Südamerika kannten nie eine länger anhaltende Periode monetärer Stabilität.

Regierungen setzten ihre Macht nie dafür ein, auf Dauer ein ordentliches Geld bereitzustellen; sie unterließen groben Mißbrauch nur, als sie einer Disziplin unterworfen waren, wie sie die Goldwährung auferlegte. Was uns veranlassen sollte, diese Verantwortungslosigkeit der Regierungen nicht länger zu ertragen, ist unser heutiges Wissen, daß es möglich ist, die Geldmenge so zu kontrollieren, daß wesentliche Schwankungen in der Kaufkraft des Geldes verhindert werden. Mehr noch: Obwohl alles dafür spricht, Regierungen, wenn sie nicht durch die Goldwährung oder ähnliches gebunden sind, zu mißtrauen, besteht kein Grund zu bezweifeln, daß private Unternehmungen, deren Existenz vom Gelingen des Versuchs abhängt, den Wert eines von ihnen ausgegebenen Geldes stabil halten könnten.

Bevor wir jedoch dazu übergehen können zu zeigen, wie ein derartiges System funktionieren würde, müssen wir zwei Vorurteile aus dem Weg räumen, die wahrscheinlich unbegründeten Widerspruch gegen den Vorschlag aufkommen lassen.

V. Die Legende vom gesetzlichen Zahlungsmittel

Das erste Mißverständnis betrifft den Begriff des »gesetzlichen Zahlungsmittels«. Er ist für unsere Zwecke nicht von großer Bedeutung, doch wird allgemein angenommen, er erkläre oder rechtfertige das Monopol der Regierung auf die Geldemission. Die erste, entsetzte Antwort auf den hier diskutierten Vorschlag ist gewöhnlich: »Aber es muß doch ein gesetzliches Zahlungsmittel geben« – als ob diese Ansicht die Notwendigkeit eines einzigen, von der Regierung emittierten Geldes beweisen würde, von dem man glaubt, daß es im täglichen Geschäftsverkehr unentbehrlich sei.

Im streng rechtlichen Wortsinn bedeutet »gesetzliches Zahlungsmittel« nicht mehr als eine Art von Geld, dessen Annahme ein Gläubiger nicht verweigern kann als Begleichung einer ihm gegenüber bestehenden Schuld, die auf das von der Regierung emittierte Geld lautet.[25] Doch ist es bemerkenswert, daß es für den Ausdruck »legal tender« im englischen geschriebenen Recht keine offizielle Definition gibt.[26] Anderswo bezieht sich der Ausdruck einfach auf die Mittel zur Tilgung einer Schuld, die vertraglich auf das von der Regierung emittierte Geld lautet oder durch gerichtliche Verfügung in solchem Geld zu leisten ist. Insoweit die Regierung das Monopol der Geldemission besitzt und es dazu benutzt, eine einzige Art von Geld zu schaffen, muß sie wahrscheinlich auch die Macht haben, festzulegen, mit welchen Dingen Schulden, die auf ihre Geldeinheit lauten, getilgt werden können. Doch das bedeutet nicht, daß alles Geld gesetzliches Zahlungsmittel sein muß, und nicht einmal, daß alle Dinge, die das Recht zum gesetzlichen Zahlungsmittel erklärt, Geld sein müssen. (Es gibt historische Beispiele dafür, daß Gläubiger von Gerichten gezwungen wurden, Waren wie zum Beispiel Tabak, die kaum als Geld bezeichnet werden können, zur Begleichung ihrer auf Geld lautenden Forderungen anzunehmen.[27])

1. Spontanes Geld widerlegt den Aberglauben. Die Bezeichnung »gesetzliches Zahlungsmittel« wurde jedoch in der Vorstellung des Volkes umstellt von einem Halbdunkel vager Ideen über die vermeintliche Notwendigkeit, daß der Staat Geld zur Verfügung stellen müsse. Dies ist ein Überbleibsel der mittelal-

---

[25] Nussbaum, A., *Money in the Law, National and International* (1939), 2. Aufl., Brooklyn: Foundation Press 1950; Mann, F. A., *The Legal Aspect of Money, with Special Reference to Comparative Private and Public International Law* (1938), 3., überarb. Aufl., Oxford: Oxford University Press 1971 [deutsch: *Das Recht des Geldes. Eine rechtsvergleichende Untersuchung auf der Grundlage des englischen Rechts*, Frankfurt a. M. und Berlin: A. Metzner 1960]; Breckinridge, S. P., *Legal Tender. A Study in English and American Monetary History*, Chicago: University of Chicago Press 1903.

[26] Mann, F. A., op.cit. (Anm. 25), 3. engl. Aufl., S. 38. Andererseits machte die bis vor kurzem übliche Weigerung englischer Gerichte, eine Zahlung in einer anderen Währung als dem Pfund Sterling anzuordnen, diesen Aspekt des gesetzlichen Zahlungsmittels in England besonders einflußreich. Doch das wird sich wahrscheinlich ändern, nachdem kürzlich entschieden wurde (Miliangos v. George Frank Textiles Ltd., 1975), ein englisches Gericht könne bei einer auf fremde Währung lautenden Geldforderung ein auf fremde Währung lautendes Urteil sprechen, so daß es nun in England möglich ist, eine aus Verkauf entstandene Geldforderung zum Beispiel in Schweizer Franken gerichtlich durchzusetzen (*Financial Times*, 6. November 1975); dieser Zeitungsbericht ist wiederabgedruckt in: Hayek, F. A., *Choice in Currency. A Way to Stop Inflation*, London: The Institute of Economic Affairs (Occasional Paper 48) 1976, S. 45–46; [deutsch: »Freie Währungswahl: eine Methode, die Inflation zu stoppen«, abgedruckt (ohne den Zeitungsbericht) in: Hayek, *Schriften*, A 6, S. 147–160].

[27] Nussbaum, A., op.cit. (Anm. 25), 2. Aufl., 1950, S. 54f.

terlichen Vorstellung, es sei die Obrigkeit, die dem Geld in irgendeiner Weise einen Wert verleihe, den es sonst nicht besäße. Und dies wiederum trifft nur in dem sehr begrenzten Maß zu, in dem die Regierung uns zwingen kann, statt des von uns vertraglich Vereinbarten das zu akzeptieren, was immer sie wünscht; in diesem Sinne kann sie dem Substitut den gleichen Wert verleihen, den der ursprüngliche Vertragsgegenstand für den Schuldner hatte. Der Aberglaube aber, daß die Regierung (im allgemeinen »Staat« genannt, damit es besser klingt) notwendigerweise erklären müsse, was Geld sein soll, als ob sie das Geld erschaffen hätte und es ohne sie nicht existieren könnte, entsprang wahrscheinlich dem naiven Glauben, so ein Werkzeug wie das Geld müsse »erfunden« und uns von irgendeinem ursprünglichen Erfinder überlassen worden sein. Dieser Glaube ist vollständig verdrängt worden durch unser Verständnis der spontanen Entstehung derartiger ungeplanter Einrichtungen im Wege eines sozialen Evolutionsprozesses, wofür das Geld seitdem zum Musterbeispiel geworden ist (Recht, Sprache und Sitten sind die anderen wesentlichen Beispiele). Als die mittelalterliche Doktrin des *valor impositus* in diesem Jahrhundert seitens des viel bewunderten Professors G.F. Knapp wiederbelebt wurde, bereitete sie einer Politik den Weg, die 1923 die Reichsmark auf ein Billionstel ihres früheren Wertes herunterwirtschaftete!

2. *Privates Geld wird bevorzugt.* Natürlich kann es Geld geben, hat es auch gegeben, sogar sehr zufriedenstellendes Geld, ohne daß die Regierung irgend etwas dafür tat; allerdings ließ man es selten längere Zeit existieren.[28] Aber wir können von einem holländischen Autor etwas lernen, der vor hundert Jahren in einem Bericht über China in bezug auf das damals in diesem Teil der Welt gängige Papiergeld beobachtete, daß es, »*weil es nicht gesetzliches Zahlungsmittel ist* und weil es keine Angelegenheit des Staates ist, generell als Geld akzeptiert wird.«[29] Wir verdanken es den Regierungen, daß innerhalb gegebener Staatsgebiete heute gewöhnlich nur eine einzige Art von Geld allgemein akzep-

---

[28] Gelegentliche Versuche seitens der Obrigkeiten von Handelsstädten, ein Geld mit zumindest konstantem Metallgehalt bereitzustellen, wie es durch Einrichtung der Bank von Amsterdam geschah, waren lange Zeit ziemlich erfolgreich, und dieses Geld war weit über die nationalen Grenzen hinaus in Gebrauch. Doch selbst in diesen Fällen mißbrauchten die Obrigkeiten früher oder später ihre quasi-monopolistische Stellung. Die Bank von Amsterdam war eine staatliche Institution, die die Leute für gewisse Zwecke in Anspruch nehmen mußten, und ihr Geld war für Zahlungen, die über einen bestimmten Betrag hinausgingen, sogar das alleinige gesetzliche Zahlungsmittel. Außerhalb der Stadtgrenzen war es nicht einmal für gewöhnliche, kleine Transaktionen oder lokale Geschäfte verwendbar. Ungefähr das gleiche gilt für die ähnlichen Experimente in Venedig, Genua, Hamburg und Nürnberg.

[29] Vissering, W., *On Chinese Currency. Coin and Paper Money*, Leiden: E.J. Brill 1877.

tiert wird. Aber ob dies wünschenswert ist, oder ob die Leute, wenn sie den Vorteil erkennen würden, nicht eine viel bessere Art von Geld erhalten könnten ohne das ganze Getue um das gesetzliche Zahlungsmittel, ist eine offene Frage. Überdies braucht ein gesetzliches Zahlungsmittel nicht durch ein Gesetz genau umschrieben zu werden. Es genügt, wenn das Gesetz den Richter ermächtigt, zu entscheiden, in welcher Art von Geld eine einzelne Schuld getilgt werden kann.

Um was es hier praktisch geht, hat vor 80 Jahren ein Vertreter einer liberalen Wirtschaftspolitik deutlich gemacht, der Jurist, Statistiker und hohe Beamte Lord Farrer. In einem 1895 verfaßten Aufsatz[30] behauptete er, daß, wenn Nationen

> »nichts anderes als die [als Wertmaßstab gewählte] Geldeinheit zum gesetzlichen Zahlungsmittel machen, kein Bedarf und kein Platz ist für das Wirksamwerden irgendeines speziellen Gesetzes über gesetzliche Zahlungsmittel. Das gewöhnliche Vertragsrecht tut alles Erforderliche, ohne daß irgendein Gesetz bestimmten Arten von Umlaufsmitteln eine spezielle Funktion zuschreibt. Wir haben einen Gold-Sovereign als unsere Einheit oder unseren Wertmaßstab gewählt. Wenn ich die Zahlung von 100 Sovereigns versprochen habe, bedarf es keines speziellen Gesetzes über gesetzliche Zahlungsmittel, das festschreibt, daß ich zur Zahlung von 100 Sovereigns verpflichtet bin und daß ich, wenn ich zur Zahlung der 100 Sovereigns aufgefordert werde, der Verpflichtung nicht mit irgend etwas anderem nachkommen kann.«

Und nachdem er typische Anwendungen des Begriffs »gesetzliches Zahlungsmittel« untersucht hat, kommt er zu dem Schluß:

> »*Wenn wir die oben aufgeführten Fälle des Gebrauchs oder Mißbrauchs des Gesetzes über gesetzliche Zahlungsmittel mit Ausnahme des letzten* [d.h. den Fall der Scheidemünzen] *betrachten, erkennen wir, daß sie alle eines gemeinsam haben – nämlich, daß das Gesetz in allen Fällen einen Schuldner ermächtigt, etwas anderes zu zahlen, und einen Gläubiger zwingt, etwas anderes anzunehmen, als das, was beide vertraglich vereinbart hatten.* Es ist in der Tat eine erzwungene und unnatürliche Konstruktion, die dem Geschäftsverkehr der Leute durch willkürliche Macht auferlegt wird.«[31]

---

30 Farrer, T.H. Lord, *Studies in Currency 1898: or, Inquiries into Certain Modern Problems Connected with the Standard of Value and the Media of Exchange*, London: Macmillan 1898, S.43.

31 Farrer, T.H. Lord, ebenda, S.45. – Der locus classicus, von dem ich unzweifelhaft meine Ansichten zu diesem Thema habe, wenn ich es auch vergessen hatte, als ich die erste englische Auflage dieser Arbeit schrieb, ist Carl Mengers Diskussion des gesetzlichen Zahlungsmittels unter dem noch treffenderen Terminus Zwangskurs. Siehe Men-

Ergänzend sagt er einige Zeilen später, daß »jedes Gesetz über gesetzliche Zahlungsmittel schon der Natur der Sache nach ›verdächtig‹ ist.«[32]

3. Gesetzliches Zahlungsmittel erzeugt Unsicherheit. In Wahrheit ist das gesetzliche Zahlungsmittel einfach ein rechtlicher Kunstgriff, um Leute zu zwingen, etwas als Vertragserfüllung zu akzeptieren, was sie bei Vertragsabschluß niemals beabsichtigt hatten. Somit wird es unter bestimmten Umständen zu einem Faktor, der die Unsicherheit des Geschäftsverkehrs verstärkt und der, wie Lord Farrer im gleichen Zusammenhang auch bemerkt,

> »das ungehinderte Wirksamwerden freiwilliger Verträge und ein Gesetz, das einfach die Erfüllung derartiger Verträge vorschreibt, durch eine künstliche Vertrags-Konstruktion ersetzt, auf die die Parteien nie gekommen wären, wäre sie ihnen nicht durch ein willkürliches Gesetz aufgezwungen worden.«[33]

Dies alles wird gut veranschaulicht durch den geschichtlichen Anlaß, durch den der Begriff »gesetzliches Zahlungsmittel« weithin bekannt und als Definition des Geldes anerkannt wurde. In den berühmten »Legal Tender Cases«, die nach dem Bürgerkrieg vor dem Obersten Gerichtshof der Vereinigten Staaten ausgefochten wurden, ging es um die Streitfrage, ob Gläubiger die umlaufenden Dollar zum Nennwert annehmen müssen als Tilgung ihrer Forderungen auf Geld, das sie ausgeliehen hatten, als der Dollar noch einen wesentlich höheren

---

ger, C., Artikel »Geld« (1892, Neuausgabe 1909) im Handwörterbuch der Staatswissenschaften, abgedruckt in: Menger, C., *Gesammelte Werke,* F.A. Hayek (Hrsg.), *Bd. IV, Schriften über Geld und Währungspolitik*, 2. Aufl., Tübingen: J.C.B. Mohr (Paul Siebeck) 1970, S. 98–106, insbesondere S. 101, wo er den Zwangskurs beschreibt als »eine Massregel, die in der überwiegenden Zahl der Fälle den Zweck hat, gegen den Willen der Bevölkerung, zumeist durch einen Missbrauch der Münzhoheit oder des Notenregals entstandene pathologische (also exzeptionelle!) Formen von Umlaufsmitteln, durch einen Missbrauch der Justizhoheit dem Verkehre aufzudrängen oder in demselben zu erhalten«; und S. 104, wo Menger den Zwangskurs beschreibt als »ein auf die Forderungsberechtigten geübter, gesetzlicher Zwang, bei Summenschulden (bisweilen auch bei Schulden anderer Art) solche Geldsorten als Zahlung anzunehmen, welche dem ausdrücklich oder stillschweigend vereinbarten Inhalte der Forderungen nicht entsprechen, oder dieselben sich zu einem Werte aufdrängen zu lassen, der ihrem Werte im freien Verkehre nicht entspricht«. Besonders interessant ist auch die erste Fußnote auf S. 102, in der Menger darauf hinweist, daß die liberalen Volkswirte der ersten Hälfte des 19. Jahrhunderts dem Zwangskurs überwiegend ablehnend gegenüberstanden, während in der zweiten Hälfte des Jahrhunderts der Einfluß der (vermutlich deutschen) Juristen die Volkswirte veranlaßte, im Zwangskurs fälschlicherweise ein Attribut des vollkommenen Geldes zu sehen.

[32] Farrer, T.H., Lord, ebenda, S. 47.

[33] Farrer, T.H., Lord, ebenda, S. 47.

Wert hatte.[34] Das gleiche Problem trat sogar noch schärfer auf am Ende der großen europäischen Geldentwertungen nach dem Ersten Weltkrieg, als selbst im extremen Fall der deutschen Reichsmark das Prinzip »Mark gleich Mark« bis zuletzt durchgesetzt wurde – obwohl man später einige Anstrengungen machte, den am schlimmsten Betroffenen einen begrenzten Ausgleich zu gewähren.[35]

4. Steuern und Verträge. Einer Regierung muß es natürlich freistehen, darüber zu entscheiden, in welchem Zahlungsmittel die Steuern zu entrichten sind, und sie muß Verträge in jedem beliebigen Zahlungsmittel abschließen können (wodurch sie ein von ihr ausgegebenes Zahlungsmittel oder eines, das sie begünstigen will, stützen kann), aber es gibt keinen Grund, warum sie nicht andere Recheneinheiten als Basis für die Steuerveranlagung akzeptieren sollte. Bei nicht vertraglichen Zahlungen wie Schadenersatz- oder Wiedergutmachungsleistungen hätten die Gerichte über die Zahlungsmittel, in denen sie beglichen werden müssen, zu entscheiden, und sie müßten dafür wahrscheinlich neue Regeln entwickeln; aber eine spezielle Gesetzgebung sollte nicht notwendig sein.

Eine echte Schwierigkeit entsteht, wenn ein von Regierungsseite ausgegebenes Geld durch ein anderes ersetzt wird, weil die Regierung als Folge von Eroberung, Revolution oder Zerfall einer Nation verschwunden ist. In einem solchen Fall wird die sie ablösende Regierung gewöhnlich gesetzlich festlegen, wie private, in der verschwundenen Währung ausgedrückte vertragliche Abmachungen zu behandeln sind. Würde eine private Emissionsbank ihre Tätigkeit einstellen und nicht in der Lage sein, das von ihr ausgegebene Geld einzulösen, würde dieses Geld wahrscheinlich wertlos, und die Besitzer könnten keine Forderung auf Entschädigung geltend machen. Doch die Gerichte könnten beschließen, daß in einem solchen Fall Verträge zwischen Dritten, die in diesem Geld zu einem Zeitpunkt abgeschlossen worden waren, als man Grund hatte, seine Wertbeständigkeit zu erwarten, in einem anderen Zahlungsmittel zu erfüllen sind, das der vermuteten Absicht der Vertragsparteien am nächsten kommt.

---

[34] Vgl. Nussbaum, A., op.cit. (Anm. 25, S. 152), 2. Aufl., 1950, S. 586–592.

[35] In Österreich war nach 1922 der Name »Schumpeter« unter gewöhnlichen Leuten beinahe zu einem Schimpfwort geworden, das sich auf das Prinzip »Krone gleich Krone« bezog, weil der Wirtschaftswissenschaftler J.A. Schumpeter während seiner kurzen Amtszeit als Finanzminister seinen Namen unter einen Kabinetts-Beschluß gesetzt hatte, der lediglich formulierte, was unzweifelhaft geltendes Recht war, daß nämlich auf Kronen lautende Schulden, die eingegangen worden waren, als deren Wert höher war, auch in entwerteten Kronen zurückgezahlt werden konnten, die zuletzt nur noch den fünfzehntausendsten Teil ihres ursprünglichen Wertes besaßen.

VI. Die Verwirrung über das Greshamsche Gesetz

Es beruht auf einem Mißverständnis des sogenannten Greshamschen Gesetzes, zu glauben, daß die Tendenz des schlechten Geldes, gutes Geld zu verdrängen, ein staatliches Monopol notwendig mache. Der angesehene Ökonom W. S. Jevons formulierte das Gesetz nachdrücklich in der Version, daß besseres Geld schlechteres nicht verdrängen könne, um genau dies zu beweisen. Zwar argumentierte er damals gegen einen Vorschlag des Philosophen Herbert Spencer, das Prägen von Goldmünzen dem freien Wettbewerb zu öffnen, zu einer Zeit, als Gold- und Silbermünzen die einzigen in Betracht gezogenen Arten von Umlaufsmitteln waren. Vielleicht zog Jevons, der über seine Erfahrungen als Prüfer an einer Münzstätte zur Nationalökonomie gelangt war, noch weniger als seine Zeitgenossen die Möglichkeit irgendeiner anderen Art von Geld ernsthaft in Erwägung. Nichtsdestoweniger führte ihn seine Entrüstung über das, was er als Spencers Vorschlag beschreibt – nämlich

> »... wie wir darauf vertrauen, daß uns der Krämer Pfunde Tee und der Bäkker Brotlaibe schickt, ebenso könnten wir auch Heaton und Söhne oder eine andere Firma in Birmingham damit betrauen, auf ihr eigenes Risiko und zu ihrem Vorteil uns mit Sovereigns und Schillings zu versorgen,«[36]

zu der kategorischen Erklärung, daß seiner Meinung nach ganz allgemein »nichts weniger geeignet ist, dem Einfluß des Wettbewerbs überlassen zu werden, als das Geld.«[37]

---

[36] Jevons, W. S., *Money and the Mechanism of Exchange*, London: Kegan Paul 1875, S. 64, in der Auseinandersetzung mit Spencer, H., *Social Statics* (1851), gekürzte und überarbeitete Aufl., London und Oxford: Williams & Norgate 1902.

[37] Jevons, W. S., ebenda, S. 65. Ein früherer, charakteristischer Versuch, zu rechtfertigen, daß das Bankwesen und die Notenemission von der allgemeinen Forderung nach freiem Wettbewerb ausgenommen werden, findet sich in den Schriften von Loyd, S. J., (später Lord Overstone), *Further Reflections on the State of the Currency and the Action of the Bank of England*, London: P. Richardson 1837, S. 49: »Die gewöhnlichen Vorteile, die der Gesellschaft aus dem Wettbewerb entstehen, bestehen darin, daß er darauf hinwirkt, die Erfindungsgabe und Einsatzbereitschaft der Produzenten anzuregen und somit dem Publikum die beste Qualität und Quantität eines Gutes zu niedrigstem Preis zu garantieren, während jeglicher aus Irrtümern oder Fehlkalkulationen der Produzenten entstehender Schaden auf diese selbst zurückfällt und nicht auf das Publikum. In bezug auf ein Papiergeld ist das Interesse des Publikums jedoch von ganz anderer Art; anzustrebendes Ziel ist eine gesetzlich festgelegte, stetige und gleichmäßige Regulierung seiner Menge; jede üble Folge von Irrtum oder Fehlkalkulation in diesem Punkt geht zu einem weit größeren Teil zu Lasten des Publikums als zu Lasten des Emittenten.« Es ist offensichtlich, daß Loyd nur an die Möglichkeit dachte, daß verschiedene Institute *dasselbe* Geld emittieren, und nicht daran, daß *verschieden* bezeichnete Umlaufsmittel miteinander im Wettbewerb stehen.

Es ist vielleicht charakteristisch, daß selbst Herbert Spencer nicht mehr erwogen hatte, als daß es privaten Unternehmungen gestattet werden sollte, das gleiche Geld herzustellen, wie es damals die Regierung tat, nämlich Gold- und Silbermünzen. Er scheint sie für das einzige Geld gehalten zu haben, das vernünftigerweise in Betracht kommen konnte, und scheint folglich geglaubt zu haben, daß zwischen staatlichem und privatem Geld notwendigerweise ein festes Austauschverhältnis (nämlich 1 : 1 bei gleichem Gewicht und Feingehalt) bestehen würde. In diesem Fall würde das Greshamsche Gesetz in der Tat wirksam, sobald irgendein Produzent schlechtere Ware anböte. Daß Jevons diesen Fall im Sinn hatte, zeigt sich darin, daß er seine Mißbilligung des Vorschlags mit der Begründung rechtfertigte:

> »Während in allen anderen Dingen jedermann aus Eigeninteresse veranlaßt wird, das Bessere zu wählen und das Schlechtere von der Hand zu weisen, hat es im Falle des Geldes den Anschein, als ob alle paradoxerweise das Schlechtere behalten und das Bessere weggeben.«[38]

Was Jevons, wie so viele andere, anscheinend übersehen oder als unerheblich angesehen hat, ist, daß das Greshamsche Gesetz *nur* gilt bei unterschiedlichen Geldarten, zwischen denen *durch Gesetz* ein festes Austauschverhältnis festgelegt ist.[39] Wenn das Gesetz zwei Arten von Geld zu vollkommenen Substituten macht bei der Begleichung von Schulden und Gläubiger zwingt, eine Münze mit geringerem Goldgehalt anstelle einer mit höherem Gehalt anzunehmen, dann werden die Schuldner natürlich nur in der ersten bezahlen und für den Metallgehalt der zweiten eine lohnendere Verwendung finden.

Bei flexiblen Austauschverhältnissen würde jedoch das Geld minderer Qualität zu einem niedrigeren Kurs bewertet, und die Leute würden besonders dann, wenn er weiter abzufallen drohte, versuchen, es so schnell wie möglich loszuwerden. Der Selektionsprozeß ginge weiter in Richtung auf jene Art von Geld, die sie unter den von den verschiedenen Instituten ausgegebenen als die beste ansähen, und verdrängte rasch jenes Geld, das sich als ungeeignet oder wertlos herausstellte.[40] In der Tat wurden jedesmal, wenn eine Inflation schnell voranschritt, alle möglichen Dinge mit einem stabileren Wert, von Kartoffeln

---

[38] Jevons, W.S., ebenda, S. 82. Jevons' Satz ist ziemlich unglücklich formuliert, weil das Greshamsche Gesetz im wörtlichen Sinn natürlich wirksam wird, indem die Leute das schlechtere Geld abstoßen [das heißt für Zahlungen benutzen, d. Hrsg.] und das bessere für andere Zwecke behalten.

[39] Vgl. Hayek, F.A., »The Uses of ›Gresham's Law‹ as an Illustration of ›Historical Theory‹«, in: Hayek, F.A., *Studies in Philosophy, Politics and Economics*, London und Chicago: Routledge & Kegan Paul 1967, S. 318–320; und Fetter, F.W., »Some Neglected Aspects of Gresham's Law«, *Quarterly Journal of Economics*, Vol. XLVI, 1931/32.

[40] Wenn Gresham, wie er manchmal zitiert wird, behauptete, besseres Geld könne ganz allgemein das schlechtere nicht verdrängen, dann ist dies einfach so lange falsch, bis

bis zu Zigaretten und von Branntwein bis zu Eiern und ausländischen Währungen wie Dollarnoten, in zunehmendem Maße als Geld benutzt,[41] so daß am Ende der großen deutschen Inflation behauptet wurde, das Greshamsche Gesetz sei falsch und das Gegenteil richtig. Es ist nicht falsch, aber es gilt nur, wenn ein *festes Tauschverhältnis* zwischen den verschiedenen Arten von Geld erzwungen wird.

VII. Begrenzte Erfahrung mit Parallelwährungen und Handelsmünzen

Solange Münzen aus Edelmetall die einzigen brauchbaren und allgemein akzeptierten Arten von Geld waren, wobei alle nahen Substitute zumindest in sie einlösbar waren (und Kupfer schon verhältnismäßig früh zu einem subsidiären Zeichengeld herabgestuft war), waren Gold- und Silbermünzen die einzigen verschiedenen, nebeneinander auftretenden Arten von Geld.

Die Vielfalt der Münzen, mit denen die alten Geldwechsler umzugehen hatten, bestand letztlich nur aus diesen beiden Arten, und ihr jeweiliger Wert war innerhalb jeder Gruppe durch ihren Gehalt an dem einen oder anderen Metall bestimmt (den nur der Experte, nicht jedoch ein Laie, feststellen konnte). Die meisten Fürsten hatten ein festes, gesetzliches Tauschverhältnis zwischen Gold- und Silbermünzen festzusetzen versucht, womit sie ein System schufen, das man später Bimetallismus nannte. Doch da die Regierungen – trotz sehr frühzeitiger Anregungen, dieses Tauschverhältnis durch ein internationales Abkommen festzulegen[42] – unterschiedliche Austauschverhältnisse festsetzten, entstand die Tendenz, daß jedes Land die Münzen aus jenem Metall verlor, das es im Vergleich zu den in anderen Ländern geltenden Wertverhältnissen unterbewertete. Das System wurde deshalb richtiger als ein alternierender Standard beschrieben, wobei der Wert einer Währung von dem Metall abhing, das zur Zeit gerade überbewertet war. Kurz bevor dieses System in der zweiten

---

wir seine wahrscheinlich stillschweigend gemachte Annahme hinzufügen, daß ein *festes* Tauschverhältnis in Kraft war.

[41] Vgl. Bresciani-Turroni, C., *Le vicende del marco tedesco*, Milano: Università Bocconi Edit. 1931, englisch: *The Economics of Inflation. A Study of Currency Depreciation in Post-War Germany*, London: G. Allen & Unwin 1937, S. 174: »Unter monetären Bedingungen, die durch großes Mißtrauen in die nationale Währung gekennzeichnet sind, wird das Prinzip des Greshamschen Gesetzes umgekehrt, *gutes Geld verdrängt schlechtes*, und der Wert des schlechten nimmt fortgesetzt ab.« Doch selbst er weist nicht darauf hin, daß der entscheidende Unterschied nicht das »große Mißtrauen« ist, sondern das Vorhandensein oder Nicht-Vorhandensein von wirksam durchgesetzten festen Austauschverhältnissen.

[42] Scaruffi, G., *L'Alitinonfo per fare ragione e concordanza d'oro e d'argento*, Reggio: Hercoliano Bartoli 1582.

Hälfte des 19. Jahrhunderts endgültig abgeschafft wurde, machte man einen letzten Versuch, international ein einheitliches Tauschverhältnis von $15^1/_2$ zwischen Gold und Silber einzuführen. Dieser Versuch hätte gelingen können, sofern in der Produktion keine großen Veränderungen eintraten. Der relativ große Anteil an den Gesamtbeständen beider Metalle, der als Geld verwendet wurde, bedeutete, daß durch Zufluß zu oder Abfluß aus dieser Verwendung deren relativer Wert wahrscheinlich an das gesetzliche Tauschverhältnis als Geld hätte angeglichen werden können.

1. Parallelwährungen. In einigen Ländern waren jedoch Gold und Silber lange Zeit nebeneinander in Umlauf gewesen, wobei ihr relativer Wert mit wechselnden Bedingungen schwankte. Diese Situation bestand zum Beispiel in England von 1663 bis 1695, als England schließlich unabsichtlich eine Goldwährung einrichtete, indem es zwischen Gold- und Silbermünzen ein Wertverhältnis verfügte, mit dem Gold überbewertet wurde.[43] Der gleichzeitige Umlauf von Münzen beider Metalle, ohne festes Tauschverhältnis zwischen ihnen, wurde später von einem Gelehrten aus Hannover, wo ein derartiges System bis 1857 bestand, Parallelwährung genannt, um es vom Bimetallismus zu unterscheiden.[44]

Das ist die einzige Form, in der parallel, nebeneinander umlaufende Zahlungsmittel jemals allgemein in Gebrauch waren, doch sie erwies sich aus einem speziellen Grund als höchst ungeeignet. Da die Gewichtseinheit Gold meistens über fünfzehnmal mehr wert war als die gleiche Gewichtseinheit Silber, war es offensichtlich notwendig, Gold für große und Silber für die kleineren (und Kupfer für noch kleinere) [Geld-]Einheiten zu verwenden. Bei schwankenden Werten der verschiedenen Arten von Münzen stellten jedoch die kleineren [Geld-]Einheiten keine konstanten Bruchteile der größeren dar. Mit anderen Worten: Die Gold- und die Silbermünzen gehörten zu unterschiedlichen Systemen, ohne daß kleinere und größere Münzen von ein und demselben System vorhanden waren.[45] Dies machte jeden Wechsel von großen zu kleinen [Geld-]Einheiten zum Problem, und niemand war in der Lage, nicht einmal für seine eigenen Zwecke, sich an eine einzige Recheneinheit zu halten.

---

[43] Feavearyear, A.E., *The Pound Sterling. A History of English Money*, Oxford: Clarendon Press 1931, S. 142.

[44] Grote, H., *Die Geldlehre*, Leipzig: Hahn 1865.

[45] Im Mittelalter wurden eine Zeitlang die von den großen Handels-Republiken Italiens ausgegebenen Goldmünzen in großem Maße im internationalen Handel benutzt; sie behielten über ziemlich lange Perioden hinweg einen konstanten Goldgehalt, während zur gleichen Zeit die bei lokalen Geschäften gebräuchlichen kleinen Münzen, meist Silbermünzen, das übliche Schicksal der fortschreitenden Entwertung erlitten; vgl. Cipolla, C.M., *Money, Prices and Civilization in the Mediterranean World, Fifth to Seventeenth Century*, New York: Gordian Press 1967, S. 34ff.

Mit Ausnahme einiger weniger jüngst im Fernen Osten aufgetauchter Fälle[46] scheint es sehr wenige Beispiele nebeneinander umlaufender Zahlungsmittel gegeben zu haben, und die Erinnerung an den parallelen Umlauf von Gold- und Silbermünzen hat dem System einen ziemlich schlechten Ruf eingetragen. Er ist deshalb immer noch interessant, weil er das einzige wichtige historische Beispiel ist, in dem einige der Probleme auftauchten, die generell durch nebeneinander umlaufende Zahlungsmittel aufgeworfen werden. Nicht das geringste dieser Probleme liegt in der Tatsache, daß der Begriff *der* Geldmenge eines Landes oder Gebiets in einem solchen System genau genommen keine Bedeutung hat, da wir die Mengen der verschiedenen, in Umlauf befindlichen Zahlungsmittel erst addieren können, nachdem wir den relativen Wert der verschiedenen Einheiten kennen.

2. Handelsmünzen. Auch die etwas andersartigen, aber komplexeren Beispiele des Gebrauchs verschiedener Handelsmünzen[47] helfen nicht weiter: der Maria-Theresia-Thaler in den Gegenden um das Rote Meer und der Mexikanische Dollar im Fernen Osten oder der gleichzeitige Umlauf zweier oder mehrerer nationaler Währungen in einigen Grenzbezirken oder Touristenzentren. In der Tat ist unsere Erfahrung so begrenzt, daß wir nichts Besseres tun können, als auf die übliche Vorgehensweise der klassischen Wirtschaftstheorie zurückzugreifen und zu versuchen, aus der allgemeinen Erfahrung bezüglich des Verhaltens von Menschen in entsprechenden Situationen eine Art Denkmodell (oder Gedankenexperiment) darüber zu bilden, was wahrscheinlich geschehen wird, wenn viele Menschen mit neuen Alternativen konfrontiert werden.

VIII. Die Emission privaten Zeichengeldes

Für den Rest dieser Diskussion werde ich unterstellen, daß es möglich sein wird, in verschiedenen Teilen der Welt eine Anzahl von Institutionen zu errichten, die die Freiheit haben, unter Wettbewerbsbedingungen Noten mit ihren je eigenen Bezeichnungen auszugeben und auch ebensolche Scheckkonten zu führen. Ich werde diese Institutionen einfach »Banken« nennen oder »Emissions-

---

[46] Tullock, G., »Paper Money – A Cycle in Cathay«, *Economic History Review*, Vol. IX, 1956, S. 393–407 und Tullock, G., »Competing Monies«, *Journal of Money, Credit and Banking*, Vol. VII, 1975, S. 491–497; vgl. Klein, B., »The Competitive Supply of Money«, *Journal of Money, Credit and Banking*, Vol. VI, 1974, S. 423–435; Klein, B., »Competing Monies: Comment.« *Journal of Money, Credit and Banking*, Vol. VIII, 1976, S. 513–519.

[47] Eine geeignete Zusammenfassung der Kenntnisse über Handelsmünzen findet sich bei Nussbaum, A., op.cit. (Anm. 25, S. 152), S. 315.

banken«, falls eine Abgrenzung gegenüber anderen Banken notwendig ist, die keine Noten ausgeben wollen. Ferner werde ich annehmen, daß der Name oder die Bezeichnung, die eine Bank für das von ihr ausgegebene Geld wählt, wie ein Markenname oder eine Handelsmarke vor unbefugtem Gebrauch geschützt wird und daß der gleiche Schutz vor Fälschungen besteht, wie er bei jedem anderen Dokument üblich ist. Diese Banken werden dann um den Gebrauch ihres Geldes durch das Publikum wetteifern, indem sie ihn so praktisch wie möglich machen.

1. Der private Schweizer Dukaten. Da der Leser wahrscheinlich sofort fragen wird, wie es dazu kommen kann, daß solche Emissionen allgemein als Geld akzeptiert werden, ist es wahrscheinlich am besten, damit zu beginnen, daß ich beschreibe, wie ich vorgehen würde, wenn ich, sagen wir, für eine der großen Schweizer Aktienbanken verantwortlich wäre. Angenommen, es sei rechtlich möglich (was ich nicht untersucht habe), dann würde ich die Emission von nicht-zinstragenden Zertifikaten oder Noten ankündigen sowie die Bereitschaft, Scheckkonten (mit täglich fälligen Einlagen) zu eröffnen, die auf eine Einheit mit einem bestimmten eingetragenen Markennamen, zum Beispiel »Dukaten« lauten. Die einzige rechtliche Verpflichtung, die ich eingehen würde, wäre, die Noten und Einlagen auf Verlangen einzulösen in – je nach Wunsch der Besitzer – entweder 5 Schweizer Franken oder 5 D-Mark oder 2 Dollar pro Dukaten. Dieser Einlösungswert wäre jedoch nur als Untergrenze gedacht, die von dem Wert der Geldeinheit nicht unterschritten werden könnte, da ich gleichzeitig meine Absicht bekannt gäbe, die Menge der Dukaten so zu regulieren, daß ihre (genau definierte) Kaufkraft möglichst konstant bleibt. Außerdem würde ich dem Publikum erklären, ich sei mir vollkommen bewußt, daß ich nur dann hoffen könne, die Dukaten im Umlauf zu halten, wenn ich die Erwartung hinsichtlich der annähernden Konstanz ihres Realwertes erfüllte. Und ich gäbe bekannt, daß ich vorhabe, von Zeit zu Zeit das genaue Güteräquivalent anzugeben, auf das bezogen ich den Wert des Dukaten konstant zu halten beabsichtige, behielte mir aber vor, nach Vorankündigung die Zusammensetzung des Warenkorbes so zu ändern, wie Erfahrung und die offenbarten Präferenzen des Publikums es nahelegten.

Obschon es weder notwendig noch wünschenswert scheint, daß sich die emittierende Bank zur Aufrechterhaltung des Werts ihrer Geldeinheit rechtlich verpflichtet, wäre es sicherlich nötig, daß sie in ihren Kreditverträgen genau angibt, womit jeder Kredit zurückbezahlt werden kann: entweder zum Nennwert in ihrem eigenen Geld oder aber mit entsprechenden Beträgen einer oder mehrerer anderer Währungen, und zwar in Beträgen, die ausreichen, um im Markt das Güteräquivalent zu kaufen, das die Bank bei Abschluß des Kreditvertrags als Maßstab benutzt hatte. Da die Bank ihr Geld hauptsächlich auf dem Weg der Kreditgewährung emittieren muß, könnten potentielle Kreditnehmer durch die formal bestehende Möglichkeit, daß die Bank den Wert ihres Geldes willkürlich erhöht, abgeschreckt werden; es wäre deshalb wohl gut, sie gegen eine solche Möglichkeit ausdrücklich abzusichern.

Diese Zertifikate oder Noten und die ihnen gleichgestellten Sichteinlagen würden dem Publikum im Wege kurzfristiger Kredite oder des Verkaufs gegen andere Währungen zur Verfügung gestellt. Die Geldeinheiten ließen sich vermutlich – aufgrund der Wahlmöglichkeit, die sie bieten – von Anfang an mit einem Aufgeld gegenüber dem Wert jeder anderen Währung, in die sie einlösbar sind, veräußern. Und in dem Maße, wie sich der Realwert der staatlichen Währungen weiterhin verschlechterte, erhöhte sich dieses Aufgeld. Der Realwert des Dukaten bei dem Preis, zu dem die Dukaten erstmals verkauft wurden, diente als Maßstab; diesen Realwert müßte der Emittent konstant zu halten versuchen. Sollten die bestehenden Währungen fortgesetzt an Wert verlieren (und die Verfügbarkeit einer stabilen Alternative könnte den Prozeß in der Tat beschleunigen), stiege die Nachfrage nach dem stabilen Geld rasch an, und Konkurrenzunternehmen, die ähnliche, jedoch anders benannte Geldeinheiten anböten, tauchten bald auf.

Der Verkauf (am Schalter oder durch Versteigerung) wäre anfänglich die wichtigste Emissionsform des neuen Geldes. Nachdem sich jedoch ein regulärer Markt herausgebildet hätte, würde es normalerweise im Wege des üblichen Bankgeschäfts, das heißt durch die Vergabe kurzfristiger Kredite in Umlauf gebracht.

2. *Konstanter, aber nicht fixierter Wert.* Es dürfte zweckmäßig sein, wenn die emittierende Institution das Gütersortiment, dem gegenüber sie den Wert des Dukaten konstant zu halten beabsichtigte, von Anfang an genau bekannt gäbe. Doch wäre es weder notwendig noch wünschenswert, daß sie sich rechtlich auf einen bestimmten Warenkorb als Maßstab verpflichtete. Die Erfahrung mit der Reaktion des Publikums auf konkurrierende Angebote zeigte allmählich, welche Güterkombination an jedem Ort und zu jeder Zeit den begehrtesten Maßstab abgäbe. Änderten sich die Wichtigkeit der Güter, die von ihnen umgesetzten Mengen, die relative Stabilität oder Empfindlichkeit ihrer Preise (insbesondere das Ausmaß, in dem sie durch Wettbewerb bestimmt werden oder nicht), könnte dies Änderungen im Gütersortiment nahelegen, um das Geld beliebter zu machen. Im großen und ganzen würde ich aus später zu erläuternden Gründen (Abschnitt XIII) erwarten, daß eine Auswahl von Rohstoffpreisen, wie sie als Basis einer Warenreservewährung[48] vorgeschlagen worden war,

[48] Vgl. Hayek, F.A., »A Commodity Reserve Currency«, *Economic Journal*, Vol. 53, 1943 [deutsch: »Warenreservewährung«, abgedruckt in diesem Band, S. 119ff.].

am geeignetsten erschiene, sowohl vom Standpunkt der emittierenden Bank als auch bezüglich der Wirkungen auf die Stabilität des Wirtschaftsprozesses als Ganzem.

3. Kontrolle des Wertes durch Wettbewerb. In der Tat sollte sich das beschriebene System unter den meisten Gesichtspunkten als eine praktikablere Methode erweisen, um all das zu erreichen, was man sich von einer Warenreservewährung oder von einer anderen Art »Indexwährung« erhoffte. Gleichzeitig entfiele die Notwendigkeit, das System vollständig zu automatisieren, weil die Kontrollfunktion einer monopolistischen Instanz entzogen und privaten Unternehmen anvertraut wäre. Die Gefahr, ihr gesamtes Geschäft sofort zu verlieren, wenn sie den Erwartungen nicht entsprächen (jede staatliche Organisation mißbrauchte gewiß die Gelegenheit, mit Rohstoffpreisen zu spielen!), stellte eine weitaus stärkere Sicherung dar als alles, was gegen ein staatliches Monopol ausgedacht werden kann. Wettbewerb würde die emittierenden Institutionen sicherlich weit wirksamer zwingen, den Wert ihres Geldes (in bezug auf ein bekannt gegebenes Gütersortiment) konstant zu halten, als es irgendeine Verpflichtung zur Einlösung des Geldes in diese Güter (oder in Gold) könnte. Und er wäre eine weitaus billigere Methode als die Ansammlung und Lagerung wertvoller Materialien.

Die Art von Vertrauen, auf dem Privatgeld beruhte, wäre nicht sehr verschieden von dem Vertrauen, auf dem heute das ganze private Bankwesen ruht (in den USA bis zur Errichtung der staatlichen Depositenversicherung ruhte!). Die Leute vertrauen heutzutage darauf, daß eine Bank, um im Geschäft zu bleiben, ihre Tätigkeit so regelt, daß sie jederzeit imstande ist, Sichteinlagen in Bargeld umzutauschen, obwohl sie wissen, daß Banken in dem Fall, daß alle Kunden ihr Recht auf sofortige Barauszahlung gleichzeitig geltend machen, nicht genügend Bargeld vorrätig haben. Entsprechend würden die Leiter der Bank unter dem vorgeschlagenen System lernen, daß ihr Geschäft abhängig ist vom unerschütterten Vertrauen darauf, daß die Bank fortfahren wird, ihre Ausgabe von Dukaten (usw.) so zu regulieren, daß deren Kaufkraft annähernd konstant bleibt.

Ist das Unternehmerrisiko demnach zu groß, um den Einstieg in das Geschäft Männern zuzumuten, die jene Art konservative Veranlagung haben, die seine erfolgreiche Handhabung wohl erfordert?[49] Es ist nicht zu bestreiten, daß

---

[49] Was die Frage der Attraktivität einer solchen Geschäftstätigkeit betrifft, hat die von Fischer (Fischer, S., »The Demand for Index Bonds«, *Journal of Political Economy*, Vol. 83, 1975, S. 509–534) diskutierte, allgemein bekannte Abneigung von Unternehmen, mit einem Index versehene Schuldverschreibungen auszugeben, eine gewisse Bedeutung. Es trifft zu, daß ein allmählicher Wertanstieg der von einer Bank ausgegebenen Noten gegenüber anderen umlaufenden Zahlungsmitteln zu einer Situation führen könnte, in

mit der Ankündigung und der Geschäftsaufnahme die Geld ausgebende Institution die Entscheidung darüber, wie weit die Verpflichtungen anwachsen dürfen, nicht mehr in der Hand hätte. Um das angekündigte Ziel, die Aufrechterhaltung einer konstanten Kaufkraft ihres Geldes, zu erreichen, müßte die Geldmenge schnell jeder Nachfrageänderung, gleichgültig, ob es sich um einen Anstieg oder einen Rückgang handelte, angepaßt werden. Solange es der Bank gelänge, den Wert ihres Geldes konstant zu halten, bestünde in der Tat wenig Anlaß, einen plötzlichen starken Rückgang der Nachfrage nach ihrem Geld zu befürchten (obwohl erfolgreiche Konkurrenten ihren Geldumlauf sehr wohl merklich beeinträchtigen könnten). Am unangenehmsten wäre eine Entwicklung, die die Nachfrage rasch über jenes Maß hinaus anwachsen ließe, das eine private Institution noch beherrschen kann. Doch wir können ziemlich sicher sein, daß eine Bank bei derartigem Erfolg dieser Sorge durch zusätzliche Wettbewerber bald enthoben würde.

Die emittierende Bank könnte anfänglich zu nicht übermäßig hohen Kosten eine hundertprozentige Barreserve in den Währungen halten, in denen sie sich verpflichtet hatte, das von ihr ausgegebene Geld einzulösen; das eingenommene Aufgeld könnte sie als für die allgemeine Geschäftsführung frei verfügbar ansehen. Wenn aber diese anderen Währungen, als Folge der fortschreitenden Inflation, in ihrem Wert im Vergleich zum Dukaten wesentlich gefallen wären, müßte die Bank darauf vorbereitet sein, um den Wert des Dukaten aufrechtzuerhalten, in beträchtlichen Mengen Dukaten zum herrschenden höheren Kurs zurückzukaufen. Das bedeutet, daß sie in der Lage sein müßte, Anlagen in sehr großem Umfang schnell flüssig zu machen. Diese Anlagen müßten daher sehr sorgfältig gewählt sein, damit eine vorübergehend stürmische Nachfrage nach ihrem Geld sie später nicht in Verlegenheit bringt, dann nämlich, wenn sie als Institution, die diese Entwicklung in Gang gebracht hat, den Markt mit Nachahmern teilen muß. Übrigens wäre die Schwierigkeit, Anlagen ausfindig zu machen, die an Sicherheit und Wertbeständigkeit den entsprechenden Verbind-

---

der der aggregierte Wert der ausstehenden Noten dieser Bank (zuzüglich ihrer anderweitigen Verbindlichkeiten) den Wert ihrer Aktiven überstiege. Die Bank wäre natürlich rechtlich nicht verpflichtet, ihre Noten zu diesem Wert einzulösen; sie könnte aber nur im Geschäft bleiben, wenn sie tatsächlich alle ihr angebotenen eigenen Noten zum aktuellen Wechselkurs sofort ankaufte. So lange, wie es ihr gelingt, den Realwert ihrer Noten aufrechtzuerhalten, würde von ihr nie verlangt, mehr als einen Bruchteil des ausstehenden Notenumlaufs zurückzukaufen. Niemand würde wahrscheinlich bezweifeln, daß ein Kunsthändler, der die Druckplatten eines berühmten Künstlers besitzt, solange dessen Werke in Mode blieben, den Marktwert der Drucke durch kluge An- und Verkäufe aufrechterhalten könnte, auch wenn es ihm nie möglich wäre, alle existierenden Drucke aufzukaufen. In ähnlicher Weise könnte eine Bank sicherlich den Wert ihrer Noten aufrechterhalten, auch wenn sie nie in der Lage wäre, alle ausstehenden Noten zurückzukaufen.

lichkeiten gleichkommen, für eine Bank, wie wir sie im Auge haben, nicht annähernd so groß, wie sie heutigen Bankiers vorkommen mag: Alle in ihrem eigenen Geld ausgegebenen Kredite wären natürlich solche stabilen Anlagen. Die merkwürdige Tatsache, daß eine solche Emissionsbank Forderungen und Verbindlichkeiten in einer Geldeinheit hätte, deren Wert sie selbst bestimmt – allerdings nicht nach Lust und Laune, da sie sonst ihre Geschäftsgrundlage zerstörte –, mag zunächst beunruhigend erscheinen, sollte aber keine ernsten Schwierigkeiten verursachen. Was auf den ersten Blick als etwas rätselhafte Probleme der Buchführung erscheinen mag, löst sich auf, wenn man sich vergegenwärtigt, daß eine solche Bank ihre Konten natürlich in ihrer eigenen Geldeinheit führte. Die ausstehenden Noten und die Einlagen bei einer solchen Bank sind keine Forderungen an sie, die auf irgendeine andere Werteinheit lauten; sie bestimmt selbst den Wert der Einheit, in der sie Schulden und Forderungen hat und in der sie ihre Bücher führt. Dies verliert seine scheinbare Anstößigkeit, wenn wir uns daran erinnern, daß dies genau das ist, was praktisch alle Zentralbanken fast ein halbes Jahrhundert lang getan haben – ihre Noten waren selbstverständlich einlösbar in gar nichts. Aber Noten, die im Wert steigen können im Verhältnis zu den meisten anderen Kapitalanlagen, mögen die Buchhalter in der Tat vor Probleme stellen, mit denen sie nie zuvor zu tun hatten. Anfänglich stünde die Emissionsbank natürlich unter einer rechtlichen Verpflichtung, das von ihr ausgegebene Geld einzulösen in jene anderen Währungen, durch deren Ankauf das eigene Geld erstmals in den Verkehr kam. Doch nachdem die Bank eine Zeitlang existiert hat, mag deren Wert sehr stark geschrumpft sein oder sie sind vielleicht ganz verschwunden.[50]

---

[50] Eine wirkliche Schwierigkeit könnte entstehen, wenn einem plötzlichen, starken Anstieg der Nachfrage nach einem solchen stabilen Geld – vielleicht als Folge einer akuten wirtschaftlichen Krise – begegnet werden müßte durch Verkauf großer Beträge dieses Geldes gegen andere Währungen. Die Bank müßte natürlich einem starken Anstieg im Wert des eigenen Geldes zuvorkommen und könnte dies nur tun durch Ausweitung ihres Angebotes. Der Verkauf des eigenen Geldes gegen andere Währungen brächte ihr aber Aktiven ein, deren Wert, im Verhältnis zum Wert des eigenen Geldes, wahrscheinlich fallen wird. Ihre kurzfristigen Ausleihungen könnte sie wahrscheinlich nicht sehr schnell ausweiten, selbst wenn sie nur sehr niedrige Zinsen verlangte – obwohl es in einer solchen Situation sicherer wäre, selbst zu einem geringfügig negativen Zins auszuleihen, statt andere Währungen zu kaufen. Und es wäre wahrscheinlich möglich, langfristige Kredite zu sehr tiefen Zinssätzen zu gewähren gegen handelbare Wertpapiere (lautend auf die eigene Geldeinheit), die sich wohl leicht verkaufen ließen, wenn die plötzliche Mehrnachfrage nach dem eigenen Geld sich ebenso schnell wieder in ihr Gegenteil verkehrte.

IX. Wettbewerb zwischen Banken, die ein eigenes Geld emittieren

Es galt seit so langer Zeit als selbstverständlich, daß das Geldangebot nicht dem Wettbewerb überlassen werden könne, daß wahrscheinlich nur wenige Menschen erklären könnten, warum. Wie wir gesehen haben, scheint die Erklärung die zu sein, daß man immer angenommen hat, es dürfe in einem Land nur *eine* einheitliche Art von Geld geben, und Wettbewerb würde bedeuten, daß dessen Menge von mehreren Stellen bestimmt würde, die es unabhängig voneinander emittierten. Es ist jedoch offensichtlich nicht dienlich, zu gestatten, daß stoffwertlose Geldzeichen, die die gleiche Bezeichnung tragen und jederzeit gegeneinander austauschbar sind, von mehreren Stellen im Wettbewerb ausgegeben werden, da niemand in der Lage wäre, ihre Menge zu kontrollieren und damit für ihren Wert Verantwortung zu übernehmen. Die Frage, die wir überlegen müssen, ist, ob Wettbewerb zwischen den Emittenten von klar unterscheidbaren Arten von Geld mit *unterschiedlichen* Bezeichnungen uns nicht zu einem besseren Geld verhülfe, als wir es jemals hatten, was die Unbequemlichkeit, mehr als einer Art von Geld zu begegnen (wobei die meisten Leute damit nicht einmal umgehen müßten), bei weitem aufwöge.

Unter dieser Bedingung würde der Wert des von einer Bank ausgegebenen Geldes nicht notwendigerweise beeinflußt durch die Angebote anderer Arten von Geld durch andere (private oder staatliche) Institutionen. Und es sollte in der Macht jedes Emittenten eines eigenen, von anderen unterscheidbaren Geldes liegen, dessen Menge so zu regulieren, daß es für das Publikum höchst akzeptabel würde – und Wettbewerb würde ihn zu solchem Handeln zwingen. In der Tat würde er wissen, daß die Strafe für die Nicht-Erfüllung der geweckten Erwartungen der sofortige Verlust des Geschäftes wäre. Erfolgreiches Eintreten in dieses Geschäft wäre offensichtlich ein recht gewinnversprechendes Unternehmen, und der Erfolg hinge davon ab, ob es der Bank gelingt, Glaubwürdigkeit und Vertrauen hinsichtlich ihrer Fähigkeit und Entschlossenheit zu erringen, die erklärte Absicht durchzusetzen. Vermutlich brächte in dieser Situation reines Gewinnstreben ein besseres Geld hervor, als es eine Regierung jemals zustande brachte.[51]

---

[51] Abgesehen von Banknoten und Scheckkonten in ihrem eigenen Geld müßte eine Emissionsbank natürlich auch Scheidemünzen bereitstellen; und die Verfügbarkeit von geeigneten Scheidemünzen in diesem Umlaufsmittel könnte ein wichtiger Faktor für seine Beliebtheit sein. Auch wäre es wahrscheinlich der gewohnheitsmäßige Gebrauch einer Sorte von Scheidemünzen (insbesondere bei Spielautomaten, als Fahrgeld, Trinkgeld etc.), der einem bestimmten Umlaufsmittel im jeweiligen örtlichen Einzelhandel die Überlegenheit sicherte. Der wirksame Wettbewerb zwischen verschiedenen Umlaufsmitteln bliebe wahrscheinlich größtenteils auf den zwischen-geschäftlichen Gebrauch

1. *Wirkungen des Wettbewerbs.* Folgendes scheint mir ziemlich klar zu sein:

(a) Ein Geld, von dem allgemein erwartet wird, daß seine Kaufkraft annähernd konstant bleibt, würde ständig nachgefragt, solange es den Leuten freistünde, es zu benutzen;
(b) bei einer derartig anhaltenden Nachfrage – abhängig von der erfolgreichen Aufrechterhaltung eines konstanten Geldwertes – könnte man darauf vertrauen, daß die Emissionsbanken sich viel mehr Mühe gäben, dies zu erreichen, als ein Monopolist es täte, der mit der Entwertung seines Geldes kein Risiko eingeht;
(c) die emittierende Institution könnte dieses Ergebnis erzielen durch Regulierung der angebotenen Menge ihres Geldes; und
(d) eine solche Regulierung der Menge jedes Umlaufsmittels setzte die beste aller praktikablen Methoden ein, um die Menge von Tauschmitteln für alle denkbaren Zwecke zu regulieren.

Mehrere Emittenten eines je eigenen Geldes müßten natürlich miteinander wetteifern in der Qualität des Geldes, das sie bei der Kreditvergabe oder zum Kauf anböten. Hätten die konkurrierenden Emittenten erst einmal glaubhaft gezeigt, daß die von ihnen bereitgestellten Umlaufsmittel den Bedürfnissen des Publikums besser entsprechen, als es das staatliche Geld jemals vermochte, würde nichts mehr verhindern, daß sie allgemein akzeptiert und dem staatlichen Geld vorgezogen würden – zumindest in Ländern, in denen die Regierung

---

beschränkt, während sich der Einzelhandel für das Umlaufsmittel entschiede, in dem Löhne und Gehälter gezahlt würden.

Einige spezielle Probleme tauchten dort auf, wo gegenwärtige Verkaufspraktiken auf dem allgemeinen Gebrauch von einheitlichen Münzen in einigen wenigen, relativ kleinen Standardeinheiten beruhen, wie zum Beispiel im Falle von Automaten, Transportmitteln oder Telefonen. Wahrscheinlich würde selbst in Gebieten, in denen mehrere verschiedene Umlaufsmittel in allgemeinem Gebrauch sind, ein Satz kleiner Münzen sich allmählich durchsetzen. Wenn, was als wahrscheinlich erscheint, die meisten dieser konkurrierenden Umlaufsmittel auf praktisch dem gleichen Wert gehalten würden, ließe sich das technische Problem, welche Münzen zu gebrauchen wären, auf viele mögliche Arten lösen. Eine könnte darin bestehen, daß sich eine Institution, zum Beispiel eine Vereinigung von Einzelhändlern, darauf spezialisierte, einheitliche Münzen zu leicht schwankenden Marktpreisen auszugeben. Handels-, Transport- und Kommunikationsunternehmen der Gegend könnten sich zusammentun und zu Marktpreisen, wahrscheinlich über die Banken, eine für alle Automaten der Gegend passende Auswahl an Marken verkaufen. Wir können sicherlich davon ausgehen, daß der Einfallsreichtum des Handels solche geringfügigen Schwierigkeiten schnell löste. Eine andere mögliche Entwicklung wäre der Ersatz der gegenwärtigen Münzen durch Plastikmarken oder ähnliches, die mit elektronischen Markierungen versehen wären, die von jeder Registrierkasse und jedem Automaten erfaßt werden könnten und deren »Signatur« so wie jedes andere Wertdokument rechtlich gegen Fälschung geschützt wäre.

alles, was ihren Gebrauch behindern könnte, aus dem Weg geräumt hätte. Das Aufkommen und der zunehmende Gebrauch der neuen Umlaufsmittel verringerte natürlich die Nachfrage nach den bestehenden staatlichen Umlaufsmitteln und führte zu deren Entwertung, es sei denn, ihre Menge würde rasch verringert. Dies ist der Vorgang, durch den die unzuverlässigen Umlaufsmittel allmählich alle verdrängt würden. Bedingung dafür, daß diese Verdrängung des staatlichen Geldes zum Stillstand käme, bevor es gänzlich verschwände, wäre, daß die Regierung die Ausgabe ihres Geldes reformierte und dafür Sorge trüge, daß sie nach den gleichen Prinzipien reguliert würde wie die konkurrierender privater Institutionen. Es ist nicht sehr wahrscheinlich, daß die Regierung dabei Erfolg hätte, denn sie müßte, um eine beschleunigte Entwertung ihres Geldes zu verhindern, auf das Erscheinen der neuen Umlaufsmittel mit einer raschen Drosselung der eigenen Geldemission antworten.

2. *»Tausend Spürhunde«: die wachsame Presse.* Der Wettbewerb zwischen den Emissionsbanken würde sehr verschärft durch die eingehende Überwachung ihres Verhaltens seitens der Presse und der Umlaufsmittelbörse. Für eine im Geschäftsleben so wichtige Entscheidung wie die, welche Art von Geld in Verträgen und bei der Buchführung benutzt werden soll, würden alle erreichbaren Informationen täglich in der Finanzpresse veröffentlicht; sie müßten von den emittierenden Banken selbst zur Information der Öffentlichkeit bereitgestellt werden. In der Tat verfolgten tausend Spürhunde den unglücklichen Bankier, der es an der raschen Reaktion fehlen ließe, die erforderlich ist, um den Schutz der Kaufkraft des von ihm ausgegebenen Geldes sicherzustellen. Die Zeitungen veröffentlichten wahrscheinlich täglich eine Tabelle, die nicht nur die aktuellen Austauschverhältnisse zwischen den Umlaufsmitteln anzeigte, sondern von jedem Umlaufsmittel, von dem sie annehmen, daß ihre Leser es wahrscheinlich benutzen, auch den aktuellen Wert und dessen Abweichung vom angekündigten Standard, dem in Gütern gemessenen Wert. Diese Tabellen könnten etwa wie Tabelle 1 aussehen (wobei die Initialen des emittierenden Instituts der Bezeichnung des von ihm ausgegebenen Geldes nachgestellt sind).

Nichts fürchteten die Bankiers mehr, als ihr Geld in Fettdruck aufgeführt zu sehen, was anzeigte, daß sein Realwert um mehr als die vom publizierenden Blatt tolerierte Abweichung unter den angekündigten Wert gefallen war.

Tabelle 1
Darstellung möglicher Geldwertabweichungen

Bezeichnung des Geldes	Abweichung von dem angekündigten Standard in %	Abweichung von unserem Test-Standard in %
Dukaten (SGB)	– 0,04	– 0,04
Florin (FNB)	+ 0,02	+ 0,03
Menger (WK)	+ 0,10	+ 0,10
Piaster (DBS)	– 0,06	– 0,12
Real (CNB)	**– 1,02**	**– 1,01**
Shekel (ORT)	– 0,45	– 0,45
Talent (ATBC)	+ 0,26	+ 0,02

3. Drei Fragen. Diese Skizze des Wettbewerbs zwischen mehreren privaten Geldemittenten setzt Antworten auf eine Anzahl von Fragen voraus, die wir in den folgenden Abschnitten genauer untersuchen werden.

– Die erste Frage ist, ob eine im Wettbewerb stehende Institution, die ihr eigenes Geld emittiert, dessen Wert durch die Steuerung seiner Menge immer so zu regulieren vermag, daß sie es für die Leute attraktiver macht als andere Umlaufsmittel, und inwieweit andere Emittenten von Geld diese Bemühungen durch ihre Politik durchkreuzen können.

– Die zweite zielt darauf ab, welchen Wert (oder welches andere Attribut eines Umlaufsmittels) das Publikum vorziehen wird, wenn verschiedene Banken ihre Absicht bekanntgeben (und zeigen, daß sie fähig sind), den angekündigten Wert ihres Umlaufsmittels konstant zu halten.

– Eine dritte und nicht weniger wichtige Frage ist, ob die Art von Geld, die die meisten Leute zum eigenen Gebrauch vorziehen, auch den Zielen aller am besten dient. Obwohl man zunächst denken könnte, dies müsse notwendigerweise der Fall sein, braucht es nicht unbedingt wahr zu sein. Es ist denkbar, daß der Erfolg menschlicher Bemühungen nicht allein von dem von diesen Leuten selbst benutzten Geld abhängt, sondern auch von den Wirkungen, die von dem Geld ausgehen, das andere Leute nutzen, und der Nutzen, den sie durch die Verwendung einer bestimmten Art von Geld für sich erzielen, kann möglicherweise mehr als ausgeglichen werden durch Störungen, die durch ihre allgemeine Verwendung verursacht werden. Ich glaube nicht, daß dies im vorliegenden Fall so wäre, aber die Frage bedarf sicherlich ausführlicher Erörterung.

Bevor wir die Wechselwirkungen zwischen verschiedenen Umlaufsmitteln weiter diskutieren können, ist es ratsam, genau zu definieren, was wir unter Geld oder Umlaufsmittel und seinen verschiedenen Arten sowie unter den verschiedenen Eigenschaften, hinsichtlich derer sie sich voneinander unterscheiden, verstehen.

X. Ein Exkurs: Die Definition von Geld

Geld wird in der Regel definiert als *das* allgemein akzeptierte Tauschmittel,[52] aber es besteht kein Grund, daß in einer gegebenen Gesellschaft nur eine einzige Art von Geld existieren sollte, die allgemein (oder zumindest in weiten Kreisen) akzeptiert wird. In der österreichischen Grenzstadt, in der ich während der letzten Jahre gelebt habe, akzeptieren Ladenbesitzer sowie die meisten anderen Geschäftsleute in der Regel D-Mark genauso bereitwillig wie österreichische Schillinge, und die deutschen Banken in Salzburg werden allein vom Gesetzgeber davon abgehalten, ihre Geschäfte in D-Mark und damit in der gleichen Weise abzuwickeln, wie sie es einige Kilometer weiter auf der deutschen Seite der Grenze tun. Das gleiche gilt für Hunderte von anderen Touristenzentren in Österreich, die hauptsächlich von Deutschen frequentiert werden. Und in den meisten werden auch Dollar fast ebenso bereitwillig wie D-Mark angenommen. Nicht viel anders ist die Situation, glaube ich, auf bei-

---

[52] Aufgestellt wurde diese Definition von Carl Menger, (Menger, C., *Grundsätze der Volkswirtschaftslehre* (1871), in: Menger, C., *Gesammelte Werke*, F.A. Hayek (Hrsg.), 2. Aufl., Tübingen: Mohr Siebeck 1968–1970, Band I), dessen Werk auch die mittelalterliche Vorstellung, Geld oder der Wert des Geldes sei eine Schöpfung des Staates, endgültig beseitigt haben sollte. Vissering (Vissering, W., *On Chinese Currency. Coin and Paper Money*, Leiden: E.J. Brill 1877, S. 9) berichtet, die Chinesen hätten ehemals ihre Vorstellungen von Geld durch einen Terminus zum Ausdruck gebracht, der wörtlich genommen »flüssige Ware« bedeutet. Die nunmehr weithin gebräuchliche Ausdrucksweise, Geld sei der liquideste Vermögensteil, läuft natürlich auf das gleiche hinaus (wie Carlile bereits 1901 zeigte; Carlile, W.W., *The Evolution of Modern Money*, London: Macmillan 1901). Als ein weit und breit akzeptiertes Tauschmittel zu dienen ist die einzige Funktion, die ein Gegenstand erfüllen muß, um Geld-Eigenschaft zu erhalten, wenn auch ein allgemein akzeptiertes Tauschmittel meistens auch die weiteren Funktionen erlangen wird wie die der Recheneinheit, der Wertaufbewahrung, des Standards für künftig fällige Zahlungen usw. Die Definition des Geldes als »Zahlungsmittel« ist jedoch rein zirkulär, da sie unterstellt, es seien vorher auf dieses Geld lautende Verbindlichkeiten eingegangen worden. Vgl. Mises, L. *Theorie des Geldes und der Umlaufsmittel* (1912), 2. neubearbeitete Aufl., München: Duncker & Humblot 1924, S. 23ff.

Natürlich bedeutet die Definition des Geldes als allgemein akzeptiertes Tauschmittel nicht notwendigerweise, daß es auch innerhalb eines einzelnen Landes eine einzige Art von Geld geben müsse, die akzeptabler ist als alle anderen; es kann mehrere, gleichermaßen akzeptierte Arten von Geld geben (die wir vielleicht passender Umlaufsmittel nennen), insbesondere dann, wenn eine Art schnell zu einem bekannten, jedoch nicht fixierten Satz in die anderen umgetauscht werden kann.

den Seiten der langen Grenze zwischen den USA und Kanada oder Mexiko und wahrscheinlich entlang vieler anderer Grenzen.

Auch wenn in solchen Gegenden jedermann bereit sein mag, mehrere Währungen zum geltenden Wechselkurs zu akzeptieren, kann es sein, daß einzelne Personen je verschiedene Arten von Geld benutzen, je nachdem, ob es darum geht, Kasse zu halten (als Liquiditätsreserve), Verträge über zukünftige Zahlungen abzuschließen oder ihre Bücher zu führen, und das Publikum mag in der gleichen Art und Weise auf Änderungen in den Mengen verschiedener Währungen reagieren.

Wenn wir von verschiedenen Arten von Geld sprechen, denken wir an Einheiten mit unterschiedlichen Bezeichnungen, Einheiten, deren gegenseitige Wertverhältnisse schwanken können. Diese schwankenden Werte müssen hervorgehoben werden, weil sie nicht das einzige Merkmal sind, in dem sich Tauschmittel voneinander unterscheiden können. Tauschmittel können sich – sogar dann, wenn sie dieselbe Bezeichnung tragen – auch sehr stark unterscheiden nach dem Grad ihrer Akzeptanz (oder Liquidität, das heißt in der Eigenschaft, die sie erst zu Geld macht) oder nach den Bevölkerungsgruppen, die bereit sind, sie anzunehmen. Das bedeutet, daß verschiedene Arten von Geld sich in mehr als einer Dimension voneinander unterscheiden können.

1. Keine klare Unterscheidung zwischen Geld und Nicht-Geld. Es bedeutet auch folgendes: Obwohl wir gewöhnlich annehmen, es gebe eine scharfe Trennungslinie zwischen dem, was Geld ist, und dem, was kein Geld ist, – und das Recht versucht im allgemeinen, eine derartige Unterscheidung zu treffen – gibt es, was die Vermögensteile anbelangt, von denen monetäre Vorkommnisse ausgehen, keine solche klare Unterscheidung. Was wir vorfinden, ist vielmehr ein Kontinuum, innerhalb dessen Dinge mit unterschiedlichen Liquiditätsgraden oder mit Werten, die unabhängig voneinander schwanken können, fließend ineinander übergehen im Grad, in dem sie als Geld dienen.[53]

Ich hielt es immer für nützlich, den Studenten zu erklären, wie ungeschickt es sei, daß wir Geld mit einem Substantiv umschreiben, und daß es für die Erklärung monetärer Phänomene viel hilfreicher wäre, wenn »Geld« als Adjektiv eine Eigenschaft beschriebe, die unterschiedliche Dinge in wechselnden *Graden* besitzen können.[54] »Umlaufsmittel« ist aus diesem Grund passender, da

---

[53] Vgl. Hicks, J.R., »A Suggestion for Simplifying the Theory of Money«, *Economica*, N.S., Vol. II, 1935, S. 1–19.

[54] Machlup spricht aus diesem Grunde gelegentlich von »Geldhaftigkeit« (»moneyness«) und »Beinahe-Geldhaftigkeit« (»near-moneyness«). Vgl. Machlup, F., »Euro-Dollar Creation: A Mystery Story«, *Banca Nazionale del Lavoro Quarterly Review*, Vol. XXIII, 1970, S. 225.

Dinge in unterschiedlichem Grade und in verschiedenen Regionen oder Bevölkerungsgruppen »in Umlauf sein« können.

2. Pseudo-Exaktheit, statistische Messung und wissenschaftliche Wahrheit. An dieser Stelle stoßen wir auf eine Schwierigkeit, der wir häufig bei unserem Bemühen um eine Erklärung der schlecht definierten Phänomene des Wirtschaftslebens begegnen. Um unsere Ausführungen über höchst komplexe Zusammenhänge zu vereinfachen, weil ihnen sonst schwer zu folgen wäre, führen wir scharfe Unterscheidungen ein, wo im wirklichen Leben verschiedene Eigenschaften von Dingen ineinander übergehen. Eine ähnliche Situation taucht auf, wo wir versuchen, scharfe Grenzen zu ziehen zwischen Dingen wie Gütern und Dienstleistungen, Konsumgütern und Investitionsgütern, dauerhaften und vergänglichen, reproduzierbaren und nicht-reproduzierbaren, spezifischen und vielseitig verwendbaren oder substituierbaren und nicht-substituierbaren Gütern. Dies sind alles sehr wichtige Differenzierungen, doch sie können sehr irreführend werden, wenn wir, in dem populären Streben nach Pseudo-Exaktheit, diese Klassen als meßbare Größen behandeln. Dies hat eine Vereinfachung zur Folge, die vielleicht manchmal notwendig, immer aber gefährlich ist und in den Wirtschaftswissenschaften zu vielen Irrtümern geführt hat. Wenn die Unterschiede auch bedeutsam sind, heißt das nicht, daß wir diese Dinge sauber und eindeutig in zwei oder irgendeine andere Anzahl von fest umrissenen Klassen einteilen können. Häufig reden wir oder müssen vielleicht reden, als ob diese Einteilung zutreffend sei; die Anwendung kann jedoch sehr irreführend sein und völlig abwegige Schlußfolgerungen zeitigen.[55]

3. Rechtliche Fiktionen und unzulängliche Wirtschaftstheorie. In ähnlicher Weise war die rechtliche Fiktion, es existiere eine klar definierte, als »Geld« bezeichnete Sache, die sich scharf von anderen Sachen abgrenzen lasse – eine Fiktion, die eingeführt wurde, um den Anforderungen von Anwälten und Richtern zu genügen –, nie wahr, soweit auf Dinge Bezug genommen werden muß, die die charakteristischen Wirkungen monetärer Ereignisse haben. Aber sie hat viel Schaden angerichtet, indem sie zu der Forderung führte, für gewisse

[55] Es handelt sich um ein Vorgehen, das besonders Statistikern zusagt, deren Technik häufig nur anwendbar ist, wenn man so vorgeht. Obgleich die in den Wirtschaftswissenschaften populäre Neigung, nur *statistisch* nachprüfbare Theorien gelten zu lassen, uns einige nützliche, grobe Annäherungen an die Wahrheit ermöglicht hat, wie zum Beispiel die Quantitätstheorie des Geldwertes, sind diese Theorien zu völlig unverdientem Ansehen gelangt. Die im Text diskutierte Idee macht die meisten quantitativen Formulierungen der Wirtschaftstheorie für die Praxis unbrauchbar. Die Einführung von scharfen Unterscheidungen, wie sie in der realen Welt nicht vorkommen, in der Absicht, einen Gegenstand der mathematischen Behandlung zugänglich zu machen, macht diese nicht mehr, sondern eher weniger wissenschaftlich.

Zwecke könne nur das von der Regierung ausgegebene »Geld« benutzt werden, oder es müsse immer eine bestimmte Sache existieren, die als *das* »Geld« des Landes angesehen werden kann. Außerdem hat sie, wie wir sehen werden, in der Wirtschaftstheorie zu einer Erklärung des Wertes von Geldeinheiten geführt, die, obwohl sie unter ihren vereinfachenden Annahmen einige nützliche Annäherungen gibt, für die Art von Problemen, wie wir sie hier zu untersuchen haben, keine Hilfe bietet.

Für das Folgende wird es wichtig sein, in Erinnerung zu behalten, daß unterschiedliche Arten von Geld sich unter zwei verschiedenen, obwohl nicht völlig unzusammenhängenden Aspekten voneinander unterscheiden: in der Akzeptanz (oder Liquidität) und im erwarteten Verhalten (Stabilität oder Variabilität) ihres Wertes. Die Erwartung von Stabilität wird offensichtlich die Liquidität einer bestimmten Art von Geld beeinflussen, doch kann es sein, daß kurzfristig Liquidität manchmal wichtiger ist als Stabilität oder daß die Akzeptanz eines stabileren Geldes aus irgendeinem Grund auf enge Kreise beschränkt ist.

4. Bedeutungen und Definitionen. Dies ist vielleicht der geeignetste Platz, explizite Aussagen darüber einzufügen, in welcher Bedeutung wir andere, häufig wiederkehrende Termini benutzen. Es wird deutlich geworden sein, daß es im gegenwärtigen Zusammenhang angebrachter ist, von »Umlaufsmitteln« zu sprechen statt von »Geldern«, und das nicht nur, weil der erste Terminus leichter im Plural verwendet werden kann, sondern auch deshalb, weil, wie wir gesehen haben, »Umlaufsmittel« eine gewisse Eigenschaft betont. Wir verwenden »Umlaufsmittel« außerdem, vielleicht etwas im Widerspruch zur ursprünglichen Bedeutung des Begriffes, in dem Sinn, daß nicht nur Papierscheine und andere Sorten eines von »Hand zu Hand gehenden Geldes« eingeschlossen sind, sondern auch Bankguthaben, über die mit Schecks verfügt wird, und andere Tauschmittel, die für die meisten Zwecke verwendet werden können, für die auch Scheckkonten benutzt werden. Es besteht jedoch, wie wir gerade gezeigt haben, keine Notwendigkeit, sehr scharf zu trennen zwischen dem, was Geld ist, und dem, was kein Geld ist. Der Leser wird am besten fahren, wenn er sich bewußt bleibt, daß wir es mit einem *Bereich* von Dingen mit variierenden Graden der Akzeptanz zu tun haben, die am unteren Ende unmerklich in Dinge übergehen, die ganz eindeutig kein Geld sind.

Obwohl wir häufig bezüglich der Institutionen, die Umlaufsmittel ausgeben, einfach von »Banken« sprechen werden, soll das nicht implizieren, daß alle Banken Geld schaffen. Der Terminus »Wechselkurs« wird durchgehend für die Austauschverhältnisse zwischen Umlaufsmitteln benutzt, und der Terminus »Umlaufsmittelbörse« (analog zu Wertpapierbörse) für den organisierten Markt für Umlaufsmittel. Gelegentlich werden wir auch von »Geldsubstituten« sprechen, wenn wir Grenzfälle in der Liquiditätsskala – wie Reiseschecks, Kreditkarten und Überziehungsfazilitäten – betrachten, bei denen es ganz willkürlich wäre, zu behaupten, entweder daß sie oder aber daß sie nicht Teil des Geldumlaufs sind.

XI. Kann der Wert eines konkurrierenden Umlaufsmittels kontrolliert werden?

Der Hauptanreiz, den der Emittent eines konkurrierenden Umlaufsmittels seinen Kunden bieten kann, ist die Zusicherung, daß dessen Wert stabil gehalten (oder zu einem anderen vorhersagbaren Verhalten gebracht) wird. Die Frage, welche Art von Stabilität das Publikum voraussichtlich vorziehen wird, behandeln wir im Abschnitt XII. Im Augenblick werden wir uns darauf konzentrieren, ob eine Emissionsbank, die mit Emittenten ähnlicher Umlaufsmittel im Wettbewerb steht, die Macht besitzt, die ausstehende Menge ihres eigenen Geldes so zu steuern, daß sich am Markt der Wert herausbildet, den sie anstrebt.

Der erwartete Wert eines Umlaufsmittels wird natürlich nicht der einzige Aspekt sein, der das Publikum veranlaßt, es zu borgen oder zu kaufen. Der erwartete Wert wird jedoch der ausschlaggebende Faktor sein, der darüber entscheiden wird, wieviel von diesem Umlaufsmittel das Publikum [als Kasse] zu halten wünscht, und die Emissionsbank wird bald entdecken, daß der Wunsch des Publikums, ihr Geld zu *halten*, der wesentliche Faktor sein wird, von dem dessen Wert abhängt. Auf den ersten Blick scheint es vielleicht offensichtlich, daß der alleinige Emittent eines Geldes, der als solcher die vollständige Kontrolle über dessen Angebot hat, imstande sein wird, dessen Preis zu bestimmen, solange irgend jemand das Geld zu diesem Preis haben will. Wenn es, wie wir vorläufig annehmen werden, das Ziel der emittierenden Bank ist, den in Einheiten ihres Geldes ausgedrückten Gesamtpreis eines festgelegten Gütersortiments konstant zu halten, müßte sie jeder Tendenz dieses Gesamtpreises zu steigen oder zu fallen durch Regulierung der in Umlauf befindlichen Geldmenge entgegenwirken.

1. Kontrolle durch Verkauf und Ankauf des eigenen Geldes sowie durch Vergabe (kurzfristiger) Kredite. Der emittierenden Bank werden zwei Methoden zur Änderung der ausstehenden Menge ihres Geldes zur Verfügung stehen: Sie kann ihr Geld gegen andere Umlaufsmittel (oder gegen Wertpapiere und möglicherweise einige Waren) verkaufen oder kaufen; und sie kann ihre Kreditgewährung einschränken oder ausdehnen. Um die ausstehende Menge ihres Geldes unter Kontrolle zu halten, wird sie ihre Kreditvergabe im großen und ganzen auf die Einräumung relativ kurzfristiger Kredite beschränken müssen, damit, wenn sie die Vergabe neuer Kredite einschränkt oder vorübergehend einstellt, die laufenden Rückzahlungen ausstehender Forderungen rasch eine Verminderung der gesamten in Umlauf befindlichen Menge ihres Geldes mit sich bringen.

Um einen konstanten Wert ihres Geldes sicherzustellen, müßte das Hauptaugenmerk der Bank darauf gerichtet sein, die Menge nie über den Gesamtbetrag hinaus auszuweiten, den das Publikum bereit ist zu halten, ohne seine damit getätigten Ausgaben so weit auszudehnen, daß die Güterpreise, ausgedrückt in Einheiten dieses Geldes, in die Höhe getrieben werden; die Bank darf ihr Angebot auch nie unter den Gesamtbetrag senken, den das Publikum bereit ist zu halten, ohne seine damit getätigten Ausgaben zu verringern und die Preise zu drücken. In der Praxis würden viele oder sogar die meisten Güter, denen gegenüber der Wert des Geldes stabil gehalten werden soll, überwiegend in einigen anderen, konkurrierenden Umlaufsmitteln gehandelt und die Preise in deren Einheiten notiert (besonders wenn, wie wir in Abschnitt XIII vorschlagen, es sich hauptsächlich um Rohstoffpreise oder Großhandelspreise von Nahrungsmitteln handelt). Die Bank müßte daher die Wirkung von Änderungen der umlaufenden Menge ihres Geldes nicht so sehr direkt an den Preisen jener anderen *Güter* ablesen, sondern an den Wechselkursen ihres Geldes zu den *Umlaufsmitteln*, in denen jene Güter hauptsächlich gehandelt werden. Die Ermittlung der zweckdienlichen Wechselkurse (unter Berücksichtigung der bestehenden Wechselkurse zwischen den verschiedenen Umlaufsmitteln) wäre zwar eine komplexe Aufgabe, doch würden Computer mit nahezu augenblicklichen Berechnungen helfen; so wüßte die Bank von Stunde zu Stunde, ob sie die Beträge, die sie von ihrem Geld ausleiht oder zum Verkauf anbietet, ausweiten oder verringern soll. Rasches und unmittelbares Eingreifen hätte durch An- oder Verkauf an der Umlaufsmittelbörse zu erfolgen, eine anhaltende Wirkung ließe sich jedoch nur mit einer Änderung bei der Kreditvergabe erzielen.

2. Laufende Emissionspolitik. Vielleicht sollte ich hier noch etwas ausführlicher darlegen, wie eine Emissionsbank vorzugehen hätte, um den gewählten Wert ihres Geldes konstant zu halten. Die Grundlage für die täglichen Entscheidungen über ihre Kreditvergabe (und ihre An- und Verkäufe von Umlaufsmitteln an der Umlaufsmittelbörse) müßte aus einer fortwährenden Berechnung mittels eines Computers gewonnen werden, in den die neuesten Informationen über Güterpreise und Wechselkurse ständig, sowie sie eintreffen, eingegeben würden. Die Art dieser Berechnung kann anhand des folgenden Tabellenausschnitts [für die Dukaten emittierende Bank, d. Hrsg.] verdeutlicht werden. (Ich vernachlässige hier die Frage, inwieweit Transportkosten vom Hauptumschlagsplatz zu einem gewöhnlichen Handelszentrum berücksichtigt oder vielleicht getrennte Rubriken, die die Kosten verschiedener Transportarten wiedergeben, erwogen werden sollten.)

Tabelle 2
Schematische Darstellung des Verfahrens zur Stabilisierung des Dukaten

Gut	Menge[1]	Umlaufsmittel[2]	Preis[3]	Wechselkurs	Preis in Dukaten
Aluminium	x Tonnen	$	·	Dukaten/$	·
·	·	·	·	·	·
Getreide	·	Dukaten	·	–	·
·	·	·	·	·	·
Kaffee	·	·	·	·	·
Kakao	·	·	·	·	·
Kampfer	·	Dukaten	·	–	·
Kohle	·	·	·	·	·
Koks	·	·	·	·	·
Kupfer	·	·	·	·	·
·	·	·	·	·	·
Rindfleisch	·	£	·	Dukaten/ £	·
usw.	·	·	·	·	·
				Summe	1000

[1] Menge des Gutes [im Warenkorb der Dukaten emittierenden Bank, d. Hrsg.]
[2] Umlaufsmittel, in dem die Preise am Markt notiert werden
[3] Preis der jeweiligen Gütermenge in diesem Umlaufsmittel

Die wesentliche Information wäre die Leitgröße rechts unten in der Tabelle; sie ergibt sich, indem entweder die Mengen der verschiedenen Güter so gewählt werden, daß der in Dukaten ausgedrückte Preis des gesamten Warenkorbes im Basiszeitpunkt 1000 beträgt, oder indem 1000 als Basis einer Indexzahl genommen wird. Diese Größe und ihre laufenden Veränderungen dienten allen Führungskräften der Bank als ein Signal, das anzeigte, was zu tun ist. Eine auf dem Bildschirm erscheinende Zahl 1002 sagte ihnen, daß die Tätigkeit einzuschränken oder die Kontrollen zu verschärfen sind, das heißt, die Kreditvergabe ist zu drosseln, indem sie verteuert oder selektiver betrieben wird, und es sind Umlaufsmittel anderer Emittenten bereitwilliger zu verkaufen; die Zahl 997 zeigte ihnen an, daß sie etwas entspannen und ausdehnen könnten. (Eine spezielle Anzeige auf dem Bildschirm im Arbeitszimmer des Vorsitzenden könnte ihn auf dem Laufenden halten, welche seiner leitenden Angestellten diese Instruktion sofort befolgten.) Die Wirkung dieser Kontraktion oder Expansion auf die Güterpreise erfolgte hauptsächlich indirekt über die Wechselkurse des Dukaten zu jenen Umlaufsmitteln, in denen diese Güter überwiegend gehandelt werden; eine direkte Wirkung auf die Güterpreise zeigte sich nur bei den Gütern, die hauptsächlich in Dukaten gehandelt werden.

Das gleiche Signal erschiene auf der Umlaufsmittelbörse und würde, wenn die Bank dafür bekannt ist, daß sie sofort wirksame Maßnahmen zur Korrektur einer jeden Abweichung von der Leitgröße ergreift, dazu führen, daß ihre Bemühungen durch eine Mehrnachfrage nach ihrem Geld unterstützt werden, wenn sein Wert unter der Norm liegt (die Leitgröße steht auf 1002) und deshalb ein Ansteigen erwartet wird, und durch einen Nachfragerückgang, wenn ein leichtes Sinken des Wertes erwartet wird, (weil die Leitgröße auf 997 gefallen ist). Es ist schwer zu sehen, wieso eine solche Politik, wenn sie konsequent verfolgt wird, nicht dazu führen sollte, daß die Schwankungen des Geldwerts um den angekündigten Wert des als Maßstab gewählten Warenkorbes auf einen in der Tat sehr engen Bereich eingegrenzt werden.

3. Der entscheidende Faktor: Die Nachfrage nach Geld zum Zweck der Kassenhaltung. Es scheint klar, daß eine Institution – sofern sie in dem Bewußtsein handelt, daß die Bereitschaft des Publikums, das von ihr emittierte Geld als Kasse zu halten, und deshalb auch ihr Geschäft von der Aufrechterhaltung des Wertes ihres Geldes abhängen – sowohl fähig als auch gezwungen ist, dieses Resultat durch geeignete ständige Anpassungen der in Umlauf befindlichen Menge ihres Geldes sicherzustellen, gleichgültig, ob die Einwirkung direkt [auf die Güterpreise, d. Hrsg.] oder indirekt über die Wechselkurse zu anderen Umlaufsmitteln erfolgt. Der springende Punkt, den die Bank im Auge behalten muß, ist die Tatsache, daß, um eine große und zunehmende Menge ihres Geldes in Umlauf zu halten, nicht die *Nachfrage nach Krediten*, sondern die Bereitschaft des Publikums, ihr Geld als *Kasse zu halten*, entscheidend ist. Eine unvorsichtige Ausweitung der ausstehenden Menge des Umlaufsmittels mag deshalb den Rückfluß zur Bank schneller anwachsen lassen, als die Bereitschaft des Publikums zunimmt, es als Kasse zu halten.

Die Presse würde, wie bereits gezeigt, die Ergebnisse der Anstrengungen einer jeden Emissionsbank aufmerksam beobachten und täglich berichten, um wieviel die Kaufkraft der verschiedenen Umlaufsmittel von den selbst gesetzten Richtwerten abweicht. Vom Standpunkt der emittierenden Banken wäre es wahrscheinlich wünschenswert, ihnen einen geringen, im voraus angekündigten Spielraum oder eine Standardabweichung in beiden Richtungen einzuräumen. Denn im Falle einer Abweichung und so lange, wie eine Bank ihre Kraft und Entschlossenheit zeigt, die Wechselkurse (oder die in ihrer Geldeinheit ausgedrückten Güterpreise) unverzüglich auf den angekündigten Stand zurückzubringen, käme ihr die Spekulation zu Hilfe und enthöbe sie der Notwendigkeit, überstürzte Schritte zur Sicherung absoluter Stabilität zu unternehmen.

Solange die Bank den Wert ihres Geldes mit Erfolg auf dem gewünschten Niveau hält, ist schwer zu sehen, weshalb sie zu diesem Zweck den Umlauf je so schnell würde kontrahieren müssen, daß sie dadurch in Schwierigkeiten geriete. Die übliche Ursache solcher Entwicklungen waren in der Vergangenheit Umstände, die die Nachfrage nach liquider »Kasse« ansteigen ließen; unsere Emissionsbank bräuchte aber ihre gesamte umlaufende Geldmenge nur an eine geschrumpfte Gesamtnachfrage nach den beiden Formen ihres Geldes [Noten und Sichteinlagen, d. Hrsg.] anzupassen. Hätte sie hauptsächlich kurzfristige Kredite gewährt, brächte die normale Rückzahlung von Krediten dieses Ergebnis ziemlich schnell zustande. Die ganze Angelegenheit erscheint sehr einfach und geradlinig, solange wir annehmen, daß alle konkurrierenden Banken versuchen, das eigene Umlaufsmittel zu steuern mit dem Ziel, seinen Wert ungefähr konstant zu halten.

4. Würde Wettbewerb das System sprengen? Welche Konsequenzen hätte es jedoch, wenn ein Konkurrent versuchte, in diesem Wettbewerb einen Vorsprung zu erringen, indem er andere Vorteile wie zum Beispiel einen niedrigeren Zinssatz ins Spiel brächte oder indem er im Kreditwege Bankeinlagen schüfe und vielleicht sogar Noten ausgäbe (mit anderen Worten täglich fällige Verbindlichkeiten einginge), die auf ein von einer anderen Bank emittiertes Umlaufsmittel lauteten?[56] Würden solche Praktiken die Kontrollmöglichkeiten, die die Emissionsbanken über den Wert ihres eigenen Geldes ausüben können, ernstlich beeinträchtigen?

Natürlich wird jede Bank stets der großen Versuchung ausgesetzt sein, den Umlauf ihres Geldes auszuweiten, indem sie Kredite zu günstigeren Bedingungen anbietet als ihre Konkurrenten; sie entdeckte jedoch bald, daß, soweit die zusätzliche Kreditvergabe sich nicht auf einen entsprechenden Zuwachs an Ersparnissen stützt, derartige Versuche unweigerlich zurückprallten und die Bank schädigten, die übermäßig Geld emittierte. Zwar sind die Leute zweifellos sehr darauf erpicht, Geld zu *borgen*, das zu niedrigeren Zinssätzen angeboten wird, sie werden aber nicht bereit sein, einen größeren Teil ihrer liquiden Anlagen in einem Geld zu *halten*, von dessen vermehrtem Umlauf sie aus mancherlei Berichten und Symptomen bald Kenntnis erhielten.

Es ist richtig, daß, solange die Umlaufsmittel nahezu augenblicklich zu einem gegebenen Wechselkurs gegeneinander austauschbar sind, die relativen Preise der Güter in den verschiedenen Umlaufsmitteln auch die gleichen bleiben. Nun aber beginnen auf den Gütermärkten die Preise, die in Einheiten des vermehrt in Umlauf gebrachten Geldes ausgedrückt sind, zu steigen im Vergleich zu anderen Preisen [in Einheiten anderer Umlaufsmittel ausgedrückten Preisen, d. Hrsg.]. (In Gebieten, in denen ein großer Teil der Nachfrage im

---

[56] [Der zweite hier genannte Fall wird im nachfolgenden Unterabschnitt 5, S. 183f. behandelt, d. Hrsg.]

vermehrt in Umlauf gebrachten Geld ausgeübt wird, werden die Preise in allen Umlaufsmitteln zu steigen tendieren.) Die entscheidenden Ereignisse werden jedoch an der Umlaufsmittelbörse stattfinden. Zum herrschenden Wechselkurs wird das Geld, dessen angebotene Menge zugenommen hat, einen größeren Anteil am gesamten Bestand an Umlaufsmitteln ausmachen, als die Leute davon zu halten gewohnt waren. Vor allem wird jeder, der verschuldet ist in Umlaufsmitteln, für die ein höherer Zinssatz bezahlt werden muß, versuchen, billige Kredite aufzunehmen, um sich so Geld zu beschaffen, mit dem er die drückenderen Schulden zurückzahlen kann. Alle Banken, die den Zinssatz auf Kredite nicht gesenkt haben, werden alles Geld der billiger ausleihenden Bank, das ihnen zufließt, sofort an diese zurückgeben. Als Ergebnis muß sich an der Umlaufsmittelbörse ein Überangebot des übermäßig emittierten Geldes einstellen, was rasch zu einem Fall des Wechselkurses führt, zu dem es in andere umgetauscht werden kann. Zu diesem neuen Kurs werden die Güterpreise, die normalerweise in Einheiten anderer Umlaufsmittel notiert werden, in Einheiten des anstößigen Geldes umgerechnet; Preise, die normalerweise in diesem Geld notiert werden, werden als Folge der übermäßigen Emission sofort ansteigen. Der Fall des Wechselkurses des übermäßig emittierten Geldes an der Umlaufsmittelbörse und der Anstieg der Güterpreise, ausgedrückt in dessen Einheiten, werden Leute, die dieses Geld gewöhnlich halten, bald veranlassen, zu einem anderen Umlaufsmittel zu wechseln. Der sich ergebende Rückgang der Nachfrage nach diesem Geld würde wahrscheinlich den zeitweiligen Gewinn aus der Gewährung billigerer Kredite bald mehr als aufwiegen. Wenn die emittierende Bank dessen ungeachtet weiterhin billige Kredite gewährte, setzte eine allgemeine Flucht aus diesem Geld ein, das heißt stetig steigende Beträge dieses Geldes würden auf der Umlaufsmittelbörse abgeladen. Wir können daraus mit Sicherheit schließen, daß es einer Bank nicht möglich wäre, durch Überausgabe des eigenen Geldes den Realwert anderer Umlaufsmittel mit herunterzuziehen – schon gar nicht, wenn deren Emittenten bereit sind, einem solchen Versuch, falls nötig, mit der vorübergehenden Drosselung des eigenen Geldumlaufs entgegenzuwirken.

5. Würden parasitäre Umlaufsmittel eine Kontrolle des Geldwertes verhindern? Eine schwierigere Frage, die vielleicht nicht so eindeutig zu beantworten ist, wirft das unvermeidliche Auftreten von – wie man sagen könnte – parasitären Umlaufsmitteln auf. Damit ist der pyramidenförmige Aufbau von Sichteinlagen gemeint, die im Wege der Kreditgewährung geschaffen werden von Banken, die Scheckkonten führen und vielleicht sogar Noten ausgeben mit der Bezeichnung des Umlaufsmittels einer anderen Bank, der originären Emissionsbank. Würde dies die Kontrolle des Erstemittenten über den Wert seines eigenen Geldes beeinträchtigen? Solange derartige parasitäre Emissionen eindeutig als im Geld des Erstemittenten zu zahlende Verbindlichkeiten deklariert sind, ist schwer zu sehen, wie dies durch Gesetz verhindert werden könnte oder sollte.

Sicherlich würden nicht alle Banken ein eigenes Geld schaffen wollen; sie könnten es vermutlich auch nicht. Diejenigen, die es nicht täten, hätten keine andere Wahl, als Einlagen anzunehmen und Kredite zu gewähren mit der Bezeichnung des Umlaufsmittels einer anderen Bank, und sie gäben dem besten vorhandenen Umlaufsmittel den Vorzug. Auch würde der Erstemittent dies nicht völlig verhindern wollen, wenn ihm auch die Ausgabe von Noten mit seiner Bezeichnung mehr mißfiele als das bloße Führen von ebensolchen Scheckkonten. Bei den Banknoten, die von einem Zweitemittenten ausgegeben werden, müßte natürlich klar ersichtlich sein, daß es sich bei ihnen nicht um die originalen, vom Besitzer des Markennamens herausgegebenen Dukaten (oder dergleichen) handelt, sondern lediglich um Ansprüche auf Dukaten, da sie andernfalls einfach eine Fälschung wären. Ich kann jedoch nicht sehen, wie der normale gesetzliche Schutz von Markenzeichen oder Handelsmarken die Ausgabe solcher Forderungen in Form von Banknoten verhindern könnte, und bezweifle sehr, ob es wünschenswert wäre, sie durch Gesetz zu unterbinden; dies vor allem im Hinblick auf die grundsätzliche Ähnlichkeit zwischen solchen Noten und Sichteinlagen, die selbst die emittierenden Banken kaum würden verhindern wollen. Ebenso, wie sich eine Institution verpflichten kann, ihre Noten oder Depositen in Gold einzulösen, kann sie sich offensichtlich auch verpflichten, sie in Dukaten (oder dergleichen) einzulösen, die von einer anderen Bank ausgegeben werden.

Was der Erstemittent eines solchen Umlaufsmittels tun könnte und tun müßte, ist, nicht die Fehler der Regierungen zu wiederholen, die dazu führten, daß ihnen die Kontrolle jener Zweit- oder Schmarotzer-Emissionen aus den Händen glitt. Er muß deutlich machen, daß er nicht bereit ist, den Zweitemittenten aus der Patsche zu helfen, indem er die erforderliche »Kasse« (das heißt die originalen Noten) bereitstellt, die sie zur Einlösung ihrer Verbindlichkeiten benötigen. Später (Abschnitt XVI) werden wir sehen, wie Regierungen in diese Falle gelockt wurden und es zuließen, daß ihr Monopol auf die Geldemission in höchst unerwünschter Weise verwässert wurde. (Sie teilten die Verantwortung für die Kontrolle über die Gesamtgeldmenge in geltender Währung auf, indem sie dem ständigen Druck nach billigem Geld, dem man mit einer raschen Ausbreitung von Banken meinte begegnen zu können, nachgaben und die Banken unterstützten, indem sie ihre Liquidität garantierten; am Ende hatte niemand mehr die Gesamtgeldmenge voll in seiner Gewalt.)

Die Lösung des ernsthaftesten Problems, das mein Vorschlag aufwirft, scheint mir zu sein: Obwohl private Emittenten es werden dulden müssen, daß parasitäre Sichteinlagen und Noten mit derselben Bezeichnung [wie ihre eigenen, d. Hrsg.] in Umlauf kommen, sollten sie dies nicht unterstützen, sondern vielmehr in Schranken halten, indem sie im voraus klarstellen, daß sie nicht gewillt sind, die zur Einlösung parasitärer Umlaufsmittel nötigen Noten zur Verfügung zu stellen, es sei denn gegen »hartes Geld«, das heißt im Austausch gegen ein anderes vertrauenswürdiges Umlaufsmittel. Hielten sie sich strikt an dieses Prinzip, würden sie die Zweitemittenten zwingen, eine nahezu hundertprozentige Reserve (»100 per cent banking«) zu halten. Soweit noch ungedeckte parasitäre Emissionen in begrenztem Umfang möglich sein sollten, müßte deren Umlauf mittels einer Politik abgesichert werden, die gewährleistete, daß ihr Wert nie in Frage stünde. Obwohl diese Politik den Umlauf und damit den Gewinn des Erstemittenten beschneiden könnte, sollte sie seine Fähigkeit, den Wert seines Geldes konstant zu halten, nicht ernstlich gefährden.

Um dies zu erreichen, müßte der Erstemittent eines Umlaufsmittels mit einer bestimmten Bezeichnung den Folgen der Überemission eines solchen parasitären Umlaufsmittels (oder jedes anderen Umlaufsmittels, das vorgibt, den gleichen Wert wie sein eigenes aufrechtzuerhalten) zuvorkommen und sich rücksichtslos weigern, es zum Nennwert zu kaufen, und zwar schon bevor sich die erwartete Entwertung im Anstieg irgendwelcher Güterpreise in Einheiten jenes anderen Umlaufsmittels kundtut. Der Handel einer Emissionsbank in anderen Umlaufsmitteln wäre deshalb nie eine rein mechanische Angelegenheit (Kauf und Verkauf zu festen Preisen), die sich lediglich nach den beobachteten Veränderungen in der Kaufkraft der anderen Umlaufsmittel richtete; eine solche Bank könnte sich auch nicht erbieten, jedes andere Umlaufsmittel zu einem Kurs, der seiner augenblicklichen Kaufkraft gegenüber dem Standard-Gütersortiment entspricht, zu kaufen. Es würde im Gegenteil ein beträchtliches Maß an Urteilskraft erfordern, die kurzfristige Stabilität des eigenen Geldes wirksam zu verteidigen, und Voraussagen der zukünftigen Entwicklung des Wertes anderer Umlaufsmittel werden zu einem gewissen Grade in die Steuerung des Geschäfts einfließen müssen.

XII. Welches Umlaufsmittel würde das Publikum wählen?

Da ich behaupte, das Publikum wählte aus einer Vielzahl konkurrierender privater Umlaufsmittel ein besseres Geld aus, als die Regierungen zur Verfügung stellen, muß ich nun den Prozeß sowie die Kriterien untersuchen, nach denen eine derartige Auswahl stattfände.

Dies ist ein Problem, worüber wir wenig empirische Kenntnisse haben. Es wäre von geringem Nutzen zu versuchen, die Leute (etwa durch eine Meinungsumfrage) zu konsultieren. Da sie sich nie in einer derartigen Situation befanden, haben die meisten Leute über das, was sie in einer solchen Situation tun würden, nie nachgedacht oder sich eine Meinung gebildet. Wir können lediglich versuchen, die wahrscheinliche Art individueller Entscheidungen aus unserer allgemeinen Kenntnis der Zwecke herzuleiten, für die die Leute Geld brauchen, und der Art und Weise, wie sie in ähnlichen Situationen handeln. Dies ist im Grunde das Verfahren, mit dem fast die ganze Wirtschaftstheorie aufgebaut wurde und mit dem sie zu Schlußfolgerungen gelangte, die im allgemeinen durch spätere Erfahrung bestätigt wurden. Wir dürfen natürlich nicht annehmen, daß die Leute in einer neuen Situation sofort rational handeln. Aber wenn auch nicht durch Einsicht, so werden sie doch durch Erfahrung und Nachahmung der Erfolgreichsten bald lernen, welches Verhalten ihren Interessen am besten dient.[57] Eine grundlegende Änderung, wie sie hier in Betracht gezogen wird, könnte zunächst große Unsicherheit und Verwirrung hervorrufen. Dennoch glaube ich nicht, daß man viel Grund hat zu bezweifeln, daß die Leute bald das entdeckten, was rationale Überlegung ihnen sofort gesagt haben könnte. Ob dieser Prozeß in der Praxis schnell oder langsam vor sich ginge, mag von Land zu Land verschieden sein.[58]

Vier Nutzungsarten von Geld. Es gibt vier Arten, Geld zu benutzen, die die Wahl zwischen verfügbaren Arten von Geld hauptsächlich beeinflussen: seine Verwendung erstens zu Barkäufen von Gütern und Dienstleistungen, zweitens zur Reservehaltung für zukünftige Bedürfnisse, drittens in Verträgen über künftig fällig werdende Zahlungen und schließlich als Recheneinheit, vor allem in der Buchführung. Diese Nutzungen als verschiedene »Funktionen« des Geldes zu behandeln, ist üblich, aber nicht unbedingt zweckmäßig. Sie sind in Wirklichkeit einfach eine Folge der Grundfunktion des Geldes als Tauschmittel, und es wird nur unter außergewöhnlichen Umständen, etwa bei einer raschen Entwertung des Tauschmittels, geschehen, daß sie von ihr getrennt werden. Außerdem sind sie in dem Sinne interdependent, daß, obgleich zunächst

---

57 Vgl. Menger, C., *Grundsätze der Volkswirtschaftslehre* (1871), in: Menger, C., *Gesammelte Werke*, F.A. Hayek (Hrsg.), 2. Aufl., Tübingen: Mohr Siebeck 1968–1970, Band I, S. 255: »Da es nun aber kein besseres Mittel gibt, die Menschen über ihre ökonomischen Interessen aufzuklären, als die Betrachtung der ökonomischen Erfolge jener, welche die richtigen Mittel zur Erreichung derselben ins Werk setzen ...«

58 Wir dürfen die Möglichkeit nicht völlig übersehen, daß die auf vergangene Erfahrung und insbesondere auf die Erfahrung ungefähr der letzten fünfzig Jahre gegründeten Handlungen und Erwartungen der Geschäftsleute derartig auf die Wahrscheinlichkeit eines fortwährenden Aufwärts-Trends der Preise ausgerichtet sind, daß die Erkenntnis, daß in Zukunft die Preise im Durchschnitt wahrscheinlich konstant bleiben werden, zunächst eine entmutigende Wirkung haben könnte. Dies mag sogar einige Geschäftsleute veranlassen, es vorzuziehen, ihre Geschäfte und Bücher in einem im Wert leicht sinkenden Umlaufsmittel zu führen. Ich glaube jedoch, daß sich am Ende diejenigen als die erfolgreicheren erweisen werden, die ein stabiles Geld gewählt haben.

verschiedene Eigenschaften des Geldes für seine verschiedenen Nutzungsarten wünschenswert erscheinen, Geld einen Dienst erweist, nämlich den als Recheneinheit, der die Wertstabilität zur begehrtesten seiner Eigenschaften macht. Wenn auch zunächst die Bequemlichkeit beim täglichen Einkaufen als entscheidend bei der Wahl des Geldes angesehen werden mag, glaube ich, daß sich herausstellte, daß die Eignung als Recheneinheit die Rangliste anführte.

(1) Barkäufe. Das Hauptinteresse der großen Masse der Lohn- und Gehaltsempfänger liegt wahrscheinlich darin, daß sie ihre täglichen Einkäufe in dem Geld tätigen können, welches ihnen ausbezahlt wird, und daß sie Preise vorfinden, die überall in dem von ihnen benutzten Umlaufsmittel angegeben sind. Die Ladeninhaber andererseits nähmen, solange sie wissen, daß sie sofort jedes Umlaufsmittel zu einem bekannten Kurs gegen irgendein anderes eintauschen können, sicher bereitwillig jedes Umlaufsmittel zu einem angemessenen Preis in Zahlung. Vermutlich würden schnellstens elektronische Registrierkassen entwickelt, nicht nur, um sofort in jedem gewünschten Umlaufsmittel das Äquivalent zu jedem Preis ablesen zu können, sondern auch , um über den Computer mit Banken in Verbindung zu stehen, so daß die Händler sofort eine Gutschrift in dem Geld erhielten, in dem sie ihre Konten führten. (Kassenbestände der einzelnen Umlaufsmittel würden jeden Abend abgeholt.) Außerdem hielten Ladeninhaber, wenn örtlich zwei oder drei Umlaufsmittel allgemein in Gebrauch wären, es für ratsam, ihre Waren in leicht erkennbarer Weise in allen auszuzeichnen, zum Beispiel für jedes Umlaufsmittel in einer anderen Farbe, so daß Preisvergleiche zwischen Läden und Umlaufsmitteln erleichtert würden.

(2) Reservehaltung für zukünftige Zahlungen. Über den Wunsch hinaus, die regulären Einnahmen für seine normalen Ausgaben zu nutzen, wäre der Lohn- und Gehaltsempfänger wahrscheinlich vor allem an Stabilität interessiert. Bei seinen Abzahlungen für Hypothekar- und Konsumentenkredite könnte er zwar eine Zeitlang von einem im Wert sinkenden Umlaufsmittel profitieren, sein Lohn- oder Gehaltskonto lenkte seine Wünsche jedoch auf ein im Wert steigendes Umlaufsmittel.

Alle, die Kasse halten, also jedermann, zöge ein im Wert steigendes Geld vor, und aus diesem Grund könnte eine beträchtliche Nachfrage nach einem solchen Geld bestehen; aber es wäre eindeutig nicht zum Vorteil von Kreditnehmern, sich in solchem Geld zu verschulden, oder von Banken, die einen höheren Wert als denjenigen, zu dem sie das Geld emittiert hatten, aufrechterhalten müßten. Es ist denkbar, daß eine begrenzte Menge von Noten in einem solchen im Wert steigenden Geld ausgegeben und für spezielle Zwecke genutzt würde, aber es scheint höchst unwahrscheinlich, daß solche Noten allgemein gebräuchlich würden. Den größten Teil der Nachfrage nach Kasse machte wahrscheinlich jenes Umlaufsmittel aus, von dem die Leute erwarteten, daß sie damit Schulden werden zurückzahlen müssen.

(3) Maßstab für künftig fällige Zahlungen. Hinsichtlich der dritten Nutzungsart, als Maßstab für künftig fällige Zahlungen, wären die Hauptinteressen der Vertragsparteien natürlich genau entgegengesetzt: Gläubiger würden ein im Wert steigendes, Schuldner ein im Wert sinkendes Geld bevorzugen. Jede Gruppe wäre jedoch sehr gemischt zusammengesetzt: Zu den Gläubigern gehörten alle Lohn- und Gehaltsempfänger ebenso wie die Kapitaleigner, zu den Schuldnern die Banken, die Unternehmer und Landwirte. Es scheint daher unwahrscheinlich, daß die Marktkräfte ein Übergewicht in einer Richtung erzeugten. Und obwohl sie alle bei ihren Kredit- und Schuldgeschäften infolge von Änderungen im Geldwert kurzfristig entweder verlören oder gewännen, merkten sie wahrscheinlich alle bald, daß diese Verluste oder Gewinne nur vorübergehend aufträten und zu verschwinden tendierten, sobald die Zinssätze sich an die erwarteten Preisbewegungen anpaßten.

(4) Eine zuverlässige Recheneinheit. Der entscheidende Faktor, der eine allgemeine Präferenz für ein im Wert stabiles Geld entstehen ließe, scheint mir zu sein, daß nur in einem solchen Geld eine realistische Kalkulation möglich ist; deshalb ist bei der Wahl zwischen verschiedenen Umlaufsmitteln zum Gebrauch in Produktion und Handel auf lange Sicht nur die Wahl eines im Wert stabilen Geldes eine erfolgreiche Wahl. Insbesondere läßt sich die Hauptaufgabe der Buchführung, nämlich sicherzustellen, daß der Kapitalstock eines Unternehmens nicht aufgezehrt wird und nur wirkliche Nettogewinne als den Eigentümern zur Verfügung stehende Gewinne ausgewiesen werden, nur ausführen, wenn der Wert der Recheneinheit annähernd konstant ist.

Der Versuch, noch eingehender zu erklären, warum eine erfolgreiche ökonomische Kalkulation nur bei einem stabilen Geldwert möglich ist, wirft die Frage auf, was genau wir unter »dem Wert des Geldes« und den verschiedenen Beziehungen, in denen er konstant gehalten werden kann, verstehen. Dies werden wir im nächsten Abschnitt untersuchen. Vorläufig wollen wir uns mit der empirischen Tatsache zufriedengeben, daß wirkliche Kapitalerhaltung und Kostenkontrolle nur möglich sind, wenn die Bücher in einer Einheit geführt werden, die in einem gewissen Sinn erträglich stabil bleibt. Wir werden daher das augenblickliche Thema einstweilen mit der Schlußfolgerung verlassen, daß, zumindest auf lange Sicht, die wirksame Auslese zwischen rivalisierenden Angeboten von Umlaufsmitteln wie üblich diejenige des Wettbewerbs ist. Meistgebrauchtes Umlaufsmittel wird jenes werden, das von Leuten vorgezogen wird, denen es zum Erfolg verhilft, und die deshalb von anderen nachgeahmt werden.

XIII. Welcher Geldwert?

Genau genommen gibt es, im wissenschaftlichen Sinn, so etwas wie einen vollständig stabilen Geldwert – oder einen stabilen Wert von irgend etwas anderem – gar nicht. Wert ist eine Beziehung, ein Ausdruck von Gleichwertigkeit, oder, wie W.S. Jevons sagte, »eine indirekte Art, ein Verhältnis auszudrücken,«[59] das nur festgestellt werden kann, indem man die Menge einer Sache bezeichnet, die gleich gewertet wird wie die »äquivalente« Menge einer anderen Sache. Zwei Dinge können, jeweils im anderen ausgedrückt, einen konstanten relativen Wert besitzen, doch wenn wir das andere nicht spezifizieren, hat die Aussage, etwas habe einen unveränderten Wert, keinen präzisen Sinn.

Was wir damit meinen, wenn wir häufig, aber achtlos Sätze wie zum Beispiel »Bier ist stabiler im Wert als rote Bete« sagen (und das ist das Äußerste, was wir jemals sinnvollerweise behaupten können), ist, daß der relative Wert von Bier, oder sein Tauschwert, tendenziell bezüglich einer größeren Anzahl anderer Güter oder über eine längere Periode hinweg stabiler bleibt, als es bei roter Bete und vielen anderen Gütern der Fall ist. Bei gewöhnlichen Gütern und Dienstleistungen denken wir im ersten Moment üblicherweise an ihr Verhältnis zu Geld. Wenn wir den Terminus »Wert« auf Geld selbst anwenden, dann ist mit einem stabilen Wert gemeint, daß der Preis der meisten Güter über kurze Perioden hinweg nicht dahin tendiert, sich überwiegend in einer Richtung zu bewegen, oder daß er sich nur wenig ändert.

1. »Ein stabiler Geldwert«. Doch irgendwelche Preise ändern sich immer am freien Markt. Es wird uns manchmal vorkommen, als sei der Geldwert annähernd konstant geblieben, obwohl sich viele Preise geändert haben, und ein andermal, als sei der Geldwert definitiv gefallen oder angestiegen, obwohl sich lediglich die Preise einiger weniger, wichtiger Güter geändert haben, allerdings alle in der gleichen Richtung. Was meinen wir also – in einer Welt mit sich ständig ändernden individuellen Preisen – mit einem stabilen Geldwert?

Grob gesprochen ist es natürlich ziemlich offensichtlich, daß die Verfügung über Güter im allgemeinen, die ein Geldbetrag verleiht, abgenommen hat, wenn er von den meisten Gütern eine geringere Menge und lediglich von wenigen Gütern mehr einbringt. Es ist sinnvoll zu sagen, daß die Verfügung über Güter dann etwa gleichgeblieben ist, wenn diese beiden Änderungen in der Verfügung über Güter sich gerade ausgleichen. Aber für unsere Zwecke benötigen wir

---

[59] Jevons, W.S., *Money and the Mechanism of Exchange*, London: H.S. King & Co. 1875, S. 11; vgl. auch ebenda, S. 70: »Wert drückt das seiner Natur nach veränderliche Verhältnis aus, in dem zwei Güter gegeneinander getauscht werden, so daß kein Grund besteht, anzunehmen, daß irgendein Ding von einem Tag auf den anderen denselben Wert behält.«

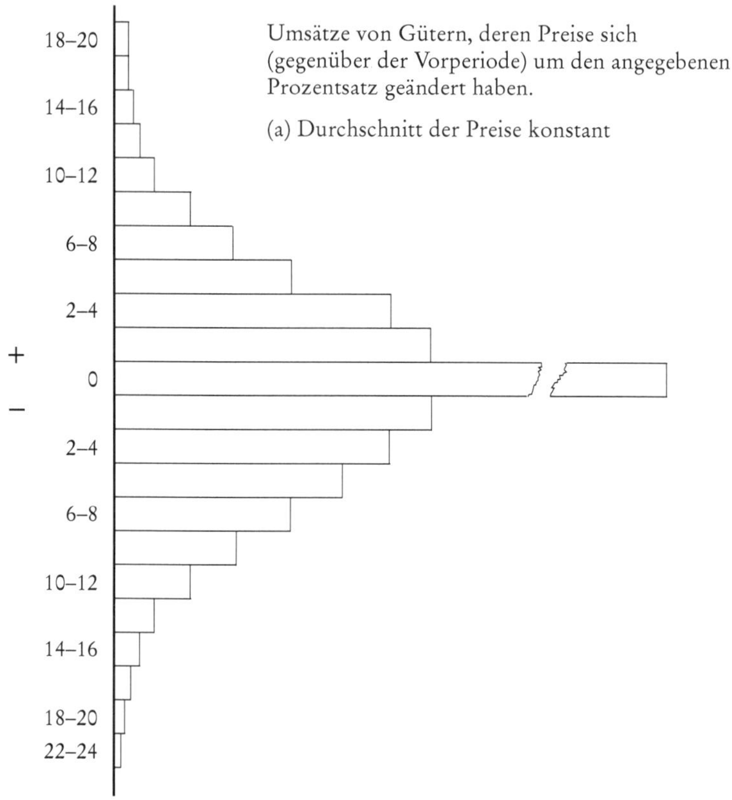

Abbildung 1

natürlich eine präzisere Definition eines »stabilen Geldwertes« und eine genauere Definition der Vorteile, die wir von ihm erwarten.

2. Fehleinschätzungen, die sich ausgleichen. Wie wir gesehen haben, bestehen die Hauptstörungen, die Änderungen des Geldwertes verursachen, in deren Wirkungen auf Verträge über künftig fällige Zahlungen und auf den Gebrauch der Geldeinheiten als Grundlage von Kalkulation und Buchführung.

In beiden Fällen muß sich der einzelne bei seinen Entscheidungen mit der unumstößlichen Wahrheit herumschlagen, daß die künftige Bewegung der meisten Preise nicht vorhersagbar ist (da sie als Signale von Ereignissen dienen, von denen er größtenteils nichts wissen kann). Das daraus entstehende Risiko läßt sich am besten verringern, indem man die Kalkulationen auf Erwartungen zukünftiger Preise stützt, die von den gegenwärtigen Preisen ebenso wahrschein-

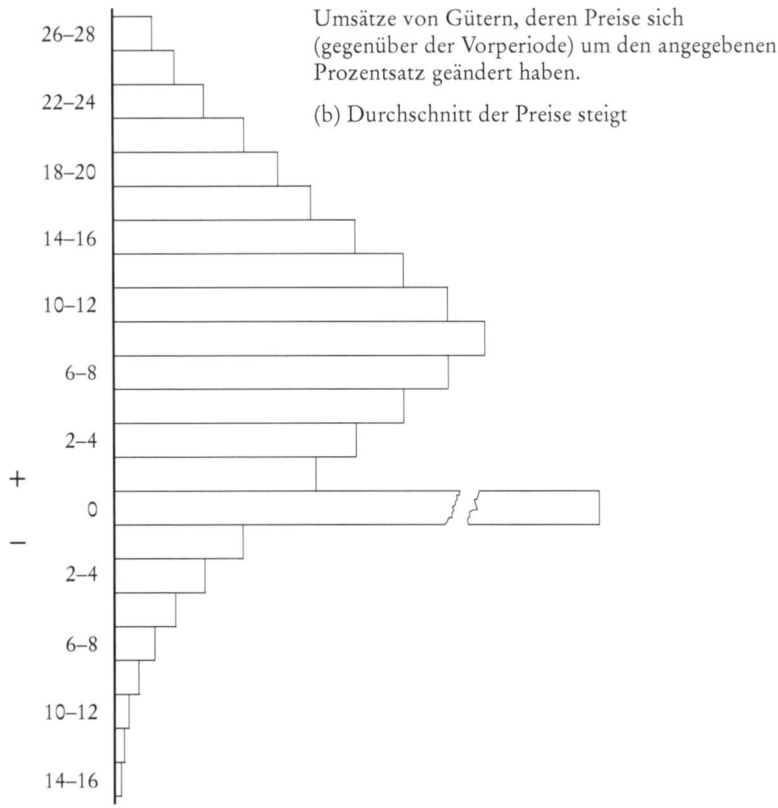

Abbildung 2

lich in der einen wie in der anderen Richtung um einen bestimmten Prozentsatz abweichen. Dieser mittlere Wert wahrscheinlicher künftiger Änderungen wird nur korrekt geschätzt, wenn er gleich Null ist, sein Verhalten also übereinstimmt mit dem wahrscheinlichen Verhalten der großen Zahl von Preisen, die ziemlich starr sind oder sich nur langsam ändern (hauptsächlich die Tarife öffentlicher Versorgungsbetriebe, aber auch die Preise der meisten Markenartikel, der Güter, die von Versandhäusern vertrieben werden, und ähnlichem).

Diese Sachlage läßt sich am besten anhand zweier Diagramme illustrieren. Wird der Geldwert so reguliert, daß ein geeigneter Durchschnitt von Preisen konstant gehalten wird, können die Wahrscheinlichkeiten künftiger Preisbewegungen, mit denen man sich bei jedwedem Planen künftiger Aktivitäten herumschlagen muß, wie in Abbildung 1 dargestellt werden. Obwohl in diesem Fall die Unvorhersagbarkeit der einzelnen zukünftigen Preise, die in einer funktionierenden Marktwirtschaft unvermeidlich ist, bestehen bleibt, haben die Leute im allgemeinen auf lange Sicht ziemlich gute Aussichten, daß sich die Wirkungen der nicht vorhergesehenen Preisänderungen ungefähr ausgleichen werden. Sie werden zumindest keine allgemeine Fehleinschätzung in einer Richtung auslösen; vielmehr werden die Leute ziemlich erfolgreiche Kalkulationen anstellen, wenn sie sich auf die Annahme gleichbleibender Preise stützen (wo keine bessere Information verfügbar ist).

Führt die divergierende Bewegung individueller Preise zu einem *Anstieg* des Durchschnitts aller Preise, sieht es ungefähr wie in Abbildung 2 aus. Da die einzelne Unternehmung zur korrekten Vorhersage des mittleren Wertes aller Preisbewegungen ebensowenig eine Grundlage besitzt wie zur Vorhersage der Bewegungen einzelner Preise, könnte sie ihre Kalkulationen und Entscheidungen auf keinen bekannten mittleren Wert abstützen, von dem die Bewegungen einzelner Preise ebenso wahrscheinlich in die eine wie in die andere Richtung abweichen. Erfolgreiche Kalkulationen, das heißt eine zuverlässige Kapital- und Kostenrechnung, würden damit unmöglich. Die Leute verlangten mehr und mehr nach einer Recheneinheit, deren Wert sich enger an den allgemeinen Trend anlehnte, und sie könnten sogar veranlaßt werden, etwas als Recheneinheit zu benutzen, was nicht als Tauschmittel verwendbar wäre.[60]

---

[60] Die Kurve, die die Häufigkeitsverteilung von Preisänderungen darstellt, indem sie den Prozentsatz aller Umsätze zeigt, die während einer Periode gegenüber einer früheren Periode zu gestiegenen, [gleichgebliebenen] oder gefallenen Preisen getätigt werden, hätte natürlich, wenn sie in einem logarithmischen Maßstab gezeichnet würde, dieselbe Gestalt, gleichgültig, ob wir Geld oder irgendein Gut als Maßstab der Preise wählten. Benutzten wir als Maßstab das Gut, dessen Preis mehr gefallen ist als der irgendeines anderen, erschienen lediglich alle Preisänderungen als Preiserhöhungen, aber ein Preisanstieg, im Vergleich mit einem anderen Preisanstieg, erschiene nach wie vor als, zum Beispiel, halb so groß, gleichgültig, welchen Maßstab wir benutzten. Wir erhielten wahrscheinlich eine Kurve in der allgemeinen Form einer normalen (Gaußschen) Fehlerkurve, bei der die – soweit wir sie hätten voraussagen können – zufälligen beiderseitigen Abweichungen vom Modus [der am häufigsten vorkommenden Preisänderung] einander gerade aufwögen und mit zunehmender Abweichung weniger zahlreich würden. (Die meisten Preisänderungen werden durch eine Nachfrageverschiebung verursacht mit entsprechenden Rückgängen einiger Preise und Erhöhungen anderer; und verhältnismäßig geringe Verlagerungen dieser Art dürften wahrscheinlich häufiger vorkommen als große.) Gemessen in einem Geld mit in diesem Sinne stabilem Wert blieben die Preise der den Modus bildenden Güter also unverändert, während die Umsätze, die zu Preisen abgewickelt werden, die um einen bestimmten Prozentsatz gestiegen oder gefallen sind, einander gerade die Waage hielten. Dies wird Irrtümer minimieren, nicht notwendigerweise diejenigen der einzelnen Individuen, aber im Ganzen. Und obwohl kein praktikabler Index das vollständig leisten kann, was wir unterstellt haben, sollte diesbezüglich eine starke Annäherung möglich sein.

3. Auswahlkriterien. Diese asymmetrischen Verschiebungen der Verteilung von Preisänderungen auf eine Seite der Konstanz – Verschiebungen, wie sie Geldmengenänderungen auslösen können –, und die Erschwerung von Voraussicht, Kalkulation und Buchführung, die sich aus ihnen ergibt, dürfen nicht verwechselt werden mit den im Verlauf des gleichen Prozesses nur vorübergehend auftretenden Veränderungen der Struktur der relativen Preise, die Fehlleitungen der Produktion hervorrufen. Wir werden zu untersuchen haben (Abschnitt XVII), wie eine Stabilisierung des Geldwertes auch jene Fehlleitungen der Produktion weitgehend verhindert, die später unweigerlich zu einem Umschwung im Wachstumsprozeß, zu großen Verlusten bei den Investitionen und zu Perioden der Arbeitslosigkeit führen. Wir werden darlegen, daß dies einer der Hauptvorzüge eines stabilen Geldes wäre. Aber es ist kaum möglich zu beweisen, daß die Benutzer von Geld aus diesem Grund ein Geld mit stabilem Wert wählen werden. Sie nehmen diese Wirkung wahrscheinlich gar nicht wahr und stellen sie bei ihrer individuellen Entscheidung über das zu verwendende Geld auch nicht in Rechnung – obschon die Beobachtung des reibungslosen Geschäftsverlaufs in Regionen mit einem stabilen Geld die Leute in anderen Gegenden veranlassen mag, ein solches Geld vorzuziehen. Der einzelne könnte sich gegen diese Wirkung auch nicht dadurch schützen, daß er für den eigenen Gebrauch ein stabiles Umlaufsmittel wählt, da die Struktur der relativen Preise in den verschiedenen, nebeneinander verwendeten Umlaufsmitteln dieselbe sein muß; diese Verzerrungen können daher nicht vermieden werden, solange neben den stabilen Umlaufsmitteln in größerem Umfang solche mit schwankendem Wert verwendet werden.

Der Grund, warum die Leute dazu neigen, ein Geld vorzuziehen, das im Verhältnis zu Gütern einen stabilen Wert aufweist, liegt somit darin, daß es ihnen helfen wird, die Auswirkungen der unvermeidlichen Unsicherheit bezüglich Preisbewegungen auf ein Mindestmaß herabzusetzen, da die Abweichungen in entgegengesetzte Richtungen sich in ihren Wirkungen gegenseitig aufzuheben tendieren. Dieser Ausgleich wird nicht stattfinden, wenn es sich bei dem Mittelwert, um den sich die Abweichungen der Einzelpreise häufen, nicht um den Nullpunkt, sondern um irgendeine unbekannte Größe handelt. Selbst wenn wir darin übereinstimmen, daß das stabile Geld, dem die Leute den Vorzug geben, in dem Sinne stabil ist, daß sie von den sie hauptsächlich interessierenden Einzelpreisen erwarten, daß sie, gemessen in diesem Geld, mit der gleichen Wahrscheinlichkeit steigen oder fallen werden, sagt uns das noch nicht, welchen Preisdurchschnitt die meisten Leute konstant sehen möchten. Verschiedene Leute – auch Unternehmer – werden sich offensichtlich für die Preise verschiedener Güter interessieren. Und die Gesamtpreise verschiedener Warenkörbe werden sich natürlich in verschiedener Weise bewegen.

4. Tauglichkeit für die Buchführung wiederum ausschlaggebend. Während man wahrscheinlich zunächst dazu neigt, an Einzelhandelspreise oder Lebenshaltungskosten zu denken, und sogar die meisten Konsumenten ein in dieser Hinsicht stabiles Geld vermutlich bevorzugen, ist nicht anzunehmen, daß für ein auf dieses Ziel hin ausgerichtetes Geld ein ausgedehnter Umlauf aufgebaut werden könnte. Die Lebenshaltungskosten variieren von Ort zu Ort und ändern sich lokal in verschiedenem Ausmaß. Die Geschäftswelt würde sicherlich ein über weite Regionen hinweg akzeptiertes Geld vorziehen. Was für Kalkulation und Buchführung (und deshalb für die effiziente Nutzung der Ressourcen) in jedem Unternehmen, das mehr auf die allgemeine Preisstabilität als auf seine spezielle Kenntnis eines besonderen Marktes angewiesen ist, am wichtigsten ist, sind die Preise der weithin gehandelten Güter wie Rohstoffe, Agrarerzeugnisse und gewisse standardisierte industrielle Halbfabrikate. Sie haben den weiteren Vorteil, daß sie auf regulären Märkten gehandelt und ihre Preise schnell übermittelt werden und daß, zumindest bei Rohstoffen, die Preise besonders sensibel sind und es daher ermöglichten, den Tendenzen zu allgemeinen Preisbewegungen (die sich oft bei derartigen Gütern zuerst zeigen) durch rechtzeitiges Handeln zuvorzukommen.

In der Tat kann es sehr wohl sein, daß eine Regulierung des Geldumlaufs, die unmittelbar auf eine Stabilisierung der Rohstoffpreise abzielte, eine größere Stabilität auch der Konsumgüterpreise zur Folge haben könnte als eine direkt auf sie ausgerichtete Politik. Die beträchtliche Verzögerung, die erfahrungsgemäß zwischen Veränderungen der Geldmenge und Veränderungen des Preisniveaus der Konsumgüter eintritt, mag in der Tat bedeuten, daß, wenn eine Anpassung des Geldumlaufs hinausgezögert würde, bis die Wirkungen einer übermäßigen oder zu geringen Emission sich an Veränderungen der Konsumgüterpreise zeigten, ganz erhebliche Veränderungen dieser Preise nicht vermieden werden könnten; im Fall von Rohstoffen, wo diese Verzögerung kürzer zu sein scheint, machten dagegen früher auftretende Warnsignale Vorsichtsmaßnahmen umgehend möglich.

Lohn- und Gehaltsempfänger entdeckten wahrscheinlich auch, daß es vorteilhaft wäre, Tarifverträge auf der Grundlage eines Durchschnitts der Rohstoffpreise oder einer ähnlichen Größe abzuschließen, was den Beziehern fester Einkommen automatisch einen Anteil am Zuwachs der industriellen Produktivität sichern würde. (Auch die unterentwickelten Länder zögen ein internationales Geld vor, das den Rohstoffen ganz allgemein gegenüber Industrieprodukten zunehmende Kaufkraft verschaffte – obwohl sie sich diese Möglichkeit wahrscheinlich verdürben, indem sie auf der Stabilisierung einzelner Rohstoffpreise bestehen. Ich hoffe jedenfalls, daß die Wahl überwiegend in diesem Sinne getroffen werden wird, weil ein Geld, das, gemessen an Rohstoffpreisen, stabil ist, wahrscheinlich auch die größte erreichbare Annäherung an den zur Stabilität der allgemeinen Wirtschaftstätigkeit führenden Pfad darstellt.

5. Großhandelspreise als Wertmaßstab für Umlaufsmittel in Länder übergreifenden Regionen. Meine Erwartung geht dahin, daß, zumindest in Regionen, die wesentlich größer sind als die heutigen Länder, die Leute sich auf den Gebrauch einer standardisierten Auswahl von Großhandelspreisen einigten als Wertmaßstab, in dem sie den Wert ihrer Umlaufsmittel konstant gehalten sehen möchten. Einige wenige Banken, die einen weitreichenden Geldumlauf aufgebaut hatten, indem sie dieser Präferenz entgegenkamen, und Umlaufsmittel mit unterschiedlichen Bezeichnungen, aber untereinander annähernd konstanten Wechselkursen emittierten, könnten weiterhin versuchen, die genaue Zusammensetzung des standardisierten »Warenkorbes«, dessen Preis sie in ihrem Umlaufsmittel konstant zu halten sich bemühten, zu verfeinern.[61] Dies löste jedoch keine größeren Schwankungen in den Wechselkursen zwischen den wichtigsten in der Region umlaufenden Zahlungsmitteln aus. Regionen, in denen Zahlungsmittel in verschiedener Zusammensetzung umliefen, würden sich natürlich überschneiden, und Umlaufsmittel, deren Wert sich zur Hauptsache an den Preisen von Gütern ausrichtete, die bei einer bestimmten Lebensführung oder für eine bestimmte Gruppe vorherrschender Industriezweige wichtig sind, schwankten vielleicht gegenüber anderen etwas stärker, könnten aber trotzdem unter Leuten mit bestimmten Beschäftigungen und Gewohnheiten ihren jeweiligen Kundenkreis behalten.

XIV. Die Quantitätstheorie ist für unsere Zwecke untauglich

Die üblichen Annahmen der Geldtheorie, daß es nur eine Art von Umlaufsmittel, nämlich *das* Geld, gibt und daß keine scharfe Trennung zwischen eigentlichem Geld (full money) und bloßen Geldsubstituten besteht, verschwinden also. Desgleichen verschwindet die Anwendbarkeit der sogenannten Quantitätstheorie des Geldwertes, selbst wenn man in ihr nicht mehr sieht als eine grobe Annäherung an eine theoretisch befriedigendere Erklärung der Bestimmungsgründe des Geldwertes – mehr kann sie ohnehin niemals sein.[62]

Die Quantitätstheorie unterstellt selbstverständlich, daß in einem bestimmten Land nur eine Art von Geld in Umlauf ist, dessen Menge durch Zählen

---

[61] Wetteifer veranlaßte sie wahrscheinlich, die Methoden zur Aufrechterhaltung eines Maximums an Stabilität weit über das Maß hinaus zu verfeinern, bis zu dem man praktischen Nutzen daraus ziehen kann.

[62] Dennoch wäre ich immer noch zu vertreten bereit, was ich vor 45 Jahren schrieb, daß nämlich »von praktischen Gesichtspunkten aus es überaus folgenschwer werden könnte, wenn die weiteren Kreise des Publikums jemals wieder aufhören sollten, an die elementaren Sätze der Quantitätstheorie zu glauben.« (Hayek, F. A., *Preise und Produktion*, 1. Aufl., Wien: Springer 1931, S. 4 [Wiederabdruck in: Hayek, *Schriften*, A 8].

seiner homogenen (oder fast homogenen) Einheiten ermittelt werden kann. Wenn aber die verschiedenen, innerhalb einer Region verwendeten Umlaufsmittel nicht in einem konstanten Wertverhältnis zueinander stehen, kann die gesamte umlaufende Menge nur mit Hilfe des relativen Werts der verschiedenen Umlaufsmittel hergeleitet werden und sie hat ohne diesen keinen Sinn. Eine Theorie, die nur in einer bestimmten Situation brauchbar ist, selbst wenn diese über lange Zeit bestehen sollte, hat offensichtlich einen schwerwiegenden Fehler. Obwohl wir geneigt sind, es als selbstverständlich zu betrachten, liegt es keineswegs im Wesen des Geldes, daß in einem bestimmten Land nur eine einzige Art existiert; dies trifft gewöhnlich nur deshalb zu, weil die Regierungen den Gebrauch anderer Umlaufsmittel verhindert haben. Selbst dann trifft es nie ganz zu, da immer entscheidende Differenzierungen in der Nachfrage nach verschiedenen Formen von Geld und Geldsubstituten unterschiedlicher Liquiditätsgrade bestehen. Wenn wir jedoch annehmen, daß Emittenten von Geld ständig um zusätzliche Benutzer ihres Geldes miteinander wetteifern, können wir nicht gleichzeitig unterstellen, wie es die Quantitätstheorie mit gewisser Berechtigung unter Bezugnahme auf ein Geld mit einer einzigen Bezeichnung tun kann, daß eine ziemlich konstante Nachfrage nach Geld in dem Sinne besteht, daß der aggregierte Wert des Gesamtbestandes der Tendenz nach annähernd konstant ist (oder sich in voraussagbarer Art mit der Bevölkerungsgröße, dem Bruttosozialprodukt oder ähnlichen Größen ändert).

1. Die Theorie der Kassenhaltung. Für die in dieser Abhandlung diskutierten Probleme benötigen wir sicher ein allgemeiner anwendbares Instrument. Glücklicherweise ist es vorhanden, und zwar in Form einer Theorie, die sogar für einfacher liegende Fälle zufriedenstellender ist als die Quantitätstheorie: die von Carl Menger, Léon Walras und Alfred Marshall entwickelte Theorie der Kassenhaltung. Sie befähigt uns nicht nur dazu, das Endergebnis von Änderungen in »der« Geldmenge auf »das« allgemeine Preisniveau zu erklären, sondern auch den Prozeß zu erklären, in dem sich Veränderungen des Angebots der verschiedenen Arten von Geld sukzessive auf verschiedene Preise auswirken. Sie ermöglicht eine Analyse, die zugegebenermaßen nicht die Pseudo-Exaktheit der Quantitätstheorie beanspruchen kann, die aber eine viel größere Reichweite hat und den Präferenzen der Individuen für verschiedene Arten von Geld Rechnung tragen kann.

Die entscheidende Überlegung, die wir für unseren derzeitigen Zweck im Auge behalten müssen, ist, daß es in einem Geldsystem mit mehreren Umlaufsmitteln so etwas wie *die* Größe der Geldnachfrage nicht gibt. Es wird je verschiedene Nachfragen nach den verschiedenen Arten von Geld geben; da jedoch diese verschiedenen Umlaufsmittel keine vollkommenen Substitute sind, können die einzelnen nachgefragten Mengen nicht zu einer einzigen Größe addiert werden. Es mag eine geringe Nachfrage (aber ein großes Angebot) geben in bezug auf Umlaufsmittel, die im Wert fallen, es wird, so hoffen wir, Gleichheit sein zwischen Nachfrage und Angebot in bezug auf stabile Umlaufsmittel (was ihren Wert erst stabil halten wird), und es wird eine große Nachfrage (aber ein geringes Angebot) geben in bezug auf Umlaufsmittel, die im Wert steigen. Obwohl die Leute, solange für Umlaufsmittel ein freier Markt existiert, bereit sein werden, im Austausch gegen jedes Umlaufsmittel (zu einem gewissen Preis) zu *verkaufen*, werden sie nicht bereit sein, jedes Umlaufsmittel zu *halten*; und die Eigenschaften der zur Verfügung stehenden Substitute werden die Nachfrage nach jedem einzelnen Umlaufsmittel beeinflussen. Es gäbe daher keine einzelne Größe, die als entscheidend für den Geldwert angesehen werden könnte.

2. *Die Theorie der Kassenhaltung und die Umlaufsgeschwindigkeit*. Man kann die Ansicht vertreten, daß die Analysen, die ausgehen von der Nachfrage nach Kasse, und der Gebrauch des Konzepts der Umlaufsgeschwindigkeit im Rahmen der Quantitätstheorie formal äquivalent sind. Der Unterschied ist jedoch wesentlich. Die Theorie der Kassenhaltung lenkt die Aufmerksamkeit auf die entscheidende Ursache, nämlich den Wunsch der Individuen, Geldbestände zu halten. Die Umlaufsgeschwindigkeit ist eine statistische Größe; sie stellt eine Resultante dar, die sich, wie die Erfahrung zeigen mag, über längere Perioden, von denen wir brauchbare Daten besitzen, als ziemlich konstant erweisen kann – und somit eine gewisse Rechtfertigung für den behaupteten einfachen Zusammenhang zwischen »der« Geldmenge und »dem« Preisniveau liefert; die Umlaufsgeschwindigkeit führt aber oft in die Irre, weil sie sehr leicht mit dem irrigen Glauben in Verbindung gebracht wird, monetäre Veränderungen beeinflußten nur das *allgemeine* Preisniveau. Monetäre Veränderungen werden dann oft hauptsächlich aus diesem Grund als schädlich angesehen, als ob sie alle Preise *gleichzeitig* und um den *gleichen* Prozentsatz erhöhten oder senkten. Der wirkliche Schaden, den sie anrichten, rührt jedoch von der *unterschiedlichen* Wirkung auf einzelne Preise her, die sich nacheinander in sehr unregelmäßiger Reihenfolge und sehr unterschiedlichem Ausmaß ändern, so daß im Endeffekt die gesamte Struktur der relativen Preise verzerrt ist und die Produktion in falsche Richtungen lenkt.

Unglücklicherweise machte Lord Keynes praktisch keinen Gebrauch von diesem äußerst wichtigen Beitrag der Cambridge-Tradition zur Geldtheorie, einer Tradition, die auf Marshall zurückgeht. Keynes kritisierte zwar die vorgebliche Tendenz der ganzen zeitgenössischen Geldtheorie, zu argumentieren, als ob alle Preise sich simultan änderten; er selbst bewegte sich aber fast ausschließlich im Rahmen der Fisherschen Quantitätstheorie (oder argumentierte gegen sie). Es ist einer der größten Schäden, die die Keynessche Flut dem Verstehen des Wirtschaftsprozesses zugefügt hat, daß das Verständnis für die Faktoren, die beides, den Geldwert und die Wirkungen monetärer Ereignisse auf den Wert einzelner Güter bestimmen, weitgehend verlorengegangen ist. Ich kann hier den Versuch selbst einer knappen Wiedergabe dieses zentralen Kapitels der Geldtheorie nicht in Angriff nehmen, sondern muß mich damit zufriedengeben, daß ich Wirtschaftswissenschaftlern, die das Unglück hatten, Geldtheorie an völlig von Keynes' Ansichten beherrschten Anstalten zu studieren, die aber die Theorie des Geldwertes dennoch verstehen möchten, empfehle, diese Lücke zu schließen, indem sie zunächst die zwei Bände von A. W. Margets *Theory of Prices*[63] durcharbeiten, dann fast die ganze Literatur der nächsten 25 Jahre überspringen und mit Professor Axel Leijonhufvuds vor einiger Zeit erschienenem Buch[64] fortfahren, das sie zu den Werken der Zwischenperiode hinführen wird, die sie nicht auslassen sollten.

3. Eine Bemerkung zum »Monetarismus«. Seit die Gegenbewegung gegen die Vorherrschaft des »Keynesianischen« Dogmas eingesetzt hat, ist es üblich geworden, unter »Monetaristen« alle jene zusammenzufassen, die es für falsch halten, wenn Keynes in Abrede stellt, »eine inflationäre oder deflationäre Entwicklung sei normalerweise verursacht oder notwendigerweise begleitet« von »Änderungen der Menge und der Umlaufsgeschwindigkeit des Geldes.«[65] Dieser »Monetarismus« ist natürlich eine Ansicht, die vor Keynes von fast allen Ökonomen vertreten wurde mit Ausnahme einiger weniger Andersdenkender und Weltverbesserer, insbesondere auch jener kontinental-europäischen Ökonomen, die aufgrund ihrer der Politik gegebenen Ratschläge für die großen Inflationen der 1920er Jahre verantwortlich wurden. Ich stimme mit diesen »Monetaristen« insbesondere darin überein, worin derzeit wahrscheinlich ihr entscheidendes Merkmal gesehen wird, nämlich in ihrem Glauben, daß jede Inflation eine, wie sie jetzt genannt wird, »Nachfrage-induzierte Inflation« ist und daß es, was den ökonomischen Mechanismus angeht, so etwas wie eine »Kosten-induzierte Inflation« nicht gibt – es sei denn, man betrachtet die politische Entscheidung, die Geldmenge zu erhöhen in Reaktion auf einen Anstieg

---

63 Marget, A. W., *The Theory of Prices. A Re-Examination of the Central Problems of Monetary Theory*, 2 Bände, New York: Prentice-Hall, Inc. 1938 und 1942.

64 Leijonhufvud, A., *On Keynesian Economics and the Economics of Keynes. A Study in Monetary Theory*, New York: Oxford University Press 1968. [deutsch: Leijonhufvud, A., *Über Keynes und den Keynesianismus. Eine Studie zur monetären Theorie*, Köln: Kiepenheuer & Witsch 1973]. [Eine kurze Einführung zu Professor Axel Leijonhufvuds Buch ist sein Aufsatz *Keynes and the Classics*, London: The Institute of Economic Affairs (Occasional Paper 30) 1969, 6. Aufl. 1977 (Anm. d. Hrsg. der englischen Ausgabe).]

65 Harrod, R. F., *The Life of John Maynard Keynes*, London: Macmillan 1951, S. 513.

der Löhne, der andernfalls zu Arbeitslosigkeit führte, als Teil der ökonomischen Verursachung.[66]

Worin ich mich von der Mehrheit der heutigen »Monetaristen« und insbesondere von dem führenden Vertreter dieser Schule, Professor Milton Friedman, unterscheide, ist, daß ich die einfache Quantitätstheorie des Geldes, selbst in Situationen, in denen in einem bestimmten Gebiet nur eine Art von Geld in Gebrauch ist, allenfalls für eine nützliche, grobe Annäherung an eine wirklich ausreichende Erklärung halte, die jedoch völlig unbrauchbar wird, wenn mehrere konkurrierende, deutlich unterscheidbare Arten von Geld gleichzeitig in ein und demselben Gebiet in Gebrauch sind. Diese Unzulänglichkeit wird zwar erst bei einer Vielzahl konkurrierender Umlaufsmittel, wie wir sie hier betrachten, bedeutsam; doch die Verwendung von Dingen, die die Quantitätstheorie nicht zum Geld zählt, als Substitute für Dinge, die sie zum Geld zählt, beeinträchtigt die strenge Gültigkeit ihrer Schlußfolgerungen immer.

Der größte Mangel der Quantitätstheorie scheint mir in jeder Situation darin zu liegen, daß sie durch ihre Betonung der Wirkungen von Veränderungen der Geldmenge auf das allgemeine Preisniveau die Aufmerksamkeit allzu sehr auf die schädlichen Wirkungen von Inflation und Deflation auf das Gläu-

---

[66] In anderer Hinsicht stehe ich jedoch außerhalb der Kontroverse zwischen Keynesianern und Monetaristen. Beide Richtungen benutzen einen makroökonomischen Zugang zum Problem, während ich glaube, daß die Geldtheorie einen solchen weder verwenden muß noch soll, auch wenn sie schwerlich ganz ohne eine solche im Grunde makroökonomische Betrachtungsweise auskommen kann. Makro- und Mikroökonomie sind alternative Methoden im Umgang mit der Schwierigkeit, daß wir im Fall eines so komplexen Phänomens, wie es der Markt ist, nie über alle Tatsachenkenntnisse verfügen, die wir für eine vollständige Erklärung haben müßten. Die Makroökonomie versucht, dieser Schwierigkeit dadurch Herr zu werden, daß sie sich auf solche Größen wie Aggregate oder Durchschnitte bezieht, die statistisch verfügbar sind. Dies erlaubt uns zwar eine zweckmäßige Annäherung an die Tatsachen, aber als theoretische Erklärung kausaler Verknüpfungen ist es ein unbefriedigendes und manchmal irreführendes Verfahren, weil es sich auf empirisch beobachtete Korrelationen stützt, ohne den Glauben zu rechtfertigen, daß diese immer bestehen.

Der alternative, mikroökonomische Zugang, den ich vorziehe, beruht auf der Konstruktion von Modellen, mit deren Hilfe man dem Problem, das unsere unausweichliche Unkenntnis aller relevanten Tatsachen aufwirft, begegnet, indem man sozusagen den Maßstab verkleinert, das heißt die Zahl unabhängiger Variablen verringert auf das Minimum, das erforderlich ist, um eine Struktur zu bilden, die alle *Arten* von Bewegungen oder Änderungen hervorbringen kann, die in einem Marktsystem vorkommen können. Es handelt sich, wie ich an anderer Stelle ausführlicher zu erklären versucht habe (Hayek, F. A., »The Theory of Complex Phenomena«, in: Hayek, F. A., *Studies*, S. 22–42 [deutsch: »Die Theorie komplexer Phänomene«, in: Hayek, *Schriften*, A 1, S. 188–212]), um eine Technik, die lediglich das, was ich Mustervoraussagen genannt habe, hervorzubringen erlaubt, aber nicht dazu taugt, bestimmte Ereignisse vorauszusagen, wozu die Makroökonomie behauptet imstande zu sein – fälschlicherweise, wie ich glaube.

biger-Schuldner-Verhältnis lenkt; sie vernachlässigt aber die noch wichtigeren und schädlicheren Wirkungen von Geldinjektionen in und -entzügen aus dem Umlauf auf die Struktur der relativen Preise und die daraus folgende Fehlallokation von Ressourcen, insbesondere die Fehllenkung von Investitionen, die sie verursachen.

Dies ist nicht der passende Ort für eine vollständige Diskussion der Feinheiten einer Theorie, bezüglich derer innerhalb der Schule der »Monetaristen« beträchtliche Differenzen bestehen, obgleich sie von großer Bedeutung sind für die Beurteilung der Wirkungen des gegenwärtigen Vorschlags. Mein grundsätzlicher Einwand gegen die Zulänglichkeit der reinen Quantitätstheorie des Geldes ist folgender: Selbst wenn innerhalb eines Gebiets ein einziges Umlaufsmittel in Gebrauch ist, gibt es, genau genommen, so etwas wie *die* Geldmenge nicht, und jeder Versuch, zwischen bestimmten Arten des Umlaufsmittels, die alle die gleiche Bezeichnung tragen, die Grenzen aufzuheben, als ob sie gleichartig oder vollständige Substitute wären, ist selbst unter normalen Umständen irreführend. Dieser Einwand erhält natürlich dann entscheidendes Gewicht, wenn wir verschiedene, konkurrierende Umlaufsmittel betrachten.

Ein stabiles Preisniveau sowie ein hohes und stabiles Beschäftigungsniveau machen es weder erforderlich noch lassen sie es zu, daß die gesamte Geldmenge konstant gehalten wird oder sich um einen gleichbleibenden Prozentsatz verändert. Sie verlangen etwas Ähnliches, doch wiederum entscheidend Anderes, nämlich daß die Geldmenge (oder vielmehr der aggregierte Wert aller hochliquiden Vermögensteile) in einer Weise reguliert wird, daß die Leute nicht beabsichtigen, ihre Ausgaben einzuschränken oder auszudehnen, um ihre Kassenhaltung an ihre veränderten Liquiditätspräferenzen anzupassen. Ein Konstanthalten der Geldmenge garantiert nicht, daß der Geldstrom konstant bleiben wird; und um das Volumen des Geldstromes zu einem gewünschten Verhalten zu veranlassen, muß das Geldangebot eine beträchtliche Elastizität besitzen.

Geldpolitisches Handeln kann nicht einen bestimmten, im voraus festgelegten Geldumlauf zum Ziel haben, nicht einmal in einem Land, in dem die Geldemission in der Hand eines Monopolisten liegt, und noch weniger im Falle konkurrierender Emittenten; Ziel kann nur sein, herauszufinden, welche Geldmenge die Preise konstant halten wird. Keine Behörde kann im voraus ermitteln, und nur der Markt kann entdecken, was die »optimale Geldmenge« ist. Sie kann nur bereitgestellt werden, indem das Gütersortiment, dessen Gesamtpreis wir stabil halten wollen, zu einem festen Preis verkauft und gekauft wird.

Was die von Professor Friedman vorgeschlagene gesetzliche Beschränkung des Ausmaßes betrifft, in dem es einem monopolistischen Emittenten von Geld gestattet sein soll, die umlaufende Geldmenge auszuweiten, kann ich nur sagen, daß ich nicht sehen möchte, was geschähe, wenn bei Bestehen einer solchen Vorschrift jemals bekannt würde, daß sich der Bargeldumlauf allmählich der oberen Grenze nähere und daß deshalb dem Bedarf nach erhöhter Liquidität nicht nachgekommen werden könne.[67]

4. Warum Indexierung kein Ersatz ist für ein stabiles Geld. Die übliche Betonung des gewöhnlich am meisten wahrgenommenen und am schmerzlichsten empfundenen Unrechts, das mit der Inflation einhergeht, nämlich ihre Wirkung auf das Verhältnis zwischen Schuldner und Gläubiger und vor allem auf die Empfänger fester Einkommen, hat zu dem Vorschlag geführt, diese Wirkungen abzuschwächen, indem bei langfristigen Verpflichtungen eine Indexierung vereinbart wird, das heißt der Nominalbetrag der Schuld wird fortlaufend entsprechend den Änderungen eines Preisindexes korrigiert. Es ist natürlich richtig, daß ein solches Vorgehen die schreiendsten Ungerechtigkeiten, die eine Inflation mit sich bringt, und das schwerste Leid, das erkennbar auf sie zurückgeht, beseitigte. Diese sind jedoch bei weitem nicht der schlimmste Schaden, den die Inflation verursacht; und die Wahl eines solchen partiellen Heilmittels gegen einige Symptome würde wahrscheinlich den Widerstand gegen die Inflation schwächen, sie daher verlängern und verstärken und damit auf lange Sicht den von ihr angerichteten Schaden wesentlich vergrößern, besonders das Elend, das sie schafft, indem sie zu Arbeitslosigkeit führt.

Jeder weiß natürlich, daß die Inflation nicht alle Preise zur gleichen Zeit erfaßt, sondern die einzelnen Preise nacheinander ansteigen läßt, und daß sie daher das Verhältnis zwischen Preisen ändert – auch wenn die bekannten Statistiken *durchschnittlicher* Preisbewegungen diese Veränderung der *relativen* Preise zu verschleiern tendieren. Die Wirkung auf die relativen Einkommen ist nur eine, wenn auch die für den oberflächlichen Betrachter auffälligste Wirkung der Verzerrung der gesamten Struktur der relativen Preise. Was auf lange Sicht für den Wirtschaftsablauf noch schädlicher ist und schließlich dazu führt, ein System freier Märkte lahmzulegen, sind die Folgen dieser verzerrten Preisstruktur; sie lenkt die Verwendung von Ressourcen fehl und zieht Arbeit und andere Produktionsfaktoren (vor allem die Investition von Kapital) in Verwendungen, die nur so lange gewinnbringend bleiben, wie sich die Inflation beschleunigt. Es ist diese Wirkung, die die großen Wellen von Arbeitslosigkeit

[67] Zu einer solchen Situation paßte die klassische Darstellung von Walter Bagehot (Bagehot, W., *Lombard Street. A Description of the Money Market* (London 1873), Nachdruck: Homewood, Ill.: R.D. Irwin 1962, S.162): »Befindet sich der englische Geldmarkt in schwankender Verfassung, wäre die Annäherung der Reserven an die gesetzliche Grenze ein sicherer Anlaß zu Panik; wäre der gesetzlich festgelegte Satz ein Drittel, würde in dem Moment, da sich die Reserven der Banken einem Drittel näherten, Angst ausbrechen und sich in rasender Eile ausbreiten.«

erzeugt,[68] die jedoch von den Ökonomen, die das Problem makroökonomisch angehen, gewöhnlich vernachlässigt oder unterschätzt wird.

Dieser entscheidende Schaden, den die Inflation anrichtet, würde durch Indexierung keineswegs beseitigt. Vielmehr müssen derartige, von der Regierung ergriffene Maßnahmen, die es leichter machen, mit der Inflation zu leben, langfristig die Dinge noch verschlimmern. Sie machten es mit Sicherheit nicht leichter, die Inflation zu bekämpfen, weil die Leute sich weniger bewußt würden, daß ihr Leiden von der Inflation herrührt. Es gibt keinerlei Rechtfertigung für Professor Friedmans Vorschlag, daß

> »weitverbreitete Indexklauseln, indem sie inflationsbedingte Verzerrungen der relativen Preise beseitigten, es dem Publikum erleichterten, Änderungen in der Inflationsrate zu erkennen, dadurch die zeitliche Verzögerung bei der Anpassung an solche Änderungen verkürzten und so das nominale Preisniveau empfindlicher und beweglicher machten.«[69]

Einer solchen Inflation, bei der einige der sichtbaren Wirkungen abgeschwächt werden, erwüchse natürlich weniger Widerstand und sie dauerte dementsprechend länger.

Es ist wahr, daß Professor Friedman jede Andeutung, daß Indexierung ein Ersatz für stabiles Geld sei, ausdrücklich ablehnt,[70] aber er versucht, die Inflation durch Indexierung auf kurze Frist erträglicher zu machen. Ich halte jede derartige Bestrebung für äußerst gefährlich. Obschon er es bestreitet, scheint mir, daß die Inflation bis zu einem gewissen Grad sogar noch beschleunigt würde. Indexierung stärkte sicherlich jene Gruppen von Arbeitnehmern, deren Reallöhne sinken müßten (weil ihre Art Arbeit weniger wert geworden ist), in ihren Ansprüchen auf konstante Reallöhne. Das bedeutet jedoch, daß jede Er-

---

[68] Eine bemerkenswerte Erkenntnis dieser fundamentalen Wahrheit ist in den einleitenden Paragraphen des Schlußkommuniqués des »Gipfel«-Treffens in Downing Street vom 8. Mai 1977 niedergelegt, an dem unter dem Vorsitz des britischen Premierministers der Präsident der USA, der westdeutsche Bundeskanzler, der französische Präsident und die Premierminister von Japan, Kanada und Italien teilgenommen haben. In den ersten Zeilen wird ausgeführt: »Inflation ist kein Heilmittel gegen Arbeitslosigkeit; sie ist im Gegenteil eine ihrer Hauptursachen.« Dies ist eine Einsicht, um deren Durchsetzung ich seit mehr als vierzig Jahren, fast im Alleingang, gekämpft habe. Unglücklicherweise übervereinfacht jedoch jene Erklärung das Problem. In vielen Situationen führt die Inflation tatsächlich zu einer *temporären* Verminderung der Arbeitslosigkeit, aber nur um den Preis der Verursachung einer viel größeren Arbeitslosigkeit späterhin. Dies ist genau das, was die Inflation so verführerisch und politisch fast unwiderstehlich, aber gerade deshalb besonders heimtückisch macht.

[69] Friedman, M., »The Quantity Theory of Money: A Restatement«, in: Friedman, M., (Hrsg.), *Studies in the Quantity Theory of Money*, Chicago: University of Chicago Press 1956, S. 31.

[70] Friedman, M., ebenda, S. 28.

höhung irgendwelcher Löhne im Verhältnis zu anderen in einem Ansteigen der Nominallöhne aller Arbeiter ihren Ausdruck finden müßte mit Ausnahme der Nominallöhne jener, die die niedrigsten Löhne haben, und bereits das würde eine fortgesetzte Inflation notwendig machen.

Mit anderen Worten, der Vorschlag – wie alle ähnlichen Versuche, die Starrheit von Löhnen und Preisen als unvermeidlich hinzunehmen und die Geldpolitik dem anzupassen, die Einstellung, von der die »Keynesianische« Wirtschaftstheorie ihren Ausgang nahm, – scheint mir einer jener Schritte zu sein, die anscheinend von der praktischen Notwendigkeit diktiert werden, aber langfristig die ganze Lohnstruktur zwangsläufig immer starrer machen und dadurch zur Zerstörung der Marktwirtschaft führen. Doch die gegenwärtige politische Notwendigkeit sollte den Wirtschaftswissenschaftler nicht beschäftigen. Seine Aufgabe sollte es sein, wie ich nicht aufhören werde zu wiederholen, das politisch möglich zu machen, was heute politisch unmöglich sein mag. Zu entscheiden, was im Augenblick getan werden kann, ist Aufgabe des Politikers, nicht des Ökonomen, der immer wieder darauf hinweisen muß, daß ein Beharren auf dem eingeschlagenen Pfad zur Katastrophe führen wird.

Ich stimme mit Professor Friedman völlig darin überein, daß unter den bestehenden politischen und finanziellen Gegebenheiten Inflation unvermeidbar ist. Doch ich glaube, daß sie, wenn wir den politischen Rahmen nicht ändern, zur Zerstörung unserer Zivilisation führen wird. In diesem Sinn gebe ich zu, daß mein radikaler Vorschlag bezüglich des Geldes wahrscheinlich nur als Teil einer sehr viel weiterreichenden Änderung unserer politischen Einrichtungen durchführbar sein wird; sie wird jedoch ein wesentlicher Teil einer solchen Reform sein, die schon bald als notwendig erkannt werden wird. Die zwei verschiedenartigen Reformen, die ich in der wirtschaftlichen und in der politischen Ordnung vorschlage,[71] sind in Wirklichkeit komplementär: Das von mir vorgeschlagene Geldsystem mag nur unter einer in ihrer Macht beschränkten Regierung, wie wir sie nicht haben, möglich sein, und eine Beschränkung der Macht der Regierung mag erfordern, daß ihr das Monopol der Geldemission entzogen wird. In der Tat sollte das letzte notwendigerweise aus dem ersten folgen.

5. *Die historische Evidenz.* Professor Friedman hat kürzlich[72] seine Zweifel hinsichtlich der Wirksamkeit meines Vorschlags ausführlicher begründet und behauptet, daß

---

[71] Hayek, F. A., *Law, Legislation and Liberty*, Vol. III, London: Routledge & Kegan Paul 1979 [deutsche Neuübersetzung (in einem Band): *Recht, Gesetz und Freiheit*, Tübingen: Mohr Siebeck 2003 (Hayek, *Schriften*, B 4), S. 307–484].

[72] In einem Interview, das er der Zeitschrift Reason Magazine gegeben hat (*Reason Magazine*, New York, IX:34, August 1977, S. 28.).

> »... wir reichlich empirische und historische Beweise haben, die es nahelegen, daß sich [meine] Hoffnungen tatsächlich nicht realisieren ließen – daß private Umlaufsmittel, die Sicherheit bezüglich der Kaufkraft anbieten, das staatliche Geld nicht verdrängen würden.«

Ich kann keinen Beweis dafür finden, daß irgendeine Art von Geld, von dem das Publikum weiß, daß der Emittent sein Geschäft nur fortführen kann, wenn er dessen Wert konstant hält, zu dessen Gebrauch ferner alle üblichen Annehmlichkeiten des Bankgeschäfts zur Verfügung stehen und das rechtlich anerkannt ist zur Verwendung in Verträgen sowie bei Buchführung und Kalkulation, einem sich verschlechternden staatlichen Geld nicht vorgezogen worden wäre, einfach deshalb, weil eine solche Situation noch nie existiert zu haben scheint. In manchen Ländern mag zwar die Ausgabe eines solchen Geldes nicht eigentlich verboten sein, doch die anderen Bedingungen sind selten, wenn überhaupt, je erfüllt. Und jeder weiß, daß die Regierungen ein solches privates Experiment sofort verhinderten, sobald es verspräche, erfolgreich zu sein.

Brauchen wir einen historischen Nachweis, was die Leute tun werden, wenn sie freie Wahl haben, welches Geld sie benützen möchten, dann scheint mir die Verdrängung des Sterling als der im internationalen Handel allgemein benutzten Geldeinheit, seitdem er kontinuierlich an Wert zu verlieren begann, meine Erwartungen nachdrücklich zu bestätigen. Alles, was wir über das Verhalten von Leuten wissen, die sich mit schlechtem staatlichem Geld herumschlagen müssen angesichts einer Regierung, der jedes verfügbare Mittel recht ist, sie zu dessen Gebrauch zu zwingen, weist darauf hin, daß ein Geld, das die vom Publikum gewünschten Eigenschaften besitzt, wahrscheinlich Erfolg haben wird, wenn die Leute nicht mit künstlichen Mitteln von seinem Gebrauch abgehalten werden. Die Amerikaner mögen sich glücklich schätzen, nie eine Zeit erlebt zu haben, in der jeder Bewohner des Landes eine andere nationale Währung als sicherer betrachtete als die eigene. Doch auf dem europäischen Kontinent gab es viele Situationen, in denen die Leute, wenn es ihnen nur gestattet gewesen wäre, lieber Dollar benutzt hätten als ihre nationale Währung. Tatsächlich taten sie dies in weit größerem Umfang, als es gesetzlich erlaubt war, und die schwersten Strafen mußten angedroht werden, um eine rapide Verbreitung dieser Verhaltensweise zu unterbinden. Dies bezeugen die Milliarden »schwarzer« Dollarnoten, die sich über die ganze Welt verstreut in Privathand befinden.

Ich habe niemals bezweifelt, daß die große Masse der Leute die Vorteile eines solchen neuen Geldes nur langsam erkennen würde, und ich habe sogar darauf hingewiesen, daß sich die Massen zunächst, falls die Möglichkeit dazu bestünde, eher dem Gold als einer anderen Form von Papiergeld zuwendeten. Aber der Erfolg der wenigen, die schon bald die Vorteile eines wirklich stabilen Geldes erkennen, wird schließlich, wie immer, die anderen zur Nachahmung veranlassen.

Es hat mich, wie ich gestehen muß, freilich etwas überrascht, daß ausgerechnet Professor Friedman so wenig Vertrauen haben sollte, daß der Wettbewerb dem besseren Instrument zum Durchbruch verhelfen wird, da er doch keinen Grund zu haben scheint für den Glauben, daß ein Monopol jemals ein besseres Instrument zur Verfügung stellen wird, und nur die Trägheit fürchtet, die alte Gewohnheiten geschaffen haben.

XV. Das wünschenswerte Verhalten des Geldangebots

Wir haben bis jetzt vorläufig angenommen, daß die von den Individuen bevorzugt benutzte Art von Geld gleichzeitig auch diejenige ist, die am ehesten zu einem in seiner Gesamtheit reibungslos funktionierenden Marktprozeß führen wird. Obwohl dies plausibel ist und, wie wir sehen werden, in der Praxis annähernd zutrifft, ist es doch nicht selbstverständlich. Wir müssen die Richtigkeit dieser Annahme noch prüfen. Es ist zumindest vorstellbar, daß der Gebrauch einer bestimmten Art von Geld zwar für jeden einzelnen äußerst bequem wäre, aber jeder besser dran wäre, wenn alle anderen eine andere Art benutzten.

Wir haben gesehen (Abschnitt XIII), daß erfolgreiches ökonomisches Handeln (oder die Erfüllung der Erwartungen, die dieses Handeln veranlaßten) größtenteils von der annähernd richtigen Voraussage der zukünftigen Preise abhängt. Diese Voraussagen werden auf den laufenden Preisen und der Abschätzung ihres Entwicklungstrends beruhen, doch zukünftige Preise müssen immer in einem gewissen Grad ungewiß sein, weil die sie bestimmenden Umstände den meisten Individuen unbekannt sein werden. In der Tat liegt die Funktion der Preise gerade darin, so schnell wie möglich Anzeichen von Veränderungen zu signalisieren, die das Individuum nicht kennen kann, an die es aber seine Pläne anpassen muß. Dieses System funktioniert, weil die laufenden Preise im großen und ganzen ziemlich verläßlich anzeigen, wie hoch die zukünftigen Preise vermutlich sein werden; sie unterliegen nur jenen »Zufalls«-Abweichungen, die sich, wie wir gesehen haben, wahrscheinlich gegenseitig ausgleichen, sofern der Durchschnitt der Preise konstant bleibt. Wir haben auch gesehen, wie ein solcher Ausgleich von Abweichungen, die in entgegengesetzten Richtungen erfolgen, unmöglich wird, wenn eine beträchtliche allgemeine Preisbewegung in einer Richtung stattfindet.

Die laufenden Preise bestimmter Güter oder Gütergruppen können jedoch tatsächlich auch irreführend sein, dann nämlich, wenn sie aufgrund von nicht wiederkehrenden Ereignissen zustandekommen, wie es vorübergehende Zu- oder Abflüsse von Geld in das oder aus dem System sind. Denn solche anscheinende Änderungen in der Nachfrage, die aus einer bestimmten Richtung kommen, sind in einer eigentümlichen Weise sich-selbst-umkehrend: Sie lenken produktive Kräfte systematisch in Richtungen, in denen sie nicht gehalten werden können. Die wichtigsten derartigen, sich wiederholenden Fehlallokationen von Ressourcen treten auf, wenn durch Schaffung (oder Entzug) von Geldbeträgen die zu Investitionszwecken zur Verfügung stehenden Mittel wesentlich über die Beträge hinaus angehoben werden (oder wesentlich hinter den Beträgen zurückbleiben), die laufend vom Konsum abgezweigt und der Investition zugeführt, das heißt gespart werden.

Dies ist zwar der Mechanismus, durch den wiederkehrende Krisen und Depressionen zustandekommen; er ist aber keine spezifische Wirkung einer besonderen Art von Geld, von der man annehmen kann, daß sie den Benutzern bekannt ist, und die diese daher veranlassen könnte, zu einer anderen Art von Geld zu wechseln. Wir können davon ausgehen, daß die Wahl des von ihnen benutzten Geldes nur von solchen Eigenschaften des Geldes beeinflußt wird, die ihre Handlungen erkennbar berühren, und nicht von indirekten Wirkungen von Geldmengenänderungen, die hauptsächlich durch ihren Einfluß auf die Entscheidungen anderer Leute wirksam werden.

1. Geldangebot, stabile Preise und die Gleichheit von Sparen und Investieren. Während Knut Wicksell, der als erster neuerer Autor die Aufmerksamkeit auf die entscheidende Bedeutung dieser Divergenzen zwischen Sparen und Investieren gelenkt hat, glaubte, sie würden verschwinden, wenn der Geldwert konstant gehalten würde, hat sich unglücklicherweise herausgestellt, daß dies nicht ganz korrekt ist. Vielmehr wird nun allgemein anerkannt, daß selbst jene Ausweitung der Geldmenge, die in einer wachsenden Wirtschaft zur Sicherung eines *stabilen* Preisniveaus notwendig ist, einen Überschuß der Investitionen über das Sparen verursachen kann. Doch obwohl ich zu denen gehörte, die frühzeitig auf diese Schwierigkeit hingewiesen haben,[73] neige ich dazu, dies für ein Problem von geringer praktischer Bedeutung zu halten. Wenn Zunahmen oder Abnahmen der Geldmenge nie den Betrag überschritten, der nötig ist, um den Durchschnitt der Preise annähernd konstant zu halten, kämen wir einer Situation, in der Sparen und Investieren einander annähernd entsprächen, ebenso nahe, wie es vermutlich mit irgendeiner denkbaren Methode möglich wäre. Wie dem auch sei, im Vergleich zu den Divergenzen zwischen Sparen und Investieren, die mit den großen Schwankungen des Preisniveaus notwendigerweise verbunden sind, bewegten sich jene, die auch bei stabilem Preisniveau noch aufträten, wahrscheinlich in einer Größenordnung, über die wir uns keine Sorgen machen müßten.

[73] Hayek, F. A., *Geldtheorie und Konjunkturtheorie*, 1. Aufl., Wien, Leipzig: Hölder-Pichler-Tempsky 1929, S. 60ff. [Wiederabdruck in: Hayek, *Schriften*, A 8].

2. *»Neutrales Geld« ist eine Fiktion.* Mein Eindruck ist, daß die Ökonomen in bezug auf das Ausmaß an Stabilität, das unter irgendeiner denkbaren Wirtschaftsordnung erreichbar oder überhaupt wünschenswert ist, in gewisser Weise übertrieben ehrgeizig geworden sind und daß sie unglücklicherweise zu politischen Forderungen nach Sicherung der Beschäftigung bei einer erhofften Lohnhöhe ermutigt haben, Forderungen, die auf lange Sicht keine Regierung befriedigen kann. Die perfekte Übereinstimmung oder Entsprechung der individuellen Pläne, die das theoretische Modell eines vollkommenen Marktgleichgewichts unter der Annahme ableitet, daß das Geld, das zur Durchführung des indirekten Tausches erforderlich ist, keinen Einfluß auf die relativen Preise ausübt, ist eine völlig fiktive Vorstellung, der in der realen Welt niemals etwas entsprechen kann. Obwohl ich selbst den Ausdruck »neutrales Geld« (den ich, wie ich später entdeckte, unbewußt von Wicksell entlehnt hatte) in Umlauf gebracht habe, geschah dies lediglich in der Absicht, die in der theoretischen Analyse fast allgemein gemachte Annahme zu beschreiben und die Frage aufzuwerfen, ob irgendein wirkliches Geld diese Eigenschaft jemals besitzen könne, und nicht in der Absicht, es als Muster hinzustellen, dem die Geldpolitik nacheifern sollte.[74] Ich bin seitdem längst zu der Überzeugung gekommen, daß kein wirkliches Geld in diesem Sinn jemals neutral sein kann und daß wir uns mit einem System zufriedengeben müssen, das unvermeidliche Irrtümer rasch korrigiert. Die größte Annäherung an eine solche Bedingung, die wir zu erreichen hoffen können, scheint mir ein Zustand zu sein, bei dem der Durchschnitt der Preise der »originären Produktionsfaktoren« konstant gehalten würde. Da aber der Durchschnitt der Preise von Boden und Arbeit kaum etwas ist, wofür wir ein statistisches Maß finden können, wäre vermutlich die größtmögliche Annäherung genau jene Stabilität von Rohstoff- und vielleicht anderen Großhandelspreisen, die, wie wir hoffen könnten, unter Wettbewerb emittierte Umlaufsmittel sicherstellten.

Ich gebe ohne weiteres zu, daß eine solche vorläufige Lösung (die sich als Folge des Experimentierens unter Wettbewerbsbedingungen allmählich verbessern mag), obgleich sie uns ein unendlich viel besseres Geld und eine viel größere allgemeine wirtschaftliche Stabilität gäbe, als wir sie je hatten, verschiedene Fragen offen läßt, auf die ich keine Antwort bereit habe. Aber sie scheint den dringendsten Bedürfnissen viel eher gerecht zu werden als irgendwelche Aussichten, die es zu geben schien, solange man die Abschaffung des Monopols bei der Geldemission und die freie Zulassung von Wettbewerb beim Geschäft der Geldversorgung nicht in Betracht zog.

---

[74] Hayek, F.A., »Über neutrales Geld«, Zeitschrift für Nationalökonomie, Bd. IV, 1933, S. 659–661 [Wiederabdruck in: Hayek, *Schriften*, A 8].

3. Erhöhte Nachfrage nach Liquidität. Um einen Zweifel zu zerstreuen, den ich in einem bestimmten Stadium selbst hegte im Hinblick auf die Möglichkeit, ein stabiles Preisniveau aufrechtzuerhalten, können wir hier noch kurz überlegen, was geschähe, wenn die meisten Mitglieder einer Gemeinschaft gleichzeitig den Wunsch hätten, einen viel größeren Teil ihres Vermögens als bisher in einer höchst liquiden Form zu halten. Würde dies nicht rechtfertigen, und sogar erfordern, daß der Wert der liquidesten Vermögensteile, nämlich aller Arten von Geld, gegenüber dem Wert der Güter ansteigt?

Die Antwort ist, daß derartigen Bedürfnissen aller Individuen nicht nur mit einem Anheben des *Wertes* der vorhandenen liquiden Vermögensteile, des Geldes, entsprochen werden könnte, sondern auch mit einer Ausweitung der *Menge*, die die Leute davon halten können. Dem Wunsch eines jeden Individuums, einen größeren Teil seines Vermögens in sehr liquider Form zu halten, kann mit einer Vergrößerung der gesamten Geldmenge entsprochen werden. Dies erhöht paradoxerweise den Gesamtwert des Vermögens in den Händen der Individuen und damit auch den Anteil der höchst liquiden Vermögensteile an ihm. Nichts kann natürlich die Liquidität einer geschlossenen Gemeinschaft als Ganzes erhöhen, sofern diesem Begriff überhaupt irgendein Sinn zukommt, es sei denn, man erweitere seine Bedeutung vielleicht dahingehend, daß eine Verschiebung von der Produktion äußerst spezifischer Güter zu sehr vielseitig verwendbaren Gütern stattfindet, was die Anpassung an nicht vorausgesehene Ereignisse erleichterte.

Man braucht keine Angst zu haben vor unechter Mehrnachfrage nach Geld, die damit begründet wird, daß zusätzliches Geld nötig sei, um eine ausreichende Liquidität sicherzustellen. Die von jedem Umlaufsmittel erforderliche Menge wird immer diejenige sein, die emittiert oder in Umlauf gehalten werden kann, ohne ein Steigen oder Fallen des Gesamtpreises des »Warenkorbes« zu verursachen, der konstant bleiben soll (gleichgültig, ob die Güterpreise direkt dem Markt entnommen oder indirekt über die Wechselkurse errechnet werden). Diese Regel wird alle berechtigten Forderungen, daß die schwankenden »Bedürfnisse des Handels« zu befriedigen seien, erfüllen. Und dies wird der Fall sein, sofern das festgesetzte Gütersortiment zum festgesetzten Gesamtpreis gekauft oder verkauft werden kann und die Absorption von Geld zum Zwecke der Kassenhaltung oder die Freisetzung von Geld aus den Kassenbeständen diese Bedingung nicht stört.

Es trifft jedoch nach wie vor zu, daß der einzelne, solange gutes und schlechtes Geld nebeneinander in Umlauf ist, sich nicht völlig gegen die schädlichen Wirkungen des schlechten Geldes schützen kann, indem er für seine eigenen Transaktionen nur das gute benutzt. Da die relativen Preise der Güter die gleichen sein müssen in den verschiedenen konkurrierenden Umlaufsmitteln, kann der Benutzer eines stabilen Geldes den Wirkungen einer Verzerrung der

Preisstruktur, die infolge der Inflation (oder Deflation) in einem weithin gebräuchlichen konkurrierenden Umlaufsmittel zustande kommt, nicht ausweichen. Der Nutzen eines stabilen Verlaufs der wirtschaftlichen Aktivitäten, den, wie wir darlegen werden, der Gebrauch eines stabilen Geldes herbeiführte, würde deshalb nur erreicht, wenn die große Mehrheit der Transaktionen in stabilen Umlaufsmitteln ausgeführt würde. Eine solche Verdrängung des meisten schlechten Geldes durch gutes fände, glaube ich, ziemlich bald statt, doch gelegentliche Störungen der gesamten Preisstruktur und folglich der wirtschaftlichen Aktivität im allgemeinen können nicht völlig ausgeschlossen werden, bis die Leute gelernt haben, verlockende Angebote billigen Geldes sofort abzulehnen.

XVI. Bankfreiheit

Einige der Probleme, die uns begegnet sind, wurden im Verlauf der großen Debatte um die »Bankfreiheit« in der Mitte des letzten Jahrhunderts ausführlich diskutiert, hauptsächlich in Frankreich und Deutschland.[75] Diese Debatte drehte sich um die Frage, ob Geschäftsbanken das Recht haben sollten, Banknoten auszugeben, die in die jeweiligen nationalen Gold- oder Silbermünzen einlösbar wären. Banknoten waren damals sehr viel bedeutender als der noch kaum entwickelte Gebrauch von Scheckkonten, der erst später Bedeutung erlangte, nachdem (und zum Teil vielleicht weil) den Geschäftsbanken am Ende das Recht zur Notenausgabe ein für alle Mal entzogen wurde. Dieser Ausgang der Debatte führte in allen europäischen Ländern zur Errichtung einer Bank, der als einziger von der Regierung das Privileg der Notenausgabe verliehen wurde. (Die Vereinigten Staaten folgten erst 1914.)

1. Eine einzige nationale Währung, nicht mehrere konkurrierende Umlaufsmittel. Es sollte besonders beachtet werden, daß der damalige Ruf nach Bankfreiheit einzig und allein in der Forderung bestand, den Geschäftsbanken zu erlauben, Banknoten auszugeben, die auf die einzige, bestehende nationale Währungseinheit lauteten. Soweit mir bekannt ist, wurde die Möglichkeit, daß miteinander im Wettbewerb stehende Banken *ein je eigenes* Umlaufsmittel emittierten, nie erwogen. Das war natürlich eine Folge der Ansicht, daß nur in Gold oder Silber einlösbare Banknoten praktikabel seien und daß daher Noten,

---

[75] Ein guter Überblick über diese Diskussion findet sich bei Smith, V.C., *The Rationale of Central Banking*, London: P.S. King & Son 1936 [Neuausgabe: Indianapolis: Liberty Press 1990].

die auf etwas anderes als die Standardmenge Edelmetall ausgestellt waren, lediglich als unpraktisch und bar jedes nützlichen Zweckes erschienen.

Das ältere, berechtigte Argument für freie Notenemission der Banken wurde jedoch hinfällig, als die von den Banken ausgegebenen Noten nicht länger in Gold oder Silber, für deren Bereitstellung jede einzelne Emissionsbank voll verantwortlich war, eingelöst werden mußten, sondern in einem gesetzlichen Zahlungsmittel, das eine privilegierte zentrale Notenbank bereitstellte; diese stand daraufhin tatsächlich unter dem Zwang, die Kasse zur Verfügung zu stellen, die zur Einlösung der von privaten Emissionsbanken ausgegebenen Noten erforderlich war. Das wäre ein völlig unhaltbares System gewesen, das verhindert wurde (zumindest was die Ausgabe von Noten, nicht jedoch was die Schaffung von Sichteinlagen betraf), indem man die private Notenemission untersagte.

Die Rufe nach Bankfreiheit (das heißt nach freier Emission von Banknoten) wurden überwiegend damit begründet, daß die Banken dadurch instand gesetzt würden, mehr und billigeren Kredit zu gewähren. Dem Begehren wurde aus dem gleichen Grund Widerstand geleistet von denen, die erkannten, daß dies inflationäre Auswirkungen hätte – obgleich zumindest ein Verfechter der Freiheit der Notenemission diese aus dem Grund unterstützt hatte, weil

> »das, was Bankfreiheit genannt wird, auf die totale Verdrängung der Banknoten in Frankreich hinausliefe. Ich möchte jedem das Recht zur Notenausgabe geben, damit niemand noch länger irgendwelche Banknoten annehmen wird.«[76]

Dahinter steckte natürlich der Gedanke, daß der unvermeidliche Mißbrauch dieses Rechtes, das heißt die Emission von Noten in Beträgen, zu deren Einlösung die eigenen Reserven der Banken nicht ausreichten, sie in den Bankrott triebe.

Der schließlich von den Verfechtern einer zentralisierten nationalen Notenemission errungene Sieg wurde jedoch in Wirklichkeit abgeschwächt durch eine Konzession an jene, die hauptsächlich daran interessiert waren, daß die Banken billige Kredite bereitstellen konnten. Sie bestand in der Anerkennung einer Pflicht der privilegierten Notenbank, den Geschäftsbanken jede Menge Noten zur Verfügung zu stellen, die sie brauchten zur Einlösung der Sichteinlagen [ihrer kurzfristigen Verbindlichkeiten, d. Hrsg.] – die an Bedeutung rasch zunahmen. Diese Entscheidung oder vielmehr die Anerkennung einer Praxis, in die sich die Zentralbanken hatten treiben lassen, brachte ein höchst unglück-

---

[76] Cernuschi, H., *Mécanique de l'échange*, Paris: Lacroix 1865, S. 55, zitiert bei Mises, L. v., *Nationalökonomie. Theorie des Handelns und Wirtschaftens*, Genf: Union 1940, S. 406; vgl. auch Smith, V. C., *The Rationale of Central Banking*, London: P. S. King & Son 1936, S. 91 [Neuausgabe: Indianapolis: Liberty Press 1990].

liches Mischsystem hervor, in dem die Verantwortung für die gesamte Geldmenge in verhängnisvoller Weise aufgeteilt war, so daß niemand in der Lage war, diese wirksam zu kontrollieren.

2. *Sichteinlagen sind Banknoten gleich.* Zu dieser unglücklichen Entwicklung kam es, weil lange Zeit nicht allgemein verstanden wurde, daß Depositen, über die mit Scheck verfügt werden kann, die ganz gleiche Funktion ausübten und von den Geschäftsbanken in der genau gleichen Weise geschaffen werden konnten wie Banknoten. Die sich ergebende Verwässerung dessen, was man noch für ein staatliches Monopol auf die Emission allen Geldes hielt, endete damit, daß die Steuerung des gesamten Geldumlaufs aufgeteilt war auf eine Zentralbank und eine große Zahl von Geschäftsbanken, wobei die Zentralbank die Kreditgewährung der Geschäftsbanken nur indirekt beeinflussen konnte. Erst viel später begriff man allmählich, daß die unter diesem System auftretende »inhärente Instabilität des Kredits«[77] eine notwendige Folge dieser Konstruktion war; daß liquide Mittel zum größten Teil von Institutionen bereitgestellt wurden, die ihrerseits in einer anderen Form von Geld liquide bleiben mußten, so daß sie gerade dann, wenn alle anderen auch den Wunsch nach *mehr* Liquidität hatten, ihre ausstehenden Kredite [und damit die Sichteinlagen, ihre kurzfristigen Verbindlichkeiten, d. Hrsg.] *reduzieren* mußten. Zu dieser Zeit war diese Struktur aber bereits zu einer so festen Einrichtung geworden, daß sie trotz der von ihr bewirkten »perversen Elastizität des Kreditangebots«[78] als unabänderlich angesehen wurde. Walter Bagehot hatte dieses Dilemma schon vor hundert Jahren klar erkannt, sah jedoch keine Möglichkeit, diesen Fehler der fest verankerten Bankenstruktur zu beseitigen.[79] Und Wicksell sowie später von Mises machten klar, daß diese Einrichtung zu heftigen,

---

[77] Dieser Ausdruck wurde ursprünglich von R.G. Hawtrey geprägt.

[78] Vgl. Currie, L.B., *The Supply and Control of Money in the United States*, Cambridge, Mass.: Harvard University Press 1934.

[79] Bagehot, W., *Lombard Street. A Description of the Money Market* (London 1873), Nachdruck: Homewood, Ill.: R.D. Irwin 1962, S. 160: »Ich habe bis zum Überdruß darauf bestanden, daß das natürliche Banksystem ein System mit vielen Banken ist, die ihre eigenen Reserven halten, mit der Strafe des Bankrotts vor Augen, wenn sie in dieser Hinsicht nachlässig werden. Ich habe gezeigt, daß bei unserem System eine einzige Bank die gesamte Reservehaltung übernimmt, ohne wirksame Strafe des Zusammenbruchs. Dennoch schlage ich vor, dieses System beizubehalten und nur zu versuchen, es mit Palliativmitteln zu verbessern … denn ich bin ganz sicher, daß es gar keinen Zweck hat, Änderungen vorzuschlagen … es läßt sich keine Kraft und keine Macht finden, die einer solch riesigen Neukonstruktion fähig und einer solch gewaltigen Zerstörung gewachsen wäre, und es ist daher nutzlos, Derartiges vorzuschlagen.« Dies war ziemlich sicher richtig, solange das herrschende System erträglich arbeitete, aber nicht mehr, nachdem es zusammengebrochen war. Für die spätere Diskussion vgl. insbesondere Mises, L. v., *Theorie des Geldes und der Umlaufsmittel* (1912), 2., neubearbeitete Aufl.,

wiederkehrenden Schwankungen der Wirtschaftstätigkeit – dem sogenannten »Konjunkturzyklus« – führen muß.

3. Neuartige Kontrolle der Umlaufsmittel – neuartige Bankpraktiken. Der nicht geringste Vorteil der vorgeschlagenen Abschaffung des Monopols der Regierung auf die Geldemission besteht darin, daß sie eine Gelegenheit böte, aus der *Sackgasse* herauszukommen, in die diese Entwicklung geführt hatte. Sie schüfe die Bedingungen, unter denen die Verantwortung für die Kontrolle der Geldmenge auf Stellen übertragen wäre, deren Eigeninteresse diese veranlaßte, die Geldmenge in einer Weise zu kontrollieren, die das Geld den Benutzern höchst akzeptabel machte.

Das zeigt außerdem, daß die vorgeschlagene Reform nicht nur von den Banken, die das Geschäft der Geldemission aufnehmen, eine vollständige Änderung der Geschäftspraktiken erfordert, sondern auch von denjenigen, die das nicht tun. Denn letztere könnten nicht länger damit rechnen, daß eine Zentralbank ihnen aus der Klemme hilft, wenn sie die Bargeldnachfrage ihrer Kunden aus eigenen Reserven nicht mehr befriedigen können – nicht einmal dann, wenn sie ihre Konten in der Einheit des von einer noch existierenden staatlichen Zentralbank emittierten Geldes führten; auch diese Zentralbank müßte, um ihren Geldumlauf aufrechtzuerhalten, die Praktiken der anderen, mit ihr konkurrierenden Emissionsbanken übernehmen.

4. Widerstand gegen das neue System von seiten der etablierten Bankiers und von Sonderlingen. Daß alle Banken notwendigerweise völlig neue Praktiken entwickeln müssen, wird zweifellos starken Widerstand gegen die Abschaffung des staatlichen Monopols auslösen. Es ist unwahrscheinlich, daß die Mehrzahl der älteren Bankiers, die in der herrschenden Bankroutine groß geworden sind, diesen Problemen gewachsen wären. Ich bin sicher, daß viele, die gegenwärtig in diesem Beruf führend sind, nicht imstande sein werden, sich vorzustellen, wie das ganze System überhaupt funktionieren könnte, und es deshalb als nicht durchführbar und unmöglich bezeichnen werden.

Insbesondere in Ländern, wo der Wettbewerb zwischen Banken seit Generationen durch Kartellvereinbarungen unterbunden war, was in der Regel von den Regierungen toleriert und sogar unterstützt wurde, wäre die ältere Generation der Bankiers wahrscheinlich außerstande, sich überhaupt nur vorzustellen, wie das neue System funktionierte, und wiese es daher wohl einhellig zurück. Doch diese voraussehbare Opposition der altgedienten Praktiker sollte uns nicht abschrecken. Ich bin außerdem überzeugt, daß eine neue Generation

München: Duncker & Humblot 1924, und Mises, L. v., *Geldwertstabilisierung und Konjunkturpolitik*, Jena: G. Fischer 1928.

von jungen Bankiers, gäbe man ihnen Gelegenheit, sehr schnell Techniken entwickelten, die die neuen Formen des Bankgeschäfts nicht nur sicher und einträglich, sondern auch für die ganze Gesellschaft wesentlich nutzbringender gestalteten, als es die bisherigen sind.

Eine andere, sonderbare Quelle der Opposition wären die zahlreichen Sonderlinge, die aus inflationistischen Motiven für »Bankfreiheit« eingetreten waren,[80] jedenfalls sobald sie entdeckt hätten, daß die Wirkungen der »Bankfreiheit« genau das Gegenteil wären von denen, die sie erwarteten. Hätte das Publikum erst einmal eine Alternative, wäre es unmöglich zu veranlassen, minderwertiges Geld zu halten, und der Wunsch, Geld, das sich zu entwerten drohte, abzustoßen, verwandelte dieses erst recht schnellstens in ein Schwundgeld. Die Inflationisten würden protestieren, weil am Ende nur sehr »hartes« Geld übrig bliebe. *Geld ist die einzige Sache, die durch Wettbewerb nicht billig würde, weil seine Attraktivität darauf beruht, daß es »teuer« bleibt.*

5. Das Problem eines »teuren« (stabilen) Geldes. Ein Wettbewerb, dessen Hauptverdienst darin besteht, die Produkte der Wettbewerbsteilnehmer im Wert hoch zu halten, wirft verschiedene, interessante Fragen auf. Worum wird der Wettbewerb gehen, wenn sich die Anbieter ein im großen und ganzen ähnliches Ansehen und Vertrauen in ihr Bemühen um ein stabiles Geld einmal erworben haben? Die Gewinne aus der Geldemission (die auf eine Kreditaufnahme zu einem Zins von null Prozent hinausläuft) werden sehr hoch sein, zumal wahrscheinlich nicht sehr viele Firmen in diesem Geschäft erfolgreich sein können. Aus diesem Grunde würden Dienstleistungen für jene Unternehmen, die ihre Bücher in dem von einer Bank ausgegebenen Geld führen, wahrscheinlich zur Hauptwaffe im Wettbewerb, und ich wäre nicht überrascht, wenn die Banken die Buchführung für ihre Kunden praktisch ganz übernähmen.

Obwohl selbst sehr hohe Gewinne der erfolgreich etablierten Emittenten von Geld keinen zu hohen Preis für ein gutes Geld darstellten, schüfen sie un-

---

[80] Die Liste ist sehr lang: Douglas, C. H., *Social Credit* (1924), 4. Aufl., Hawthorn: Omnie Publications 1966; Gesell, S., *Die natürliche Wirtschaftsordnung durch Freiland und Freigeld* (1911), 4. Aufl., Rehbrücke bei Berlin: Selbstverlag 1920; Meulen, H., *Free Banking*, London: Macmillan 1934; Rittershausen, H., *Der Neubau des deutschen Kreditsystems*, Berlin: Stilke 1932. Neben diesen bekannten Autoren verdient eine Reihe von Veröffentlichungen von Edward Clarence Riegel (1879–1953), erschienen zwischen 1929 und 1944, besondere Erwähnung als Beispiel, wie die Ergebnisse langen Nachdenkens und erhellender Einsichten, die anscheinend die Aufmerksamkeit eines Ökonomen vom Range eines Irving Fisher auf sich gezogen haben, vollständig entwertet werden durch die Unkenntnis elementarer wirtschaftlicher Dinge. Die Heather Foundation in San Pedro, Kalifornien, hat einen posthumen Band von Riegel mit dem Titel *Flight from Inflation. The Monetary Alternative* angekündigt [Los Angeles: Heather Foundation 1978, d. Hrsg.].

vermeidlich große politische Schwierigkeiten. Ganz abgesehen von dem unvermeidlichen Aufschrei gegen die Profite des Geldmonopols, läge die wirkliche Bedrohung des Systems in der Begehrlichkeit von Finanzministern, die bald für die Zulassung eines Umlaufsmittels in ihrem Land einen Anteil an den Gewinnen forderten, was natürlich alles verdürbe. Es könnte sich tatsächlich erweisen, daß es einer demokratischen Regierung beinahe ebenso unmöglich ist, sich in das Geldwesen nicht einzumischen, wie es vernünftig zu regulieren.

Die wirkliche Gefahr besteht demnach darin, daß, während die Leute sich heute fast jeden Mißbrauch der Prärogative der Regierung bei der Geldemission ergeben gefallen lassen, sobald es möglich wird zu sagen, das Geld werde von »reichen Finanzinstituten« emittiert, die Klagen über deren Mißbrauch des angeblichen Monopols nicht abreißen werden. Der Geldmacht ihr angebliches Privileg zu entreißen wird die ständige Forderung von Demagogen werden. Ich vertraue darauf, daß die Banken weise genug wären, selbst eine entfernte Annäherung an eine Monopolstellung nicht zu begehren; dennoch mag es zu einem ihrer heikelsten Probleme werden, den Umfang ihrer Geschäftstätigkeit zu beschränken.

XVII. Nie mehr allgemeine Inflation oder Deflation?

Unter normalen Umständen scheint weder ein *allgemeines* Ansteigen noch ein *allgemeines* Sinken der Preise möglich zu sein, solange mehreren Emittenten unterschiedlicher Umlaufsmittel gestattet ist, ungehindert miteinander zu wetteifern, ohne daß die Regierung eingreift. Es wird immer einen oder mehrere Emittenten geben, die für sich einen Vorteil darin sehen, das Angebot ihres Geldes so zu regulieren, daß dessen Wert konstant bleibt, gemessen am Gesamtpreis eines Bündels weithin genutzter Güter. Dies würde bald alle weniger vorausschauenden Emittenten konkurrierender Umlaufsmittel zwingen, einem Wegdriften des Wertes ihres eigenen Geldes in die eine oder andere Richtung Einhalt zu gebieten, wenn sie das Emissionsgeschäft nicht ganz und gar verlieren, den Wert ihres Geldes nicht auf Null absinken sehen wollen.

1. *Keine Inflation wegen des steigenden Ölpreises oder irgendwelcher anderer Kosten.* Es wird hier natürlich als erwiesen angenommen, daß der Durchschnitt der in einem bestimmten Geld gemessenen Preise durch entsprechende Anpassungen der Geldmenge immer unter Kontrolle gehalten werden kann. Theoretische Analyse sowie Erfahrung scheinen mir diese Behauptung gleichermaßen zu bestätigen. Wir brauchen daher den Ansichten keine Aufmerksamkeit zu schenken, mit denen in Perioden fortwährender Inflation immer versucht wird, die Regierungen zu entschuldigen mit der Behauptung, daß der anhaltende

Preisanstieg kein Fehler der Politik, sondern das Ergebnis eines vorangegangenen Kostenanstiegs sei. Auf diese Behauptung muß mit Nachdruck erwidert werden, daß es strenggenommen so etwas wie eine »Kosten-induzierte Inflation« nicht gibt. Weder höhere Löhne noch höhere Preise von Erdöl oder vielleicht von Importgütern im allgemeinen können die Preise der Güter im ganzen in die Höhe treiben, *es sei denn, den Käufern wird mehr Geld gegeben, um sie zu kaufen.* Was man Kosten-induzierte Inflation nennt, ist lediglich das Ergebnis von Erhöhungen der Geldmenge, die vorzunehmen Regierungen sich verpflichtet fühlen, um Arbeitslosigkeit zu verhindern; diese entsteht als Folge eines Anstiegs der Löhne (oder anderer Kosten), der der Geldvermehrung vorausgegangen ist und den man zugestanden hat in der Erwartung, daß die Regierung die Geldmenge ausweiten werde. Damit meint die Regierung, es allen Arbeitern zu ermöglichen, Beschäftigung zu finden, weil die Nachfrage nach ihren Produkten steigt. Erhöhte sie die Geldmenge nicht, führte die bei einer Gruppe von Arbeitern eingetretene Lohnerhöhung nicht zu einem Anstieg des allgemeinen Preisniveaus, sondern einfach zu einem Rückgang der Verkäufe und deshalb zu Arbeitslosigkeit.

Es lohnt sich jedoch, etwas eingehender zu überlegen, was geschähe, wenn es einem Kartell oder einer anderen monopolistischen Organisation, wie zum Beispiel einer Gewerkschaft, gelänge, eine beträchtliche Anhebung des Preises eines wichtigen Rohstoffs oder der Löhne einer großen Gruppe von Arbeitern durchzusetzen, wobei diese in Einheiten eines Umlaufsmittels festgesetzt würden, dessen Wert der Emittent bestrebt ist, stabil zu halten. Unter solchen Umständen könnte die Stabilität des Preisniveaus, die Preise gemessen in Einheiten dieses Umlaufsmittels, nur über den Rückgang einer Reihe anderer Preise erreicht werden. Wenn die Leute einen größeren Geldbetrag ausgeben müssen für Erdöl oder für die Bücher und Druckerzeugnisse, die sie konsumieren, werden sie von einigen anderen Dingen weniger konsumieren müssen.

2. Das Problem starrer Preise und Löhne. Kein Geld vermag natürlich die Starrheit einiger Preise, die sich entwickelt hat, zu beseitigen. Doch es kann Praktiken, die diese Entwicklung gefördert haben, unmöglich machen, indem es diejenigen, die angesichts einer gesunkenen Nachfrage die Preise starr halten, zwingt, den sich daraus ergebenden Absatzrückgang in Kauf zu nehmen.

Der ganze Unterschied in der Methode zwischen der herrschenden »Keynesianischen« Schule und der Ansicht, die der vorliegenden Arbeit zugrunde liegt, beruht letzten Endes auf der Haltung, die gegenüber dem Phänomen starrer Preise und Löhne eingenommen wird. Keynes wurde zu seinen Ansichten größtenteils dadurch geführt, daß er glaubte, die zunehmende Starrheit von Löhnen sei eine unabänderliche Tatsache, die wir hinnehmen müßten und deren Wirkung wir lediglich mildern könnten, indem wir die Geldausgaben an die gegebenen Löhne anpaßten. (Diese Meinung war zu einem gewissen Grad gerechtfertigt durch die Lage Großbritanniens in den 1920er Jahren, als die meisten britischen Löhne infolge des unklugen Versuchs, den Außenwert des Pfundes anzuheben, mit den internationalen Güterpreisen nicht mehr übereinstimmten). Ich habe seither immer darauf bestanden, daß eine solche Anpassung der Geldmenge an die Starrheit einiger Preise und insbesondere der Löhne den Bereich solcher Starrheiten stark erweitern würde und daher das Funktionieren des Marktes langfristig völlig zerstören muß.

3. Der Irrtum der »wohltätigen, milden Inflation«. Jede Inflation ist gerade deshalb so äußerst gefährlich, weil viele Leute, eingeschlossen viele Ökonomen, eine schwache Inflation als harmlos und sogar als wohltätig betrachten. Doch es gibt in der Politik wenige Fehlentwicklungen, in bezug auf die es wichtiger ist, die alte Maxime »principiis obsta« zu beherzigen. Offensichtlich und erstaunlicherweise wird der sich selbst beschleunigende Prozeß einer jeden einmal in Gang gesetzten Inflation noch nicht verstanden, nicht einmal von allen Ökonomen. Der erste, allgemeine Anstoß, für den eine Ausdehnung der Geldmenge sorgt, beruht hauptsächlich auf der Tatsache, daß sich die Preise und damit auch die Gewinne als höher herausstellen als erwartet wurde. Alle Vorhaben gelingen, selbst einige, die fehlschlagen sollten. Dies kann jedoch nur so lange dauern, wie der anhaltende Preisanstieg nicht allgemein erwartet wird. Lernen die Leute erst einmal, auf ihn zu zählen, wird selbst ein fortgesetztes Ansteigen der Preise um dieselbe Rate nicht länger den Antrieb ausüben wie zu Anfang.

Die Geldpolitik steht dann vor einem unangenehmen Dilemma. Um den Stand der Aktivität, den sie durch eine leichte Inflation erzeugte, zu erhalten, muß sie die Inflationsrate erhöhen und wird dies immer und immer wieder in stets wachsendem Ausmaß jedesmal tun müssen, wenn man die herrschende Inflationsrate zu erwarten beginnt. Unterläßt sie dies und hört entweder mit der Beschleunigung oder sogar mit der Inflation ganz auf, wird sich die Wirtschaft in einem weitaus schlechteren Zustand befinden als zu Beginn des Prozesses. Nicht nur hat die Inflation zugelassen, daß die üblichen Fehleinschätzungen, die normalerweise sofort berichtigt werden, sich angehäuft haben und nun alle gleichzeitig ausgeräumt werden müssen; sie wird überdies eine Fehllenkung der Produktion bewirkt und Arbeit sowie andere Ressourcen in Verwendungen hineingezogen haben, die nur aufrechterhalten werden könnten, wenn die zusätzliche Investition, die durch die Erhöhung der Geldmenge finanziert worden war, beibehalten werden könnte.

Da es mittlerweile allgemein verstanden wird, daß, wer immer das gesamte Geldangebot eines Landes kontrolliert, damit die Macht besitzt, Arbeitslosigkeit in den meisten Fällen nahezu umgehend zu verringern, wenn auch nur um den Preis einer später um so größeren Arbeitslosigkeit, muß der politische Druck auf eine solche Instanz unwiderstehlich werden. Daß diese Möglichkeit droht, wußten einige Ökonomen seit langem; sie waren aus diesem Grund stets bestrebt, die geldpolitischen Instanzen durch Beschränkungen, über die sie sich nicht hinwegsetzen konnten, zu zügeln. Doch seit der Mißachtung – oder Unkenntnis – dieser Einsicht durch eine Schule von Theoretikern, die sich damit vorübergehende Popularität erkauften, ist die politische Kontrolle des Geldangebots eine zu große Gefahr für die Erhaltung der marktwirtschaftlichen Ordnung geworden und kann nicht länger geduldet werden. Wieviel politischer Druck auch immer auf die wichtigsten privaten Emissionsbanken ausgeübt werden mag, um sie zu veranlassen, ihre Kreditbedingungen zu lockern und ihren Geldumlauf auszuweiten – gäbe eine *nicht monopolistische* Institution einem solchen Druck nach, würde sie bald aufhören, zu den wichtigsten Emittenten zu zählen.

Die »Geldillusion«, das heißt der Glaube, daß Geld einen konstanten Wert darstellt, konnte nur entstehen, weil es sinnlos war, sich über Veränderungen des Geldwerts zu grämen, solange man nichts dagegen tun konnte. Haben die Leute erst einmal eine Wahl, werden sie auf die unterschiedlichen Veränderungen des Werts der verschiedenen Umlaufsmittel, die ihnen zugänglich sind, sehr genau achten. Es würde, wie es sollte, Allgemeinwissen, daß man auf Geld achtgeben muß, und es würde eher als eine lobenswerte Handlung statt als eine unpatriotische Tat betrachtet, die Leute zu warnen, wenn ein bestimmtes Umlaufsmittel verdächtig wäre.

4. Die Verantwortung der Gewerkschaften für die Arbeitslosigkeit würde offenkundig. Nähme man der Regierung die Macht, den Folgen monopolistisch erzwungener Lohn- oder Preissteigerungen durch Ausweitung der Geldmenge entgegenzuwirken, verlagerte man die Verantwortung für die volle Nutzung der Ressourcen dorthin zurück, wohin sie gehört: dorthin, wo die kausal wirksamen Entscheidungen gefällt werden – zu den Monopolisten, die die Löhne oder Preise aushandeln. Wir sollten allmählich erkannt haben, daß der Versuch, die durch monopolistisches Handeln der Gewerkschaften verursachte Arbeitslosigkeit durch Inflation zu bekämpfen, den Eintritt der Arbeitslosigkeit lediglich auf den Zeitpunkt verschiebt, da die Inflationsrate, die zur Aufrechterhaltung der Beschäftigung erforderlich ist und durch stetige Ausweitung der Geldmenge bewerkstelligt wird, untragbar wird. Je eher wir derartig schädliche Maßnahmen verhindern können – Maßnahmen, die wahrscheinlich so lange unvermeidbar sind, wie die Regierung die Macht hat, sie zu ergreifen – desto besser ist es für alle Beteiligten.

Der hier vorgeschlagene Plan leistete sogar etwas mehr als allein Inflation und Deflation im strengen Sinn dieser Worte zu verhindern. Nicht alle Änderungen des allgemeinen Preisniveaus werden ausgelöst durch Änderungen der Geldmenge oder dadurch, daß diese sich Änderungen in der Nachfrage nach Kasse nicht anpaßt; und nur die Änderungen des Preisniveaus, die auf die genannte Weise zustande kommen, können Inflation oder Deflation im eigentlichen Sinne genannt werden. Es ist richtig, daß heutzutage große, gleichzeitig auftretende Änderungen im Angebot von vielen der wichtigsten Güter unwahrscheinlich sind, wie es noch der Fall war, als Ernteschwankungen Mangel oder Überfluß bei den Hauptnahrungsmitteln und bei Bekleidungsmaterialien verursachen konnten. Heute ist allenfalls in Kriegszeiten in einem von Feinden umringten Land oder auf einer Insel ein akuter Mangel (oder Überfluß) an spezifischen Landesprodukten vorstellbar. Zumindest dann, wenn der Index der Güterpreise, an dem sich die Geldemission in einem Land ausrichtet, sich hauptsächlich auf nationale Preise stützte, könnte eine derartige Regel [der Geldemission, wie Hayek sie vorschlägt, d. Hrsg.] zu Änderungen im Geldangebot führen, die geeignet wären, auch den nicht durch monetäre Faktoren verursachten Preisbewegungen entgegenzuwirken.

5. Vermeidung einer allgemeinen Deflation. Der Leser mag noch nicht ganz davon überzeugt sein, daß in dem hier betrachteten Geldsystem, das auf Wettbewerb beruht, eine allgemeine Deflation ebenso unmöglich sein wird wie eine allgemeine Inflation. Die Erfahrung scheint in der Tat gezeigt zu haben, daß in Zeiten großer Unsicherheit oder Angst vor der Zukunft selbst sehr niedrige Zinssätze ein Schrumpfen der ausstehenden Bankkredite nicht verhindern können. Was könnte eine Bank, die ihr eigenes Geld emittiert, tun, wenn sie sich in einer solchen Lage sähe und die Güterpreise, in ihrer Geldeinheit ausgedrückt, zu sinken drohten? Und wie stark wäre ihr Interesse, einen solchen Preisrückgang zu stoppen, wenn die nämlichen Umstände die konkurrierenden Institute in gleicher Weise träfen?

Es bestünde natürlich keine Schwierigkeit, zusätzliches Geld zu plazieren zu einer Zeit, da die Leute allgemein sehr liquide bleiben wollen. Auf der anderen Seite ginge die emittierende Bank nicht gerne eine Verpflichtung ein, zur Zeit der Tilgung ihr Geld zu einem Wert zurückzukaufen, der höher ist als derjenige, zu dem sie es ausgegeben hatte. Um zu einträglichen Anlagen zu kommen, wäre die Bank vermutlich genötigt, zinstragende Wertpapiere zu kaufen; damit legte sie Geld in die Hände von Leuten, die nach anderen Investitionsmöglichkeiten Ausschau halten, und sie brächte außerdem die langfristigen Zinssätze zum Sinken, was eine ähnliche Wirkung hätte. Ein Institut mit sehr großem Geldumlauf könnte es sogar ratsam finden, Güter, die im Warenkorb enthalten sind und deren Preise besonders stark zu fallen tendierten, aufzukaufen und zu lagern.

Dies genügte wahrscheinlich, um jeder durch den Wirtschaftsprozeß selbst ausgelösten allgemeinen Abwärtstendenz der Preise entgegenzuwirken, und wenn man dies erreichte, wäre dies wahrscheinlich ebensoviel, wie mit jeder Art von Steuerung der Geldmenge zustande gebracht werden kann. Man darf allerdings nicht völlig ausschließen, daß gewisse Ereignisse einen Zustand so allgemeiner Entmutigung und Lethargie zur Folge haben können, daß nichts die Leute veranlassen könnte, die Investitionstätigkeit wieder aufzunehmen und damit einen drohenden Rückgang der Preise aufzuhalten. Soweit dies äußeren Ereignissen zuzuschreiben wäre wie der Furcht vor einer drohenden Weltkatastrophe oder einer unmittelbar bevorstehenden Machtergreifung der Kommunisten, oder in irgendeiner Gegend dem Wunsch, alle privaten Besitztümer zu Bargeld zu machen, um für eine Flucht gerüstet zu sein, könnte bei schwer beweglichen Besitztümern wahrscheinlich nichts einen allgemeinen Preissturz verhindern. Doch solange die allgemeinen Voraussetzungen für die erfolgreiche Führung privater Unternehmen fortbestehen, stellte der Wettbewerb ein Geld bereit, das deren Tätigkeit so wenig wie möglich störte. Und das ist wahrscheinlich alles, was wir erhoffen können.[81]

XVIII. Geldpolitik weder wünschenswert noch möglich.

Unter den hier vorgeschlagenen Einrichtungen wäre Geldpolitik, wie wir sie kennen, nicht möglich. Bei der heute bestehenden Aufteilung der Verantwortung in jene für die Emission des Basisgeldes und jene für die Emission eines darauf aufbauenden parasitären Geldumlaufs läßt sich freilich nicht in Abrede stellen, daß die Zentralbanken, damit die Dinge ihren Händen nicht vollständig entgleiten, bewußt versuchen müssen, Entwicklungen vorzubeugen, die sie nur beeinflussen, aber nicht direkt kontrollieren können. Allerdings hat sich das Zentralbankensystem, das man vor fünfzig Jahren noch als die krönende Errungenschaft geldpolitischer Weisheit betrachtete, weitgehend selbst in Mißkredit gebracht. Dies trifft um so mehr zu, seitdem die Zentralbanken mit der Preisgabe der Goldwährung und fester Wechselkurse weit größere Handlungsspielräume gewonnen haben, als sie zu den Zeiten hatten, da sie noch bemüht waren, nach festen Regeln zu handeln. Das ist dort, wo das Ziel der Politik immer noch ein vernünftiges Maß an Stabilität ist, nicht weniger wahr als in Ländern, die in der Inflation versinken.

[81] Der noch verbleibende Zweifel betrifft die Frage, ob Besitzer von Kasse unter solchen Umständen ein im Wert steigendes Geld vielleicht vorzögen, aber ein solches Geld gäbe es dann wahrscheinlich gar nicht.

1. Die Regierung als Hauptquelle der Instabilität. Wir haben einen kompetenten Beobachter, der den modernen Bestrebungen keineswegs abgeneigt war, zum Zeugen, daß während der Dekade von 1962 bis 1972, als die Anhänger einer »Feinabstimmung« (fine tuning) der Geldpolitik einen Einfluß hatten, wie sie ihn hoffentlich nie wieder erlangen werden, der größere Teil der Schwankungen eine Folge der Budget- und Geldpolitik war.[82] Und es ist sicher unmöglich zu behaupten, daß die Zeit seit der Preisgabe der halbautomatischen Steuerung der Geldmenge *im allgemeinen* eine solche mit mehr Stabilität oder weniger monetären Störungen gewesen ist, als es die Zeiten der Goldwährung oder fester Wechselkurse waren.

Zu welch ganz anderer ökonomischer Landschaft die freie Emission konkurrierender Umlaufsmittel führte, beginnen wir in der Tat erst zu begreifen, wenn wir erkennen, daß in einem solchen System das, was man heute unter Geldpolitik versteht, weder nötig noch überhaupt möglich wäre. Die Emissionsbanken, allein von ihrem Gewinnstreben gelenkt, dienten damit dem öffentlichen Interesse weitaus besser, als irgendeine Institution, die dieses Ziel angeblich verfolgt, es je getan hat oder tun könnte. Eine für den Bereich einer Nation oder eines Gebietes abgrenzbare Geldmenge gäbe es nicht, und es wäre auch nicht wünschenswert, daß die einzelnen Emittenten der verschiedenen Umlaufsmittel sich irgend etwas anderes zum Ziel setzten als einen möglichst großen Gesamtumlauf ihres Geldes, den das Publikum zum gegebenen Wert pro Einheit bereit wäre zu halten. Wenn es stimmt, daß das Publikum, sofern es wählen könnte, ein Geld vorzöge, von dessen Kaufkraft es erwarten könnte, daß sie stabil bleibt, verschaffte uns die freie Emission konkurrierender Umlaufsmittel ein besseres Geld und sicherte uns stabilere Geschäftsbedingungen, als sie jemals bestanden haben.

Die angebliche Hauptschwäche der marktwirtschaftlichen Ordnung, die wiederkehrenden Perioden von Massenarbeitslosigkeit, wird von Sozialisten und anderen Kritikern immer als unverzeihlicher und untrennbar mit dem Kapitalismus verbundener Fehler hervorgehoben.[83] In Tat und Wahrheit erweist sie sich voll und ganz als das Ergebnis einer Regierungspolitik, die die

---

[82] Eckstein, O., »Instability in the Private and Public Sector«, *Swedish Journal of Economics*, Bd. 75, H. 1, 1973, insbesondere S. 19: »Die Stabilisierungstheorie sieht die private, kapitalistische Wirtschaft traditionell als einen Mechanismus, der Schwankungen hervorruft ... Ohne Frage sind die Regierungen eine Hauptquelle der Instabilität.« Und S. 25: »Die Inflationsrate [in den USA zwischen 1962 und 1972] wäre wesentlich geringer, das reale Wachstum wäre gleichmäßiger, das gesamte Ausmaß der eingetretenen Arbeitslosigkeit wäre nur geringfügig anders, die Schwankungen wären jedoch geringer gewesen und die Lage am Ende der Periode hätte es erlaubt, Lohn- und Preiskontrollen zu vermeiden.«

[83] Die langanhaltende Depression in den 1930er Jahren, die zum Wiederaufleben des Marxismus führte (der ohne sie heute wahrscheinlich tot wäre), war ganz und gar die

Privatwirtschaft daran gehindert hat, sich frei zu entfalten und sich selbst mit einem Geld zu versorgen, das Stabilität sicherstellte. Es steht, wie wir gesehen haben, außer Zweifel, daß freies Unternehmertum sowohl im Stande gewesen wäre, ein Geld bereitzustellen, das Stabilität sichert, und daß individuelles Gewinnstreben private Bankinstitute auch veranlaßt hätte, dies zu tun, wenn es ihnen erlaubt gewesen wäre. Ich bin nicht sicher, ob private Unternehmen die von mir vorgeschlagene Art und Weise wählten, die Aufgabe auszuführen, aber ich neige zu der Ansicht, daß sie mittels ihres üblichen Vorgehens, das jeweils erfolgreichste Verfahren auszuwählen, bald bessere Lösungen dieser Probleme zutage förderten, als irgend jemand heute voraussehen kann.

2. *Geldpolitik ist eine Ursache von Depressionen.* Wir sollten gelernt haben, daß die Geldpolitik viel eher eine Ursache als ein Heilmittel von Depressionen ist, weil es viel einfacher ist, dem Geschrei nach billigem Geld nachzugeben und damit jene Fehllenkungen der Produktion zu verursachen, die ein späteres Eingreifen unvermeidlich machen, als die Wirtschaft darin zu unterstützen, sich von den Konsequenzen einer in bestimmten Bereichen erfolgten Überentwicklung selbst zu befreien. *Die bisherige Instabilität der Marktwirtschaft ist die Folge davon, daß der äußerst wichtige Regulator des Marktmechanismus, das Geld, selber von der Regulierung durch den Marktprozeß ausgeschlossen ist.*

Eine einzige, monopolistische staatliche Behörde kann weder die Information besitzen, die maßgebend sein sollte für das Geldangebot, noch wäre sie, selbst wenn sie wüßte, was im allgemeinen Interesse getan werden sollte, gewöhnlich in der Lage, entsprechend zu handeln. In der Tat, wenn, wie ich überzeugt bin, der Hauptvorteil des Marktsystems darin liegt, daß die Preise den handelnden Individuen die relevante Information übermitteln, dann kann nur die ständige Beobachtung der laufenden Preisbewegungen der einzelnen Güter Information liefern, in welcher Richtung mehr Geld ausgegeben werden sollte und in welcher weniger. Geld ist kein Werkzeug der Politik, mit dem man, durch Regulierung seiner Menge, bestimmte, vorhersehbare Ergebnisse erzielen kann. Es sollte vielmehr Teil des sich selbst steuernden Mechanismus sein, durch den die Individuen fortwährend dazu gebracht werden, ihre Handlungen den Umständen anzupassen, über die sie nur durch die abstrakten Signale der Preise Information erhalten. Geld sollte ein nützliches Bindeglied sein in dem Prozeß, durch den sich die Wirkungen von Ereignissen kundtun, die in ihrer Gesamtheit niemandem bekannt sind; dieser Prozeß ist erforderlich, um

---

Folge der fehlerhaften Geldpolitik der Regierungen – sowohl vor als auch nach der Krise von 1929.

eine Ordnung aufrechtzuerhalten, in der die Pläne der beteiligten Personen einander entsprechen.

3. Die Regierung kann nicht *im Allgemeininteresse handeln.* Selbst wenn wir annähmen, die Regierung wüßte, was hinsichtlich des Geldangebots im Allgemeininteresse getan werden sollte, ist es höchst unwahrscheinlich, daß sie im Stande wäre, entsprechend zu handeln. Professor Eckstein folgert in dem oben zitierten Artikel aus seiner Erfahrung als Regierungsberater:

> »Regierungen können nicht nach Regeln leben, selbst wenn sie die Philosophie [ein stabiles Rahmenwerk bereitzustellen] sich zu eigen machten.«[84]

Ist Regierungen einmal die Macht zur Begünstigung bestimmter Gruppen oder bestimmter Teile der Bevölkerung gegeben, zwingt sie der Mechanismus der Mehrheitsregierung, zwecks Erhaltung der Mehrheit diese Macht dazu einzusetzen, die Unterstützung einer ausreichenden Anzahl von Gruppen zu gewinnen. Die ständige Versuchung, lokalen oder sektoralen Unzufriedenheiten durch Manipulation der Geldmenge zu begegnen, um mehr ausgeben zu können für Hilfeleistungen an jene, die nach Unterstützung rufen, wird häufig unwiderstehlich sein. Ein derartiges Ausgabegebaren ist kein geeignetes Heilmittel, sondern stört unweigerlich das richtige Funktionieren des Marktes.

In einer echten Notsituation, wie etwa einem Krieg, könnten Regierungen den Leuten natürlich immer noch festverzinsliche Wertpapiere oder andere Schuldverschreibungen aufzwingen für unvermeidbare, nicht aus den laufenden Einkünften zu bestreitende Zahlungen. Zwangsanleihen und ähnliches wären wahrscheinlich eher mit der erforderlichen schnellen Anpassung der Industrie an radikal veränderte Umstände vereinbar als eine Inflation, die das erfolgreiche Wirken des Preismechanismus vorübergehend aufhebt.

4. Keine Zahlungsbilanzprobleme mehr. Mit dem Verschwinden je eigener nationaler Währungen verschwänden natürlich auch die sogenannten »Zahlungsbilanzprobleme«, von denen man glaubt, daß sie der heutigen Geldpolitik erhebliche Schwierigkeiten bereiten. Die relativen und absoluten Geldmengen in den verschiedenen Gebieten änderten sich notwendigerweise fortwährend, da einige relativ reicher und andere relativ ärmer würden. Aber dies schüfe nicht mehr Schwierigkeiten, als sie der nämliche Prozeß, wie er innerhalb eines jeden großen Landes vor sich geht, heutzutage verursacht. Leute, die reicher würden, hätten mehr Geld und jene, die ärmer würden, weniger. Das wäre alles. Die besonderen Schwierigkeiten, die daraus entstanden, daß unter den [bis

---

[84] Eckstein, O., »Instability in the Private and Public Sector«, *Swedish Journal of Economics*, Bd. 75, H. 1, 1973, S. 26.

1971/73] bestehenden Einrichtungen [feste Wechselkurse und proportionale Reserven, d. Hrsg.] der Rückgang der Barreserve eines Landes [seiner Währungsreserven] eine Kontraktion des gesamten darauf errichteten Kreditüberbaus erfordete, gäbe es nicht mehr.

Daß der Zusammenhang zwischen den innerhalb eines Landes geltenden Preisen enger ist als der Zusammenhang zwischen diesen und den Preisen in benachbarten Ländern, dieser Unterschied verschwände auch weitgehend und mit ihm die statistische Illusion, daß sich die einzelnen nationalen Preisniveaus als ganze gegenüber den Preisniveaus in anderen Ländern bewegen. In der Tat entdeckte man, daß »Zahlungsbilanzprobleme« bloß die Folge je eigener nationaler Währungen sind; deren Existenz ist die Ursache des gänzlich unerwünschten engeren Zusammenhangs zwischen den Preisen innerhalb eines Landes im Vergleich zum Zusammenhang zwischen den Preisen im Inland und jenen im Ausland. Im Hinblick auf eine wünschenswerte internationale wirtschaftliche Ordnung stellt das »Zahlungsbilanzproblem« ein Pseudoproblem dar, über das sich nur ein Monopolist mit dem Recht der Geldemission in einem gegebenen Gebiet Sorgen zu machen braucht und sonst niemand. Und der nicht geringste Vorteil des Verschwindens je eigener nationaler Währungen läge darin, daß wir in die glücklichen Tage statistischer Unschuld zurückkehren könnten, in denen niemand wissen konnte, was die Zahlungsbilanz seines Landes oder seiner Region war, und daher niemand sich darüber beunruhigen konnte oder darum zu kümmern brauchte.

5. Die süchtig machende Droge »billiges Geld«. Der Glaube, billiges Geld sei immer wünschenswert und segensreich, macht den Druck auf jede politische Instanz, die gleichzeitig Monopolist ist und von der man weiß, daß sie fähig ist, Geld »billig« zu machen, indem sie mehr davon emittiert, unvermeidbar und unwiderstehlich. Doch ausleihbare Fonds, die künstlich verbilligt werden, indem zwecks Ausleihung zusätzliches Geld geschaffen wird, nützen nicht nur jenen, an die sie ausgeliehen werden – wenngleich auf Kosten anderer; vielmehr haben sie eine Zeitlang eine allgemein anregende Wirkung auf die wirtschaftliche Tätigkeit. Daß solche Geldemissionen gleichzeitig den Steuerungsmechanismus des Marktes zerstören, ist nicht so leicht zu sehen. Angebote solcher Fonds für zusätzliche Güterkäufe bewirken jedoch eine Verzerrung der Struktur der relativen Preise, was Produktionsfaktoren in Verwendungen zieht, die auf Dauer nicht aufrechterhalten werden können und daher zur Ursache eines unvermeidbaren späteren Rückschlags werden. Diese indirekten und allmählich eintretenden Wirkungen sind jedoch ihrer Natur nach sehr viel schwerer zu erkennen oder zu verstehen als die unmittelbaren, angenehmen Wirkungen und besonders als die Vorteile für jene, in deren Hände das zusätzliche Geld zuerst gelangt.

Den Leuten ein Tauschmittel zur Verfügung zu stellen, das diese halten wollen, bis sie für das, was sie anderen geliefert haben, etwas Gleichwertiges zu kaufen wünschen, ist ein ebenso nützlicher Dienst wie die Produktion jedes anderen Gutes. Wenn einer Erhöhung der Nachfrage nach solchen Kassenbeständen mit einer Erhöhung der gesamten Geldmenge begegnet wird (oder einer Verringerung der Kassenbestände, die die Leute zu halten wünschen, mit einer entsprechenden Verkleinerung der gesamten Geldmenge), stört dies die Übereinstimmung von Angebot und Nachfrage bei allen anderen Gütern und Dienstleistungen nicht. Aber es ist wirklich ein Vergehen wie Diebstahl, einige Leute instand zu setzen, mehr Geld auszugeben, als sie verdient haben, sofern diese Mehrausgabe den Betrag übersteigt, auf dessen Verausgabung andere Leute zur gleichen Zeit verzichtet haben.

Wenn das Vergehen von einem monopolistischen Anbieter von Geld und insbesondere von der Regierung begangen wird, ist es allerdings ein sehr einträgliches, das allgemein toleriert wird und unbestraft bleibt, weil seine Folgen nicht verstanden werden. Doch für den Anbieter eines Umlaufsmittels, das mit anderen Umlaufsmitteln im Wettbewerb steht, wäre dies eine selbstmörderische Handlung, weil sie die Dienstleistung zunichte machte, um deretwillen die Leute sein Umlaufsmittel halten wollen.

Weil es an einem allgemeinen Verständnis der Zusammenhänge fehlt, wird das Vergehen der Überausgabe von Geld durch einen Monopolisten noch immer nicht nur toleriert, sondern es wird ihm sogar Beifall gespendet. Dies ist einer der wichtigsten Gründe, weshalb die ruhige Arbeitsweise des Marktes so häufig durcheinandergerät. Heute richtet daher fast jeder Staatsmann, der auf diesem Feld Gutes zu tun versucht, und gewiß jeder, der gezwungen ist, das zu tun, was die großen organisierten Interessen für gut halten, wahrscheinlich viel mehr Unheil an als er Nutzen stiftet. Umgekehrt wird jeder, der lediglich weiß, daß der Erfolg seines Geschäfts der Geldemission vollständig auf seiner Fähigkeit beruht, die Kaufkraft seines Geldes konstant zu halten, mehr für das öffentliche Wohl tun, wenn er aus Eigeninteresse allein nach großen Gewinnen strebt, als wenn er sich Gedanken über die ferneren Wirkungen seiner Handlungen macht.

6. Die Abschaffung der Zentralbanken. Vielleicht sollte an dieser Stelle noch ein Wort gesagt werden zur offensichtlichen Schlußfolgerung, daß die Abschaffung des staatlichen Monopols der Geldemission auch das Verschwinden der Zentralbanken, wie wir sie kennen, mit einschließen sollte; dies aus zwei Gründen: Weil man sich vorstellen könnte, daß eine private Bank die Funktion einer Zentralbank übernähme, und weil man denken könnte, daß selbst ohne ein Monopol der Regierung auf die Geldemission einige der klassischen Funktionen von Zentralbanken wie die der Rolle als »lender of last resort« oder als »Halter der allerletzten Reserve«[85] noch erforderlich sein könnten.

Die Notwendigkeit einer Institution wie der Zentralbank ist jedoch einzig darauf zurückzuführen, daß die Geschäftsbanken Verbindlichkeiten eingehen, die auf Verlangen in Einheiten eines Geldes einzulösen sind, zu dessen Emission eine andere Bank das alleinige Recht besitzt; in Wirklichkeit schaffen die Geschäftsbanken also Geld, das in ein anderes Geld einlösbar ist. Dies ist, wie wir noch untersuchen müssen, in der Tat der wichtigste Grund für die Instabilität des bestehenden Kreditsystems und damit für die großen Schwankungen der gesamten wirtschaftlichen Aktivität. Ohne das Monopol der Zentralbanken (oder der Regierungen) auf die Emission von Noten und ohne deren Erhebung zum gesetzlichen Zahlungsmittel gäbe es keinerlei Rechtfertigung, warum die Geschäftsbanken zur Aufrechterhaltung ihrer Zahlungsfähigkeit sich darauf verlassen, daß das Bargeld von einer anderen Körperschaft bereitgestellt wird. Das »Ein-Reserve-System« (one reserve system), wie Walter Bagehot es genannt hat, ist eine untrennbare Begleiterscheinung des Notenmonopols, ohne dieses jedoch weder notwendig noch wünschenswert. Auch der berühmte »lender of last resort« ist nur in einem solchen System notwendig.

Es könnte noch behauptet werden, daß Zentralbanken notwendig seien, um die erforderliche »Elastizität« des Geldumlaufs sicherzustellen. Obgleich dieser Ausdruck in der Vergangenheit wahrscheinlich mehr als jeder andere mißbraucht worden ist, um Forderungen, die auf eine Inflation hinzielen, zu verschleiern, dürfen wir seinen berechtigten Kern nicht übersehen. Die Art und Weise, wie Angebotselastizität und Wertstabilität des Geldes in Einklang gebracht werden können, ist ein echtes Problem; es wird nur gelöst werden, wenn der Emittent eines gegebenen Umlaufsmittels sich bewußt ist, daß sein Geschäft davon abhängt, daß er die Menge seines Geldes so reguliert, daß der Wert der Geldeinheit (gemessen in Gütern) stabil bleibt. Führte eine Vergrößerung der Geldmenge zu einem Anstieg der Preise, wäre sie eindeutig nicht gerechtfertigt, gleichgültig, wie dringend einige glauben mögen, zusätzliches Geld zu benötigen – das in diesem Fall als Transaktionsgeld ausgegeben und nicht ihrer Liquiditätsreserve zugeführt werden wird. Was ein Umlaufsmittel zu einem allgemein akzeptierten, das heißt zu einem wirklich liquiden Vermögensteil macht, ist gerade die Tatsache, daß es anderen Vermögensteilen vorgezogen wird, weil von seiner Kaufkraft erwartet wird, daß sie konstant bleibt.

Was notwendigerweise knapp ist, ist nicht Liquidität, sondern Kaufkraft –

---

[85] Die klassische Beschreibung dieser Funktion und ihres Zustandekommens ist nach wie vor die von Bagehot, der mit Recht als »natürlichen« Zustand des Bankwesens jenen bezeichnen konnte, »in dem alle bedeutenden Banken ihre eigene Reserve hielten.« (Bagehot, W., *Lombard Street. A Description of the Money Market* (London 1873), Nachdruck: Homewood, Ill.: R.D. Irwin 1962, S. 142).

die Verfügungsmacht über Güter zwecks Konsum oder Weiterverwendung in der Produktion, und diese Verfügungsmacht ist begrenzt, weil es nicht mehr als eine gewisse Menge dieser Dinge zu kaufen gibt. Insofern die Leute mehr liquide Vermögensteile wünschen, allein um sie zu halten, nicht um sie auszugeben, können diese geschaffen werden, ohne dadurch ihren Wert zu verringern. Wenn die Leute aber mehr liquide Mittel wollen, um sie für Güter auszugeben, wird ihnen der Wert hierfür aufgenommener Kredite zwischen den Fingern zerrinnen.

7. Keine Festlegung von Zinssätzen. Mit den Zentralbanken und dem Monopol der Geldemission würde natürlich auch die Möglichkeit einer bewußten Festlegung des Zinssatzes verschwinden. Das Verschwinden dessen, was man »Zinspolitik« nennt, ist völlig erwünscht. Der Zinssatz sollte, wie jeder andere Preis, die gesamten Wirkungen von Tausenden von Umständen wiedergeben, die die Nachfrage nach und das Angebot von Krediten beeinflussen und die unmöglich irgendeiner Behörde bekannt sein können. Die meisten Preisänderungen haben für einige Leute unangenehme Wirkungen; wie andere Preisänderungen teilen Änderungen des Zinssatzes allen Betroffenen mit, daß eine Gesamtheit von Umständen, die niemand kennt, sie notwendig gemacht hat. Die ganze Vorstellung, daß der Zinssatz als ein Instrument der Politik gebraucht werden sollte, ist völlig verfehlt, da nur der Wettbewerb auf einem freien Markt all den Umständen Rechnung tragen kann, die bei der Bestimmung des Zinssatzes berücksichtigt werden sollten.

Solange jede einzelne Emissionsbank bei ihrer Kreditvergabe darauf abzielte, die ausstehende Menge ihres Geldes so zu regulieren, daß dessen Kaufkraft konstant bleibt, würde der Zinssatz, zu dem sie dies tun könnte, für sie durch den Markt bestimmt. Im ganzen dürfte die Kreditvergabe zu Investitionszwekken von allen Banken zusammen, wenn sie das Preisniveau nicht erhöhen soll, das Volumen an laufenden Ersparnissen nicht um mehr überschreiten (und umgekehrt, wenn sie nicht auf das Preisniveau drücken soll, unterschreiten), als erforderlich wäre, um die Gesamtnachfrage nach Gütern im Gleichschritt mit dem wachsenden Volumen des gesamten Güterangebots zu erhöhen. Der Zinssatz würde dann dadurch bestimmt, daß die Geldnachfrage zu Transaktionszwecken gleich sein muß dem Geldangebot, das erforderlich ist, um das Preisniveau konstant zu halten. Ich glaube, diese Bedingung würde zwischen Sparen und Investieren eine so enge Übereinstimmung sicherstellen, wie wir sie erhoffen können, wobei ein Saldo aus der Veränderung der Geldmenge übrig bliebe, um den Änderungen der Geldnachfrage Rechnung zu tragen, die durch Veränderungen der Kassenbestände, die die Leute halten wollen, verursacht werden.

Natürlich würde die Regierung diesen Marktzins immer noch durch ihre Nettokreditaufnahme beeinflussen. Doch sie könnte nicht länger jene äußerst schädlichen Manipulationen des Zinssatzes vornehmen, die darauf abzielen, ihr eine Kreditaufnahme zu niedrigem Zins zu ermöglichen, – ein Vorgehen, das in der Vergangenheit so viel Schaden angerichtet hat, daß diese Wirkung für sich allein ein ausreichender Grund wäre, die Regierung vom Geldhahn fernzuhalten.

XIX. Eine bessere Disziplinierung als mit Hilfe fester Wechselkurse

Leser, die mein mehr als vierzig Jahre währendes, konsequentes Eintreten für feste Wechselkurse zwischen nationalen Währungen sowie meine Kritik an einem System flexibler Wechselkurse kennen,[86] die ich auch nicht aufgegeben habe, als die meisten Mitstreiter für einen freien Markt zu diesem System bekehrt worden waren, werden wahrscheinlich zunächst meinen, daß meine jetzige Haltung im Widerspruch zu meinen früheren Ansichten steht oder sogar eine vollständige Kehrtwendung darstellt. Dem ist nicht so. Mein gegenwärtiger Vorschlag ist in zweierlei Hinsicht das Ergebnis einer Weiterentwicklung der Gedankengänge, die meine frühere Haltung bestimmten.

Zunächst habe ich es immer als völlig unerwünscht angesehen, daß die in einem Land bestehende Struktur der Preise von Gütern und Dienstleistungen als Ganzes angehoben oder gesenkt werden sollte gegenüber der Preisstruktur anderer Länder, um so irgendeine Verschiebung des Angebots von oder der Nachfrage nach einem einzelnen Gut zu korrigieren. Man hielt dies irrigerweise vor allem deshalb für notwendig, weil die Verfügbarkeit statistischer Information in Form von Indexzahlen der *durchschnittlichen* Veränderung von Preisen in einem Land den irreführenden Eindruck vermittelte, es sei »der innere Wert« einer Währung als solcher, der im Verhältnis zum Wert anderer Währungen verändert werden müsse, während in allen betroffenen Ländern vor allem Änderungen einzelner *relativer* Preise erforderlich waren. Soweit die unterstellte Notwendigkeit von Änderungen im Verhältnis zwischen nationalen Preisniveaus tatsächlich bestand, war dies ein künstlicher und unerwünsch-

---

[86] Die erste systematische Darlegung meines Standpunktes findet sich in meinen in Genf gehaltenen Vorlesungen über *Monetary Nationalism and International Stability* (Publications of the Graduate Institute of International Studies, Geneva, Nr. 18), London, New York, Toronto: Longmans, Green 1937; [deutsch: *Monetärer Nationalismus und internationale Stabilität*, abgedruckt in diesem Band (Hayek, *Schriften*, A 3)]. Es handelt sich um eine Reihe hastig und schlecht geschriebener Vorlesungen zu einem Thema, mit dem ich mich früher beschäftigt hatte, worüber ich aber schreiben mußte, als ich vorrangig mit anderen Problemen beschäftigt war. Ich glaube immer noch, daß sie wichtige Argumente gegen flexible Wechselkurse zwischen nationalen Währungen enthalten, auf die niemals ausreichend geantwortet wurde, doch bin ich nicht überrascht, daß anscheinend nur wenige sie je gelesen haben.

ter Ausfluß der Unvollkommenheit des internationalen Währungssystems, den die Goldwährung mit einem Überbau an Sichteinlagen hervorbrachte. Wir werden diese Fragen im nächsten Abschnitt eingehender zu betrachten haben.

1. Der Schutz der offiziellen Währung vor Wettbewerb ist zu beseitigen. Ferner hatte ich feste Wechselkurse aus dem gleichen Grund als notwendig angesehen, aus dem ich nun für vollkommen freie Märkte für alle Arten von Geld eintrete, weil es nämlich erforderlich ist, den Geld emittierenden Institutionen eine dringend notwendige Disziplin oder Beschränkung aufzuerlegen. Weder ich noch anscheinend irgend jemand anderer hatte damals an die viel wirksamere Disziplin gedacht, die in Funktion träte, wenn den Anbietern von Geld die Macht genommen würde, das von ihnen ausgegebene Geld gegen die Rivalität *konkurrierender Umlaufsmittel* abzuschirmen.

Der Zwang, die Einlösbarkeit der eigenen Währung in Gold oder anderen Währungen zu einem festen Kurs aufrechtzuerhalten, war in der Vergangenheit die einzige Vorschrift, die die geldpolitischen Instanzen wirksam davon abhielt, den Begehrlichkeiten im Gefolge des allgegenwärtigen Drangs nach billigem Geld nachzugeben. Die Goldwährung, feste Wechselkurse oder jede andere Form eines Pflichtumtausches zu einem festen Kurs dienten einzig und allein dem Zweck, den Emittenten von Geld eine solche Disziplin aufzuerlegen und, indem die Durchführung automatisch nach Regeln ablief, ihnen die Macht zu nehmen, die Geldmenge willkürlich zu verändern. Allerdings haben sich diese Schranken als zu schwach erwiesen, um Regierungen daran zu hindern, sie zu durchbrechen. Aber obwohl die im Wege jener automatischen Regelung erzielte Ordnung weit davon entfernt war, ideal oder auch nur einigermaßen befriedigend zu sein, waren doch die Währungen, solange sie auf diese Art reguliert wurden, wesentlich befriedigender als alles, was die unumschränkte Macht staatlicher Monopole je auf Dauer erreicht hat. Nichts weniger als der Glaube, daß es eine nationale Schande sei, wenn ein Land seinen Verpflichtungen nicht nachkomme, hat jemals ausgereicht, den Widerstand der geldpolitischen Instanzen gegen den Druck nach billigem Geld hinreichend zu stärken. Ich wollte nie bestreiten, daß eine sehr weise und politisch unabhängige Geldbehörde besser handeln könnte, als sie unter dem Zwang, eine feste Parität zu Gold oder einer anderen Währung aufrechtzuerhalten, handeln muß. Aber ich hege keine Hoffnung, daß geldpolitische Instanzen in der Wirklichkeit ihren guten Vorsätzen über längere Zeit treu bleiben können.

2. Besser noch als Gold – der »lockere Anker«. Man sollte heute natürlich allgemein begriffen haben, daß der Wert eines in Gold (oder in eine andere Währung) einlösbaren Geldes nicht vom Wert dieses Goldes *abgeleitet* ist; sondern bloß auf dem gleichen Wert gehalten wird durch die automatische Regulierung seiner Menge. Der Aberglaube stirbt nur langsam aus, aber selbst unter einer Goldwährung trifft es nicht mehr (oder vielleicht sogar weniger) zu, daß der Wert der Geldeinheit durch den Wert bestimmt wird, den das in ihr enthaltene Gold in anderen Verwendungen (oder infolge seiner Produktionskosten) hat, als das Gegenteil, daß nämlich der Wert des Goldes durch den Wert der Währungen bestimmt wird, in die es umgewandelt werden kann. Historisch trifft es zu, daß alles Geld, das seinen Wert über längere Zeit beibehielt, aus Metall (oder in Metall – Gold oder Silber – konvertibel) war; früher oder später pflegten die Regierungen selbst das Metallgeld zu verschlechtern, während alle Arten von Papiergeld, mit denen wir Erfahrung haben, noch viel schlechter waren. Die meisten Leute glauben deshalb heute, daß nur die Rückkehr zu einem Metall- (oder einem anderen Güter-)Standard Abhilfe schaffen kann. Doch Metallgeld ist nicht nur in gleicher Weise der Gefahr des Betrugs durch die Regierung ausgesetzt; selbst im günstigsten Fall wäre es niemals ein so gutes Geld wie eines, das von einer Stelle ausgegeben wird, deren ganzes Geschäft von ihrem Erfolg abhängt, dem Publikum ein Geld zur Verfügung zu stellen, das es anderen Arten von Geld vorzieht. Gold ist zwar ein Anker – und jeder Anker ist besser als ein Geld, das dem Gutdünken der Regierung überlassen ist, – aber es ist ein sehr lockerer Anker. Er könnte sicherlich dem Zug nicht standhalten, der entstünde, wenn die Mehrheit der Länder versuchte, ihre eigene Goldwährung zu errichten. Dazu ist einfach nicht genügend Gold vorhanden. Eine internationale Goldwährung könnte heutzutage nur bedeuten, daß einige wenige Länder eine wirkliche Goldwährung aufrechterhielten, während die anderen sich durch einen Golddevisen-Standard an sie bänden.

Es ist sehr wahrscheinlich, daß zunächst ziemlich viele Leute, gäbe man ihnen Freiheit in der Wahl des Geldes, dem Gold (oder uneingeschränkt in Gold einlösbaren Noten), mit den ihm anhaftenden günstigen Erinnerungen den Vorzug gäben gegenüber jeder unbekannten, neuen Art von Geld und daß private Institute, die in Gold einlösbare Noten emittierten, eine Zeitlang den umfangreichsten Notenumlauf erlangten. Ich glaube jedoch nicht, daß dies auch dann noch andauerte, wenn sich die größere Stabilität eines mit Bedacht regulierten Umlaufs an Zeichengeld erwiesen hätte. Die völlige Rückkehr zu einer Goldwährung riefe wahrscheinlich so starke Schwankungen des Goldwertes hervor und brächte aller Wahrscheinlichkeit nach die Banken, die versuchten, solche Noten zu emittieren, in so große Schwierigkeiten, daß die Überlegenheit eines wohl-regulierten, konkurrierenden Zeichengeldes bald erkannt würde.

3. Wettbewerb sorgte für besseres Geld als die Regierung. Ich glaube, wir können viel Besseres erreichen, als es mit Gold jemals möglich war. Regierungen können nichts Besseres leisten. Doch freier Wettbewerb, das heißt die Institutionen, die aus dem Prozeß des Wettbewerbs um gutes Geld hervorgingen, brächten ohne Zweifel etwas Besseres zustande. In diesem letzten Fall wäre es auch nicht nötig, das Angebot von Geld mit den komplizierten und kostspieligen Vorkehrungen zu dessen Einlösbarkeit zu belasten, die zur Sicherung des Goldautomatismus notwendig waren und die die Goldwährung zumindest als praktikabler erscheinen ließen als das, was der Idee nach viel geeigneter erschiene – eine Warenreservewährung. Dazu war ein sehr ansprechender Vorschlag ausgearbeitet worden. Er sah die Einlagerung einer Vielzahl von Rohstoffen und anderer Standardgüter vor; dadurch sollte die Einlösbarkeit der Geldeinheit in eine feststehende Kombination solcher Güter und damit die Stabilität des Geldwerts gesichert werden. Die Lagerhaltung wäre jedoch so kostspielig und nur bei einer so kleinen Auswahl von Gütern praktikabel, daß der Vorschlag an Wert verliert.[87] Irgendeine derartige Vorsichtsmaßregel, die den Emittenten zwingt, die Menge seines Geldes zu regulieren, scheint nur so lange notwendig oder wünschenswert, wie es im Interesse des Emittenten läge, den Wert seines Geldes gegenüber dem Standard zu erhöhen oder zu senken. Einlösbarkeit ist eine Schutzmaßnahme, die einem *Monopolisten* notwendigerweise auferlegt werden muß, aber unnötig ist bei Anbietern, die miteinander im *Wettbewerb* stehen und sich nur im Geschäft halten können, wenn sie den Benutzern ein mindestens ebenso vorteilhaftes Geld anbieten wie irgend jemand anderer.

4. Ein Monopol der Regierung auf die Geldemission ist unnötig. Ich selbst habe vor noch nicht langer Zeit, im Jahre 1960, argumentiert, es sei nicht nur unpraktikabel, sondern, selbst wenn es möglich wäre, wahrscheinlich auch nicht wünschenswert, den Regierungen die Herrschaft über die Geldpolitik zu entziehen.[88] Diese Ansicht beruhte noch auf der üblichen, stillschweigenden Annahme, es müsse in jedem Land eine einzige, einheitliche Art von Geld geben. Ich habe damals die Möglichkeit eines echten Wettbewerbs zwischen Umlaufsmitteln innerhalb eines einzelnen Landes oder Gebietes nicht einmal erwogen. Wenn nur eine Art von Geld zugelassen wird, ist es wahrscheinlich richtig, daß das Monopol seiner Emission der Kontrolle der Regierung unterstehen muß. Der Umlauf mehrerer Tauschmittel nebeneinander könnte gelegentlich etwas unbequem sein, doch eine sorgfältige Analyse seiner Wirkungen zeigt, daß die

---

[87] Vgl. Friedman, M., »Commodity-Reserve Currency« (1951), in: Friedman, M., *Essays in Positive Economics*, Chicago: University of Chicago Press 1953. [Vgl. auch Hayek, F.A., »Warenreservewährung« (1943), abgedruckt in diesem Band (Hayek, *Schriften*, A 3), d. Hrsg.]

[88] Hayek, F.A., *The Constitution of Liberty*, Chicago: University of Chicago Press und London: Routledge & Kegan Paul 1960; deutsch: *Die Verfassung der Freiheit* (1971), 4. Aufl., Tübingen: Mohr Siebeck 2005 (Hayek, *Schriften* B 3), S. 437ff.

Vorteile so sehr viel größer sind als die Unbequemlichkeiten, daß diese im Vergleich zu jenen kaum ins Gewicht fallen, wenn auch die Unvertrautheit mit der neuen Situation die Unbequemlichkeiten viel größer erscheinen läßt, als sie wahrscheinlich wären.

5. Der Unterschied zwischen freiwillig akzeptiertem und aufgezwungenem Papiergeld. Wie sehr auch alle historische Erfahrung das von den meisten Menschen gegenüber Papiergeld gehegte, tiefe Mißtrauen zu rechtfertigen scheint, ist dieses doch nur hinsichtlich des ausschließlich von der *Regierung* ausgegebenen Geldes hinreichend begründet. Häufig wird der Begriff »Zwangsgeld« (»fiat money«) benutzt, als ob er sich auf alles Papiergeld anwenden lasse; doch bezieht sich der Ausdruck natürlich nur auf Geld, das durch willkürlichen Erlaß oder einen anderen hoheitlichen Akt in Umlauf gebracht worden ist. Geld, das nur deshalb in Umlauf ist, weil man die Leute zu seiner Annahme gezwungen hat, ist ganz und gar verschieden von einem Geld, das deshalb akzeptiert wird, weil die Leute darauf vertrauen, daß der Emittent es stabil hält. Freiwillig angenommenes Papiergeld sollte daher nicht unter dem schlechten Ruf leiden, den Regierungen dem Papiergeld zugefügt haben.

Dem Geld wird ein Wert zuerkannt, weil und insofern man weiß, daß es knapp ist, und es ist aus diesem Grund wahrscheinlich, daß es von anderen zum gängigen Wert akzeptiert wird. Und jedes Geld, das aus freien Stücken benutzt wird, allein aufgrund des Vertrauens, daß es vom Emittenten knapp gehalten wird, und das von den Leuten nur so lange gehalten wird, wie der Emittent dieses Vertrauen rechtfertigt, wird seine Akzeptanz zum bestehenden Wert in wachsendem Maße festigen. Die Leute werden wissen, daß das Risiko, das sie eingehen, wenn sie solches Geld halten, geringer ist, als wenn sie irgendein anderes Gut halten, über das sie keinerlei einschlägige Kenntnisse haben. Ihre Bereitschaft, es zu halten, wird auf der Erfahrung gründen, daß andere Leute bereit sind, es innerhalb eines ungefähr bekannten Preisbereichs anzunehmen, weil auch sie gelernt haben, die gleichen Erwartungen zu hegen, und so fort. Dies ist ein Zustand, der unbegrenzt weiterbestehen kann und sogar die Tendenz haben wird, mehr und mehr zu einem Dauerzustand zu werden, da erfüllte Erwartungen das Vertrauen stärken.

Einige Leute haben anscheinend Mühe zu glauben, daß ein bloßes Zeichengeld, das dem Besitzer keinen rechtlichen Anspruch auf Einlösung in eine Sache gibt, die einen Eigenwert besitzt (der dem Wert gleichkommt, zu dem dieses Geld in Umlauf ist) jemals auf Dauer allgemein akzeptiert werden oder seinen Wert beibehalten könne. Sie vergessen anscheinend, daß es während der vergangenen vierzig Jahre in der ganzen westlichen Welt kein anderes Geld gab als solches nicht einlösbares Zeichengeld. Die verschiedenen Papierwährungen, die wir benutzen mußten, behielten ihren Wert, der eine Zeitlang nur langsam abnahm, nicht aufgrund irgendwelcher Hoffnung auf ihre schließliche Einlösung, sondern nur, weil die monopolistischen Instanzen, die zur Emission der exklusiven Geldart eines einzelnen Landes ermächtigt waren, dessen Menge, wenn auch in unzulänglichem Maße, beschränkten. Der auf den Pfundnoten stehende Satz: »Ich verspreche, dem Inhaber auf Verlangen die Summe von einem Pfund zu zahlen«, oder wie immer die Zahl auch lauten mag, ein Satz, der in Vertretung des Präsidenten und der Gesellschaft der Bank von England von ihrem Hauptkassierer unterschrieben ist, bedeutet natürlich nicht mehr, als daß sie versprechen, dieses Stück Papier gegen andere Papierscheine auszutauschen.

Es steht völlig im Belieben dieser Institutionen oder Regierungen, die Gesamtmenge ihrer in Umlauf befindlichen Noten zu regulieren, indem sie Noten gegen andere Arten von Geld oder gegen Wertpapiere tauschen. Diese Art der Einlösung ist lediglich eine Methode, die Geldmenge, die sich in den Händen des Publikums befindet, zu regulieren, und solange die öffentliche Meinung nicht durch trügerische Theorien irregeführt wurde, hat man es immer als eine Selbstverständlichkeit angesehen, daß zum Beispiel »der Wert von [Dollar-] Noten sich ändert, sowie die Regierung die Emission auszuweiten oder zu verringern beschließt.«[89]

Die Geschichte widerlegt sicherlich die Behauptung, daß in dieser Hinsicht der Regierung, die von übermäßigen Emissionen nur profitiert, mehr Vertrauen entgegengebracht werden kann als einem privaten Emittenten, dessen ganzes Geschäft davon abhängt, daß er dieses Vertrauen nicht mißbraucht. Glaubt wirklich noch irgend jemand, daß in den westlichen Industrieländern, nach den Erfahrungen des letzten halben Jahrhunderts, irgend jemand dem Wert des von der Regierung verbürgten Geldes mehr Vertrauen entgegenbringt, als er es einem Geld entgegenbrächte, das von einer privaten Institution emittiert wird, deren Geschäft erklärtermaßen völlig davon abhängt, daß sie gutes Geld emittiert?

XX. Braucht es getrennte Währungsgebiete?

Wir sind so sehr daran gewöhnt, daß jedes Land eine eigene Währung hat, in der praktisch alle inländischen Transaktionen durchgeführt werden, daß wir dazu neigen, es auch als natürlich und notwendig anzusehen, daß sich die inländische Preisstruktur als ganze gegenüber der Preisstruktur anderer Länder

---

[89] Bagehot, W., *Lombard Street. A Description of the Money Market* (London 1873), Nachdruck: Homewood, Ill.: R.D. Irwin 1962, S. 12.

bewegt. Dies ist jedoch keineswegs ein notwendiger oder in irgendeinem Sinne natürlicher oder wünschenswerter Sachverhalt.

1. Nationale Währungen sind weder unvermeidlich noch wünschenswert. Zumindest dann, wenn man von Zöllen oder anderen Hemmnissen des freien Verkehrs von Gütern und Menschen über Landesgrenzen absieht, ist die Tendenz der in einem Land geltenden Preise, sich unisono zu bewegen, eher eine *Folge* von als eine Rechtfertigung für die Beibehaltung getrennter nationaler Geldsysteme. Und diese Tendenz hat zur Herausbildung nationaler Institutionen wie zum Beispiel landesweiter Tarifverhandlungen geführt, die diese Unterschiede [in der Bewegung der nationalen Preisstrukturen, d. Hrsg.] noch verstärkt haben. Der Grund dieser Entwicklung liegt darin, daß die Kontrolle über das Geldangebot den nationalen Regierungen mehr Macht verleiht zu Handlungen, die vom Standpunkt internationaler Ordnung und Stabilität völlig unerwünscht sind. Es handelt sich dabei um eine Einrichtung jener Art, die nur Etatisten verschiedener Schattierungen gutheißen können, die aber für reibungslose internationale Beziehungen ganz und gar schädlich ist.

Abgesehen von den Auswirkungen von Monopolen, die staatlicher Schutz möglich macht, gibt es tatsächlich kaum einen Grund, weshalb Gebiete, bloß weil sie der gleichen Regierung unterstehen, gesonderte nationale Wirtschaftsräume bilden sollten, die Nutzen daraus zögen, daß sie eine gemeinsame Währung haben, die sich von den Währungen anderer Länder unterscheidet. In einer in hohem Maße auf internationalen Tausch angewiesenen Wirtschaftsordnung war es ziemlich widersinnig, die oft zufällige Zusammenballung verschiedener Gebiete unter der gleichen Regierung als einen eigenen Wirtschaftsraum zu behandeln. Diese Erkenntnis hat jedoch erst kürzlich einige Wirtschaftswissenschaftler veranlaßt, nach der wünschenswerten Größe von Währungsgebieten zu fragen – eine Frage, deren Beantwortung sie als ziemlich schwierig empfanden.[90].

Während, historisch gesehen, je eigene nationale Währungen einfach ein Instrument zur Steigerung der Macht nationaler Regierungen waren, zielen die modernen Verfechter des monetären Nationalismus auf eine Regelung ab, die es erlaubt, *alle* Preise in einem Land gleichzeitig anzuheben oder zu senken *gegenüber allen* Preisen in anderen Ländern [durch Auf- oder Abwertung der eigenen Währung, d. Hrsg.]. Dies wird als Vorteil angesehen, weil man damit der Notwendigkeit entgeht, eine Gruppe bestimmter Preise, insbesondere Löhne, zu senken, wenn die ausländische Nachfrage nach den in Frage stehen-

90 McKinnon, R. I., »Optimum Currency Areas«, *The American Economic Review*, Vol. LIII, Nr. 4, 1963 und Mundell, R. A., »A Theory of Optimum Currency Areas«, *The American Economic Review*, Vol. LI, Nr. 4, 1961.

den Produkten gefallen ist und sich auf ein anderes Land verlagert hat. Dies ist jedoch ein politischer Notbehelf; in der Praxis führt dieses Vorgehen dazu, daß, statt die *wenigen* unmittelbar betroffenen Preise zu senken, eine sehr viel *größere* Zahl von Preisen angehoben werden muß, um das zwischenstaatliche Gleichgewicht wiederherzustellen, nachdem der internationale Preis der nationalen Währung gesenkt worden ist. Das ursprüngliche Motiv der Verfechter flexibler Wechselkurse zwischen nationalen Währungen war daher ein rein inflationistisches, obwohl ein törichter Versuch gemacht wurde, die Last der Anpassung den Überschußländern aufzubürden. Erst später wurde das Argument für flexible Wechselkurse auch aufgegriffen in Ländern, die sich vor den Auswirkungen der inflationistischen Politik anderer Länder schützen wollten.

Den Rückgang der umlaufenden Geldmenge in einer Region oder einem Teilgebiet einer größeren Gemeinschaft zu verhindern läßt sich ebensowenig stichhaltig begründen wie Maßnahmen der Regierung, die einen Rückgang der Geldeinkommen bestimmter Individuen oder Gruppen zu verhindern bezwekken – selbst wenn derartige Maßnahmen die Nöte der dort lebenden Gruppen vorübergehend lindern könnten. Eine Regierung, die auf sich hält, muß unbedingt darauf achten, daß niemand die Macht hat, Gruppen von der Notwendigkeit zu befreien, sich unvorhergesehenen Änderungen anpassen zu müssen, denn wenn eine Regierung dies tun kann, wird politische Notwendigkeit sie zwingen, es ständig zu tun.

2. Starrheit der Löhne: Ein Anheben der nationalen Preisstruktur ist keine Lösung. Die Erfahrung hat gezeigt, daß das, was man für den bequemen Ausweg aus den Schwierigkeiten hielt, die von der Starrheit der Löhne verursacht werden – nämlich das Anheben des *gesamten* nationalen Preisniveaus – die Dinge nur verschlimmert, da dieses Vorgehen in Wirklichkeit die Gewerkschaften der Verantwortung für die Arbeitslosigkeit enthebt, die ihre Lohnforderungen andernfalls nach sich zögen, und die Regierungen einem unwiderstehbaren Druck aussetzt, diese Wirkungen durch Inflation abzuschwächen. Ich bleibe daher jedem monetären Nationalismus[91] oder flexiblen Wechselkursen zwischen nationalen Währungen so abgeneigt wie eh und je. Doch ziehe ich es jetzt vor, die Grenzen zwischen Währungsgebieten völlig abzuschaffen, statt bloß die nationalen Währungen zu festen Wechselkursen gegenseitig konvertierbar

---

[91] Den historischen Ursprung der Voreingenommenheit für nationale Preisniveaus sowie andere Aspekte eines *Monetären Nationalismus* habe ich in meinem gleichnamigen Buch diskutiert: Hayek, F. A., *Monetary Nationalism and International Stability* (Publications of the Graduate Institute of International Studies, Geneva, Nr. 18), London: Longmans, Green 1937, insbes. S. 43 ff. [deutsch: *Monetärer Nationalismus und internationale Stabilität*, abgedruckt in diesem Band (Hayek, *Schriften* A 3), insbes. S. 80 ff.].

zu machen. Die ganze Vorstellung, einen bestimmten Preisausschnitt aus der internationalen Preisstruktur herauszuschneiden und ihn gleichsam körperlich anzuheben oder zu senken gegenüber allen Preisen derselben Güter anderswo, scheint mir immer noch eine Idee zu sein, die nur in den Köpfen von Menschen ersonnen werden konnte, die es gewohnt sind, ausschließlich in (makroökonomischen) Größen wie den nationalen Preisniveaus zu denken und nicht in (mikroökonomischen) Einzelpreisen. Diese Menschen scheinen die nationalen Preisniveaus als die ausschlaggebenden Determinanten menschlicher Handlungen anzusehen und das Verständnis für die Funktion relativer Preise verloren zu haben.

3. Ein stabiles nationales Preisniveau könnte die wirtschaftliche Aktivität beeinträchtigen. Es gibt wirklich keinen Grund, warum wir wünschen sollten, daß ein Gebiet, das mit der Weltwirtschaft durch eine Vielzahl von Güterströmen verflochten ist, ein stabiles Preisniveau haben sollte. Das Preisniveau stabil zu halten, obwohl Verlagerungen der Nachfrage in das Gebiet oder weg von ihm stattfinden, beeinträchtigt das Funktionieren des Marktes, statt es zu unterstützen. Die Beziehung zwischen Gebieten oder Ortschaften unterscheidet sich in dieser Hinsicht nicht wesentlich von den Beziehungen zwischen Ländern. Eine Verlagerung der Nachfrage nach Flugzeugen von Seattle nach Los Angeles wird freilich in Seattle zu einem Verlust von Arbeitsplätzen, zu einem Sinken der Einkommen und wahrscheinlich der Einzelhandelspreise führen; und wenn in Seattle die Löhne fallen, werden dadurch wahrscheinlich andere Industrien angezogen. Aber es wäre nichts gewonnen, außer vielleicht im ersten Moment, wenn man in Seattle oder im Staate Washington die Geldmenge erhöhte. Es würde das Problem auch nicht vereinfachen, wenn der ganze Nordwesten der Vereinigten Staaten ein eigenes Geld hätte, dessen Menge er konstant halten oder sogar erhöhen könnte, um einem derartigen Unglück, das über einige seiner Bewohner hereinbricht, zu begegnen.

Während wir keinen Grund haben, zu verlangen, daß jedes Gebiet sein eigenes Geld hat, ist es natürlich eine völlig andere Frage, ob die in jedem Gebiet eingeführte freie Emission konkurrierender Umlaufsmittel dazu führte, daß Währungsgebiete entstünden – oder eher Gebiete, in denen je verschiedene Umlaufsmittel vorherrschten, obwohl auch andere in Gebrauch sein könnten. Wie wir gesehen haben (Abschnitt XIII), könnten sich unterschiedliche Präferenzen herausbilden, was das Gütersortiment anlangt, dessen Preis im Umlaufsmittel konstant gehalten werden soll. In einem primitiven Land, dessen Bewohner wenig verbrauchten außer Reis, Fisch, Schweinefleisch, Baumwolle und Holz, sorgten sich diese hauptsächlich um die Preise solcher Güter. Doch lokale Tendenzen dieser Art würden wahrscheinlich aufgewogen von jenen, die von Geldbenutzern ausgingen, die sich in ihren Präferenzen leiten ließen vom größeren Vertrauen, das sie einem international anerkannten Emittenten von Geld entgegenbrächten, der sein Umlaufsmittel nicht besonderen lokalen Verhältnissen anpaßte. Auch erstaunte es mich nicht, wenn in großen Gebieten im alltäglichen Geschäftsverkehr nur ein Umlaufsmittel allgemein Verwendung fände, solange potentieller Wettbewerb den Emittenten veranlaßte, es stabil zu halten. Solange es nicht zum Ausprobieren von Innovationen und Verbesserungen kommt, ist hier, wie überall sonst, Wettbewerb *in posse* wahrscheinlich fast so wirksam wie Wettbewerb *in esse*. Die stets vorhandene Konvertibilität des allgemein benutzten Umlaufsmittels veranlaßte all jene, die irgendwelchen Verkehr über das Gebiet hinaus haben, schnell genug, ihre Kassenbestände in ein anderes Umlaufsmittel umzutauschen, sobald sie gegenüber dem allgemein gebrauchten Verdacht schöpften.

Solche Gebiete, in denen ein einziges Umlaufsmittel vorherrscht, hätten jedoch keine scharf gezogenen Grenzen, sondern würden sich häufig überschneiden, und ihre Trennlinien wären fließend. Aber sobald das Prinzip in den wirtschaftlich führenden Ländern allgemein akzeptiert wäre, breitete es sich wahrscheinlich rasch überall dort aus, wo die Leute ihre Institutionen frei wählen können. Zweifellos würden Enklaven übrigbleiben, die Diktatoren unterstehen, die ihre Macht über das Geld selbst dann nicht aufgeben wollten, nachdem der Verzicht auf Devisenkontrolle zum Kennzeichen eines zivilisierten und ehrbaren Landes geworden wäre.

XXI. Die Wirkungen auf das Finanzgebaren der Regierung

Die Leitung der öffentlichen Finanzen und die Steuerung eines zufriedenstellend funktionierenden Geldes sind zwei völlig verschiedene Dinge und stehen in hohem Maße miteinander in Konflikt. Daß beide Aufgaben in die Hände ein und desselben Organs gelegt wurden, führte daher immer zu Verwirrung und hatte in den letzten Jahren verheerende Folgen. Damit wurde nicht nur das Geld zur Hauptursache wirtschaftlicher Schwankungen, sondern auch einem zügellosen Anwachsen der Staatsausgaben beträchtlich Vorschub geleistet. Wenn wir eine funktionierende Marktwirtschaft (und mit ihr individuelle Freiheit) erhalten wollen, *kann nichts dringender sein, als die unheilige Verbindung von Geld- und Fiskalpolitik aufzulösen*, die, lange verheimlicht, mit dem Siegeszug der »Keynesianischen« Theorie jedoch förmlich geweiht wurde.

Über die verhängnisvollen Auswirkungen, die der »Bedarf« der öffentlichen Haushalte auf das Geldangebot hat, brauchen wir nicht viel mehr zu sagen. Nicht nur lassen sich alle größeren Inflationen bis in die jüngste Zeit darauf zurückführen, daß Regierungen ihre finanziellen »Bedürfnisse« mit Hilfe der Notenpresse deckten. Selbst während relativ stabiler Perioden brachte die den Zentralbanken normalerweise auferlegte Pflicht, der Regierung die Deckung ihres »Finanzbedarfs« durch das Niedrighalten der Zinssätze zu erleichtern, sie ständig in Verlegenheit: Diese Pflicht durchkreuzte die Bemühungen der Zentralbanken um Sicherung der Stabilität und versetzte ihre Politik in eine inflationslastige Schieflage, die gewöhnlich erst verspätet durch den Mechanismus der Goldwährung [oder des Abkommens von Bretton Woods, d. Hrsg.] wieder ins Lot gebracht wurde.

1. Gutes staatliches Geld kann es unter einer demokratischen Regierung nicht geben. Ich denke, es ist keine Übertreibung zu sagen, daß es einer Zentralbank, die politischer Kontrolle untersteht oder sogar massivem politischem Druck ausgesetzt ist, völlig unmöglich ist, die Geldmenge in einer Art und Weise zu steuern, die einer reibungslos funktionierenden marktwirtschaftlichen Ordnung förderlich ist. Ein gutes Geld, wie gutes Recht, muß funktionieren ohne Rücksicht auf die Wirkungen, die Entscheidungen des Emittenten auf bekannte Gruppen oder Einzelpersonen haben werden. Es ist denkbar, daß ein wohlwollender Diktator diese Wirkungen außer acht lassen könnte; eine demokratisch gewählte Regierung, die von einer ganzen Anzahl von Sonderinteressen abhängig ist, kann so etwas unmöglich tun. Die Macht über das Geldangebot als ein Instrument zur Erreichung besonderer Zwecke einzusetzen zerstört die auf Gleichgewicht hinwirkenden Kräfte des Preismechanismus; diese sind jedoch nötig, um den ständigen Prozeß, der den Markt in Ordnung bringt, in Gang zu halten, wodurch den Individuen gute Aussichten auf Erfüllung ihrer Erwartungen eröffnet werden.

2. Staatliches Monopol der Geldemission und Staatsausgaben. Über den Schaden, den eine von finanzpolitischen Erwägungen getragene Geldpolitik wahrscheinlich anrichtet, haben wir vermutlich genug gesagt. Noch zu betrachten haben wir die Wirkung, die die Macht über das Geldangebot auf die Finanzpolitik gehabt hat. Ebenso, wie das Fehlen von Wettbewerb verhindert hat, daß der monopolistische Anbieter von Geld einer heilsamen Disziplin unterworfen ist, hat die Macht über das Geld die Regierungen auch von der Notwendigkeit befreit, ihre Ausgaben im Rahmen ihrer Einnahmen zu halten. Es ist größtenteils dies der Grund, warum die »Keynesianische« Wirtschaftstheorie unter sozialistischen Ökonomen so schnell populär wurde. In der Tat, seit die Finanzminister von den Wirtschaftswissenschaftlern gesagt bekamen, das Schuldenmachen sei verdienstvoll, und obendrein, daß zusätzliche Staatsausgaben, solange es ungenutzte Ressourcen gebe, die Leute nichts kosteten, war jede wirksame Schranke gegen einen rapiden Anstieg der Staatsausgaben zerstört.

Es kann kaum bezweifelt werden, daß die während der letzten dreißig Jahre erfolgte spektakuläre Zunahme der Staatsausgaben mit der Folge, daß Regierungen in manchen westlichen Ländern bis zur Hälfte oder mehr des Volkseinkommens für kollektive Zwecke beanspruchen, durch die staatliche Kontrolle über die Geldemission ermöglicht wurde. Auf der einen Seite beförderte die Inflation Leute mit einem gegebenen Realeinkommen fortgesetzt in weit höhere Steuertarifgruppen, als sie zur Zeit der Verabschiedung der Steuertarife erwarteten, und ließ somit die Staatseinnahmen viel schneller ansteigen, als sie es beabsichtigt hatten. Auf der anderen Seite ließen die ständigen, großen Defizite und die relative Leichtigkeit, mit der die budgetierten Ausgaben überschritten werden konnten, den Anteil am Realeinkommen, den Regierungen für ihre Zwecke beanspruchen konnten, immer weiter ansteigen.

3. Staatliches Geld und unausgeglichene Staatshaushalte. Von Regierungen zu verlangen, daß sie den Staatshaushalt über das Kalenderjahr hinweg ausgleichen, ist in gewissem Sinne willkürlich. Doch der Wechsel der Jahreszeiten und die fest eingeführte Gepflogenheit im Rechnungswesen bilden dafür einen guten Grund; das in der Geschäftswelt übliche Verfahren, Einnahmen und Ausgaben regelmäßig über eine mit bekannten Schwankungen behaftete Periode hinweg auszugleichen, unterstützt diese Gewohnheit zusätzlich. Wenn größere wirtschaftliche Schwankungen durch anderweitige Vorkehrungen verhindert werden können, hält sich der konventionelle jährliche Haushaltsplan immer noch an die beste Zeitspanne, über die ein Ausgleich verlangt werden kann.

Angenommen, es träfe zu, daß die Regulierung des Geldangebots durch Wettbewerb zwischen privaten Umlaufsmitteln nicht nur einen stabilen Geldwert, sondern auch stabile Geschäftsbedingungen sichern würde, dann läuft das Argument, Defizite im Staatshaushalt seien zur Reduzierung von Arbeitslosigkeit notwendig, auf die Behauptung hinaus, eine staatliche Kontrolle des Geldes sei nötig, um das zu heilen, was sie selbst verursacht. Es gibt keinen Grund, warum es bei stabilem Geld je wünschenswert sein sollte, der Regierung zu gestatten, mehr Geld auszugeben, als sie hat. Und es ist sicherlich wichtiger, daß die Ausgaben der Regierung nicht zur Ursache allgemeiner Instabilität werden, als den schwerfälligen Regierungsapparat (in dem äußerst unwahrscheinlichen Fall, daß er rechtzeitig handelt) zur Verfügung zu haben, um ein etwaiges Erlahmen der wirtschaftlichen Aktivität aufzufangen.

Die Leichtigkeit, mit der ein Finanzminister heutzutage sowohl im Haushaltsplan einen Ausgabenüberschuß einplanen als auch diese Ausgaben noch überschreiten kann, hat, verglichen mit der sorgfältigen Haushaltsführung der Vergangenheit, ein völlig neues Finanzgebaren geschaffen. Und da die Leichtigkeit, mit der man einer Forderung nach der anderen nachgibt, immer neue Erwartungen auf weitere Freigebigkeit weckt, ist dies ein sich selbst beschleunigender Prozeß, der sich auch von Menschen, die ihn aufrichtig zu vermeiden suchen, unmöglich aufhalten läßt. Jeder, der die Schwierigkeit kennt, einen nicht durch Gewinn- und Verlustrechnung kontrollierten bürokratischen Apparat daran zu hindern, sich fortgesetzt auszuweiten, weiß zudem, daß es mit Ausnahme der starren Barriere streng limitierter Mittel nichts gibt, was einem endlosen Wachstum der Regierungsausgaben ein Ende setzen könnte.

Wenn wir nicht wieder eine Situation herstellen, in der die Regierungen (und andere öffentliche Stellen) entdecken, daß sie im Falle übermäßiger Ausgabentätigkeit, wie jeder andere auch, außerstande sein werden, ihren Verpflichtungen nachzukommen, wird dieses Wachstum nie zum Stillstand kommen; und dieses Wachstum, indem es kollektive Tätigkeit an die Stelle von privater setzt, droht, die Initiative der Individuen zu ersticken. Unter der herrschenden Form unbeschränkter Demokratie, in der die Regierung die Macht hat, einzelnen Gruppen besondere materielle Vorteile zu verschaffen, ist sie gezwungen, sich die Unterstützung einer ausreichenden Anhängerschaft zu erkaufen, um so eine Mehrheit zu erlangen. Auch mit dem besten Willen der Welt kann eine Regierung diesem Druck nicht widerstehen, es sei denn, sie kann auf eine feste Schranke verweisen, die sie unmöglich überschreiten kann. Natürlich werden Regierungen gelegentlich gezwungen sein, öffentliche Anleihen aufzunehmen, um unvorhergesehenen Anforderungen zu begegnen, oder beschließen, Investitionen auf diese Weise zu finanzieren. Unter allen Umständen ist es äußerst unerwünscht, daß diese Mittel durch die Schaffung zusätzlichen Geldes bereitgestellt werden. Es ist auch nicht erwünscht, daß die zusätzliche Geldmenge, deren es in einer wachsenden Wirtschaft bedarf, um die Anbieter von zusätzlichen Produktionsfaktoren mit den nötigen Kassenbeständen auszustatten, dem Geldumlauf auf diese Art zugeführt wird.

4. Die Macht der Regierung über das Geld erleichtert die Zentralisierung. Es kann ferner kaum bezweifelt werden, daß die Befähigung von Zentralregierungen, auf ein derartiges Finanzgebaren zurückzugreifen, eine der Ursachen ist, die zur fortschreitenden, äußerst unerwünschten Ballung von Regierungsmacht beitragen. Nichts kann erwünschter sein, als der Regierung die Macht über das Geld zu entziehen und so dem anscheinend unaufhaltsamen Trend zu einem sich beschleunigenden Anwachsen des von ihr beanspruchten Anteils am Volkseinkommen Einhalt zu gebieten. Ließe man diesen Trend sich ungehindert fortsetzen, brächte er uns innerhalb weniger Jahre in einen Zustand, in dem die Regierungen 100 Prozent (in Schweden und Großbritannien sind es bereits mehr als 60 Prozent) aller Ressourcen für sich beanspruchten – und folglich buchstäblich »totalitär« würden.[92] Je vollständiger der Bereich der

---

92 Eine beunruhigende Entwicklung, deren Bedrohlichkeit noch nicht in zureichendem Maße erkannt wird, ist die sich ausbreitende Tendenz, eine staatliche Rente für die *einzige* vertrauenswürdige Altersvorsorge zu halten, da die Erfahrung zu zeigen scheint,

Staatsfinanzen von der Steuerung des Geldumlaufs getrennt werden kann, desto besser. Die Macht der Regierung über das Geld war immer schädlich. Ihr Gebrauch zu fiskalischen Zwecken ist immer ein Mißbrauch. Und die Regierung hat weder das *Interesse* noch das *Vermögen*, diese Macht in der Weise auszuüben, die es braucht, um den ruhigen Fluß wirtschaftlichen Bemühens sicherzustellen.

Der Vorschlag, Regierungen das Monopol der Geldemission zu entziehen und ihnen die Macht zu nehmen, ein Geld zum »gesetzlichen Zahlungsmittel« bei der Tilgung aller bestehenden Schulden zu machen, erfolgte hier in erster Linie deshalb, weil Regierungen im ganzen Verlauf der Geschichte diese Macht ständig und unvermeidlich grob mißbrauchten und damit den sich selbst steuernden Mechanismus des Marktes schwer störten. Doch es mag sich herausstellen, daß es sich als ebenso wichtig erweist, Regierungen den Zugriff auf den Geldhahn zu sperren, aus dem sie sich bei Bedarf mit zusätzlichem Geld versorgen. Damit ließe sich die inhärente Tendenz zu grenzenlosem Wachstum uneingeschränkter Regierungsmacht stoppen, eine Tendenz, die zu einer ebenso bedrohlichen Gefahr für die Zukunft der Zivilisation wird wie die schlechte Qualität des Geldes, das Regierungen bereitgestellt haben. Nur wenn man den Leuten begreiflich macht, daß sie über offen als Steuern deklarierte Abgaben (oder freiwillige Kredite) alles Geld aufbringen müssen, das die Regierung ausgeben kann, kann dem Prozeß, die Unterstützung der Mehrheit zu erkaufen, indem die Regierung einer stets wachsenden Zahl von Leuten mit Sonderinteressen besondere Vorteile gewährt, ein Ende gesetzt werden.

XXII. Übergangsprobleme

Den allermeisten Leuten böte das Auftreten mehrerer, nebeneinander umlaufender Zahlungsmittel lediglich Alternativen; es erforderte keine Änderung ihres gewohnten Gebrauchs von Geld. Erfahrung lehrte sie allmählich, wie sie ihre Lage verbessern können durch den Wechsel zu anderen Umlaufsmitteln. Den Einzelhändlern böten die Banken bald die geeigneten Rechengeräte an, die sie jedweder anfänglichen Schwierigkeiten in der Handhabung [verschiedener Umlaufsmittel] oder in der Buchführung enthöben. Da der Emittent des von ihnen benutzten Geldes daran interessiert wäre, seine Hilfe anzubieten, merkten sie wahrscheinlich, daß sie besser bedient seien als zuvor. In Industrie, Gewerbe und Dienstleistungsbetrieben mag der Lernprozeß, den vollen Vorteil der neuen Möglichkeiten wahrzunehmen, etwas länger dauern, aber wesentli-

daß politische Zweckmäßigkeit die Regierungen zwingen wird, deren Realwert aufrechtzuerhalten oder sogar anzuheben.

che, notwendige Änderungen in der Geschäftsabwicklung oder unvermeidliche, schwierige Anpassungen gäbe es nicht.

1. Vermeidung einer raschen Entwertung des bisherigen, alleinigen Umlaufsmittels. Die zwei Bereiche, die am stärksten betroffen wären und in denen ein nahezu vollständiger Wandel der gewohnten Praxis und Routine erforderlich wäre, sind die öffentlichen Finanzen und die Institutionen, aus denen der private Finanzsektor besteht, also Banken, Versicherungen, Sparkassen, Hypothekenbanken und Bausparkassen. Abgesehen von den in Abschnitt XXI erwähnten Änderungen in ihrem Finanzgebaren bestünde die Hauptaufgabe der Regierung darin, das von der bestehenden Zentralbank ausgegebene Geld vor einer raschen Verdrängung und einer daraus folgenden, sich beschleunigenden Entwertung zu bewahren. Dies könnte wahrscheinlich nur erreicht werden, indem der Zentralbank sofort vollständige Freiheit und Unabhängigkeit gegeben und sie somit allen anderen Emissionsbanken – den ausländischen oder den im Inland neu geschaffenen – gleichgestellt würde; dieser Vorgang wäre zu koppeln mit einer gleichzeitigen Rückkehr der Regierung zu einer Politik ausgeglichener Haushalte, die einzig die Möglichkeit einräumte, auf einem offenen Kapitalmarkt, den die Regierung nicht manipulieren könnte, Kredit aufzunehmen. Die Dringlichkeit dieser Schritte rührt von der Tatsache, daß die Verdrängung eines bis dahin einzigen Geldes durch neue Umlaufsmittel, wäre sie einmal in Gang gekommen, sich infolge einer zunehmenden Entwertung dieses Geldes rasch beschleunigte; eine solche Entwertung könnte praktisch durch keine der herkömmlichen Methoden der Geldmengenkontraktion aufgehalten werden. Weder die Regierungen noch die ehemaligen Zentralbanken besäßen genügend Reserven an anderen Währungen oder an Gold, um alles alte Geld einzulösen, das die Leute loswerden möchten, sobald sie die Möglichkeit hätten, von einem rasch an Wert verlierenden Geld auf eines umzusteigen, von dem sie Grund hätten anzunehmen, daß es stabil bleiben werde. Die Leute könnten nur dann bewogen werden, dem alten Geld Vertrauen entgegenzubringen, wenn die emittierende Bank ihre Fähigkeit nachwiese, es in genau derselben Art wie die neuen, mit ihr konkurrierenden Emissionsbanken zu regulieren.

2. Alle erforderlichen Freiheiten der Geldemission sind gleichzeitig zu gewähren. Wenn der Übergang zur neuen Ordnung erfolgreich sein soll, ist das Vorgehen der Regierung noch an eine andere, wichtige Bedingung zu knüpfen. Alle erforderlichen Freiheiten müssen auf einen Schlag gewährt werden. Es darf kein vorsichtiger und zaghafter Versuch gemacht werden, die neue Ordnung allmählich einzuführen oder Kontrollbefugnisse vorzubehalten »für den Fall, daß irgend etwas schiefgeht«. Die Möglichkeit zu freiem Wettbewerb zwischen einer Vielzahl emittierender Institutionen und die vollkommene Freiheit bei allen grenzüberschreitenden Geld- und Kapitalbewegungen sind gleichermaßen unentbehrlich für das Gelingen des Planes. Jede zögerliche Annäherung durch *graduelle* Lockerung des bestehenden Notenmonopols führte mit Sicherheit dazu, daß der Versuch fehlschlüge. Die Leute lernten nur dann, dem neuen Geld zu vertrauen, wenn sie sicher wären, daß es vollständig frei ist von jeglicher staatlichen Kontrolle. Nur weil sie der strengen Kontrolle des Wettbewerbs unterlägen, könnte den privaten Banken zugetraut werden, daß sie ihr Geld stabil halten. Nur weil die Leute das für ihre unterschiedlichen Zwecke jeweils geeignete Umlaufsmittel frei wählen könnten, führte der Selektionsprozeß dazu, daß sich das gute Geld durchsetzt. Nur weil auf der Umlaufsmittelbörse aktiv gehandelt würde, wären die emittierenden Banken in der Pflicht, rechtzeitig die erforderlichen Maßnahmen zu ergreifen. Nur weil die Grenzen dem Geld- und Kapitalverkehr offenstünden, wäre sichergestellt, daß keine geheimen Absprachen zwischen lokalen Instituten zu Fehlsteuerungen des lokalen Geldes führten. Und nur weil freie Gütermärkte existierten, bedeutete ein stabiler Durchschnitt der Preise, daß der Prozeß der Anpassung des Geldangebots an die Geldnachfrage funktioniert.

3. Wandel in der Praxis der Geschäftsbanken. Wenn es der Regierung gelänge, das Geschäft der Geldversorgung privaten Institutionen zu übergeben, ohne daß die existierende Währung zusammenbricht, wäre das Hauptproblem der einzelnen Geschäftsbank die Entscheidung, ob sie versuchen sollte, ihr eigenes Geld auszugeben, oder ob sie das oder eines der anderen Umlaufsmittel wählen sollte, in dem sie künftig ihre Geschäfte abwickeln würde. Die meisten müßten sich zweifellos damit zufriedengeben, ihr Geschäft im Umlaufsmittel einer anderen Bank zu führen. Sie müßten somit (Abschnitt XI, 5.) eine Art »100 per cent banking« praktizieren, das heißt eine Reserve in voller Höhe ihrer sämtlichen kurzfristigen Verbindlichkeiten halten.

Diese Notwendigkeit einer hundertprozentigen Reservehaltung erwiese sich wahrscheinlich als die weitestreichende Änderung in der Geschäftspraxis, die konkurrierende Umlaufsmittel erforderten. Da diese Banken für die Führung von Scheckkonten vermutlich recht beträchtliche Gebühren verlangen müßten, verlören sie dieses Geschäft größtenteils an die Emissionsbanken, und ihre Tätigkeit würde eingeschränkt auf die Verwaltung weniger liquider Arten von Kapitalanlagen.

Solange dieser Wandel mit einem wohlüberlegten Übergang zum Gebrauch eines Geldes ihrer Wahl bewerkstelligt werden könnte, dürfte er sich als etwas schmerzhaft erweisen, aber keine unlösbaren Probleme aufwerfen. Die Beseitigung von Banken, die in Wirklichkeit Geld machen, ohne für die Folgen irgendeine Verantwortung zu übernehmen, war seit mehr als hundert Jahren der

Wunsch von Ökonomen, die die inhärente Instabilität des Mechanismus, in den wir hineingeschlittert waren, erkannten, in der Regel aber keinen Weg sahen, aus dieser Lage je wieder herauszukommen. Eine Institution, die sich als so schädlich erwiesen hat wie eine Bank, die für das von ihr geschaffene Geld (die Sichteinlagen) nur in Höhe eines Bruchteils Reserven hält und darüber hinaus für dieses Geld keine Verantwortung trägt, kann sich nicht beklagen, wenn ihr die Unterstützung durch ein staatliches Monopol, die ihre Existenz erst ermöglicht hat, entzogen wird. Auch wird sich gewiß allgemein eine viel schärfere Unterscheidung zwischen dem reinen Bankgeschäft und dem Anlagegeschäft entwickeln müssen oder zwischen dem, was man den englischen und den kontinental-europäischen Banktypus (auf deutsch früher Depositenbanken und Spekulationsbanken) zu nennen pflegte. Ich vermute, daß man bald entdecken wird, daß das Geschäft der Geldschaffung sich nicht gut verträgt mit der Beherrschung großer Anlageportfolios oder sogar der Beherrschung großer Teile der Industrie.

Völlig andere Schwierigkeiten träten natürlich auf, wenn es der Regierung oder der von ihr privilegierten Bank nicht gelänge, einen Zusammenbruch ihrer Währung zu verhindern. Eine derartige Möglichkeit würden Banken, die kein eigenes Geld emittieren können, mit Recht fürchten, da ein großer Teil ihrer Vermögenswerte, namentlich alle ihre ausstehenden Kredite, mit den meisten ihrer Verbindlichkeiten dahinschwänden. Doch das würde lediglich bedeuten, daß die Gefahr starker Inflation, wie sie jetzt immer droht und die andere durch Übergang zu anderen Umlaufsmitteln vermeiden könnten, für sie besonders bedrohlich würde. Im allgemeinen pflegen die Banken jedoch zu behaupten, daß sie mit mehr oder minder großem Erfolg ihre Vermögenswerte sogar durch galoppierende Inflationen hindurch gebracht haben. Bankiers, die nicht wissen, wie man das macht, könnten vielleicht ihre Kollegen in Chile oder anderswo zu Rate ziehen, wo man mit derartigen Problemen große Erfahrung hat. Das gegenwärtige, instabile System zu beseitigen ist jedenfalls eine zu wichtige Aufgabe, um den Interessen einiger Berufsgruppen geopfert zu werden.

XXIII. Schutz vor dem Staat

Obwohl in dem vorgeschlagenen System die normale Geldversorgung ganz und gar eine Aufgabe privater Unternehmen wäre, stellte ein Eingreifen des Staates[93] immer noch die Hauptgefahr für sein reibungsloses Funktionieren

[93] Ich gebrauche hier einmal den Terminus »Staat«, weil das der Begriff ist, der in diesem Zusammenhang von den meisten Leuten, die den wahrscheinlich wohltätigen

dar. Wenn auch der internationale Charakter des Emissionsgeschäftes die emittierenden Banken größtenteils vor direktem politischem Druck schützte (obwohl er sicherlich Angriffe von Demagogen herausforderte), hinge doch das Vertrauen in jede einzelne dieser Institutionen überwiegend von dem Vertrauen ab, das der Regierung entgegengebracht wird, unter der sie errichtet wurde. Um den Verdacht zu zerstreuen, sie dienten den politischen Interessen des Landes, in dem sie errichtet wurden, wäre es offensichtlich wichtig, daß Banken mit ihrem Hauptsitz in je verschiedenen Ländern miteinander im Wettbewerb stünden. Zumindest solange der Friede als gesichert gilt, würde wahrscheinlich jenen Institutionen das größte Vertrauen entgegengebracht, die ihren Sitz in kleinen, wohlhabenden Ländern haben, für die internationale Geschäfte eine wichtige Einkommensquelle sind und von denen man deshalb erwartet, daß sie auf ihren Ruf finanzieller Solidität ganz besonders achten.

1. Druckmittel zwecks Rückkehr zu nationalen Geldmonopolen. Viele Länder versuchten wahrscheinlich, durch Subventionen oder ähnliche Maßnahmen eine im Land ansässige Bank am Leben zu erhalten, die ein eindeutig nationales Geld emittierte, das neben den international verwendeten Umlaufsmitteln zur Verfügung stünde, selbst wenn sie damit nur mäßigen Erfolg hätten. Dies brächte eine gewisse Gefahr mit sich, daß die nationalistischen und sozialistischen Kräfte, die eine törichte Agitation gegen multinationale Unternehmen betreiben, die Regierungen veranlaßten, durch Begünstigung der nationalen Institution eine allmähliche Rückkehr zum gegenwärtigen System privilegierter nationaler Emittenten von Geld zu bewirken.

2. Erneute staatliche Kontrolle der Geld- und Kapitalströme. Die größte Gefahr drohte jedoch von erneuten Versuchen der Regierungen, die Kontrolle über die internationalen Geld- und Kapitalströme zu erlangen. Diese Kontrolle ist eine Macht, die zur Zeit nicht nur für das Funktionieren der internationalen Wirtschaftsbeziehungen, sondern auch für die Freiheit der Individuen die weitaus ernsthafteste Bedrohung darstellt; und sie wird eine Bedrohung bleiben, solange Regierungen physisch die Macht haben, solche Kontrollen durchzusetzen. Es ist zu hoffen, daß die Leute diese Bedrohung ihrer persönlichen Freiheit

---

Charakter dieser öffentlichen Aktivitäten hervorheben möchten, gewöhnlich benutzt würde. Das Idealistische und Unrealistische ihrer Argumentation wird ihnen schnell bewußt, wenn man sie darauf hinweist, daß der Handelnde niemals ein abstrakter Staat, sondern immer eine sehr konkrete Regierung mit allen Fehlern ist, die einer derartigen politischen Institution notwendigerweise anhaften. [Dem Sprachgebrauch entsprechend ist in der deutschen Übersetzung das Wort »government«, das nach anglo-amerikanischer Tradition – anders als »Regierung« – alle drei Staatsgewalten einschließt, gelegentlich mit »Staat« oder »staatlich« wiedergegeben, d. Hrsg.]

allmählich erkennen und daß sie das vollständige Verbot derartiger Maßnahmen in der Verfassung verankern. Der allerletzte Schutz vor der Willkürherrschaft einer Regierung besteht darin, daß zumindest eine große Zahl fähiger Menschen auswandern kann, wenn sie diese nicht länger zu ertragen vermögen. Ich fürchte, daß nicht wenige Engländer, von denen die meisten die Aussage, die ich hier wiederhole, für unangebrachte Schwarzmalerei und übertrieben hielten, als ich sie vor mehr als dreißig Jahren veröffentlichte, immer noch dieser Ansicht sind:

> »In welchem Ausmaß wirtschaftliche Kontrolle die Kontrolle über alle Bereiche des Lebens verleiht, wird nirgends besser veranschaulicht als auf dem Gebiet der Devisen. Auf den ersten Blick scheint nichts das Privatleben weniger zu berühren als eine staatliche Überwachung des Devisenhandels, und die meisten Leute werden ihre Einführung völlig gleichgültig hinnehmen. Doch die in den meisten kontinental-europäischen Ländern gemachte Erfahrung hat aufmerksame Beobachter gelehrt, diesen Schritt als den entscheidenden Vorstoß auf dem Weg zum Totalitarismus und zur Unterdrükkung individueller Freiheit anzusehen. Dieser Schritt bedeutet in der Tat die vollständige Auslieferung des Individuums an die Despotie des Staates, die endgültige Unterbindung aller Mittel und Wege des Entrinnens – nicht nur für die Reichen, sondern für jedermann. Steht es dem Individuum erst einmal nicht mehr frei zu reisen, steht es ihm nicht mehr frei, ausländische Bücher oder Zeitungen zu kaufen, können erst einmal alle Mittel und Wege zu Verbindungen mit dem Ausland auf jene beschränkt werden, denen solche Verbindungen behördlich zugebilligt oder für die sie als nötig erachtet werden, dann hat die tatsächliche Meinungskontrolle ein weit größeres Ausmaß erlangt, als es jemals von irgendeiner absolutistischen Regierung des 17. und 18. Jahrhunderts erreicht worden ist.«[94]

Gleich nach der Beschränkung des übermäßigen Wachstums der Staatsausgaben wäre als zweiter wesentlicher Beitrag zum Schutz der individuellen Freiheit, den die Abschaffung des Monopols der Regierung auf die Geldemission sicherstellte, vermutlich die wachsende internationale Verflechtung zu nennen; sie hinderte die Regierungen mehr und mehr daran, internationale Geld- und Kapitalströme zu kontrollieren, und sicherte damit Andersdenkenden die Möglichkeit, der Unterdrückung durch eine Regierung, die sie zutiefst ablehnen, zu entkommen.

---

[94] Hayek, F.A., *The Road to Serfdom*, London: Routledge 1944, S.69, Anm.; [deutsch: *Der Weg zur Knechtschaft*, Tübingen: Mohr Siebeck 2004 (Hayek, *Schriften*, B 1), Anm. 2, S. 82f., Übersetzung des Zitats durch d. Hrsg.].

XXIV. Die langfristigen Aussichten

Man darf die Hoffnung hegen, daß der Wettbewerb, wie er es gewöhnlich tut, auch beim Geld zur Entdeckung von noch unbekannten Möglichkeiten führen wird. Jeder Versuch, langfristige Auswirkungen der vorgeschlagenen Reform vorauszusagen, wird damit äußerst gewagt, doch wir wollen versuchen, kurz zusammenzufassen, mit welchen langfristigen Entwicklungen bei ihrer Verwirklichung wahrscheinlich zu rechnen wäre.

Sobald sich das neue System voll etabliert und der Wettbewerb eine Reihe erfolgloser Experimente ausgemerzt hätte, blieben, glaube ich, in der freien Welt mehrere weitherum genutzte und einander sehr ähnliche Umlaufsmittel übrig. In mehreren großen Gebieten herrschten ein oder zwei Umlaufsmittel vor, aber diese Gebiete hätten keine scharf gezogene, gleichbleibende Grenzen, und der Gebrauch der in ihnen vorherrschenden Umlaufsmittel überlagerte sich in breiten, fließenden Grenzbereichen. Die meisten dieser Umlaufsmittel, die auf annähernd gleichen Gütersortimenten beruhten, schwankten in ihrem gegenseitigen Wert kurzfristig sehr wenig, wahrscheinlich viel weniger als die Währungen der stabilsten Länder heute, aber ein bißchen mehr als Währungen, die auf einem echten Goldstandard beruhen. Würde die Zusammensetzung des Warenkorbes, auf dem die Umlaufsmittel beruhen, an die Verhältnisse des Gebietes, in dem sie hauptsächlich in Gebrauch sind, angepaßt, könnten sie sich allmählich voneinander lösen [ihr gegenseitiger Wert könnte sich ändern, d. Hrsg.]. Doch die Werte der meisten Umlaufsmittel bewegten sich somit *übereinstimmend* [gegenüber dem Wert anderer Währungen, d. Hrsg.], nicht nur in dem Sinne, daß sie nebeneinander herliefen, sondern auch in dem Sinne, daß sie in ihren Schwankungen übereinstimmten.

Nach Abschluß des experimentellen Verfahrens zur Entdeckung des bevorzugten Gütersortiments, an dessen Preis das Umlaufsmittel zu binden wäre, wären weitere Änderungen wahrscheinlich selten und von geringer Bedeutung. Der Wettbewerb zwischen den Emissionsbanken konzentrierte sich auf die Vermeidung von selbst kleinen Schwankungen im Wert ihres Geldes gegenüber diesen Gütern, auf das Ausmaß der über ihre Aktivitäten verbreiteten Informationen und auf verschiedene, den Kunden zusätzlich angebotene Dienstleistungen (wie zum Beispiel die Unterstützung bei der Buchführung). Irgendwelche staatliche Banken, die fortbestünden und Geld emittierten, würden ihrerseits häufig veranlaßt, mehr und mehr Zahlungen in anderen Umlaufsmitteln als den von einer bevorzugten staatlichen Institution ausgegebenen anzunehmen und sogar zu begehren.

1. Die Möglichkeit einer Vielzahl ähnlicher Umlaufsmittel. Es besteht jedoch eine Möglichkeit oder sogar Wahrscheinlichkeit, die ich in der ersten Auflage dieser Schrift nicht betrachtet habe. Wenn einmal gewisse, auf einem bestimmten Gütersortiment beruhende Umlaufsmittel allgemein akzeptiert werden, könnten viele andere Banken, unter anderen Namen, Umlaufsmittel emittieren, deren Wert sich an demselben Warenkorb bemäße wie das Umlaufsmittel, das als erstes erfolgreich war, wobei die Geldeinheit dieselbe, kleiner oder größer sein könnte. Mit anderen Worten, der Wettbewerb könnte zu einem ausgedehnten Gebrauch desselben Warenkorbes seitens einer großen Zahl von Emissionsbanken führen, die dennoch miteinander um die Gunst des Publikums wetteiferten, wobei der Wettbewerb über die Konstanz des Wertes der von ihnen emittierten Umlaufsmittel oder über andere von ihnen angebotene Dienstleistungen ausgetragen würde. Das Publikum könnte lernen, eine beträchtliche Anzahl solcher Umlaufsmittel mit verschiedenen Namen (jedoch bezeichnet als, sagen wir, der »Zürcher Norm« entsprechend) zu konstanten Wechselkursen zu akzeptieren; und Läden könnten Listen aller Umlaufsmittel aushängen, die sie bereit sind entgegenzunehmen, weil sie dieser Norm entsprechen. Solange die Presse ihre Überwachungsfunktion ordnungsgemäß ausübte und bei jedem Pflichtversäumnis seitens irgendwelcher Emittenten das Publikum rechtzeitig warnte, könnte ein solches System lange Zeit zufriedenstellend funktionieren.

Überlegungen hinsichtlich der Bequemlichkeit führten wahrscheinlich zur Wahl auch einer genormten Geldeinheit, das heißt zu einer Einheit, deren Wert sich nicht nur am Wert desselben Warenkorbes bemißt, sondern auch die gleiche Größe hat. In diesem Fall könnten die meisten Banken in diesen genormten Einheiten Noten mit je eigenen Namen emittieren, die lokal, so weit, wie das Ansehen der einzelnen Bank reichte, bereitwillig akzeptiert würden.

2. *Ein Maßstab für langfristige Schulden, selbst wenn einzelne Umlaufsmittel ihren Wert verlieren.* Sind einmal wenigstens ein paar stabile Umlaufsmittel verfügbar, muß ein übliches, aber absurdes Verfahren zwangsläufig verschwinden; dieses besteht darin, daß ein bloßes Zeichengeld zum »gesetzlichen Zahlungsmittel« gemacht wird, ein Zeichengeld, das wertlos werden, aber immer noch tauglich bleiben kann zur Begleichung von Schulden, die bei Vertragsabschluß in Dingen von einem bestimmten Wert ausgedrückt waren. Es war einzig die Macht der Regierung, den Leuten etwas aufzuzwingen, was sie in ihren Verträgen gar nicht vereinbart hatten, die zu dieser Absurdität führte. Mit der Abschaffung des Monopols der Regierung auf die Geldemission wird es von den Gerichten bald verstanden und – dessen bin ich sicher – in der Gesetzgebung anerkannt werden, daß Gerechtigkeit es erfordert, Schulden in den Werteinheiten zu begleichen, wie sie die Vertragsparteien im Auge hatten, und nicht in etwas, das die Regierung zum Ersatz dafür erklärt. (Ausgenommen sind Verträge, die ausdrücklich die Lieferung einer festgelegten Anzahl von

Geldzeichen vorsehen und nicht einen Wert, der in einer Summe Zeichengeld ausgedrückt ist.)

Nach der Herausbildung eines in weiten Kreisen anerkannten, allgemein gebräuchlichen Wertmaßstabes hätten die Gerichte in den meisten Fällen keine Schwierigkeit, die Größe des abstrakten Wertes annähernd zu bestimmen, den die Vertragsparteien beim Abschluß des Vertrages mit einer soundso großen Summe von Einheiten eines allgemein akzeptierten Umlaufsmittels im Auge hatten. Sollte ein Umlaufsmittel, dessen Wert als Grundlage für einen Vertrag diente, über ein vernünftiges Maß an Schwankungen hinaus an Wert verlieren, ließe es ein Gericht nicht zu, daß die Parteien aufgrund des Fehlverhaltens eines Dritten, der das fragliche Umlaufsmittel emittierte, Gewinne oder Verluste machten. Es wäre ohne Schwierigkeit imstande, den Betrag in irgendeinem oder mehreren anderen Umlaufsmitteln festzulegen, mit denen der Schuldner berechtigt und verpflichtet wäre, seine Verbindlichkeit zu begleichen.

Folglich könnte selbst der vollständige Zusammenbruch eines Umlaufsmittels nicht die schrecklichen, weitreichenden Konsequenzen haben, die ein gleichartiges Ereignis heute hat. Zwar verlören Leute, die in Form von Noten oder von Sichteinlagen ihre Kasse in einem solchen Umlaufsmittel hielten, diese in Höhe ihres ganzen Wertes, doch dies wäre eine verhältnismäßig geringe Störung, verglichen mit der allgemeinen Entwertung oder Auslöschung aller langfristigen Forderungen gegenüber Dritten, die in diesem Umlaufsmittel ausgedrückt sind. Die ganze Struktur langfristiger Verträge bliebe unbeeinträchtigt, und die Leute behielten ihre Vermögensanlagen in Obligationen, Hypotheken und ähnlichen Forderungen, auch wenn sie ihre gesamte Kasse verlieren sollten, falls sie unglücklicherweise das Umlaufsmittel einer Bank benutzten, die Konkurs machte. Ein Portefeuille mit Obligationen und anderen langfristigen Forderungen könnte immer noch eine sehr sichere Anlage sein, selbst wenn einige Emittenten von Umlaufsmitteln zahlungsunfähig und ihre Noten und die bei ihnen gehaltenen Sichteinlagen wertlos würden. Völlig liquide Vermögensteile würden nach wie vor ein gewisses Risiko in sich bergen – doch wer will, außer vielleicht vorübergehend, sein ganzes Vermögen in höchst liquider Form halten? Nie mehr könnte es sich ereignen, daß ein allgemein gebräuchlicher Maßstab für Schulden einfach verschwindet oder alle finanziellen Verpflichtungen einfach ausgelöscht werden, wie es das Endergebnis aller großen Inflationen war. Lange bevor dies eintreten könnte, hätte jedermann das im Wert gesunkene Umlaufsmittel abgestoßen, und keine alte Schuld könnte mit ihm noch getilgt werden.

3. Ein neues gesetzliches Rahmenwerk für das Bankwesen. Wenngleich Regierungen in diese Entwicklung nicht eingreifen sollten durch irgendwelche bewußten Kontrollversuche (das heißt durch irgendwelche interventionistische

Maßnahmen im strengen Sinn), mag es sich erweisen, daß neue Rechtsregeln notwendig werden, die für einen passenden gesetzlichen Rahmen sorgen, innerhalb dessen sich die neuen Bankpraktiken erfolgreich entwickeln könnten. Es scheint jedoch ziemlich zweifelhaft, ob es der Entwicklung dienlich wäre, wenn solche Regeln durch internationale Verträge sogleich allgemeingültig erklärt würden, was ein Experimentieren mit alternativen Systemen verhinderte.

Wie lange einige Länder brauchten, bis sie nicht mehr – aus rein nationalistischen oder Prestige-Gründen – eine eigene Währung begehrten, und wie lange es dauerte, bis Regierungen aufhörten, die Öffentlichkeit mit Klagen über eine unangemessene Beschneidung ihrer Regierungsmacht irrezuführen, ist schwer zu sagen.[95] Das ganze System ist natürlich mit dem Streben nach einer wie immer gearteten totalitären Macht gänzlich unvereinbar.

XXV. Schlußfolgerungen

Die Abschaffung der Monopolstellung der Regierung bei der Geldemission wurde dazu erdacht, den heftigen Ausbrüchen von Inflation und Deflation, wie sie während der vergangenen sechzig Jahre die Welt heimsuchten, vorzubeugen. Die Untersuchung zeigt, daß sie sich auch als das dringend benötigte Heilmittel erweist für eine tiefer sitzende Krankheit: die wiederkehrenden Wellen von Depression und Arbeitslosigkeit, die als eine dem Kapitalismus inhärente, verhängnisvolle Schwäche hingestellt worden sind.

1. Die Goldwährung ist keine Lösung. Man könnte hoffen, so heftige Schwankungen des Geldwertes wie in den letzten Jahren mit der Rückkehr zur Goldwährung oder einem anderen System fester Wechselkurse zu verhindern. Ich glaube nach wie vor, daß, *solange die Regulierung des Geldes in den Händen der Regierungen liegt*, die Goldwährung mit allen ihren Unvollkommenheiten das einzige einigermaßen sichere System ist. Doch können wir sicherlich Besseres erreichen, allerdings nicht durch die Regierungen. Ganz abgesehen von der nicht zu leugnenden Tatsache, daß die Goldwährung auch schwere Fehler hat, können die Gegner eines solchen Schrittes mit Recht einwenden, daß unter den gegenwärtigen Umständen eine zentrale Steuerung der Geldmenge notwendig ist, um der inhärenten Instabilität des bestehenden Kreditsystems entgegenzuwirken. Sobald man jedoch erkennt, daß diese inhärente Instabilität des Kredits ihrerseits die Folge davon ist, daß das Kreditgeschäft durch die mono-

---

[95] In der Tat hätte das neue System an dem Tag endgültig gewonnen, an dem Regierungen anfingen, Steuern lieber in anderen Umlaufsmitteln als den von ihnen selbst emittierten entgegenzunehmen!

polistische Kontrolle über das Angebot an Bargeld, in das die Sichteinlagen eingelöst werden müssen, bestimmt wird, entfallen diese Einwände. Wenn wir wollen, daß freies Unternehmertum und eine Marktwirtschaft fortbestehen (wie es vermutlich auch die Anhänger eines sogenannten »gemischten Wirtschaftssystems« wünschen), haben wir keine andere Wahl, als die Monopolstellung der Regierung bei der Geldemission und das System nationaler Währungen durch freien Wettbewerb zwischen privaten Emissionsbanken zu ersetzen. Die Kontrolle über das Geld lag bislang nie in den Händen von Institutionen, deren Bestreben *einzig und allein* dahin ging, dem Publikum ein Geld zur Verfügung zu stellen, das dieses aus verschiedenen angebotenen Arten als bestes auswählte, und die gleichzeitig ihre Existenz daran wagten, die von ihnen geweckten Erwartungen zu erfüllen.

Es könnte sein, daß bei freiem Wettbewerb zwischen verschiedenen Arten von Geld zunächst Goldmünzen sich als die beliebteste erwiesen. Aber gerade diese Tatsache, die zunehmende Nachfrage nach Gold, führte wahrscheinlich zu einem solchen Anstieg (und vielleicht auch zu heftigen Schwankungen) des Goldpreises, daß es, obgleich es weithin noch der Hortung dienen dürfte, bald aufhörte, sich als Recheneinheit für Geschäftsverkehr und Rechnungswesen zu eignen. Es sollte sicherlich zu seinem Gebrauch die gleiche Freiheit bestehen wie für andere Formen privat emittierten Geldes, aber ich nehme nicht an, daß es über diese den Sieg davontrüge, weil die Nachfrage nach diesen anderen Umlaufsmitteln darauf beruhte, daß deren Menge mit Erfolg so reguliert wird, daß die Kaufkraft konstant bleibt.

Genau die gleiche Tatsache, die gegenwärtig dazu führt, daß man dem Gold mehr Vertrauen entgegenbringt als dem von der Regierung kontrollierten Papiergeld, daß nämlich seine gesamte Menge nicht beliebig im Dienste politischer Ziele manipuliert werden kann, ließe es auf lange Sicht weniger geeignet erscheinen als Zeichengeld, das unter Wettbewerb von Institutionen emittiert wird, deren Geschäft davon abhängt, die ausgegebene Menge mit Erfolg so zu regulieren, daß der Wert der Geldeinheiten annähernd konstant bleibt.

2. Gutes Geld kann nur aus Eigeninteresse entstehen, nicht aus Wohlwollen. Wir hatten immer schlechtes Geld, weil es privaten Unternehmen nicht erlaubt war, uns ein besseres zu geben. In einer unter dem Druck organisierter Interessen regierten Welt gilt es, an die wichtige Wahrheit zu denken, daß wir uns nicht auf Intelligenz oder Einsicht, sondern nur auf Eigennutz verlassen können, wenn es darum geht, uns die Institutionen zu schaffen, die wir brauchen. Glücklich der Tag, an dem wir gutes Geld nicht mehr vom Wohlwollen der Regierung erwarten, sondern davon, daß die Banken ihr eigenes Interesse verfolgen.

»... auf diese Weise erlangen wir voneinander die meisten jener guten Dienste, auf die wir angewiesen sind,«[96]

– doch unglücklicherweise noch kein Geld, auf das wir uns verlassen können.

Nicht der »Kapitalismus«, sondern Regierungseingriffe waren für die wiederkehrenden Krisen der Vergangenheit verantwortlich.[97] Sie hinderten die Unternehmer daran, sich mit den Instrumenten auszurüsten, die sie benötigen, um sich davor zu schützen, daß ihre Anstrengungen durch ein nicht verläßliches Geld fehlgeleitet werden; diese Instrumente zu entwickeln wäre sowohl für den Anbieter gewinnbringend als auch für alle anderen segensreich. Die Erkenntnis dieser Wahrheit zeigt deutlich, daß die vorgeschlagene Reform kein unbedeutendes technisches Detail der Geldordnung betrifft, sondern eine Angelegenheit von äußerster Wichtigkeit ist, die möglicherweise über das Schicksal der freien Welt entscheidet. Was hier vorgeschlagen wird, scheint mir der einzige erkennbare Weg, die marktwirtschaftliche Ordnung zu vervollständigen; es befreite sie von ihrer größten Schwäche, die auch der Grund der hauptsächlich gegen sie erhobenen Vorwürfe ist.

3. Ist Wettbewerb auf dem Gebiet des Geldes möglich? Wir können natürlich auf eine solche Reform erst hoffen, wenn das Publikum erkennt, was auf dem Spiel steht und was es gewinnen kann. Doch diejenigen, die den ganzen Vorschlag für völlig undurchführbar und utopisch halten, sollten sich in Erinnerung rufen, was Adam Smith vor 200 Jahren in »The Wealth of Nations« geschrieben hat:

> »Zu erwarten, daß die Handelsfreiheit in Großbritannien jemals wieder vollständig hergestellt werden könnte, wäre freilich so unsinnig, wie zu erwarten, daß hier jemals ein Ozeanien oder Utopien gegründet werden könnte.«[98]

---

[96] Smith, A., *Untersuchung über Wesen und Ursachen des Reichtums der Völker* (1776), Tübingen: Mohr Siebeck – UTB 2005, S. 98.

[97] Ein Thema, das wiederholt von dem verstorbenen L. v. Mises behandelt wurde in: Mises, L. v., *Theorie des Geldes und der Umlaufsmittel* (1912), 2., neubearbeitete Aufl., München: Duncker & Humblot 1924; Mises, L. v., *Geldwertstabilisierung und Konjunkturpolitik*, Jena: G. Fischer 1928; Mises, L. v., *Nationalökonomie. Theorie des Handelns und Wirtschaftens*, Genf: Union 1940 (Englische Ausgabe: *Human Action*, Edinburgh: W. Hodge 1949).

[98] Smith, A., *Untersuchung über Wesen und Ursachen des Reichtums der Völker*, ebenda, S. 480. Der ganze Absatz, der mit dem zitierten Satz beginnt und dem weiter unten zitierten Ausspruch schließt [Smith, A., ebenda, S. 481], ist es sehr wohl wert, in diesem Zusammenhang gelesen zu werden.

Nach der Veröffentlichung seines Werkes im Jahre 1776 vergingen fast neunzig Jahre, bis Großbritannien im Jahre 1860 das erste Land wurde, das vollständigen Freihandel einführte. Doch die Idee breitete sich schnell aus; und sie wäre zweifellos viel eher wirksam geworden, wäre die durch die Französische Revolution und die Napoleonischen Kriege verursachte Reaktion nicht eingetreten. Erst 1819 begann eine wirksame Bewegung die breite Öffentlichkeit von diesen Dingen zu unterrichten, und letzten Endes war es den hingebungsvollen Anstrengungen einiger weniger Männer zu verdanken, die sich dafür einsetzten, die Botschaft mittels einer organisierten Freihandels-Bewegung zu verbreiten, daß das, was Smith als »unverschämte Ausbrüche wütender und enttäuschter Monopolisten« bezeichnet hatte, überwunden wurde.[99,100]

Seitdem die »Keynesianische« Propaganda bis zu den Massen durchgesikkert ist, Inflation gesellschaftsfähig gemacht und Agitatoren mit Argumenten versorgt hat, die zu widerlegen Berufspolitiker unfähig sind, gibt es, fürchte ich, nur einen Weg, um zu verhindern, daß man durch andauernde Inflation in eine kontrollierte und gelenkte Wirtschaft hineingetrieben wird, also nur einen

---

[99] Anläßlich einer Besprechung der 1. englischen Auflage dieser Schrift [Hayek, F.A., *Denationalisation of Money*, London 1976] bemerkte John Porteous (im *New Statesman* vom 14. Januar 1977) treffend: »Vor 400 Jahren hätte es undenkbar geschienen, daß Regierungen die Überwachung religiöser Anschauungen jemals fallen ließen.«

[100] Es ist gesagt worden, daß mein Vorschlag, auf dem Gebiet des Geldes gänzlich neue Institutionen zu »konstruieren«, mit meiner allgemeinen philosophischen Einstellung in Konflikt stehe. Doch nichts liegt meinen Gedanken ferner als der Wunsch, neue Institutionen zu entwerfen. Ich schlage lediglich vor, die bestehenden Hindernisse, die seit Urzeiten die Evolution wünschenswerter Institutionen auf dem Gebiet des Geldes unmöglich machten, zu beseitigen. Unser Geld- und Bankensystem ist das Produkt schädlicher Einschränkungen, auferlegt von Regierungen, um ihre Macht zu erhöhen. Sie sind gewiß keine Institutionen, von denen gesagt werden kann, sie seien erprobt und gut befunden worden, da es den Leuten nicht erlaubt wurde, andere Möglichkeiten auszuprobieren.

Um auf diesem Feld das Verlangen nach freier Entwicklung zu rechtfertigen, war es notwendig zu erklären, welche Konsequenzen die Gewährung solcher Freiheit wahrscheinlich hätte. Doch was vorherzusehen möglich ist, ist notwendigerweise begrenzt. Es ist ein großer Vorzug der Freiheit, daß sie neue Erfindungen ermutigt, und diese sind ihrer Natur nach nicht voraussagbar. Ich halte die Evolution für weit erfinderischer, als ich es irgend sein kann. Obwohl es immer die neuen Ideen vergleichsweise Weniger sind, die die soziale Evolution formen, liegt der Unterschied zwischen einem freien und einem regulierten System genau darin, daß im ersten Leute mit den besseren Ideen die Entwicklung bestimmen, da sie nachgeahmt werden, während im zweiten nur die Ideen und Wünsche jener, die an der Macht sind, die Evolution gestalten dürfen. Die Freiheit schafft immer einige neue Risiken. Wäre ich für das Schicksal eines mir lieb gewordenen Landes verantwortlich, nähme ich das Risiko auf dem hier betrachteten Gebiet freudig auf mich. Mehr kann ich dazu nicht sagen.

Weg, um die Zivilisation zu retten: Man muß den Regierungen die Macht über das Geldangebot entziehen.[101]

4. »Freigeld-Bewegung«. Was wir nun brauchen, ist eine Freigeld-Bewegung, die der Freihandels-Bewegung des 19. Jahrhunderts vergleichbar ist. Diese muß nicht nur auf den durch akute Inflation verursachten Schaden hinweisen, der, wie man mit Recht argumentieren könnte, selbst mit gegenwärtigen Institutionen vermeidbar wäre. Sie muß auch die schwerer wiegenden Folgen der Inflation aufzeigen, daß sie nämlich zu Perioden der Stagnation führt, Folgen, die in der Tat dem gegenwärtigen Geldsystem inhärent sind.

Der Aufschrei über eine in Gang gekommene Inflation flaut, wie ich, während ich dies niederschreibe, beobachten kann, jedesmal nur allzu schnell ab, sobald die Inflationsrate auch nur ein wenig zurückgeht. Ich zweifle kaum daran, daß, wenn diese Zeilen gedruckt sind, genügend Anlaß zu erneuter Beunruhigung besteht (es sei denn, die wieder einsetzende Inflation würde – was sogar noch schlimmer wäre – durch Preiskontrollen verschleiert). Wahrscheinlich wird sogar der schon eingeleitete neue Inflationsschub dann wieder vorüber sein. Es bedarf jedoch tieferer Einsicht in die auf den ersten Blick nicht sichtbaren Folgen der Inflation, um zu erkennen, daß die schädliche Macht der Regierung über die Kontrolle des Geldes beseitigt werden muß. Auf uns wartet daher eine riesige Aufklärungsarbeit, ehe wir hoffen können, uns von der überaus ernsten Gefahr für den sozialen Frieden und für die Aufrechterhaltung der Prosperität zu befreien, einer Gefahr, die von der bestehenden Geldordnung ausgeht.

Es wird notwendig sein, daß das Problem und die dringende Notwendigkeit einer Reform allgemein verstanden werden. Es handelt sich nicht, wie es dem Laien zunächst scheinen mag, um ein unbedeutendes technisches Detail der Geldordnung, die er nie richtig verstanden hat. Der Vorschlag deutet den einzigen Weg an, auf dem wir noch hoffen können, der anhaltenden Entwicklung aller Regierungen hin zum Totalitarismus, der vielen scharfen Beobachtern unvermeidbar erscheint, Einhalt zu gebieten. Ich wünschte, ich könnte den Rat geben, langsam vorzugehen. Aber die Zeit mag kurz sein. Dringend erfor-

[101] Jüngste Erfahrungen legen zudem nahe, daß Regierungen in Zukunft möglicherweise internationalem Druck ausgesetzt sein werden, eine Geldpolitik zu verfolgen, die, obgleich sie für ihre eigenen Bürger nachteilig ist, angeblich einem anderen Land helfen soll, und daß sie sich solchem Druck nur werden entziehen können, indem sie sich sowohl der Macht als auch der Verantwortung bezüglich des Geldangebots entledigen. Wir haben bereits ein Stadium erreicht, in dem Länder, die die jährliche Inflation erfolgreich auf 5% herunterzudrücken vermochten, von anderen, die fröhlich fortfahren, die Preise um 15% pro Jahr steigen zu lassen, ermahnt werden, ihnen durch »Reflationierung«, das heißt durch eine Wiederankurbelung der Inflation, beizustehen.

derlich ist jetzt nicht die Konstruktion eines neuen Systems, sondern die sofortige Beseitigung aller gesetzlichen Hindernisse, die während zweitausend Jahren den Weg für eine Evolution versperrt haben, die bestimmt segensreiche Ergebnisse zu Tage fördern wird, die wir jetzt nicht vorhersehen können.

Nachwort der Herausgeber

Dieser Band enthält in der Reihenfolge ihrer Erstveröffentlichung Abhandlungen Friedrich A. von Hayeks zur nationalen und internationalen Geldordnung. Zu Beginn seiner wissenschaftlichen Laufbahn war die Geldtheorie, neben der Konjunktur- und der Kapitaltheorie, ein Hauptgegenstand seiner Forschung. Danach widmete er seine Schaffenskraft während mehr als drei Jahrzehnten den Grundzügen einer freiheitlichen Gesellschafts- und Wirtschaftsordnung. Als deren notwendige Ergänzung stellte er schließlich, Mitte der siebziger Jahre, eine tiefgreifende Reform der Geldordnung zur Diskussion.

Hayek hat die Goldwährung hoch geschätzt. Im Aufsatz *Was der Goldwährung geschehen ist* geht er den Gründen nach, die 1931 in England zu ihrer Aufgabe geführt haben. Die eigentliche Ursache sieht er im Aufkommen einer Doktrin, die den Zentralbanken angesichts zunehmend starrer Geldlöhne nahelegte, sich vom Diktat fester Wechselkurse und des Goldautomatismus zu lösen und eine autonome Geldpolitik im Dienste nationaler Ziele zu betreiben. Seine ablehnende Haltung diesem von ihm so genannten *Monetären Nationalismus* gegenüber begründet er in der gleichnamigen Schrift. Darin analysiert er unter den institutionellen Gegebenheiten der heutigen Bankensysteme Ablauf und Wirkungen internationaler Geld- und Kapitalströme bei festen Wechselkursen und vergleicht sie mit den entsprechenden Vorgängen bei beweglichen Wechselkursen. Im Aufsatz über das *Goldproblem* argumentiert er, daß Goldknappheit und Goldüberfluß der zwanziger und dreißiger Jahre nicht erratischen Schwankungen der Goldproduktion angelastet werden können. Sie waren die Folge der Währungspolitik, was er anhand statistischen Zahlenmaterials und eigener Berechnungen veranschaulicht.

Zur Wiedererrichtung eines internationalen Währungssystems in der Nachkriegszeit schlug Hayek eine Warenreservewährung vor; sie war von zwei amerikanischen Autoren ursprünglich als nationale Geldordnung entworfen worden. Hayek glaubte, daß sie als internationale Währungsordnung die meisten Mängel der Goldwährung vermeiden, deren Vorzüge als eines automatisch arbeitenden, die Stabilität des Geldwertes gewährleistenden Systems jedoch bewahren könne.

Mit dem Zusammenbruch der Währungsordnung von Bretton Woods und dem Übergang zu beweglichen Wechselkursen in den frühen siebziger Jahren fiel in Hayeks Augen eine wichtige Schranke gegen anhaltende Geldentwertung. In der Schrift *Freie Währungswahl: Eine Methode, die Inflation zu stoppen*[1] äußert er erstmals den Gedanken, das Geldangebot dem Wettbewerb zu unterstellen. Sein Vorschlag war, daß sich die Regierungen gegenseitig verpflichten, auf ihrem Staatsgebiet der freien Verwendung der Währungen anderer Länder und der Geschäftstätigkeit der dort niedergelassenen Banken keine Hindernisse in den Weg zu legen. Dies eröffnete dem Publikum die Wahl der Währung seines Vertrauens.

In der *Entnationalisierung des Geldes*, die diesem Band den Namen gegeben hat, geht Hayek noch einen Schritt weiter. Das staatliche Geldmonopol, von den Regierungen als hoheitliches Vorrecht seit Menschengedenken mißbraucht, soll beseitigt und privaten Banken das Recht eingeräumt werden, ihr je eigenes Geld unter eigenem, geschütztem Namen zu emittieren. Hayek stellt sich stoffwertloses Geld vor, das von den Banken überwiegend im Wege der Kreditgewährung geschaffen wird. Jede Bank hat es in der Hand, die Kaufkraft ihres Geldes – gemessen an den Großhandelspreisen eines vorab von ihr festgelegten Warenkorbes – über die ausstehende Menge zu steuern. Hayek ist überzeugt, daß im Wettbewerb zwischen Geldemittenten, deren Geschäft mit dem Vertrauen des Publikums steht und fällt, nur Anbieter von wertstabilem Geld sich halten können, weil nur ein solches Geld im überwiegenden Interesse der Nutzer sei. Damit würde das für den indirekten Tausch unverzichtbare allgemeine Tauschmittel, das Geld, selber von den Marktkräften gesteuert. Mit der *Entnationalisierung des Geldes* fügt Hayek gleichsam den Schlußstein in sein gedankliches Gebäude der spontanen Ordnung. Sie bildet sich in dem der Privatautonomie vorbehaltenen Raum im Zusammenspiel individuellen Handelns, das sich an privaten Zielen ausrichtet und von allgemeinen und abstrakten Regeln geleitet wird.

Am 14. Mai 2007 ist Dr. Reinhold Veit im 82. Lebensjahr verstorben. Bis wenige Wochen vor seinem Tod arbeitete er als Mitherausgeber an F. A. von Hayeks *Gesammelten Schriften in deutscher Sprache*. Er bedauerte, daß die *Entnationalisierung des Geldes*, deren erste deutsche Ausgabe Hayek ihm anvertraut hatte und die seinerzeit unter großem Zeitdruck zustande kommen mußte, seither

---

[1] Vortrag Hayeks unter dem Titel »International Money« an der Genfer Gold- und Währungskonferenz 1975 in Lausanne, veröffentlicht als *Choice in Currency: A Way to Stop Inflation*, London: Institute of Economic Affairs (Occasional Paper 48) 1976. Diese Schrift ist mit anderen Texten unter dem Titel »The Campaign Against Keynesian Inflation« aufgenommen in: Hayek, F. A., *New Studies in Philosophy, Politics, Economics and the History of Ideas*, London: Routledge & Kegan Paul 1978, S. 218–231, deutsche Übersetzung in: Hayek, *Schriften*, A 6, S. 147–158.

keiner gründlichen Überarbeitung unterzogen worden war. Diese Aufgabe sowie die Weiterführung der Herausgebertätigkeit hat seine Frau, Dr. Verena Veit-Bachmann, zusammen mit Dr. Alfred Bosch, übernommen.

Die Überarbeitung der *Entnationalisierung des Geldes* erwies sich als schwierig. Hayek hat seinen Entwurf einer Privatgeldordnung – wie übrigens auch die 1937 in Genf gehaltenen Vorlesungen über *Monetären Nationalismus* – wegen anderweitiger Vorhaben in relativ kurzer Zeit und letztere, wie er selbst sagt, teilweise flüchtig niedergeschrieben, was das Verständnis an manchen Stellen erschwert. Wo den Herausgebern, der Klarheit wegen, Hinzufügungen unentbehrlich schienen, sind sie in eckige Klammern gesetzt.

Frau Ursula Mayer im Walter Eucken Institut danken wir für die große Mühe und die Zuverlässigkeit, mit der sie die Übersetzungen der Herausgeber und spätere Überarbeitungen für den Druck vorbereitet hat sowie für die Anfertigung des Namenregisters. Herrn Diplomvolkswirt Ekkehard A. Köhler danken wir für die Erstellung des Sachregisters. Für die anspruchsvolle redaktionelle Arbeit sprechen wir Frau Diplomvolkswirtin Wendula Gräfin von Klinckowstroem unseren Dank aus.

Den Herren Roland Burtsche, Freiburg, Dr. Georg F. Drischel, Freiburg, Clemens R. P. Gütermann, Gutach, dem Rudolf Haufe Verlag, Freiburg, Christoph Löslein, Freiburg, Dr. Otto Schmid, Luzern, Dr. Felix Stilz, Freiburg und der Volksbank eG Freiburg danken die Herausgeber für die großzügige finanzielle Förderung, die die Vorbereitung dieses Bandes zum Druck ermöglicht hat.

Freiburg, im September 2011

Alfred Bosch
Verena Veit-Bachmann

Bibliographische Angaben

1. Was der Goldwährung geschehen ist (1932)
   Erstveröffentlichung unter dem von der Schriftleitung der Zeitschrift »Der deutsche Volkswirt« gewählten Titel »Das Schicksal der Goldwährung« in zwei Teilen in: *Der deutsche Volkswirt*, 6. Jahrgang, Nr. 20, 12. Februar 1932, 642–645 und Nr. 21, 19. Februar 1932, 677–681. – Neuausgabe unter dem ursprünglichen Titel als Hayek, F. A. von, *Was der Goldwährung geschehen ist: Ein Bericht aus dem Jahre 1932 mit zwei Ergänzungen* [1. Ergänzung (englischsprachig): Ein unveröffentlichter Brief an den Herausgeber von »The Times«, London (1931); 2. Ergänzung: Bemerkungen über die Funktion von Währungsreserven und den Begriff der internationalen Liquidität (1965)] (Walter Eucken Institut, Vorträge und Aufsätze 12), Tübingen: Mohr Siebeck 1965. – Englische Übersetzung (ohne die zwei Ergänzungen) in: Hayek, F.A., *Money, Capital and Fluctuations: Early Essays*, übersetzt und hrsg. von Roy McCloughry, London: Routledge & Kegan Paul 1984, S. 118–135. – Für diese Ausgabe wurde die 1. Ergänzung ins Deutsche übersetzt von Alfred Bosch und Verena Veit-Bachmann.

2. Das Goldproblem (1937)
   Erstveröffentlichung in: *Österreichische Zeitschrift für Bankwesen* (Wien), II. Jahr, Nr. 9, 1937, S. 255–271 (zugleich 19. Jahrgang der Mitteilungen des Verbandes österreichischer Banken und Bankiers).

3. Monetärer Nationalismus und internationale Stabilität (1937)
   Erstveröffentlichung als: Hayek, F. A. von, *Monetary Nationalism and International Stability*, (Publications of the Graduate Institute of International Studies, Geneva, Switzerland, 18), London, New York, Toronto: Longmans, Green and Co. 1937. – Für diese Ausgabe übersetzt von Alfred Bosch (Vorwort, Vorlesungen I und II) und Reinhold Veit (Vorlesungen III–V).

4. Warenreservewährung (1943)
   Erstveröffentlichung: »A Commodity Reserve Currency«, *Economic Journal* 53, 1943, S. 176–184. – Abdruck in: Hayek, F. A., *Individualism and Economic Order*, Chicago: University of Chicago Press 1948, S. 209–219. – Deutsche Erstveröffentlichung als »Warenwährung« in: Hayek, F. A., *Individualismus und wirtschaftliche Ordnung*, Erlenbach-Zürich: E. Rentsch 1952, S. 268–280, 2. Aufl. (fotomechanischer Nachdruck der 1. Aufl. 1952) mit einem bibliographischen Anhang von Kurt R. Leube, Salzburg: Neugebauer 1976, S. 268–280. – Übersetzt von Helene Hayek. Für diese Ausgabe haben die Herausgeber wenige, der Verdeutlichung dienende sprachliche Änderungen vorgenommen.

5. Entnationalisierung des Geldes (1976)
   Erstveröffentlichung als: Hayek, F.A., *Denationalisation of Money: An Analysis of the Theory and Practice of Concurrent Currencies*, London: Institute of Economic Affairs (Hobart Paper (Special) 70) 1976. 2. Aufl. als *Denationalisation of Money – The Argument Refined: An Analysis of the Theory and Practice of Concurrent Currencies*, London: Institute of Economic Affairs 1978. 3. Aufl. (unveränderter Nachdruck der 2. Aufl.), London: Institute of Economic Affairs 1990. – Deutsche Erstveröffentlichung als: Hayek, F.A. von, *Entnationalisierung des Geldes: Eine Analyse der Theorie und Praxis konkurrierender Umlaufsmittel*, (Walter Eucken Institut, Wirtschaftswissenschaftliche und wirtschaftsrechtliche Untersuchungen 13), Tübingen: Mohr Siebeck 1977. Erweiterte Fassung der englischen Erstveröffentlichung in der vom Verfasser durchgesehenen Übersetzung von Wendula Gräfin v. Klinckowstroem. – Der in diesem Band enthaltenen Fassung liegt die von den Herausgebern überarbeitete deutsche Erstveröffentlichung zugrunde, erweitert um die von Hayek 1978 in die 2. englische Auflage eingefügten Ergänzungen, die für diese Ausgabe von Alfred Bosch und Reinhold Veit ins Deutsche übersetzt worden sind.

Den beiden ursprünglich als Monographien erschienenen Schriften *Monetärer Nationalismus und internationale Stabilität* sowie *Entnationalisierung des Geldes* ist das jeweilige Inhaltsverzeichnis unmittelbar vorangestellt. Um dem Leser die Orientierung zu erleichtern, sind in beiden Schriften den Unterabschnitten die Untertitel aus dem Inhaltsverzeichnis als Spitzmarken beigefügt. In den Genfer Vorlesungen sind die Fußnoten fortlaufend numeriert, in der *Entnationalisierung des Geldes* sind sie um die bibliographischen Angaben ergänzt, die ursprünglich unter Verweis auf die Angaben in der anhängenden Bibliographie verkürzt angebracht waren.

Namenregister*

* Erstellt von Ursula Mayer.

Sachregister*

* Erstellt von Ekkehard A. Köhler unter Mithilfe von Christoph Güttner.

Zu den *Gesammelten Schriften in deutscher Sprache* von Friedrich A. von Hayek

Primäres Anliegen der *Gesammelten Schriften in deutscher Sprache* von Friedrich A. von Hayek ist es, Aufsätze und Bücher zusammenzustellen, die von ihm ursprünglich auf Deutsch verfaßt wurden oder in autorisierter Übersetzung vorliegen. Sofern dies besonders geboten erscheint, werden ergänzend bislang nicht in deutscher Fassung vorliegende Beiträge in Erstübersetzung aufgenommen. Eine Gesamtausgabe sämtlicher Schriften F. A. von Hayeks ist nicht geplant.

Friedrich A. von Hayeks *Gesammelte Schriften in deutscher Sprache* umfassen somit:

(a) die ursprünglich auf Deutsch verfaßten Schriften weitgehend vollständig;
(b) die ursprünglich auf Englisch verfaßten Schriften, soweit sie in von von Hayek autorisierten Übersetzungen vorliegen, weitgehend vollständig;
(c) die auf Englisch verfaßten Schriften in einer Auswahl, soweit sie noch nicht ins Deutsche übertragen und für das Gesamtwerk von besonderer Bedeutung sind. Das ursprünglich in drei Bänden veröffentlichte Werk *Law, Legislation and Liberty* (1973, 1976, 1979) erscheint in neuer Übersetzung nunmehr in einem Band unter dem Titel *Recht, Gesetz und Freiheit.*

Jeder Band enthält ein Namen- und Sachregister und ein bibliographisches Nachwort, in dem die dem Abdruck zugrundeliegende Fassung, eventuelle Vorfassungen sowie deren Editions- und Übersetzungsgeschichte dargestellt sind. Band B 7 enthält statt des Nachwortes ein Vorwort des Herausgebers, das die besondere Entstehung des Buches erläutert.

Die geplanten Bände der *Gesammelten Schriften in deutscher Sprache* von Friedrich A. von Hayek

Abteilung A: Aufsätze

A 1 *Wirtschaftstheorie und Wissen. Aufsätze zur Erkenntnis- und Wissenschaftslehre*
Herausgeber: Viktor Vanberg (2007)

A 2 *Sozialwissenschaftliche Denker. Aufsätze zur Ideengeschichte*
in Vorbereitung

A 3 *Entnationalisierung des Geldes. Schriften zur Währungspolitik und Währungsordnung*
Herausgeber: Alfred Bosch, Reinhold Veit † und Verena Veit-Bachmann (2011)

A 4 *Rechtsordnung und Handelnsordnung. Aufsätze zur Ordnungsökonomik*
Herausgeber: Manfred E. Streit (2003)

A 5 *Grundsätze einer liberalen Gesellschaftsordnung. Aufsätze zur Politischen Philosophie und Theorie*
Herausgeber: Viktor Vanberg (2002)

A 6 *Wirtschaft, Wissenschaft und Politik. Aufsätze zur Wirtschaftspolitik*
Herausgeber: Viktor Vanberg (2001)

A 7 *Wissenschaft und Sozialismus. Aufsätze zur Sozialismuskritik*
Herausgeber: Manfred E. Streit (2004)

A 8 *Preise und Produktion. Frühe Schriften zur Geldtheorie und Konjunkturtheorie*
in Vorbereitung

Abteilung B: Bücher

B 1 *Der Weg zur Knechtschaft*
Übersetzerin: Eva Röpke; Herausgeber: Manfred E. Streit (2004)

B 2 *Mißbrauch und Verfall der Vernunft. Ein Fragment*
Herausgeber: Viktor Vanberg (2004)